इस्लाम में धार्मिक चिन्तन की पुनर्रचना

इस्लाम में धार्मिक चिन्तन की पुनर्रचना

डॉ. मुहम्मद इक़बाल

अनुवाद

मुहम्मद शीस ख़ान

राधाकृष्ण प्रकाशन

ISBN : 978-81-7119-248-9

इस्लाम में धार्मिक चिन्तन की पुनर्रचना

पहला संस्करण : 1996
दूसरा संस्करण : 2008
पहली आवृत्ति : 2023

मूल्य : ₹795

प्रकाशक
राधाकृष्ण प्रकाशन प्राइवेट लिमिटेड
जी-17, जगतपुरी, दिल्ली-110 051
शाखाएँ : अशोक राजपथ, साइंस कॉलेज के सामने, पटना-800 006
पहली मंजिल, दरबारी बिल्डिंग, महात्मा गांधी मार्ग, प्रयागराज-211 001
1, अनमोल सोराबजी संतुक लेन, धोबी तलाव, मरीन लाइंस, मुम्बई-400 002
वेबसाइट : www.radhakrishnaprakashan.com
ई-मेल : info@radhakrishnaprakashan.com

मुद्रक
राजकमल प्रेस
नई दिल्ली-110 002

ISLAM MEIN DHARMIK CHINTAN KI PUNARRACHNA
by Dr. Mohammad Iqabal
Hindi Translated by Mohammad Shees Khan

क्रम

परिदृश्य

'इस्लाम में धार्मिक चिन्तन की पुनर्रचना' डॉ. मुहम्मद इक़बाल के उन अंग्रेज़ी व्याख्यानों का अनुवाद है जिन्हें उन्होंने मद्रास मुस्लिम असोसिएशन के निवेदन पर तैयार किया था तथा दिसम्बर 1928 के अन्त में मद्रास तथा जनवरी 1929 में हैदराबाद और अलीगढ़ में दिया था। 1930 में ही ये व्याख्यान 'सिक्स लेक्चर्ज़ ऑन दि रिलिजस थॉट इन इस्लाम' (इस्लाम में धार्मिक चिन्तन पर छः व्याख्यान) के नाम से प्रकाशित हुए थे। बाद में इसमें एक और व्याख्यान (क्या धर्म संभव है?), जिसे अल्लामा ने एरिस्टोटील्यन सोसाइटी लण्डन के 54वें अधिवेशन की एक सभा में 5 दिसम्बर 1932 को दिया था, सम्मिलित करके ऑक्सफोर्ड युनिवर्सिटी प्रेस ने इसे `Reconstruction of Religious Thought In Islam' (इस्लाम में धार्मिक चिन्तन की पुनर्रचना) के नाम से 1934 में प्रकाशित किया। प्रस्तुत हिन्दी अनुवाद इक़बाल अकादमी पाकिस्तान और इन्स्टीट्यूट ऑव इस्लामिक कल्चर लाहौर द्वारा प्रकाशित अप्रैल 1989 (द्वितीय संस्करण) के टेक्स्ट पर आधारित है जिसे प्रो. एम. सईद शैख़ ने बड़ी विद्वतापूर्वक सम्पादित, अभिटिप्पणित एवं संदर्भित किया है। यूरोपीय भाषाओं में जर्मन, फ्रेन्च, इतालवी इत्यादि तथा एशियाई भाषाओं में उर्दू, अरबी, फारसी और तुर्की में इस पुस्तक के अनुवाद बहुत पहले हो चुके हैं। ज़रूरत थी कि दक्षिण पूर्व एशिया की प्रमुख भाषा हिन्दी में भी इस का अनुवाद हो ताकि हिन्दी भाषी पाठक अपने दिक् और काल में इस्लाम में धार्मिक चिन्तन के स्वरूप को समझने तथा इसकी पुनर्रचना के इस सबसे आधुनिक एवं समर्थ प्रयास से न केवल परिचित हो सकें बल्कि इस्लाम में धार्मिक चिन्तन को लेकर फैलाये जा रहे प्रमादों से मुक्त हो कर एक समुचित दृष्टिकोण अपना सकें। आशा है कि प्रस्तुत अनुवाद से इस उद्देश्य की पूर्ति हो सकेगी।

भारतीय उप महाद्वीप में मध्यकालीन तथा आधुनिक इस्लामी चिन्तन के मध्य सेतु, अठारहवीं शताब्दी के महान् धर्मशास्त्री, सूफी और विचारक शाह वलीउल्लाह देहलवी (1703.1762) हैं। वह उपमहाद्वीप के पहले मुस्लिम चिन्तक हैं जिसने अपने अन्दर एक नवीन आत्मा की प्रेरणा एवं उत्तेजना महसूस की तथा अपनी

महान कृति 'हुज्जतुल्लाहुल बालिग़:' की भूमिका में लिखा कि "अब समय आ गया है कि इस्लाम की धार्मिक विधि को बुद्धि एवं तर्क के परिधान में प्रस्तुत किया जाय।"[1] 'बुद्धि एवं तर्क' के महत्व पर बल देने की उनकी शिक्षा की अनुगूँज परवर्ती विचारकों में सर सैयद अहमद ख़ान के मोतज़िलावादी आधुनिकतावाद, मौलाना शिब्ली के इल्म-कलामी अर्थनिरूपण तथा इक़बाल के चिन्तन की धार्मिक पुनर्रचना में महसूस की जा सकती है। उन्होंने समग्र इस्लामी इतिहास पर दृष्टि डाली तथा मुस्लिम समाज की युग दर युग की ख़राबियों की ओर संकेत किया और इस सिलसिले में दो ख़राबियों का विशेषरूप से उल्लेख किया — राजनीतिक सत्ता का ख़िलाफ़त से बादशाहत की ओर स्थानान्तरण तथा इज्तिहाद की आत्मा का विनष्ट होना तथा मन-मस्तिष्क पर अन्धानुकरण एवं जड़ता का प्रभुत्व।[2] शाह साहब के रचनात्मक कार्यों में फिक्ह अर्थात् इस्लामी शरीअत के कानून की प्रस्तुति में मध्यम मार्ग अपनाना है ताकि चारों विचारधाराओं हनफी, मालिकी, शाफिई एवं हंबली में न तो किसी के साथ पक्षपात हो और न किसी की अनुचित आलोचना।[3] उन्होंने इज्तिहाद की आवश्यकता पर ज़ोर देने के साथ ही उसकी शर्तों, उसके सिद्धान्तों का भी विवेचन किया है। उन्होंने मुस्लिम दर्शन और इस्लामी दर्शन के भेद को स्पष्ट करके इस्लामी दर्शन की आधार-शिला डाली। मुस्लिम दर्शन से उनका आशय मुसलमानों के उस दर्शन से है जो यूनानी, ईरानी और हिन्दू तथा बौद्ध तत्वों के सम्मिश्रण से अस्तित्व में आया। इनके द्वारा प्रतिपादित इस्लामी दर्शन में सृष्टि एवं मनुष्य की एक ऐसी अवधारणा की गयी है जो कि इस्लामी नैतिकता एवं संस्कृति के पूर्णतया अनुरूप है।[4] नैतिकता के आधार पर वह एक सामाजिक दर्शन की संरचना करते हैं जिसके अन्तर्गत वह घर-गृहस्थी के प्रबन्ध, सामाजिक आचरण, कर-निर्धारण सैन्य-व्यवस्था, नगर-प्रबन्ध, और न्याय व्यवस्था का विवरण देते हैं। तात्पर्य यह कि उन्होंने इस्लाम की सम्पूर्ण सांस्कृतिक, वैचारिक, नैतिक पद्धति की एक सुसंगत पुनर्रचना का प्रयास किया तथा इस्लामी समाज में मूलभूत परिवर्तनों की आवश्यकता पर प्रकाश डाला। तसव्वुफ के नाम से चली आती निराधार आस्थाओं, परम्पराओं के निराकरण का प्रयास किया। वास्तव में उन्होंने वहदतुलवुजूद और वहदतुलशुहूद के मध्य सामंजस्य स्थापित करके तसव्वुफ की एक नयी प्रणाली की शुरूआत की।

शाह वलीउल्लाह इल्मे-कलाम तथा मोतज़िला विचारधारा के अनुयायियों के विरोधी थे। अब्बासी खलीफाओं (749-1258) के युग में यूनानी ज्ञान विज्ञान के अरबी में अनुवाद के फलस्वरूप मुसलमानों में इल्मे-कलाम (शास्त्रीय दर्शन) का विकास हुआ। इसका उद्देश्य इस्लामी विश्वासों एवं विचारों को यूनानी दर्शनों के अनुरूप सिद्ध करना था। नज़्ज़ाम (मृ0 845 ई0) तथा इमाम अशअरी (मृ. 935-36 ई.) ने यूनानी विज्ञान एवं दर्शन की चुनौती का उत्तर देने के लिए मुस्लिम दर्शन की पुनर्रचना का कार्य किया था। उन्नीसवीं शताब्दी में सर सैयद अहमद ख़ान

ने इसी प्रकार के प्रयास द्वारा इस्लामी विश्वासों एवं अवधारणाओं को आधुनिक पाश्चात्य विज्ञान तथा नेचर के अनुकूल प्रदर्शित करने की कोशिश की थी। शाह वलीउल्लाह न तो इस प्रकार के मुत्कल्लिम थे और न उनकी पुनर्रचना का स्वरूप ही इस क़िस्म का था। वह इस अर्थ में एक नवीन इल्मे-कलाम के प्रतिपादक थे कि उन्होंने अपनी रचनाओं विशेषकर 'हुज्जतुल्लाहुल बालिग़ः' के माध्यम से इंसानी दुनिया की मूलभूत घटनाओं तथा सिद्धान्तों के आलोक में इस्लाम की बुनियादी शिक्षाओं की उपादेयता एवं सार्विकता को सिद्ध करने तथा बतलाने का प्रयास किया है कि उनका उद्देश्य मानव-कल्याण है।[5] किन्तु जो चीज़ उनके परवर्तियों तथा उत्तरवर्तियों से उन्हें विशिष्ट करती है वह उनका तीव्र घटनाबोध तथा परस्पर विरोधी विचारों के मध्य समन्वय एवं सन्तुलन स्थापित करने की उनकी अभूतपूर्व क्षमता है। उनके मत में हर प्रकार के सन्तुलन का आधार न्याय (अद्ल) है। वह बार बार कहते हैं कि न्याय भावना के अभाव में समाज में संतुलन बरक़रार नहीं रह सकता। अपनी महान् कृति 'हुज्जतुल्लाहुल बालिग़ः' में उन्होंने समकालीन मेहनतकशों, तथा कारीगरों की दरिद्रता का हृदय विदारक चित्रण किया है। जीवन के हर क्षेत्र में अद्ल या अदालत (न्याय) तथा सहज सन्तुलन की आवश्यकता को स्पष्ट करते हुए 'हुज्जतुल्लाहुल बालिग़ः' में वह कहते हैं कि "न्याय (अदालत) ही एक ऐसा आधार है कि जब मानवीय जीवन के आचरण जैसे उठना बैठना, निद्रा-जागृति, रफ्तार और वार्तालाप, शक्ल व लिबास इत्यादि में इसका लिहाज़ किया जाय तो उसको 'आदाब' कहते हैं। और जब माली हैसियत अर्थात् आय-व्यय से संबंधित मामलों में इसको दृष्टि में रखा जाय तो इसका नाम 'किफायत' है, और यदि घर गृहस्थी के प्रबंध (तद्बीर-मंजिल) में इसका सही प्रयोग किया जाय तो वह 'आज़ादी' कहलाती है। और अगर राज्य के प्रबंध में उसको आधार बनाया जाय तो उसको 'सियासत' कहते हैं। भाई-चारे, मुहब्बत और संबंधों में आधार बनाया जाय तो इस अद्ल (न्याय) को हुस्ने-मआशरत (नागरिकता, सामाजिक जीवन) का नाम दिया जाता है।"[6]

शाह वलीउल्लाह का बहुआयामी चिन्तन परवर्ती मुस्लिम विचारकों, धार्मिक एवं सामाजिक सुधारकों तथा धर्मशास्त्रियों के लिए प्रेरणा का एक अविच्छिन्न स्रोत रहा है। यद्यपि फर्रुख़सियर, मुहम्मद शाह रंगीले और शाह आलम का हिन्दुस्तान उनकी कर्मभूमि एवं चिन्तन भूमि था, ऐसा हिन्दुस्तान जो एक ओर मराठों एवं जाटों तथा दूसरी ओर नादिरशाह और अहमद शाह अब्दाली के दलों से आक्रान्त था तथा जहाँ चारों ओर अराजकता छाई हुई थी। ऐसे माहौल में रह कर उन्होंने चिन्तन और लेखन कार्य किया किन्तु उस पर अपने माहौल का असर नहीं पड़ने दिया। ऐसी अराजकता तथा कटुता के वातावरण में रह कर भी समस्त धर्मों के प्रति उन्होंने सहिष्णुता का दृष्टिकोण अपनाया। वास्तव में इसका मात्र कारण यह था कि उनके दिलोदिमाग़ पर सन्तुलन एवं न्यायभाव छाया हुआ था। 'हुज्जतुल्लाहुल

बालिग़ः' में वह कहते हैं कि सभी धर्मों की मूल भावना एक ही है। उसके अनुयायियों के भ्रष्ट आचरणों, व्यवहारों तथा उनके द्वारा नवीन प्रथायें जारी किये जाने से जब धर्म में विकार और दोष उत्पन्न हो जाते हैं तो उसका स्थान किसी अन्य धर्म द्वारा ले लिया जाता है। यह मानवता के आध्यात्मिक इतिहास का नियम है। इस्लाम इस नियम का अपवाद बना तो इसका एक मात्र कारण अन्तिम धर्म की तार्किक आवश्यकता थी। यह बिन्दु विचारणीय है कि इक़बाल ने पैग़म्बरी की संस्था की अन्तिमता से इसी प्रकार का निष्कर्ष निकाला है।

पाश्चात्य राष्ट्रों के प्रभुत्व एवं साम्राज्यवादी विस्तार के अन्तर्गत उत्पन्न नयी समस्याओं एवं संकटों के प्रति मुस्लिम देशों में बौद्धिक जागृति एवं प्रतिक्रिया का सूत्रपात उन्नीसवीं शताब्दी के द्वितीयार्ध में हुआ। इसी समय से इस्लाम के आधुनिक युग की शुरूआत होती है। इस युग का उद्घाटन करने वाली शक्तियां राजनीतिक थीं न कि बौद्धिक। यह उन्हीं का परिणाम था कि मुस्लिम देशों में धर्म, विधि, शिक्षा तथा समाज-सुधार के क्षेत्र में एक नयी जागृति ने जन्म लिया तथा विदेशी प्रभुत्व से उत्पन्न संकटों से उबरने के लिए जमालुद्दीन अफ़ग़ानी (1838-1897), सर सैयद अहमद ख़ान (1817-1898), मुहम्मद अब्दुह (1849-1909) प्रकट हुए। यह संक्रमण का दौर था और कोई आश्चर्य नहीं कि इस दौर के मुस्लिम विचारकों का प्रयास मुख्यतया विधिक, शैक्षिक तथा सामाजिक सुधार के व्यावहारिक कोटि के मामलों तक सीमित रहा।[7] यद्यपि ईसाई मिशनरियों से धार्मिक विषयों पर शास्त्रार्थ करने के लिए आवश्यक हो गया कि पश्चिमी सभ्यता एवं संस्कृति का कार्यकारी ज्ञान प्राप्त किया जाय। इस उद्देश्य के निमित्त अर्जित ज्ञान वाद-विवाद एवं शास्त्रार्थ के मण्डपों में तो काम दे सकता था किन्तु इससे यह आशा नहीं की जा सकती थी कि वह पाश्चात्य संस्कृति की आन्तरिकता के गवाक्ष खोल देगा। पश्चिमी प्राच्यविदों, आलोचकों एवं मिशनरियों ने इस्लाम की विधिक, धार्मिक, और सामाजिक संस्थाओं और उनमें सन्निहित नैतिकता को अपने प्रहार का लक्ष्य बनाया था। व्यावहारिक जीवन के विधिक, धार्मिक एवं सामाजिक प्रश्नों पर विशेष आग्रह के कारण मुस्लिम विचारक दर्शन की अव्यावहारिक क़िस्म की समस्याओं के प्रति अपना मनोयोगपूर्ण योगदान नहीं कर सके। ऐसा नहीं कि दार्शनिक विषयों पर विचार-विमर्श नहीं हुआ या कि एक आधुनिक दर्शन की आवश्यकता का विचार नहीं आया। सर सैयद अहमद ख़ान ने आधुनिक युग की चेतना के अनुरूप एक नव्य दर्शन की आवश्यकता पर ज़ोर दिया तथा मौलाना शिब्ली ने मुसलमानों के इल्मे-कलाम का इतिहास तथा उसके युग दर युग की प्रगतियों तथा मुत्कल्लिमीन के विचारों का मूल्यांकन करने के लिए 'इल्मुल कलाम' के नाम से एक पुस्तक की रचना की और अपनी दूसरी कृति 'अल-कलाम' में उन्होंने एक जदीद (आधुनिक) इल्मे-कलाम की रूप-रेखा प्रस्तुत की जिसमें उन्होंने बौद्धिक तर्कों की सहायता से धार्मिक विश्वासों को युक्तियुक्त सिद्ध करने का प्रयास किया। उनके अनुसार

आधुनिक इल्मे-कलाम के प्रमुख दो कार्य यह हैं — (1) इस्लामी आस्थाओं एवं विश्वासों की पुष्टि (वास्तव में यह आधुनिक दार्शनिक चिन्तन के आलोक में प्राचीन कलाम की पुनः प्रस्तुति के प्रति संकेत है।) (2) इस्लामी आचारनीति एवं विधि के समर्थन में एक नव्य कलाम की सर्जना। "प्राचीन इल्मे-कलाम में केवल इस्लाम के विश्वासों के विषय में बहस होती थी क्योंकि उस युग में विरोधियों ने इस्लाम पर जो आपत्तियाँ की थीं विश्वासों से संबंधित थीं लेकिन आजकल इतिहास, नैतिकता, सभ्यता हर हैसियत से धर्म को जाँचा जाता है। यूरोप के अनुसार किसी धर्म के विश्वास इस क़दर आपत्तिजनक नहीं जिस क़दर उसकी कानूनी एवं नैतिक समस्याएँ हैं। " (अल-कलाम पृ. 6, 1984) स्पष्ट है कि मौलाना शिब्ली का नव्य-कलाम संबंधी तत्वमीमाँसात्मक आन्दोलन पूर्णतया मण्डनात्मक एवं अर्थ निरूपणात्मक ही था क्योंकि शिब्ली ने इस्लामी संस्कृति के वैचारिक आधार को अपने चिन्तन का विषय नहीं बनाया था।

1

इक़बाल (1876-1938) आधुनिक इस्लामी जगत् का वह एक मात्र दार्शनिक है जिसने इस्लाम तथा इस्लामी संस्कृति के वैचारिक आधारों को अपने चिन्तन का विषय बनाया है। इक़बाल की धारणा में धर्म मानवीय अनुभूति का एक जैविक तथ्य है जिसका उद्देश्य मनुष्य के आन्तरिक एवं बाह्य जीवन का रूपान्तरण एवं मार्गदर्शन है। इसीलिए उनका मन्तव्य है कि धर्म के बौद्धिक आधारों की तलाश अनिवार्य है। चूँकि धर्म आचरण की एक प्रणाली है अतः धर्म में निहित सत्यों को अनिर्धारित नहीं पड़े रहना चाहिये क्योंकि "कोई भी व्यक्ति आचरण के एक संदिग्ध सिद्धान्त के आधार पर कर्म का जोखिम नहीं उठायेगा।" इसीलिए "विज्ञान की अपेक्षा धर्म को अपने मूलभूत सिद्धान्तों के निमित्त एक बुद्धिसंगत आधार की अधिक आवश्यकता है। विज्ञान एक बुद्धिसंगत तत्वमीमांसा की उपेक्षा कर सकता है, सच तो यह है कि अब तक इसने इसकी उपेक्षा ही की है। धर्म मुश्किल से ही अनुभूति की प्रतिकूलताओं के सामंजस्य तथा मनुष्य जिस माहौल में रहता है उसके औचित्य की तलाश की उपेक्षा कर सकता है।"[8] इक़बाल के मत में दर्शन को धर्म के मूल्यांकन का अधिकार है। किन्तु धर्म की प्रकृति ही कुछ ऐसी है कि वह अपनी शर्तों को छोड़कर दर्शन की अधीनता कदापि नहीं स्वीकार करेगा क्योंकि धर्म, दर्शन का कोई विभागीय मामला नहीं है। अतः धर्म के मूल्यांकन में दर्शन को धर्म की केन्द्रीय हैसियत को मानना पड़ेगा क्योंकि "धर्म न तो मात्र विचार है, न मात्र भावना और न मात्र कर्म। यह सम्पूर्ण मनुष्य की अभिव्यक्ति है।" इक़बाल-दर्शन में धर्म की केन्द्रीय हैसियत का एक महत्वपूर्ण कारण यह है कि उनके अनुसार "आज मानवता को तीन चीज़ों — सृष्टि की एक आध्यात्मिक व्याख्या, व्यक्ति की

आध्यात्मिक मुक्ति एवं मानव समाज के विकास को आध्यात्मिक आधार पर संचालित करने वाले एक सार्वभौमिक महत्व के मूल सिद्धान्त—की आवश्यकता है। निःसंदेह इन्हीं सिद्धान्तों के आधार पर आधुनिक यूरोप ने आदर्शवादी प्रणालियों का निर्माण किया है, किन्तु अनुभव यह बताता है कि शुद्ध-बुद्धि के माध्यम से उद्घाटित सत्य, जीवन्त विश्वास की वह अग्नि उत्पन्न करने में असमर्थ है जिसे केवल व्यक्तिगत इल्हाम ही उत्पन्न कर सकता है। यही कारण है कि शुद्ध विचार ने मनुष्यों को बहुत कम ही प्रभावित किया है जब कि धर्म ने सदैव व्यक्तियों का उन्नयन किया है तथा समस्त समाजों की कायापलट की है।"[9]

अपने समकालीन हिन्दू विचारकों -- रवीन्द्रनाथ टैगोर, अरविन्द घोष, कृष्णचन्द्र भट्टाचार्य तथा डॉ. राधाकृष्णन के समान इक़बाल का दर्शन मूलतः धार्मिक है। इक़बाल के चिन्तन में धार्मिक अनुभूति केन्द्रीय स्थान रखती है। किन्तु उनके यहाँ दर्शन, धर्म का अनुचर नहीं है प्रत्युत अपना एक स्वतन्त्र अस्तित्व रखता है। इक़बाल के विचार में धार्मिक जीवन के तीन दौर होते हैं जिन्हें वह विश्वास, विचार एवं अवगम के रूप में अभिहित करते हैं। प्रथम दौर में धर्म अनुशासन की एक विधा के रूप में प्रकट होता है जिसे व्यक्ति या पूरी जाति को एक अनिवार्य समादेश के रूप में मानना होता है। विचार का दौर धर्म के अनुशासन एवं इसकी सत्ता के मूल स्रोत को बौद्धिक रूप से बोधगम्य करने का दौर होता है। इस दौर में धार्मिक जीवन अपने आधार की तलाश एक प्रकार की तत्वमीमांसा में करता है। तीसरे दौर में मनोविज्ञान तत्वमीमांसा का स्थान ले लेता है। इस अन्तिम दौर में धार्मिक जीवन की परिणति परम यथार्थता के साक्षात्कार की महत्वाकांक्षा में होती है। "यहां आकर धर्म जीवन और शक्ति के आत्मसात्करण का एक वैयक्तिक विषय बन जाता है तथा व्यक्ति एक स्वतन्त्र व्यक्तित्व प्राप्त कर लेता है—स्वयं को विधि की बेड़ियों से मुक्त करके नहीं प्रत्युत अपनी ही चेतना की गहराइयों में विधि के परम स्रोत का पता लगा कर।"[10] इक़बाल के दर्शन में धर्म शब्द का प्रयोग धार्मिक जीवन के विकास की अन्तिम अवस्था अर्थात् अवगम के अर्थ में हुआ है। इक़बाल इसे धार्मिक अनुभूति, सूफियाना अनुभूति, तसव्वुफ और उच्चतर धर्म के नाम से भी वर्णित करते हैं जो उनके विचार में "एक विशदतर जीवन की मात्र एक तलाश है, वस्तुतः एक अनुभूति है और इसने विज्ञान से बहुत पहले अपने आधार के रूप में अनुभूति की महत्ता को मान्यता प्रदान कर दी थी।"[11]

इक़बाल द्वारा इस्लामी चिन्तन की पुनर्रचना में धार्मिक अनुभूति मूलाधारात्मक है। वह उन कतिपय आधुनिक मनीषियों में प्रमुख हैं जिन्होंने महसूस किया कि अपनी मूर्त्त चिन्तन की आदतों के कारण आधुनिक मनुष्य उस क़िस्म की आन्तरिक अनुभूति की क्षमता नहीं रखता जिस पर कि धार्मिक आस्था अन्ततः निर्भर करती है। धार्मिक अनुभूति के परिष्कार एवं स्पष्टीकरण में तसव्वुफ की प्रणालियों ने महत्वपूर्ण योगदान किया है, इससे इक़बाल को इन्कार नहीं। किन्तु

तसव्वुफ की मध्यकालीन प्रणालियों का निर्वहण करने वाले इसके वर्तमान प्रतिनिधि आधुनिक मन की प्रवृत्तियों की अज्ञानता के कारण आधुनिक चिन्तन एवं अनुभूति से कोई नयी प्रेरणा प्राप्त कर सकने में समर्थ नहीं हैं। "वे ऐसे तरीक़े जारी रखे हुए हैं जो उन पीढ़ियों के लिए सृजित किये गये थे जो महत्वपूर्ण पहलुओं में हम से भिन्न सांस्कृतिक मनोवृत्ति रखती थीं।"[12] आधुनिक मनुष्य एक भिन्न बौद्धिक पृष्ठभूमि रखता है। अतः एक मृत तत्वमीमांसा की शब्दावली उसके लिए कारगर नहीं हो सकती। आधुनिक मनुष्य धार्मिक अनुभूति की एक ऐसी प्रणाली की अपेक्षा करता है जो एक मूर्त चिन्तन की आदतों वाले मन के लिए उपयुक्त हो। इस्लाम की धार्मिक परंपरा और आधुनिक ज्ञान-विज्ञान के विभिन्न क्षेत्रों में होने वाली नवीनतर प्रगतियों के संदर्भ में इस्लामी चिन्तन की पुनर्रचना में इक़बाल ने आधुनिक मन की अपेक्षाओं की पूर्ति का एक महत्वपूर्ण प्रयास किया है। इसीलिए उन्होंने अपनी मूलभूत संकल्पनाओं—अन्तःप्रज्ञा, अहं, ईश्वर, जगत् अमरत्व, स्वातन्त्र्य, प्रार्थना तथा दिक्काल के निरूपण के लिए आधुनिक दर्शन एवं विज्ञान के प्रवर्गों को अपना माध्यम बनाया है। वास्तव में इस्लामी तत्वमीमांसा को आधुनिक वैचारिक प्रवर्गों एवं मुहावरों में प्रस्तुत करके इक़बाल ने अन्तर्राष्ट्रीय स्तर पर अन्तरधार्मिक संवाद का मार्ग प्रशस्त किया।[13] इसी प्रकार यदि विश्व के अन्य महत्वपूर्ण धर्मों की तत्वमीमांसा को एक सामान्य शब्दावली में परिणत कर दिया जाय तो विभिन्न धर्मों के मध्य संवाद एवं संप्रेषण अधिक सुकर, प्रभावकारी एवं रचनात्मक हो सकता है।

पुनर्रचना में इक़बाल का उद्देश्य धर्म एवं विज्ञान के मध्य सामंजस्य स्थापित करना नहीं। यह तो मण्डनवादियों का काम होता है, सृजनात्मक विचारकों का नहीं। धार्मिक अनुभूति के निरूपण एवं विश्लेषण के निमित्त किसी प्रणाली के अभाव में इक़बाल आधुनिक दर्शन एवं विज्ञान के प्रवर्गों के माध्यम से उस यथार्थता की अभिपुष्टि एवं व्याख्या करते हैं जिसका संज्ञान धार्मिक अनुभूति द्वारा होता है। उनको इस बात की शिकायत है कि आधुनिक मनोविज्ञान ने धार्मिक अनुभूति की अन्तर्वस्तुओं के मूल्यांकन और विश्लेषण पर ध्यान नहीं दिया है। तसव्वुफ या धार्मिक अनुभूति वास्तव में धर्म का मनोविज्ञान है। इक़बाल के मत में इब्न ख़ल्दून (1332-1406) विश्व का प्रथम विचारक है जिसने धार्मिक अनुभूति के स्तरों की पड़ताल के निमित्त एक प्रभावकारी वैज्ञानिक प्रणाली की आवश्यकता को महसूस किया। आधुनिक मनोविज्ञान ने इस प्रकार की प्रणाली की आवश्यकता को केवल हाल ही में महसूस किया है। किन्तु अभी तक चेतना के सूफियाना स्तरों के विशिष्ट लक्षणों की खोज से आगे नहीं जा सका है। इक़बाल युंग से सहमत हैं कि धर्म की मूल प्रकृति विश्लेषणात्मक मनोविज्ञान से परे है क्योंकि धर्म के भावनात्मक एवं प्रतीकात्मक पहलू के सिलसिले में ही मनोवैज्ञानिक समीक्षा संभव है। किन्तु युंग समेत सभी मनोवैज्ञानिकों ने इस सिद्धान्त का अभी तक उल्लंघन ही किया है।

उन्होंने एक ऐसी कार्य-विधि अपनायी है जिसका परिणाम यह है कि "धर्म की मूलभूत प्रकृति तथा मानवीय व्यक्तित्व के लिए इसकी अर्थवत्ता में हमें एक वास्तविक अन्तर्दृष्टि प्रदान करने के स्थान पर हमारे आधुनिक मनोविज्ञान ने हमें नवीन सिद्धान्तों का एक ऐसा तूमार प्रदान किया है जो अपनी उच्चतर अभिव्यक्तियों में प्रकटित धर्म की प्रकृति की एक पूर्ण ग़लतफहमी पर अग्रसर होते हैं तथा हमें एक पूर्णतया निराशाजनक दिशा में ले जाते हैं।"[14] स्पष्ट है कि यथार्थता के निरूपण में इक़बाल आधुनिक वैज्ञानिक ज्ञान एवं दार्शनिक अन्तर्दृष्टि को बहुत महत्व देते हैं। उनको इसका तीव्र एहसास है कि ज्ञान की सीमाओं में बड़ी तेज़ी से विस्तार हो रहा है। अतएव कोई भी विचारक अपनी धारणाओं एवं संकल्पनाओं के सिलसिले में किसी अन्तिमता का दावा नहीं कर सकता। अतः वह कहते हैं कि "यह याद रखना चाहिये कि दार्शनिक चिन्तन में अन्तिमता जैसी कोई चीज़ नहीं है। ज्यों ज्यों ज्ञान की प्रगति होगी और विचार के नये मार्ग खुलेंगे, संभवतः इन व्याख्यानों में निहित धारणाओं से अधिक युक्तियुक्त अन्य धारणायें संभव हो सकेंगी।"[15] उनके विचार में मानवीय चिन्तन पर एक सावधानीपूर्ण नज़र रखना तथा इसके प्रति एक स्वतन्त्र समालोचनात्मक दृष्टिकोण बनाये रखना हमारा कर्त्तव्य है। "हमारे लिये मात्र खुला रास्ता यह है कि हम आधुनिक ज्ञान के प्रति एक आदरपूर्ण किन्तु स्वतंत्र दृष्टिकोण अपनायें और उस ज्ञान की रोशनी में इस्लाम की शिक्षाओं का मूल्यांकन करें, भले ही हमें अपने पूर्ववर्तियों से असहमत होना पड़े।"[16]

प्रत्येक सृजनात्मक विचारक का मन उसके विचारों की रण-भूमि होता है। इकबाल में भी वैचारिक पटल पर एक द्वन्द्व, एक तनाव है। इस द्वन्द्व या तनाव का कारण यह है कि वह अपने निष्कर्षों को बौद्धिक तथा दार्शनिक कसौटी पर ही नहीं जांचते प्रत्युत वह उन्हें अनिवार्यतया जैविक निकष पर भी परखने का प्रयास करते हैं। दूसरे शब्दों में वह विचारों एवं संकल्पनाओं के प्रति बौद्धिक एवं परिणामवादी या व्यावहारिक क़िस्म की दोनों कसौटियों का प्रयोग करते हैं। अपने परवर्ती एवं समकालीन चिन्तकों के विचारों की अभिपुष्टि एवं निषेध, अस्वीकार एवं संशोधन के पीछे यही प्रक्रिया कार्यरत प्रतीत होती है। वह विचार-तरु को उसके फल से, न कि उसकी जड़ से परखने का आग्रह करते हैं। ऊपरी तौर पर उनके विचारों पर हेगेल, नीत्शे और बर्गसां के चिन्तन का प्रभाव प्रतीत हो सकता है। इन विचारकों के मतों को उद्धृत करने के पीछे इक़बाल का मात्र उद्देश्य यह है कि पाठक उनके (इक़बाल के) विचारों को इन चिन्तकों के माध्यम से समझने एवं बोधगम्य करने का प्रयास करें ताकि उनके (इक़बाल के) विचार अपरिचित न लगें। अपनी "पूर्ण मानव" (इन्साने-कामिल) की संकल्पना के सिलसिले में डॉ. निकल्सन को लिखे अपने 21.1.1921 के पत्र में इकबाल कहते हैं कि यदि अंग्रेज पाठक अंग्रेज़ विचारक प्रो. अलेक्जंडर के विचारों के माध्यम से उनकी संकल्पना का अनुशीलन करें तो वह उन्हें अजीबोगरीब नहीं प्रतीत होगी। इक़बाल के यहां नीत्शे एवं बर्गसाँ

के संदर्भ का एक कारण यह भी है कि इक़बाल के विचार में उनके आध्यात्मिक गुरु जलालुद्दीन रूमी (1207-1273 ई.) के विचारों में इन महान् यूरोपीय विचारकों के मूल विचारों का पूर्वाभास मिलता है। अतः नीत्शे की अतिमानव एवं बर्गसां की शुद्ध अवधि एवं सृजनात्मक विकासवाद की अवधारणा कोई नयी चीज़ नहीं प्रत्युत मूल इस्लामी चिन्तन की आधुनिक किन्तु अधिक विकसित प्रस्तुति है। इक़बाल की अतिमानव की संकल्पना, नीत्शे की अतिमानव की संकल्पना से पूर्णतया भिन्न है। नीत्शे ने पाशविक शक्ति का आदर्शीकरण किया है किन्तु इक़बाल की अवधारणा नैतिक है। नीत्शे का उद्देश्य राजनैतिक है जब कि इक़बाल का प्रयोजन नैतिक है। दोनों विचारकों की धारणाओं में निहित अन्तर का कारण यथार्थता के विषय में उनकी भिन्न धारणा है। इक़बाल का नैतिक दृष्टिकोण उन्हें वैयक्तिक अमरत्व की धारणा की ओर ले जाता है किन्तु नीत्शे वैयक्तिक अमरत्व में विश्वास नहीं करता। "क्या तुम काल के कन्धों पर सतत भार बने रहना चाहते हो?" नीत्शे के इस प्रश्न के मूल में काल के विषय में उसकी ग़लत धारणा है क्योंकि वह काल के प्रश्न में निहित नैतिक पहलू पर ध्यान नहीं देता। इसके विपरीत इक़बाल के विचार में अमरत्व मनुष्य के लिए उच्चतम आकांक्षा है जिसके लिए उसकी अपनी समस्त शक्तियों का प्रयोग अनिवार्य है। इसीलिए इक़बाल परिकल्पना प्रधान तसव्वुफ तथा प्रशान्तिवाद या निवृत्तिवाद की भर्त्सना करते हैं। इसी प्रकार बर्गसां यथार्थता के प्रयोजनमूलक स्वरूप से इन्कार करता है किन्तु इक़बाल की धारणा में प्रयोजनमूलकता मूलभूत तत्व है। यद्यपि इक़बाल की प्रयोजनमूलकता का अर्थ पूर्व निर्धारित प्रयोजन नहीं, प्रत्युत वह एक आने वाला प्रयोजन अर्थात् संभाव्यता है।

इक़बाल ने स्वयं अपने विरुद्ध इस आपत्ति को स्वीकार किया है कि उनका दर्शन वैश्विक है किन्तु उसका अनुप्रयोग विशिष्टतावादी। उनके विशिष्टतावाद का कारण यह है कि उनकी धारणा में चिन्तन 'चिन्तन' के लिए नहीं प्रत्युत जीवन के लिए है। उनका विशिष्टतावाद उनके परिणाममूलक या व्यावहारिक दृष्टिकोण की उपज है। उनका मानना है कि "काव्य और दर्शन में मानवतावादी आदर्श सदैव वैश्विक होता है किन्तु यदि आप को वास्तविक जीवन में इसे एक प्रभावकारी आदर्श बनाना तथा कार्यान्वित करना है तो आप को कवियों और दार्शनिकों से नहीं प्रत्युत एक ऐसे समाज से शुरूआत करनी पड़ेगी जो कि इस अर्थ में विशिष्ट है कि वह एक धर्ममत तथा एक सुपरिभाषित रूपरेखा रखता है किन्तु जो उदाहरण एवं प्रत्यायन द्वारा सदैव अपनी सीमा में विस्तार करता रहता है।"[17] इक़बाल के विश्वास के अनुसार इस्लाम इस प्रकार के एक समाज का उदाहरण है। इस समाज के प्रति उनकी आसक्ति का कारण कोई संकुचित उद्देश्य नहीं, बल्कि इसका कारण यह है कि इस समाज ने सफलतापूर्वक सिद्ध कर दिया है कि यह नस्लवाद का विरोधी है और नस्लवाद या जातिवाद ही मानवतावादी आदर्श के मार्ग में सबसे बड़ी रुकावट है। इक़बाल रेनां से सहमत नहीं कि इस्लाम का सबसे बड़ा शत्रु

विज्ञान है, उनके विचार में इस्लाम का ही नहीं अपितु सकल मानवता का सबसे बड़ा शत्रु नस्लवाद है। चूंकि इक़बाल समझते हैं कि उनके विचारों को मुस्लिम समाज में सफलतापूर्वक लागू किया जा सकता है, अतएव उनके प्रथम मुख़ातिब मुसलमान हैं और मुसलमानों के माध्यम से वह सकल मानवता का अपने विचारों के प्रति आह्वान करते हैं। "यद्यपि मैं इस्लाम के प्रति महत्तम प्रेम रखता हूं, तथापि व्यावहारिक प्रयोजनों से न कि देशभक्तिपूर्ण प्रयोजनों की दृष्टि से, मैं विवश हूं कि एक विशिष्ट समाज (इस्लाम) से शुरूआत करूं क्योंकि विश्व के समाजों में मात्र वही मेरे उद्देश्य के लिए उपयुक्त है।"[18] इक़बाल के विचार में धरती पर ईश्वर का अधिराज्य सब मनुष्यों के लिए है केवल मुसलमानों के लिये ही नहीं, बशर्ते वे नस्ल एवं राष्ट्रीयता के अपने बुतों को अलविदा कह दें तथा एक दूसरे को व्यक्तित्वों के रूप में मानें। इक़बाल का ध्येय इस्लाम की वकालत नहीं प्रत्युत एक सार्वभौमिक सामाजिक संरचना की तलाश है तथा इस प्रयास में उनके लिए एक ऐसे समाज की उपेक्षा करना असंभव है जिसके अस्तित्व का मात्र उद्देश्य जाति, वर्ग और नस्ल के समस्त भेदों को समूल नष्ट कर देना है।

इक़बाल के चिन्तन में ज्ञान बहुत महत्वपूर्ण तत्व है। उनके अनुसार इन्द्रियबोध, बुद्धि तथा अन्तःप्रज्ञा—तीनों ज्ञान के स्रोत हैं। मनुष्य के ज्ञान का स्वरूप संकल्पनात्मक है। क़ुरआन के अनुसार मनुष्य वस्तुओं का नामोल्लेख करने की क्षमता अर्थात्, उनके विषय में प्रत्ययन करने की क्षमता रखता है। वास्तव में वस्तुओं के विषय में प्रत्यायन करने का अर्थ उन्हें नियन्त्रित करना है। अतः प्रत्ययात्मक ज्ञान के अस्त्रों से लैस हो कर ही मनुष्य यथार्थता के गोचर पहलुओं के निकट आता है। इक़बाल की मान्यता है कि यथार्थता अपने ही प्रकटनों में रहती है। सृष्टि की परिवर्तनशील वास्तविकतायें हमारे अस्तित्व को नये सांचों में ढ़लने के लिए क़ायल करती हैं। "इसके द्वारा प्रस्तुत बाधा पर क़ाबू पाने के लिए किया गया बौद्धिक प्रयास हमारे जीवन को समृद्ध एवं विस्तृत करने के अतिरिक्त हमारी अन्तर्दृष्टि को पैनी करता है और इस प्रकार मानवीय अनुभूति के सूक्ष्मतर पहलुओं में एक अधिक कौशलपूर्ण सन्निवेश के लिए हमें उद्यत करता है। वस्तुओं के कालिक प्रवाह के साथ हमारा वैचारिक सम्पर्क ही है जो अलौकिक बौद्धिक दर्शन के लिए हमें प्रशिक्षित करता है।"[19] हमारा ज़ीवन अपने गिर्द यथार्थता के साथ संबंध स्थापित करने पर निर्भर करता है और यह ज्ञान ही है जो इन संबंधों को स्थापित करता है। बुद्धि द्वारा सुपरिष्कृत इन्द्रियबोध ही ज्ञान है। दिक् और काल ज्ञान का निर्धारण करते हैं क्योंकि जगत् में दो तत्व सम्मिलित हैं—वस्तुएँ तथा वस्तुओं में होनेवाला परिवर्तन। कान्ट के विचार में दिक्काल आत्मनिष्ठ हैं। इक़बाल कान्ट से सहमत हैं। किन्तु दिक्काल की आत्मनिष्ठता से कान्ट ने यह निष्कर्ष निकाला कि हमारा ज्ञान प्रपंचों तक ही सीमित है और वस्तु-सत् हमारे ज्ञान की परिधि से परे हैं। इक़बाल के अनुसार कान्ट की यह धारणा कि अनुभूति की सीमाओं से परे होने के कारण वस्तु-निजरूप (thing-in-itself) शुद्ध बुद्धि द्वारा

बोधगम्य नहीं, तभी स्वीकार्य हो सकती है जबकि हम इस मान्यता के साथ अग्रसर हों कि सामान्य स्तर की अनुभूतियों के अतिरिक्त अन्य समस्त अनुभूतियाँ असंभव हैं। इक़बाल के विचार में तत्वमीमांसा की संभावना के सिलसिले में कान्ट के प्रश्न का स्वरूप बहुत कुछ "वस्तु जैसी कि है" (वस्तु-निज रूप) तथा वस्तु जैसी कि प्रतीत होती है" (प्रतीयमान वस्तु विषयक धारणा) द्वारा निर्धारित हुआ था। अतः इक़बाल पूछते हैं कि यदि कान्ट के प्रश्न को उलट दिया जाय तो क्या स्थिति होगी? क्योंकि स्पेन के मुस्लिम विचारक और सूफी मुहीउद्दीन इब्न-अल-अरबी का कथन है कि "जगत् एक संकल्पना है और ईश्वर प्रत्यक्ष या प्रतिबोध है।" इक़बाल के विचार में अनुभूति का सामान्य स्तर ही ज्ञानप्रद अनुभूति का मात्र स्तर नहीं है। "हो सकता है जिसे हम बाह्य जगत् कहते हैं वह केवल एक बौद्धिक व्याख्या हो और यह भी संभव है कि दिक् एवं काल की अन्य पद्धतियों में प्रणालीबद्ध कर लिये जाने योग्य मानवीय अनुभूति के अन्य स्तर भी हों—ऐसे स्तर जिनमें संकल्पना और विश्लेषण की वैसी भूमिका नहीं होती जैसी कि हमारी सामान्य अनुभूतियों के सिलसिले में होती है।"[20]

इक़बाल के अनुसार संकल्पनाओं के माध्यम से परम यथार्थता के निरूपण की विधि उचित विधि नहीं है। धर्म ही परम यथार्थता के निरूपण की मात्र विधि है क्योंकि जो अनुभूति हमें यथार्थता तक ले जाती है वह संकल्पनात्मक दृष्टि से निरूपणीय बौद्धिक तथ्य नहीं है। अतः यथार्थता की एक समग्र दृष्टि प्राप्त करने के लिए इन्द्रियबोध का अनुपूरण 'फ़ुआद्' या 'क़ल्ब' अर्थात् हृदय के बोध द्वारा किया जाना चाहिये। 'फ़ुआद' या 'क़ल्ब' की दृष्टि कोई रहस्यमय विशिष्ट मनःशक्ति नहीं। वास्तव में यह यथार्थता के निरूपण की एक रीति है जिसमें दैहिक रूप से संवेदन की कोई भूमिका नहीं होती किन्तु इससे उद्घाटित होने वाला अनुभव - परिदृश्य वैसा ही वास्तविक एवं मूर्त होता है जैसा कि कोई अन्य अनुभव। इक़बाल के विचार में यथार्थता के समग्र बोध के लिए 'फ़ुआद' या 'क़ल्ब' द्वारा इन्द्रियबोध के अनुपूरण का एक कारण यह भी है कि ज्ञान के संगठन में प्रयुक्त संकल्पनाएँ अपने स्वरूप में अनुभागीय होती हैं तथा उनका अनुप्रयोग अनुभव सापेक्ष होता है। उदाहरण के लिए 'कारण' की संकल्पनाएँ भौतिक विज्ञान के लिए ठीक हैं किन्तु जब हम जीवन और मन के स्तर पर उठ जाते हैं तो 'कारण' की संकल्पना काम नहीं देती और तब हमें विचार की किसी अन्य कोटि की संकल्पना अर्थात् 'उद्देश्य' एवं 'प्रयोजन' की आवश्यकता पड़ती है। स्पष्ट है कि इक़बाल उन खतरों से पूर्णतया सावधान हैं जो मण्डनवादियों के धर्म और विज्ञान के मध्य सामंजस्य स्थापित करने के सायास प्रयास में निहित होते हैं। अतः इक़बाल का कहना है कि मानवीय अनुभूति के दित्ताओं (data) के किसी भी समन्वय में धर्म को केन्द्रीय स्थान देना ही पड़ेगा। क्योंकि इसकी दृष्टि यथार्थता की समग्रता पर होती है, लिहाज़ा इसे विज्ञान की अनुभागीय संकल्पनाओं से भयभीत होने की आवश्यकता नहीं है।

2

इक़बाल अपने चिन्तन के माध्यम से हमारी दृष्टि इस्लामी संस्कृति की कतिपय प्रभावी संकल्पनाओं पर केन्द्रित करते हैं ताकि उनकी तह में विद्यमान प्रत्यायन की प्रक्रिया में हमें एक अन्तर्दृष्टि प्राप्त हो और इस प्रकार उस आत्मा की एक झलक मिल जाय जिसे उन संकल्पनाओं के माध्यम से अभिव्यक्ति प्राप्त हुई है। उनके विचार में इस्लामी संस्कृति के मूल में सर्वाधिक महत्वपूर्ण धारणा पैग़म्बरी संस्था की अन्तिमता है। इक़बाल पैग़म्बर को एक ऐसी सूफियाना चेतना के रूप में परिभाषित करते हैं "जिसमें एकात्मक अनुभूति अपनी सीमाओं से बह निकलने के लिए प्रवृत्त होती है तथा सामूहिक जीवन की शक्तियों को पुनर्निर्देशित एवं पुनर्निर्मित करने के अवसर ढूँढ़ती रहती है। उसके व्यक्तित्व में जीवन का ससीम केन्द्र अपनी असीम गहराइयों में डूबता जाता है ताकि प्राचीन को नष्ट करने तथा जीवन की नयी दिशाओं को उद्‌घाटित करने के लिए एक नवीन उर्जस्विता के साथ पुनः प्रकट हों।"[21] मानव जाति की बाल्यावस्था में ऊर्जा पैग़म्बरी चेतना विकसित करती है जो वास्तव में पूर्ण निष्पन्न निर्णयों, वरणों (choices) एवं कर्म की रीतियों की व्यवस्था द्वारा वैयक्तिक विचार एवं वरण की मितव्ययता की प्रणाली होती है। "बुद्धि एवं विवेचनात्मक मनःशाक्ति के जन्म के साथ जीवन अपने ही हित में चेतना की अबौद्धिक प्रणालियों की संरचना एवं वृद्धि रोक देता है जिसके माध्यम से मानवीय विकास की पूर्ववर्ती अवस्था में मानसिक ऊर्जा प्रस्फुटित हुयी थी। मूलतः मनुष्य मनोभाव एवं सहजवृत्ति द्वारा नियन्त्रित होता है। आगमनात्मक बुद्धि (inductive intellect) ही, जो मनुष्य को अपने माहौल का नियंत्रक बनाती है, एक उपलब्धि है तथा जब एक बार पैदा हो जाती है तो ज्ञान की अन्य प्रणालियों की वृद्धि के अवरोधन द्वारा इसे प्रबलित करना पड़ता है।"[22] किन्तु यह भी तथ्य है कि प्राचीन विश्व ने अनेक महान् दार्शनिक प्रणालियों को जन्म दिया था जबकि मानवता अपने आदिम दौर में थी और कमोबेश संकेतों द्वारा नियंत्रित होती थी। इक़बाल का मानना है कि "प्राचीन दुनिया में यह प्रणाली-रचना अमूर्त चिन्तन (abstract thought) का कार्य था जो अस्पष्ट धार्मिक विश्वासों और परम्पराओं की प्रणालीबद्धता की सीमा से बाहर नहीं जा सकती और न जीवन की मूर्त स्थितियों पर हमें कोई नियंत्रण ही प्रदान करती है।"[23] इस दृष्टिकोण से विचार करने पर इक़बाल इस्लाम के पैग़म्बर हज़रत मुहम्मद को "प्राचीन और आधुनिक संसार के मध्य स्थित" पाते हैं। "जहाँ तक उनकी (हज़रत मुहम्मद की) वह्इ के स्रोत का संबंध है, उनका संबंध प्राचीन जगत् से है, किन्तु जहाँ तक उनकी वह्इ की आत्मा का प्रश्न है वह आधुनिक जगत् से संबंध रखते हैं। जीवन उनमें अपनी नयी दिशा के उपयुक्त ज्ञान के अन्य स्रोतों को प्राप्त करता है।"[24]

इस्लाम में अपनी पूर्णता एवं पराकाष्ठा पर पहुँच कर पैग़म्बरी अपने उन्मूलन

की आवश्यकता का अवगम कर लेती है। इस्लाम में पैग़म्बरी की अन्तिमता की अवधारणा का यही आशय है कि जीवन को सदा संदर्शक सोपानों (leading strings) में नहीं रखा जा सकता, पूर्ण आत्मचेतना प्राप्त करने के लिए अन्त में मनुष्य को अपने ही सहारों पर आश्रित होना पड़ेगा। "इस्लाम में पौरोहित्य एवं वंशानुगत राजतन्त्र का उन्मूलन, क़ुरआन में बुद्धि एवं अनुभूति के प्रति सतत आह्वान और मानवीय ज्ञान के स्रोतों के रूप में प्रकृति और इतिहास पर इसका ज़ोर देना सब उसी अन्तिमता की धारणा के विभिन्न पहलू हैं।"

किन्तु अन्तिमता की धारणा का यह अर्थ नहीं कि जीवन की अन्तिम नियति बुद्धि द्वारा संवेग (emotion) का पूर्ण विस्थापन है क्योंकि यह न तो संभव है और न वांछनीय ही। "इस धारणा का बौद्धिक महत्व यह है कि इस विश्वास को उत्पन्न करके कि अधिदैविक (super-natural) उद्गम का दावा करने वाले समस्त वैयक्तिक प्रामाण्य (personal authority) का मनुष्य के इतिहास में अंत हो गया है, यह सूफियाना अनुभूति के प्रति एक स्वतंत्र समालोचनात्मक रुझान उत्पन्न करने के लिए प्रवृत्त होती है। इस प्रकार का विश्वास एक मनोवैज्ञानिक शक्ति है जो इस क़िस्म के प्रामाण्य की वृद्धि को रोकती है। इस धारणा का कार्य मनुष्य की आन्तरिक अनुभूति के क्षेत्र में ज्ञान के नये परिदृश्यों को अनावृत करना है।"[26] पैग़म्बरी और चेतना की अबौद्धिक प्रणालियों के उन्मूलन के पश्चात् क़ुरआन ने मनुष्य का ध्यान ज्ञान के तीन स्रोतों—अर्थात् प्रकृति, इतिहास एवं आन्तरिक अनुभूति—के प्रति आकृष्ट किया जो उसे अपनी नियति को नियन्त्रित करने की क्षमता प्रदान करते हैं। यद्यपि प्रकृति, इतिहास एवं आन्तरिक अनुभूति ज्ञान के तीन स्रोत हैं किन्तु इक़बाल के विचार में ज्ञान के प्रथम दो स्रोतों—प्रकृति एवं इतिहास—का उपयोग करने में इस्लामी संस्कृति की मूल भावना अपनी पराकाष्ठा पर दिखाई पड़ती है।

ज्ञान के प्रथम दो स्रोतों, अर्थात् प्रकृति एवं इतिहास से परिणत होने वाली गत्यात्मकता ने इस्लाम को एक ऐसी स्थिति में ला खड़ा किया जहाँ यूनानी विरासत के स्थैतिक तत्वों के साथ इसका संघर्ष अनिवार्य हो गया। इकबाल के विचार में अल ख़्वारिज़्मी (मृ0 847 ई.) तथा अलबैरूनी (973-1048 ई.) की रचनाओं नें इस प्रवृत्ति का विकास 'अस्ति' से 'संभवन' के प्रति मुस्लिम चिन्तन की समस्त रेखाएँ सृष्टि की एक गत्यात्मक संकल्पना की ओर अभिमुख होती हैं। इस्लाम की सतत सृजन की धारणा का अर्थ एक वर्धमान सृष्टि है। एक विकासवादी आन्दोलन के रूप में इब्न मस्कवैह (942-1030) की जीवन विषयक धारणा ने गत्यात्मकता की संकल्पना को प्रवर्धित किया। इस्लाम के विभिन्न बुद्धिवादी तथा सूफियाना आन्दोलनों में भी यह प्रवृत्ति द्रष्टव्य है। मुस्लिम इतिहास लेखन भी इससे अछूता न रह सका। इब्न ख़ल्दून (1332-1406) की इतिहास विषयक धारणा ने मानवीय उद्भव के एकत्व तथा काल में एक सतत गति के रूप में काल एवं जीवन की यथार्थता के बोध को प्रोत्साहित किया। मानवीय उद्गम के एकत्व की संकल्पना के

कारण एक भावात्मक प्रणाली के रूप में इस्लामी संस्कृति नस्लवाद एवं भौगोलिक राष्ट्रवाद को अस्वीकृत करती है। तौहीद के सिद्धान्त में मानवीय उद्भव का एकत्व एक समानान्तर आदर्श को प्राप्त करता है। इसके अतिरिक्त वह मानव एकता के आधार के रूप में रक्त-संबंध को अस्वीकृत करता है। रक्त-संबंध भूमिबद्धमूलता है। मानवीय एकत्व के एक मनोवैज्ञानिक आधार की खोज इस बोध के साथ ही संभव है कि समस्त जीवन अपनी उत्पत्ति में आध्यात्मिक है। "एक राज्य-व्यवस्था के रूप में इस्लाम इस सिद्धान्त को मानवता के बौद्धिक एवं भावात्मक जीवन में एक जीवन्त तत्व बनाने का मात्र एक व्यावहारिक उपाय है।"[27] इक़बाल के विचार में इस सिद्धान्त को समाज के सदा परिवर्तनशील विकास के माध्यम से इज्तिहाद के गत्यात्मक सिद्धांत द्वारा अनुप्रयुक्त एवं व्याख्यायित किया जा सकता है।

इक़बाल की मान्यता है कि इस्लाम का जन्म आगमनात्मक बुद्धि का जन्म था। उनके अनुसार आगमनात्मक बुद्धि के मूल में पैग़म्बरी की अन्तिमता की धारणा है। आगमन तर्कणा की एक प्रणाली है जिसके द्वारा प्रेक्षित विशिष्ट दृष्टान्तों से किसी सामान्य नियम या सिद्धान्त की व्युत्पत्ति की जाती है। आगमनात्मक प्रक्रिया की सफलता के लिए प्रचुर ज्ञान-सामग्री अर्थात् दित्ता आवश्यक है अन्यथा विशिष्ट से सामान्य के प्रति गमन संभव न होगा। यद्यपि इस्लाम की परवर्ती प्राचीन सभ्यताओं में ज्ञानार्जन का बहुत महत्व था। किन्तु इस ज्ञान का आधार अमूर्त चिन्तन था जिसमें गोचर की उपेक्षा और परमार्थिक पर अतिशय बल दिया जाता था तथा जीवन की अवयवीय एकात्मक अनुभूति के स्थान पर यथार्थ एवं आदर्श, विषयी एवं विषय, चेतन एवं जड़, पदार्थ एवं आत्मा, गणितीय बाह्य एवं जैविकीय अन्तः तथा ससीम और असीम के भेद पर ज़ोर दिया जाता था। क़ुरआन ने मुसलमानों में जिस मनोवृत्ति की उत्पत्ति की वह सर्वथा भिन्न थी। उसका उद्देश्य मनुष्य में ईश्वर और सृष्टि के साथ उसके विविध संबंधों की एक उच्चतर चेतना जाग्रत करना था। उसके लिए आदर्श और यथार्थ दो विरोधी शक्तियाँ नहीं जिनका समन्वय संभव न हो। उसके अनुसार गोचर या यथार्थ के माध्यम से ही अगोचर अथवा आदर्श की प्राप्ति हो सकती है। इस प्रक्रिया का सहज परिणाम यह हुआ कि गोचर तथ्यों एवं घटनाओं को जानने तथा उन्हें नियन्त्रित करने का रुझान विकसित हुआ। इसके अतिरिक्त इस्लाम ने ज्ञानार्जन को एक धार्मिक कर्तव्य घोषित किया। अमूर्त के स्थान पर मूर्त तथा विचार के स्थान पर कर्म पर बल दिया; क्योंकि गोचर की उपेक्षा करके मनुष्य अपने जीवन का निर्वहण नहीं कर सकता, क्योंकि उसे एक प्रतिकूल वातावरण में जीवन यापन करना पड़ता है। प्रकृति के गोचर पहलुओं पर क़ुरआन के बल देने का ही परिणाम था कि मुसलमानों में एक सामान्य आनुभविक दृष्टिकोण का विकास हुआ जिसने उनमें यथार्थ के प्रति एक आदरभाव उत्पन्न किया तथा उन्हें अंततः आधुनिक विज्ञान का संस्थापक बना दिया। स्पष्ट है कि निगमनिक बुद्धि से विज्ञानों की स्थापना नहीं हो सकती, इसके

लिए आगमनिक बुद्धि अनिवार्य है। इक़बाल के अनुसार "क़ुरआन हमारी आँखों को परिवर्तन के महा तथ्य की ओर खोल देता है जिसके परिबोध एवं नियन्त्रण के माध्यम से ही किसी स्थायी सभ्यता का निर्माण करना संभव है। एशिया की संस्कृतियाँ, और वास्तव में सम्पूर्ण प्राचीन विश्व की संस्कृतियाँ अस्फल रहीं क्योंकि वे अन्दर से यथार्थ के समीप आयी और अन्दर से बाहर की ओर बढ़ीं। इस कार्य-प्रणाली ने उन्हें शक्ति रहित सिद्धान्त प्रदान किया और मात्र सिद्धान्त पर कोई स्थायी सभ्यता स्थापित नहीं की जा सकती।"[28]

इक़बाल के विचार में ज्ञान के उद्देश्यों के लिए इस्लामी संस्कृति अपनी दृष्टि मूर्त एवं ससीम पर केन्द्रित करती है। वह मानते हैं कि इस्लाम में प्रेक्षण एवं प्रयोग की प्रणाली के जन्म का कारण यूनानी चिन्तन के साथ समझौता नहीं प्रत्युत इसके साथ एक लम्बा युद्ध था। यूनानी प्रभाव ने क़ुरआन के प्रति मुसलमानों की दृष्टि को धुँधला कर दिया था। यूनानी मुख्यतया सिद्धान्त में दिलचस्पी रखते थे न कि तथ्य में। क़ुरआन प्रकृति की शक्तियों को नियन्त्रित करने के लिए मूर्त पर ज़ोर देता है। क़ुरआन के अनुसार सृष्टि अपनी उत्पत्ति में गत्यात्मक, ससीम है तथा वृद्धि के योग्य है। वास्तव में यूनानी दर्शन की प्रकृति सैद्धान्तिक है जबकि क़ुरआन की मनोवृत्ति मूर्त। यूनानी चिन्तन के विरुद्ध इस्लाम का बौद्धिक विद्रोह चिन्तन के समस्त क्षेत्रों में अभिव्यक्ति को प्राप्त हुआ है। यूनानी तर्कशास्त्र की मुस्लिम समीक्षा में यह विद्रोह मुखरित हुआ। शिहाबुद्दीन सुहरवर्दी अल मक़्तूल इश्राक़ी (1153-1191), इब्न तैमिय्या (1268-1328) ने यूनानी तर्क का विधिवत खण्डन किया। अबू बक्र राजी अरस्तू के प्रथम संवाक्य प्रकार की आलोचना करने वाले प्रथम व्यक्ति थे। जान स्टुअर्ट मिल ने उनकी आपत्तियों को एक पूर्णतया आगमनात्मक भाव में संकल्पित करके पुनः प्रस्तुत किया। इब्न हज़्म अपनी कृति 'तर्क की सीमा' में इन्द्रियबोध को ज्ञान का स्रोत बताता है। इब्न तैमिय्या ने अपनी पुस्तक 'तर्क का खण्डन' में यह स्थापित किया है कि आगमन विश्वसनीय तर्क की मात्र विधा है। इस प्रकार प्रेक्षण एवं प्रयोग की प्रणाली का इस्लाम में उदय हुआ। "अलबैरूनी की वह शोध जिसे हम प्रतिक्रिया-काल कहते हैं तथा अलकिन्दी की वह शोध कि संवेदन उत्तेजना के अनुरूप होता है, मनोविज्ञान में इसके अनुप्रयोग के उदाहरण हैं।"[29] रोजर बेकन ने अपना वैज्ञानिक प्रशिक्षण स्पेन के मुस्लिम विश्वविद्यालय में प्राप्त किया था। अतः इक़बाल इस ग़लतफ़हमी को दूर कर देते हैं कि किसी रूप में यूनानी चिन्तन ने मुस्लिम संस्कृति के स्वरूप को निर्धारित किया।

इक़बाल स्पेंगलर की इस ग़लतफ़हमी का भी निराकरण कर देते हैं कि यूरोपीय संस्कृति की क्लैसिकल-विरोधी मनोवृत्ति का कारण यूरोप की विशिष्ट प्रतिभा है न कि कोई ऐसी प्रेरणा जो उसने इस्लाम की संस्कृति से प्राप्त किया हो जो कि स्पेंगलर के अनुसार मनोवृत्ति एवं स्वरूप में पूर्णतया मजूसी है। मजूसी संस्कृति से स्पेंगलर का अभिप्राय उस मिली-जुली संस्कृति से है जो उसके अनुसार

मजूसी धर्मों के समूह अर्थात् यहूदी धर्म, प्राचीन कल्दानी धर्म, आरंभिक ईसाई धर्म, जरथुस्त धर्म तथा इस्लाम से संबंधित है।

इक़बाल इस बात में तो स्पेंगलर से सहमत हैं कि आधुनिक संस्कृति की मनोवृत्ति पूर्णतया क्लैसिकल-विरोधी है किन्तु वह स्पेंगलर की इस धारणा को निराधार सिद्ध कर देते हैं कि इस्लामी संस्कृति अपनी मनोवृत्ति एवं स्वरूप में मजूसी है। इक़बाल का यह मन्तव्य है कि आधुनिक विश्व की क्लैसिकल-विरोधी (anti-classical) मनोवृत्ति वास्तव में यूनानी चिन्तन के विरुद्ध इस्लाम के विद्रोह से उत्पन्न हुई है। "यह स्पष्ट है कि ऐसा मत स्पेंगलर के लिए स्वीकार्य नहीं हो सकता, क्योंकि यदि यह सिद्ध करना संभव हो कि आधुनिक संस्कृति की क्लैसिकल-विरोधी मनोवृत्ति का कारण वह प्रेरणा है जिसे इसने तत्काल पूर्वगामी संस्कृति से प्राप्त किया था, तो संस्कृति विकासों की पूर्ण पारस्परिक स्वतंत्रता से संबंधित स्पेंगलर का सारा तर्क धराशायी हो जायेगा। मुझे खेद से मानना पड़ता है कि इस स्थापना को प्रतिपादित करने की स्पेंगलर की आतुरता ने एक सांस्कृतिक आन्दोलन के रूप में इस्लाम के विषय में उसकी दृष्टि को पूर्णतया विकृत कर दिया है।"[30] इक़बाल को इस से इन्कार नहीं कि कालान्तर में इस्लाम के ऊपर एक मजूसी मुलम्मा चढ़ गया है। वास्तव में 'इस्लाम में धार्मिक चिन्तन की पुनर्रचना' में इक़बाल का मुख्य उद्देश्य अपने मजूसी आवरणों से मुक्त इस्लाम की आत्मा के प्रति दृष्टि प्रदान करना है। उनके विचार में बहाइयत (Bahaism) और कादियानीयत (Qadianism) ऐसे दो रूप हैं जिसे प्राक्इस्लामी मजूसीवाद (pre-Islamic Magianism) के आधुनिक पुनरुत्थान ने धारण कर रखा है। "मजूसी विचार एवं धार्मिक अनुभूति बड़ी मात्रा में मुस्लिम धर्मविज्ञान, दर्शन और तसव्वुफ में प्रविष्ट कर गये हैं। वास्तव में इस बात को सिद्ध कर देने के प्रमाण हैं कि तसव्वुफ की कतिपय विचारधाराओं ने, जो कि इस्लामी तसव्वुफ के नाम से ज्ञात हैं, धार्मिक अनुभूति की मजूसी कोटि को केवल दोहराया है। स्वयं कुरआन में यह प्रमाणित करने के निश्चित साक्ष्य हैं कि इस्लाम का उद्देश्य मात्र विचार की ही नहीं प्रत्युत धार्मिक अनुभूति की नयी प्रणालियाँ भी प्रवर्तित करना था। किन्तु हमारी मजूसी विरासत ने इस्लामी ज़िन्दगी का गला घोट दिया तथा इसकी मूलभावना एवं उच्चाकांक्षाओं को कभी विकसित होने ही नहीं दिया।"[31]

3

इस्लामी तसव्वुफ के क्षेत्र में यह 'मजूसी कोटि' की प्रवृत्ति 'वह्दतुलवुजूद' की अवधारणा के रूप में प्रकट हुई। इस्लामी जगत् में वह्दतुलवुजूद के अनथक समर्थक एवं अर्थनिरूपणकर्ता स्पेन के मुस्लिम विचारक एवं सूफी मुहीउद्दीन

इब्न-अल-अरबी (1165-1240 ई.) थे। उनके ज्ञान, उनकी विद्वता एवं उनके प्रभावशाली व्यक्तित्व ने वह्दतुलवुजूद (सर्वेश्वरवाद) को इस्लामी संकल्पना का एक अभिन्न अंग बना दिया। इब्न-अल-अरबी के अनुसार वुजूद (अस्तित्व) केवल ज़ाते-बारी अर्थात् ईश्वर के अस्तित्व को कह सकते हैं। यह ज़ात (अस्तित्व) या वुजूद (अस्तित्व) अल्लाह है जिसे ज़ाते-मुत्लक़ (निरपेक्ष अस्तित्व) ज़ाते बहृत (शुद्ध अस्तित्व) या ज़ाते अहदीयत (एकत्व का अस्तित्व) भी कहा गया है। ज़ाते-मुत्लक़ (निरपेक्ष अस्तित्व) ने अपने अन्दर से जगत् की सृष्टि की। किन्तु यह जगत् ज़ाते-मुत्लक़ से अलग नहीं प्रत्युत उसके अन्दर है। दूसरे शब्दों में सृष्टि या जगत् ईश्वर की तजल्ली (प्रकाश) का प्रकटीकरण है। अतः सृष्टि या जगत् और ईश्वर एक ही हैं अर्थात् समरूप हैं। मौजूद मुत्लक़ (निरपेक्ष विद्यमान) ईश्वर की ज़ात ही है, शेष सब तअय्युनात (तअय्युन अर्थात अस्तित्व) का बहुवचन हैं जो ईश्वर की ज़ात (अस्तित्व) के सिफात (गुण) अथवा ईश्वर की ज़ात के मज़ाहिर (अभिव्यक्तियाँ) हैं। किन्तु ये अभिव्यक्तियाँ (मज़ाहिर) ईश्वर के अस्तित्व (ज़ात) से पृथक् नहीं हैं। संसार में जो कुछ दृष्टिगत होता है दर्पण के सम्मुख दर्पण के समान है, जिसमें ईश्वर की ज़ात (अस्तित्व) प्रतिबिम्बित होती है। यही इन्इकास (परछाइयाँ, प्रतिबिम्ब), मौजूदात (संसार में जो कुछ विद्यमान है) कहलाते हैं। इनका अपना कोई अस्तित्व नहीं; सब उस नूर (प्रकाश) की तजल्लियाँ (ज्योतियाँ या प्रकटीकरण) हैं जो प्रति पल नूरे-हक़ (ईश्वर के प्रकाश) से प्रतिबिम्बित (मुन्अकिस) होती रहती हैं तथा हर क्षण नये-नये रंग उसमें सृष्ट होते रहते हैं और होते रहेंगे। यही सतत सृजन ज़मान या दहर कहलाता है। इसी सतत सृजन के बाह्य या प्रत्यक्ष रूप को सृष्टि कहते हैं जिसे आलमे-इम्कान (संभावना-जगत्) भी कहा गया है।[32]

इब्न-अल-अरबी के अनुसार निरपेक्ष अस्तित्व (ज़ाते-मुत्लक़) से आलमे-इम्कान (संभावना-जगत्) तक छः श्रेणियाँ (मरातिब) हैं जिन्हें मरातिब सित्तः (छः श्रेणियाँ) अथवा तनज़्ज़ुलात सित्तः (षष्ठ अवरोहण) कहते हैं। निरपेक्ष अस्तित्व (ज़ाते-मुत्लक़) अथवा शुद्ध अस्तित्व (ज़ाते-बहृत) अहदीयत (अद्वैतता) के अनियतत्व (लातअय्युन) के मक़ाम तथा असीमता (ला मुतनाहीयत) के पद पर अधिष्ठित है किन्तु शेष छः श्रेणियाँ (मरातिब) या तनज़्ज़ुलात (अवरोहण) माध्यम या सोपान हैं। प्रथम श्रेणी (मर्तबः) या अवरोहण (तनज़्ज़ुल) में वहदीयत या हक़ीक़त-मुहम्मदियः (मुहम्मद की यथार्थता) का प्रकटन (ज़हूर) हुआ, जिसे इब्न अल अरबी ने कलिमः मुहम्मदियः या अन्वार-अल-मुहम्मदियः कहा है (इब्न अल अरबी ज़ाते-मुहम्मदियः अर्थात् मुहम्मद के अस्तित्व तथा हक़ीक़ते मुहम्मदियः अर्थात मुहम्मद की यथार्थता में भेद)। समस्त सृष्टि का स्रोत यही श्रेणी (मर्तब) है। यह ईश्वर के अस्तित्व (ज़ाते-इलाही) और मज़हिरे-कौनियः (जगत् के प्रकटीकरणों) का माध्यम है। इसमें ईश्वर के गुणों (सिफात) का प्रकटीकरण (ज़ुहूर) होता है जिन्हें ज़ुहूरात या तज़ल्लीयात कहा जाता है। इस तनज़्ज़ुल या मर्तबः में

एकत्व एक शुद्ध अस्तित्व के रूप में आत्मचेतन हो जाता है तथा सिफात (गुणों) की चेतना, केवल इज्माली अर्थात् सामान्य या अंतर्निहित होती है। द्वितीय श्रेणी (मर्तबः) या तनज़्ज़ुल (अवरोहण) वाहिदीयत है, जिसमें ईश्वर के गुणों (सिफाते-इलाही) का विस्तृत प्रकटीकरण होता है। वहदीयत में और वाहिदीयत में समस्त संभावनाओं (मुमकिनात) की यथार्थताएँ (हक़ाइक़) अथवा आयान-साबितः हैं जो ईश्वर के ज्ञान में विद्यमान हैं। यह सिफाते-तफ्सीली की अवस्था होती है। इसमें सिफात के प्रति चेतना स्पष्ट एवं व्यक्त होती है। तृतीय तनज़्ज़ुल आलमे-मलकूत (फरिश्तों का लोक) या आलमे-अरवाह (अरवाह अर्थात रूहों या आत्माओं का लोक) है। यह तअय्युने-रूही अथवा आत्मा या आत्माओं के नियतत्व की अवस्था होती है। इसमें एकत्व अनेक रूहों (जैसे फरिश्तों) में विभक्त हो जाती है। चतुर्थ तनज़्ज़ुल मिसाली है जिससे आलमे-मिसाल (आदर्श जगत) का ज़ुहूर (प्रकटन) होता है। यह आलम (जगत्) आलमे-अरवाह और आलमे-इज्साम (इज्साम, जिस्म का बहुवचन) के मध्य संबंध उत्पन्न करने के लिए है। पंचम तनज़्ज़ुल से आलमे-इज्साम का प्रकटन होता है। इसे आलमे-नासूत भी कहते हैं। यही तनज़्ज़ुल या मर्तबः हमारा बाह्य जगत् है। षष्ठम् तनज़्ज़ुल आलमे-इन्सान है, जिसे कौने-जामे का मर्तबः भी कहते हैं। इसे हक़ीक़ते-इन्सानीयः (मानवीय यथार्थता) कहते हैं। इन्सानों (मनुष्यों) में हज़रत मुहम्मद पवित्रतम अस्तित्व (ज़ाते-अक्दस) का सर्वश्रेष्ठ प्रकटन हैं। वही इन्साने-कामिल अर्थात् पूर्ण मनुष्य हैं।[33]

इब्न-अल-अरबी की चिन्तन पद्धति में ईश्वर, सृष्टि और मनुष्य अलग-अलग प्रतीत होने के बावजूद अलग नहीं। अस्तित्व (वुजूद) केवल निरपेक्ष अस्तित्व (वुजूदे-मुत्लक़) है। शेष जगत् में जो कुछ है सब वुजूदे-मुत्लक़ की तजल्लियाँ हैं। यद्यपि गोचर जगत् हमें अलग दिखाई पड़ता है किन्तु वास्तव में अलग नहीं है। एक ही ज़ात (अस्तित्व) प्रत्येक इस्म (नाम) का मुसम्मा (नामधारी) हर मज़हर (प्रकटन-स्थान) की अस्ल (मूल) और हर तअय्युन (नियतत्व, अस्तित्व) की हक़ीक़त (वास्तविकता) है, कोई ग़ैर (अन्य) नहीं। सर्वत्र उसी का प्रकटीकरण है। मनुष्य और ईश्वर (सृष्टि और ईश्वर) के मध्य सरयान-अल-ज़ात (अस्तित्व में अन्तर्व्याप्त या अन्तः प्रविष्ट) का संबंध है अर्थात् मनुष्य और सृष्टि में ईश्वर के गुणों (सिफात) की तजल्लियाँ (ज्योतियाँ) परिव्याप्त हैं। ईश्वर का अस्तित्व (ज़ाते-बारी) अहदीयत के मर्तबः (श्रेणी) में ज़ाते-मुनज़्ज़ह अर्थात् पवित्र अस्तित्व है। किन्तु वह ज़ात (अस्तित्व) जब तज़ल्ली के ज़रिये प्रकट होती है तो उस समय उसकी तजल्ली सूरते-तश्बीह (उपमा के रूप) में होती है।[34] स्पष्ट है कि इब्न-अल-अरबी की अवधारणा में ईश्वर एवं जगत् का तादात्म्य ज़ात और सिफात अथवा अस्तित्व एवं सत्व (existence and essence) द्रव्य (substance) एवं गुणों के तादात्म्य पर आधारित है क्योंकि जगत् ईश्वर के गुणों (सिफात) की मात्र तजल्ली (ज्योति) या

प्रकटीकरण है। दूसरे शब्दों में सृष्टि या जगत् का सृजन निस्सरण (emanation) का एक रूप है।[35] इब्न-अल-अरबी के अनुसार अस्मा-ए-इलाही अर्थात ईश्वर के नाम मुसम्मा अर्थात नामधारी या नामी (named) के समरूप हैं तथा मुसम्मा अल्लाह का अस्तित्व ही हैं। यद्यपि ईश्वरीय नाम अनेक हैं लेकिन वे एक ही सत्ता (entity) के द्योतक हैं। वास्तव में अस्मा (इस्म का बहुवचन) और मुसम्मा का तादात्म्य ज़ात और सिफात के तादात्म्य का एक अन्य नाम है।[36] अतः इब्न-अल-अरबी की धारणा में ईश्वर और जगत् के मध्य समरूपता या तादात्म्य का संबंध है। इस तादात्म्य को सिद्ध करने के लिए उन्हें या तो जगत् का निषेध करना पड़ता है या ईश्वर की अभिपुष्टि। निषेध से अग्रसर होने पर इब्न-अल-अरबी के लिए जगत् केवल नामिक (nominal—नाम-मात्र) अवास्तविक या काल्पनिक है और अस्तित्व केवल ईश्वर का ही है। जगत् की विविधता का अस्तित्व केवल एकत्व की वृत्तियों (modes) अर्थात् ईश्वर की वृत्तियों का अस्तित्व है, इसका अपना अस्तित्व नहीं है। 'आयान-अल-साबितः' अर्थात् वस्तुओं या जगत् के वर्तमान तत्वों (essences) में यथार्थता का अल्पतम स्पर्श या पुट नहीं है। ईश्वर की अभिपुष्टि की दृष्टि से विचार करने पर इब्न-अल-अरबी इस निष्कर्ष पर पहुँचते हैं कि जगत् ईश्वर है, यह जगत् वह वृत्तियाँ या विकार (modes) हैं जिनमें एकत्व ने स्वयं का विभेदीकरण किया है, इन विकारों में एकत्व पूर्णतया निःशेष हो जाता है, उन वृत्तियों के अतिरिक्त एकत्व का कोई अस्तित्व नहीं, इन वृत्तियों से परे परम शून्यता (अदम महज़) है तथा सूफी को चाहिए कि इस जगत् से आगे ईश्वर को न ढूँढ़े।[37]

किन्तु तादात्म्य की यह अनुभूति स्थायी अनुभूति नहीं। यही कारण है कि इब्न-अल-अरबी एक नयी अनुभूति (फ़र्क़ बाद अल जम) (तादात्म्योपरान्त भेद) की बात करते हैं। जिस चीज़ का वास्तव में अस्तित्व है उसे चाहे ईश्वर कहा जाय, वह एक ही चीज़ है। अतः इब्न-अल-अरबी लोकातीतत्व या इन्द्रियानुभवातीतत्व (transcendence) तथा अन्तर्यामित्व (immanence) दोनों का इन्कार करते हैं क्योंकि ये संकल्पनाएँ अस्तित्व के द्वैत के प्रति संकेत करती हैं। इब्न-अल-अरबी का कहना है कि ईश्वर को इन्द्रियानुभवातीत अथवा अन्तर्यामी मानने से उसकी असीमता (infinitude) का लोप हो जायेगा। इसीलिए तौहीद की तन्ज़ीह और तशबीह अर्थात् लोकातीतत्व (इन्द्रियानुभवातीतत्व) और अन्तर्यामित्व दोनों के साथ अभिपुष्टि की जानी चाहिये। इब्न-अल-अरबी के अनुसार अल्लाह अस्ल (वास्तविक) है और जगत् उसका ज़िल्ल या प्रतिबिम्ब (adumberation) है। किन्तु ज़िल्ल (प्रतिबिम्ब) अस्ल (वास्तविक) की प्रतीति, आभास (appearance) अर्थात् वस्तु है। अतः जगत् और ईश्वर समरूप (identical) हैं।[38]

मनुष्य और ईश्वर के मध्य संबंध के विषय में इब्न-अल-अरबी मानते हैं कि ईश्वर और मनुष्य के मध्य तादात्म्य, अन्तर्यामिता, क़ुर्ब (समीपता) का संबंध है। उनका यह निष्कर्ष क़ुरआन की इस आयत पर आधारित है जिसमें ईश्वर कहता है,

"हम उससे (मनुष्य से) उसकी ग्रवा-शिरा से भी निकटतर हैं"। इब्न-अल-अरबी के मत में इस आयत का केवल यही अर्थ है कि ईश्वर ही मनुष्य के अंगों, अवयवों का मूल तत्व (essence) है। इसके अतिरिक्त यह भी कहा गया है कि ईश्वर ने अपनी छवि (image) के आधार पर मनुष्य की सृष्टि की—ख़ल्क़ अल आदम अला सूरतिही जिसका यह अर्थ हुआ कि मनुष्य ईश्वर के समस्त गुणों से सम्पन्न है। वास्तव में यह ईश्वर के गुण ही हैं जो शारीरिक रूप में मनुष्य में प्रकटित होते हैं।[39] सृष्टि या जगत् के उद्देश्य या प्रयोजन के सम्बन्ध में भी इब्न-अल-अरबी वह्दत-अल-वुजूद की अवधारणा की पुष्टि करते हैं। उनके अनुसार जगत् की सृष्टि के पीछे ईश्वर की स्वानुभूति की उत्कण्ठा है। स्वानुभूति की उत्कण्ठा वास्तव में आत्मपूर्णता (self-perfection) की उत्कण्ठा है। दूसरे शब्दों में यह पूर्णता जगत्-प्रक्रिया में प्रकट होने वाले उन कालिक एवं शाश्वत गुणों के माध्यम से ईश्वर की आत्माभिव्यक्ति अथवा आत्मानुभूति में निहित है।[40]

वास्तव में सूफियों में दो विचारधाराओं के अनुयायी हैं। एक विचारधारा के अनुयायी ईश्वर के लोकातीतत्व या इन्द्रियानुभवातीतत्व (transcendence) में विश्वास करते हैं और दूसरी विचारधारा के समर्थक ईश्वर के अन्तर्यामित्व (immanence) में। इब्न-अल-अरबी दूसरी विचारधारा अर्थात् ईश्वर के अन्तर्यामित्व के प्रतिपादक हैं। वह ईश्वरोन्मत्त (God-intoxicated) व्यक्ति हैं। उन्हें सर्वत्र ईश्वर दिखाई पड़ता है। उनके नजदीक ईश्वर के सिवा कुछ नहीं है। वह सकल दिक्काल में विद्यमान है। तो जहाँ ईश्वर है वहाँ कोई दूसरी चीज़ कैसे हो सकती है, ईश्वर ही सर्वस्व है। यही ज्ञान (इर्फान) है, और जिसके पास यह ज्ञान है वही पूर्ण मनुष्य (इन्सान-अल-कामिल) है, क्योंकि ईश्वर कहता है—"मैं एक गुप्त ख़जाना था, तदनंतर मैंने चाहा कि जाना जाऊँ अतः मैंने सृष्टि का सृजन किया ताकि मैं ज्ञात हो सकूँ।" उसने सृष्टि के वास्तविक प्रयोजन को प्राप्त कर लिया है। आप और मैं और संसार की वस्तुएँ स्वयं ईश्वर के निस्सरण या प्रकटीकरण (तजल्ली) हैं। ईश्वर अपने मन में वस्तुओं का विचार रखता है, वह अवश्य रखता है क्योंकि मूलतः वह सचेतन (आयान-साबितः) है। ये विचार उसके ज्ञान (इल्म) के विषय हैं। इन विचारों पर वह अपनी ज्योति (तजल्ली) का प्रतिबिम्ब (अक्स) डालता है, फलतः जगत् की विद्यमान वस्तुएँ अस्तित्व में आ जाती हैं और वस्तुओं का अस्तित्व उसके अस्तित्व में होता है; उसने उन्हें अपना अस्तित्व प्रदान किया है क्योंकि नूर (प्रकाश) उसके जीवन और अस्तित्व का मात्र एक पहलू है। सृष्टि का रहस्य निस्सरण अथवा प्रकटीकरण अर्थात् तजल्ली में निहित है। क़ुरआन के अनुसार अल्लाह कहता है 'कुन' अर्थात् 'हो' और वस्तुएँ अस्तित्व में आ जाती हैं; 'हो' का अर्थ स्वयं ईश्वर का उनमें निःसृत होना या प्रकटित अर्थात् तजल्ली होना होता है। विचारों (आयान-साबितः) की मध्यस्थता से वस्तुएँ ईश्वर हैं (Things are God mediated by ideas; वस्तुएँ ईश्वर का विकार (modes) हैं, उसके अस्तित्व द्वारा ही उनका

अस्तित्व होता है, क्योंकि और कहाँ से उनमें अस्तित्व आ सकता है? उनकी त्रुटियाँ और दोष का कारण उनके विचार (आयान-सावित) हैं न कि ईश्वर। ईश्वर स्वयं में उनके प्रति सदैव एक और पूर्ण होता है। विचार (आयान-सावित) उसके दर्पण हैं। प्रतिबिम्बों के दोषों के कारण दर्पणों के दोष हैं। हम, अस्तित्ववान सत्ताएँ, ये प्रतिबिम्ब, स्वयं ईश्वर के प्रतिबिम्ब हैं। वास्तविक अस्तित्व (वजूदे-अस्ली) का सम्बन्ध केवल ईश्वर से है, हमने केवल अस्तित्व (वुजूदे-जिल्ली) प्राप्त किया है। किंतु प्रतिबिम्ब विविध प्रकार के हैं, वे दर्पण द्वारा विकृत कर दिये जाते हैं। वे ईश्वर से भिन्न हैं तथा धर्म के नियमों के अधीन हैं तथा अपने कर्मों के लिए उत्तरदायी हैं। उन्हें ऊपर की ओर (अब्दीयत की ओर) बढ़ना चाहिए तथा उसके साथ अपने तादात्म्य को चरितार्थ करने के लिए उसकी सहायता (इस्तिआनत) माँगनी चाहिए। इस प्रकार ईश्वर के साथ तादात्म्य अर्थात् ऐनीयत ईश्वर-संभवन (जबूत) के सिद्धान्त में परिणत हो जाता है, क्योंकि तादात्म्य (ऐनीयत) की चेतना ही लक्ष्य बनी रहती है।[31]

यद्यपि उलमा का वर्ग सूफियों की कतिपय अवधारणाओं—हुलूल, नुबूव्वत पर विलायत की श्रेष्ठता, तजल्ली एवं मज़ाहिर—को ग़ैर इस्लामी समझता था और इब्न-अल-अरबी के सर्वेश्वरवाद (वह्दतुलवजूद) की संकल्पना का विरोधी था, किन्तु इनके विरुद्ध वह जिन परम्परागत मन्क़ूली (क़ुरआन और सुन्नत पर आधारित अर्थात् धर्मशास्त्रीय) हथियारों का प्रयोग करता था वे कारगर साबित नहीं हो रहे थे। उलमा में इमाम-इब्न-तैमिय्या) (1263-1328 ई.) प्रथम प्रतिभाशाली व्यक्ति थे जिन्होंने इब्न-अल-अरवी की वहदतुलवुजूद की अवधारणा के खण्डन के लिए मन्क़ूली (शास्त्रीय) एवं माक़ूली (बौद्धिक) दोनों प्रकार के अस्त्रों का सशक्त रूप से प्रयोग किया। वहदतुलवुजूद के खण्डन में उन्होंने अनेक रिसालों (पुस्तिकाओं) की रचना की, जिनमें एक रिसाला 'फ़ी इब्ताल वह्दतुलवुजूद' (वह्दतुलवुजूद का खण्डन) था। इब्न-तैमिय्या ने स्पष्ट किया कि वहदतुलवुजूद की संकल्पना के समर्थन में कल्पना का पुट देने के साथ ही साथ इब्न-अल-अरबी किस प्रकार क़ुरआन और हदीस की मनमानी व्याख्या (तावील) करते हैं। उन्होंने इब्न-अल-अरबी की परिकल्पना के दोनों स्तंभों—आयान सावितः और वुजूद मुत्लक़—को अपने प्रहार का लक्ष्य बनाया। आयान साबितः के सिलसिले में इब्न-तैमिय्या की दो बुनियादी आपत्तियाँ हैं—1. ये मात्र मादूमात (अनस्तित्व) हैं जिन्हें विद्यमान (मौजूद) और निश्चित (मुतहक़्क़िक़) समझ लिया गया है, 2. उनकी हैसियत सृजनात्मक तत्व (उन्सुर) की नहीं प्रत्युत मात्र बोध के अग्रगामी की है।[32] वास्तव में इब्न-अल-अरवी के आयान सावितः की हैसियत ऐसे विचारों की है जिनमें अस्तित्व की विशेषताएँ प्रादुर्भूत नहीं हुई हैं और जो अभी ज्ञान और बोध के दुर्ग में क़ैद हैं। ऐसी स्थिति में उन्हें साबित मौजूद (सिद्ध विद्यमान) कहना अतर्क्य है। जब हम किसी वस्तु को मौजूद (विद्यमान) कहते हैं तो इसका यही अर्थ

होता है कि वह वस्तु विशेष बाह्य जगत् में पायी जाती है। प्रश्न यह है कि क्या आयान साबितः का अस्तित्व इस कोटि का है। स्पष्ट है कि इस अर्थ में आयान साबितः का अस्तित्व नहीं है। अतः इब्न-तैमिय्या के अनुसार ऐसी परिकल्पनाओं पर अस्तित्व का आरोपण नहीं किया जा सकता। इसके अतिरिक्त सत्तामूलक दृष्टि से मादूमात (अनस्तित्व) अस्तित्व नहीं रखते। अस्तित्व (वुजूद) का आरोपण केवल उन्हीं चीज़ों पर होता है जो गोचर हैं तथा जिनके सिलसिले में कारणता का सिद्धान्त लागू होता है तथा जो नियत बाह्य विशेषताओं से सम्पन्न हैं और अदम (शून्य, नास्ति) का अर्थ मात्र उन वस्तुओं का निषेध है।[43] मादूम (अनस्तित्व) को किसी न किसी अस्तित्व की कोटि में रखना वास्तव में तार्किक दृष्टि से अन्तर्विरोध का शिकार होना है। विचार और कल्पना में संकल्पनाओं और परिकल्पनाओं का प्रमाणित या सिद्ध (साबित) होना और बात है तथा भौतिक जगत् में उनका विद्यमान और साबित होना दूसरी बात। इब्न-तैमिय्या का कहना है कि इब्न-अल-अरबी और उनके अनुयायी इस बात को स्पष्ट नहीं कर पाते कि आयान साबितः जो मात्र मादूमात हैं, अस्तित्व (वुजूद) की सतह पर उभरते क्योंकर हैं ? क्या सृजन (तख़्लीक़) या आविष्कार (इब्दाअ) के रूप में या किसी अन्य रूप में ? यदि सृजन व आविष्कार के रूप में उभरते हैं तो झगड़ा समाप्त हो जाता है और यदि कोई दूसरी स्थिति है तो उसे ज्ञान और विज्ञान की स्पष्ट भाषा में वर्णित करना चाहिए।[44] इब्न-तैमिय्या के विचार में तजल्ली ज़ुहूर और मज़ाहिर मात्र शब्दों के गोरख धन्धे हैं। यदि हम ईश्वर को सर्वज्ञ (अलीम) मानते हैं तो उसका ज्ञान यह अपेक्षा करता है कि उसे उन समस्त नियत वस्तुओं अर्थात् संभाव्य वस्तुओं (मुकद्दरात) का पहले से ज्ञान हो, जिनको वह अपने इरादे और हिकमत से अस्तित्व-पटल पर उजागर करना चाहता है। किन्तु आयान साबितः की परिकल्पना इस बात की अपेक्षा करती है कि उसका ज्ञान स्वतः शाश्वत मुस्तक़िल बिल ज़ात और अनपेक्ष्य या अनीह (मुस्तग़्नी) न हो, प्रत्युत जागतिक परिवर्तनों के उन अटल और निश्चित नक्शे से उद्धृत हो जिसे अस्तित्व में आना है।[45]

वास्तव में इब्न-तैमिय्या की आपत्ति एवं आलोचना का कारण सैद्धान्तिक है। उनका कहना है कि यदि हम यथार्थपरक दृष्टि से विचार करें तो ज्ञात हो जायेगा कि संसार में ज़ैद, बकर और उमरू का अस्तित्व तो है किन्तु उस 'मुत्लक़ इन्सान' (निरपेक्ष मनुष्य absolute man) का कहीं पता नहीं चलता जो करोड़ों मनुष्यों में साझे में भी हो और फिर उन सब से अपना पृथक् स्वतः अस्तित्व भी रहता हो। यहाँ एक नियत अश्व, एक निश्चित सिंह और एक निश्चित श्येन का अस्तित्व तो है किन्तु किसी निरपेक्ष अश्व, निरपेक्ष सिंह और किसी निरपेक्ष श्येन का अस्तित्व नहीं पाया जाता है। उनका अस्तित्व मात्र कल्पना और बुद्धि की उपज है। यहाँ हर अस्तित्ववान वस्तु अपनी विशेषताओं के साथ ही निश्चित रूप से पायी जाती है किन्तु वह वुजूद-मुत्लक़ जो हर बंधन से मुक्त हो और प्रत्येक तअय्युनत से परे हो,

कहीं पाया नहीं जाता।[16]

इमाम इब्न-तैमिय्या नैतिक आधार पर भी वह्दतुलवुजूद की अवधारणा का खण्डन करते हैं, क्योंकि वह इसमें नैतिक अन्तर्विरोध पाते हैं। यदि सृष्टि का कण-कण ईश्वरीय अस्तित्व है तो मनुष्य (अब्द) और ईश्वर (माबूद) का भेद समाप्त हो जाता है। साथ ही नैतिक मूल्यों का महत्व स्वयमेव समाप्त हो जाता है क्योंकि पाप और पुण्य का अन्तर शेष नहीं रहता। पापी और दुष्ट में भी ईश्वर का अंश होता है, ईश्वर ही हर अच्छे बुरे का कारण होता है—वास्तव में जगत् में जो कुछ है और हो रहा है उसके पीछे ईश्वर की ही कारणता कारगर है। यही नहीं, ईश्वर ही कारण है और वही कार्य भी। कहना न होगा कि वह्दतुलवुजूद की अवधारणा के परिणामस्वरूप ईश्वर और जगत् और मनुष्य के एकत्व (इत्तिहाद) की यह धारणा सर्वथा निर्मूल है, क्योंकि यह अवधारणा एक ओर तो ईश्वर को एक सीमित एवं नियत (मुतअय्युन) अस्तित्व क़रार देती है जिसकी आत्म-प्रकटीकरण की उत्कण्ठा ने मानवीय शरीर का चयन किया और दूसरी ओर वह यह भी मानती है कि प्रत्येक वस्तु उसी अस्तित्व की तजल्ली (ज्योति) से देदीप्यमान है। यह दोनों चीज़ें स्वतः विरोधी हैं, क्योंकि अस्तित्व न केवल एक स्पष्टतर सीमितता अथवा नियतता की ही नहीं प्रत्युत अन्य वस्तुओं एवं अस्तित्वों से पृथकता एवं भेदीकरण की भी अपेक्षा करता है। इस प्रकार यदि ईश्वर को एक ज्ञात (अस्तित्व) कल्पित किया जाय तो वह्दतुलवुजूद के लिए निश्चित रूप से कोई तार्किक आधार क़ायम नहीं रहता, वह आधार तभी तक क़ायम रह सकता है जब तक कि उसे एक अस्तित्व के स्थान पर ज्ञान, विवेक, परवर्दगारी, करुणा एवं दया के गुणों से युक्त कोई ऐसी यथार्थता परिकल्पित किया जाय जो जगत् में व्याप्त है। परन्तु ऐसी स्थिति में स्रष्टा और सृष्ट के मध्य कोई भेद नहीं रहता, जो क़ुरआनी अवधारणा के प्रतिकूल है।

वह्दतुलवुजूद की असंगतता स्पष्ट करते हुए इमाम इब्न-तैमिय्या अपनी पुस्तक 'हकीक: मज़हब इत्तिहादीयीन' में लिखते हैं—

"वह अस्ल जिस पर उन्होंने अपनी विचारधारा की नींव रखी है यह है कि संसार की समस्त वस्तुओं (मख्लूक़ात) तथा संसार की समस्त कृत्रिम वस्तुओं (मस्नूआत) का अस्तित्व यहाँ तक कि जिन्न, शैतान, काफिर, फासिक (पाखण्डी), कुत्ता, सुअर, गंदगी, कुफ्र, फिस्क (कदाचार) और गुनाह—यह सब ख़ुदा का वास्तविक अस्तित्व हैं, न यह ख़ुदा की ज़ात (अस्तित्व) से पृथक् हैं न अलग अर्थात उन्हें न ईश्वर के अस्तित्व से अलग किया जा सकता है, न ख़ुदा की ज़ात (अस्तित्व) में और उनमें किसी तरह का फर्क़ किया जा सकता है, यद्यपि यह चीज़ें मख्लूक़ (सृजित) है, मर्बूब हैं, मस्नूअ (निर्मित) है, लेकिन यह ईश्वर के अस्तित्व के साथ मिली हुई और क़ायम है और सृष्टि में यह पृथकता और विविधता जो दिखाई पड़ती है यह संवेदन और बुद्धि का बाह्य पहलू है। इस तरह उन्होंने एक वह्दत

(एकत्व) पैदा करनी चाही जो बहुत्व को नष्ट कर दे, और वहदत (एकत्व) को इस तरह जमा करना चाहा जो इस्बात (इक़रार) के सुबूत (प्रमाण) की विभिन्नता के साथ उस को उठा लें।"[47]

इब्न-तैमिय्या के अनुसार विश्लेषण करने पर इब्न-अल-अरबी की वह्दतुलवुजूद की अवधारणा से दो बातें स्पष्ट होती हैं :—

1. ईश्वर के अस्तित्व का इंकार
2. ईश्वर द्वारा सृष्टि के सृजन का इन्कार

इसके अतिरिक्त इब्न-अल-अरबी नुबूव्वत पर विलायत को तरजीह देते हैं। इब्न-तैमिय्या के अनुसार इब्न-अल-अरबी की ये धारणाएँ असंगत एवं निर्मूल हैं। लिहाज़ा 'मजहब-अल-इत्तिहादीयीन' एकत्ववादियों की विचारधारा) में वह लिखते हैं : 'इब्न-अल-अरबी के कलाम पर ग़ौर करो तो देखोगे कि उन्होंने किस कमाल के साथ दो नुक्ते पैदा किये हैं। एक तो ईश्वर के अस्तित्व से इन्कार, दूसरे यह कि मख्लूक़ात (सृष्टि की वस्तुओं) को ईश्वर ने पैदा नहीं किया। इस प्रकार वह उस खुदा का इंकार करते हैं जो ख़ालिक (स्रष्टा) है। वह न ईश्वर (रब) के इकरार करने वाले हैं न सृजन (ख़ल्क) के। वह रब्ब-अल-आलमीन (ईश्वर) के इन्कार करने वाले हैं। उनके नज़दीक न कोई रब्ब है और न ऐसे आलम (संसार) जिनका कोई पालनहार हो, क्योंकि उनके विचार में आयान साबितः ही सब कुछ हैं, प्रत्येक अस्तित्व उन्हीं पर क़ायम है। इसके अलावा न आयान मर्बूबः (जिनका कोई रब हो) हैं न कोई वुजूद मर्बूब (जिसका कोई रब हो), न आयान मख्लूक़, न वुजूद मख्लूक़ (सृजित अस्तित्व)।"[48]

यद्यपि सूफियों में इब्न-अल-अरबी के वह्दतुलवुजूद के विरुद्ध आवाज सबसे पहले एक महत्वपूर्ण सूफी अल समनानी (मृत्यु 1336 ई.) ने उठायी किन्तु यह विरोध नक्शबंदी मुजद्दिद अल्फ सानी (1564-1624) के सुधार आन्दोलन में अपनी पराकाष्ठा को पहुँचा। इमाम इब्न-तैमिय्या के मन्क़ूली और माक़ूली आधारों के विपरीत शेख अहमद सरहिन्दी ने सूफियाना अनुभूति के आधार पर वह्दतुलवुजूद का खण्डन किया। उनके आन्दोलन का भारतीय उप महाद्वीप के अतिरिक्त अफ़गानिस्तान, मध्य एशिया तथा तुर्की में गहरा प्रभाव पड़ा। आरम्भ में स्वयं शेख सरहिन्दी वह्दतुलवुजूद के अनुयायी थे तथा काफी समय तक वह इस अवस्था अर्थात् वुजूदीयत के मक़ाम में रहे। इस अवस्था में उन्हें अनुभूति हुई कि ईश्वर का अस्तित्व है और वह मनुष्य एवं जगत् में अन्तर्यामी है तथा जगत् के साथ उसका तादात्म्य का संबंध है। तदनन्तर वह एक भिन्न सूफियाना अनुभूति को प्राप्त हुए जिसके अन्तर्गत उन्हें महसूस हुआ कि वह्दतुलवुजूद की धारणा पर दृढ़ रहना उनके लिए संभव नहीं। उन्हें यह अनुभूति हुई कि वह्दतुलवुजूद सूफियाना अनुभूति की एक निम्नतर अवस्था थी तथा वह अब एक उच्चतर अवस्था (मक़ाम) को प्राप्त हो गये हैं। इस अवस्था को उन्होंने जिल्लीय्यत (प्रतिच्छाया) का मक़ाम कहा है। इस

अवस्था में उन्हें स्वयं की तथा जगत् की अनुभूति ईश्वर की प्रतिच्छाचा (ज़िल्ल) के रूप में हुई। उन्होंने महसूस किया कि ईश्वर अस्ल (यथार्थ) है तथा जगत् यथार्थता का आभास है। ज़िल्लीय्यत के मक़ाम से गुज़रने के पश्चात वह अब्दीय्यत (दासता, बंदगी) के उच्चतम मक़ाम को प्राप्त होते हैं। इस अवस्था में उन्हें ईश्वर एवं जगत् के मध्य द्वैतभाव पूर्णरूपेण स्पष्ट हो जाता है तथा उन्हें यह अनुभूति होती है कि ईश्वर और जगत् के मध्य तादात्म्य का संबंध नहीं और वे एक नहीं, प्रत्युत दो हैं। उन्हें महसूस हुआ कि उनकी पूर्ववर्ती अनुभूतियाँ आत्मनिष्ठ थीं; वस्तुनिष्ठ यथार्थता से उनका संबंध न था। उन्हें यह अवगत हुआ कि ईश्वरानुभूति बुद्धि एवं कश्फ (सूफियाना अनुभूति) से परे है। इन्नल्लाह वरा-अल-वरा सुम्म वरा-अल-वरा अर्थात निश्चय ही अल्लाह परे से परे है, पुनः परे से परे है अब वह यह असंदिग्ध रूप से महसूस करते हैं कि ईमान बिल गै़ब (अदृष्ट में विश्वास) ही मात्र यथार्थता है। वह इब्न-अल-अरबी की इस धारणा का खण्डन करते हैं कि ईश्वर में ज़ात और सिफात (अस्तित्व और गुण) समरूप हैं। मुजद्दिद कहते हैं कि सूफियाना अनुभूति (कश्फे-सहीह) के आधार पर स्पष्ट हो जाता है कि ईश्वर में ज़ात (अस्तित्व) और सिफात समरूप नहीं प्रत्युत सिफात ज़ात से पृथक् हैं। जगत् ईश्वर की सिफात की तजल्ली (निस्सरण, प्रकटीकरण या ज्योति) भी नहीं, जैसा कि इब्न-अल-अरबी का दावा है। यदि जगत् ईश्वर की सिफात की तजल्ली होता तो यह उनके समरूप होता, किन्तु ऐसा नहीं, क्योंकि ईश्वर के सिफात (गुण) पूर्ण हैं जबकि जगत् अपूर्णताओं से परिपूर्ण है। इसी प्रकार मानवीय ज्ञान ईश्वर के ज्ञान से सादृश्य नहीं रखता। अतः मानवीय ज्ञान को ईश्वर के ज्ञान की तजल्ली (निस्सरण, ज्योति) नहीं कहा जा सकता। मुजद्दिद के अनुसार जब इब्न-अल-अरबी जगत् का इंकार करते हैं और कहते हैं कि आयान साबितः अर्थात् जगत् के अस्तित्ववान तत्वों में यथार्थता का अल्पतम-सा स्पर्श भी नहीं है और यह कि केवल ईश्वर का ही अस्तित्व है, तो वह वास्तव में फना के मक़ाम में बात करते होते हैं। इस मकाम से आगे बढ़ने के पश्चात् ही सूफी को इस मक़ाम में निहित त्रुटि का एहसास होता है। फना के मक़ाम में सूफी ईश्वर के अस्तित्व में तल्लीन होता है तथा ईश्वरेतर वस्तुओं (मा-सिवा) के सिलसिले में वह विस्मरणशीलता से पूर्णतया ग्रस्त होता है जिसके कारण उसे ईश्वर के अतिरिक्त समस्त अन्य वस्तु का बोध नहीं होता। यही कारण है कि वह ईश्वर के अतिरिक्त समस्त चीज़ों के अस्तित्व का इन्कार करता है। किन्तु इब्न-अल-अरबी ने तो फना का भी पूर्णतया अनुभव नहीं किया क्योंकि अब भी उन्हें जगत का एहसास था और उन्होंने इससे ईश्वर का तादात्म्य स्थापित किया। इसके अतिरिक्त इब्न-अल-अरबी का कथन कश्फे-सहीह (सच्ची अन्तःप्रज्ञा) के निकष पर भी खरा नहीं उतरता क्योंकि वह वह्इ के अनुरूप नहीं है। क़ुरआन कहता है कि ईश्वर जगत् से पूर्णतया इतर है तथा जगत का अस्तित्व है। यदि ऐसा न हो तो अवामिर व नवाही (अच्छे कार्यों का आदेश देना तथा बुरे कार्यों से रोकने

का आदेश देना तथा इन आदर्शों के अनुसार कार्य करना) अर्थहीन हो जायेंगे। जगत् के वास्तविक होने की स्थिति में ही कर्म का आधार शेष रहता है अन्यथा परलोक में पाप-पुण्य, सज़ा व जज़ा का कोई औचित्य नहीं रह जाता। जगत् के अस्तित्व से इन्कार का अर्थ ईश्वर के इब्दाअ (सृजन) के गुण से इन्कार करना है। इब्न-अल-अरबी जगत् को मौहूम कहते हैं जिसका यह भी अर्थ हो सकता है कि जगत् केवल हमारी कल्पना की उपज है। मौहूम का यह भी अर्थ हो सकता है कि जगत् का वस्तुगत अस्तित्व है यद्यपि ईश्वर के अस्तित्व की तुलना में इसका अस्तित्व कल्पना की वस्तु के अस्तित्व के समान नगण्य है। इस अर्थ में जगत् को ईश्वर का समरूप कहना असंगत होगा। अतः मुजद्दिद के विचार में धार्मिक एवं बौद्धिक दोनों आधारों पर जगत् को ईश्वर का समरूप मानना तथा जगत् के अस्तित्व से इन्कार करना असंभव है।[49]

इब्न-अल-अरबी की वह्दतुलवुजूद की अवधारणा का एक महत्वपूर्ण पहलू फर्क़ बाद अल जम (तादात्म्योपरान्त भेद) का सिद्धान्त है। इस सिलसिले में मुजद्दिद की यह आपत्ति है कि यदि यह सच है कि आयान-ख़ारिजी अथवा विद्यमान सत्वों में अस्तित्व का अल्पतम स्पर्श नहीं है तो यह कैसे संभव है कि एक लोकातीत (बिल-तन्ज़ीह) अस्तित्व के रूप में ईश्वर की अभिपुष्टि उसकी असीमता को ससीमता में परिवर्तित कर दे ? केवल ईश्वर का अस्तित्व है और जगत् अनस्तित्ववान और काल्पनिक है, यदि इब्न-अल-अरबी का यह दावा सही है तो कोई काल्पनिक अस्तित्व किस प्रकार किसी वस्तुतः वास्तविक अस्तित्व के प्रति सीमाएँ नियत कर सकता है। यह इस कथन के बराबर है कि मात्र ईश्वर के तुल्य का विचार ईश्वर की अनन्यता का गुण नष्ट कर सकता है। इसी प्रकार यदि तश्बीह (अन्तर्यामित्व) को तन्ज़ीह (लोकातीतत्व) के साथ मिला दिया जाय तो 'मा-सिवा-अल्लाह' अर्थात ईश्वरेतर वस्तुओं का अस्तित्व नहीं रह जाता। यही कारण है कि इब्न-अल-अरबी का कहना है कि किसी भी वस्तु की उपासना ईश्वर की उपासना है। किन्तु इब्न-अब-अरबी का यह कथन क़ुरआन की शिक्षा के विपरीत है। वास्तव में इब्न-अल-अरबी जिस अवस्था (मक़ाम) को 'फर्क़ बाद अल जम' का मक़ाम कहते हैं दरअस्ल वह 'फर्क़ बाद अल जम' का मक़ाम ही नहीं। मुजद्दिद के अनुसार इब्न-अल-अरबी इस मक़ाम तक पहुँच ही नहीं सके थे। इस मक़ाम की प्राप्ति केवल उसी समय होती है जब सूफी ईश्वर एवं जगत् के मध्य अन्तर ज्ञात कर लेता है।[50]

इब्न-अल-अरबी ने वह्दतुलवुजूद को अस्ल और ज़िल्ल (प्रतिच्छाया) अर्थात् वस्तु और उसकी छाया के तादात्म्य पर आधारित किया है। किन्तु मुजद्दिद का कहना है कि कोई वस्तु और उसकी छाया अस्ल या अस्तित्व के समरूप नहीं हो सकती क्योंकि ज़िल्ल अस्ल की मात्र अनुकृति होती है। ईश्वर के सिलसिले में ज़िल्ल मुमकिन (संभाव्य) है और अस्ल अनिवार्य (वजूब)। अतः अस्ल और ज़िल्ल का

तादात्म्य स्थापित नहीं किया जा सकता। इसके अतिरिक्त किसी व्यक्ति की परछाईं घट-बढ़ जाने से उस व्यक्ति का क़द वास्तव में घट-बढ़ नहीं जाता। अतः मुजद्दिद के विचार में पहले तो जगत् ईश्वर का ज़िल्ल (प्रतिच्छाया) ही नहीं, दूसरे यदि इसे ईश्वर का ज़िल्ल मान भी लिया जाय तो ईश्वर से ज़िल्ल (अस्ल से ज़िल्ल) का तादात्म्य सिद्ध नहीं होता।[51]

इब्न-अल-अरबी क़ुरआन की आयत, "नहनु अक़रबु इलैहि मिन् हब्लिल् वरीद" अर्थात "हम उसकी ग्रीवा-शिरा से भी उससे निकटतर हैं" के आधार पर ईश्वर के साथ मनुष्य का तादात्म्य सिद्ध करते हैं। निश्चय ही ईश्वर हमसे हमारी ग्रीवा-शिरा से भी अधिक निकट है किन्तु उसके नैकट्य (क़ुर्ब) की प्रकृति हमारे बोध से परे है। इसी प्रकार "ख़ल्क़ अल् आदम अला सूरतिही" (ईश्वर ने अपनी साफ छवि के अनुरूप आदम की सृष्टि की) के अर्थ निरूपण में भी इब्न-अल-अरबी सही नहीं, क्योंकि इसका यह आशय नहीं कि मनुष्य स्रष्टा के गुणों का मूर्तरूप है। इसका मात्र यह आशय है कि ईश्वर और आत्मा दोनों अदेशिक (non-spatial) हैं और इस दृष्टि से परस्पर साम्य रखते हैं। "मन अरफ नफ्सिही फक़द् अरफ रब्बहु" (जिसने अपने आप अर्थात् आत्म का संज्ञान प्राप्त कर लिया उसने ईश्वर का संज्ञान प्राप्त कर लिया) के आधार पर इब्न-अल-अरबी आत्म और ईश्वर को समरूप बताते हैं। मुजद्दिद का कहना है कि "आत्म का ज्ञान ईश्वर का ज्ञान है", पर इसका अर्थ यह नहीं कि आत्म ओर ईश्वर समरूप हैं।[52]

सृष्टि के उद्देश्य के विषय में भी मुजद्दिद इब्न-अल-अरबी की धारणा पर आपत्ति करते हैं। इब्न-अल-अरबी की सृष्टि के उद्देश्य विषयक धारणा का निहितार्थ यह है कि ईश्वर स्वयं में पूर्ण न था तथा अपनी पूर्णताओं के लिए उसे सृष्टि या जगत् पर निर्भर करना पड़ा। मुजद्दिद के अनुसार क़ुरआन की दृष्टि से यह धारणा पूर्णतया निराधार है। मुजद्दिद के विचार में क़ुरआन के अनुसार सृष्टि या जगत् का उद्देश्य ज्ञान नहीं प्रत्युत इबादत (बंदगी या दासता अर्थात् ईश्वर का दास होना) है। ईश्वर के ज्ञान में मनुष्य की पूर्णता निहित होती है न कि ईश्वर की पूर्णता जो कि स्वयं में पूर्ण है तथा जो जगत् की सृष्टि से प्रभावित नहीं होता। वह उसी प्रकार पूर्ण है जैसा कि वह जगत् के सृजन के पूर्व था और वह अब भी वैसे है जैसे कि वह (पूर्ण) था (अल आन कमा कान)।"[53]

मुजद्दिद वार-वार ज़ोर देकर कहते हैं कि वह्दतुलवुजूद अर्थात् अस्तित्व के एकत्व का सिद्धान्त सही नहीं है क्योंकि अस्तित्व के तादात्म्य या एकत्व की सूफियाना अनुभूति वस्तुगत अनुभूति नहीं, यह मात्र आत्मनिष्ठ अनुभूति है, इसीलिए मुजद्दिद इसे वह्दत अल शुहूद (प्रतीयमान एकत्व) कहते हैं क्योंकि इसके अन्तर्गत सूफी को ईश्वर और जगत् के अस्तित्व समरूप प्रतीत होते हैं, जबकि ये वास्तव में समरूप नहीं।[54] उनके अनुसार, वह्दत अल वुजूद सूफियाना अनुभूति के विकास की मात्र एक अवस्था (मक़ाम) है जिसके आगे और भी अवस्थाएँ

(मक़ामात) हैं। अधिकतर सूफी वह्दतुलवुजूद के आरम्भिक या निम्नतर मक़ाम को अन्तिम या उच्चतम मक़ाम मान लेते हैं। यद्यपि वुजूदीय्यत के मक़ाम से आगे बढ़ने के बाद ही अस्तित्व के एकत्व की ग़लती का एहसास होता है और सूफी को परिज्ञान होता है कि अस्तित्व का एकत्व वास्तव में वह्दत अल शुहूद अर्थात् प्रतीयमान एकत्व है न कि वास्तविक। मुजद्दिद के अनुसार कश्फ व शुहूद (प्रज्ञा और सूफियाना अनुभूति) के माध्यम से हम ईश्वर का संज्ञान नहीं कर सकते। इसके लिए हमें वह्इ और उलमा-ए-ज़ाहिर या धर्मशास्त्रियों की ओर पलटना होगा क्योंकि उलमा-ए-ज़ाहिर की अवधारणा का आधार वह्इ है। अतः सूफी पक्ष की ओर से मुजद्दिद इब्न तैमिय्या की शिक्षाओं की अभिपुष्टि करते हैं और स्पष्ट करते हैं कि सूफी हक़ीक़ः और शरीअत में कोई विरोध नहीं, प्रत्युत वह सूफी हक़ीक़ः को शरीअत का प्राणाधार बताते हैं।

इस प्रकार इब्न तैमिय्या और शेख़ अहमद सरहिन्दी मुजद्दिद अल्फ सानी दोनों ने मुस्लिम चिन्तन और आस्था से वह्दतुलवुजूद के उन्मूलन का प्रयास किया—इब्न तैमिय्या ने मन्क़ूली और माक़ूली आधारों के ज़रिये तथा मुजद्दिद ने सूफियाना अनुभूति के आधार पर। वास्तव में अल्लामा इक़बाल द्वारा वह्दतुलवुजूद के खण्डन को इब्न तैमिय्या और मुजद्दिद की परम्परा की अन्तिम कड़ी समझना चाहिए। आरंभ में अल्लामा इक़बाल भी वह्दतुलवुजूद के अनुयायी थे, किन्तु सूफियाना अथवा रहस्यवादी साहित्य का एक गहनतर अध्ययन शीघ्र उन्हें इस निष्कर्ष पर लाया कि वह्दतुलवुजूद या सर्वेश्वरवाद (pantheism) पूर्णतया निराधार है। वास्तव में सूफियों ने स्वयं को मुवह्हिद (एकेश्वरवादी) घोषित किया है—ईश्वर के एकत्व के समर्थन द्वारा नहीं, प्रत्युत अस्तित्व के एकत्व के अंगीकार द्वारा। दरअस्ल वह्दतुलवुजूद अर्थात् अस्तित्व के एकत्व के सिद्धान्त में अनेक के अस्तित्व का इन्कार निहित है। अनेक के इस अस्तित्व का यह इन्कार ही है जिसके कारण इक़बाल ने इस अवधारणा का विरोध किया : "मुझे यह स्वीकार करने में कोई शर्म नहीं है कि मैं एक समय तक ऐसे विश्वासों एवं मतों का कायल रहा जो कतिपय सूफियों के साथ विशिष्ट हैं और जो बाद में क़ुरआन शरीफ पर चिन्तन करने से पूर्णरूपेण ग़ैर इस्लामी सिद्ध हुए। उदाहरण के लिए शेख़ मुहीउद्दीन इब्न-अल-अरबी की क़िदम अरवाह कमला (पूर्ण व्यक्तियों की आत्माओं की अनन्तता) की अवधारणा, वह्दतुलवुजूद की अवधारणा या तनज़्ज़ुलात सित्तः (षष्ठ अवरोहणों) की संकल्पना अथवा अन्य अवधारणाएँ जिनमें कुछ की चर्चा अब्दुल करीम अल जीली ने अपनी किताब 'अल इन्सान अल कामिल' में की है। उपर्युक्त तीनों अवधारणाएँ मेरे विचार में इस्लाम धर्म से कोई संबंध नहीं रखतीं .... क़िदम अरवाह की अवधारणा अफलातूनी है। बू अली सीना और अबू नस्र फाराबी दोनों इसके अनुयायी थे, इसीलिए इमाम ग़ज़ाली ने इन दोनों बुजुर्गों पर कुफ्र का फतवा लगाया है। शेख़ अरबी ने इसमें इस क़दर संशोधन किया कि वह सदाचारी और

पुण्य चरित्र लोगों की अनश्वरता (क़िदम) के क़ायल हो गये और स्पष्ट है कि सिद्धान्त वही है और मुसलमानों में इस विचार ने क़ब्र-पूजा की नींव रखी है। तनज़्ज़ुलाते - सित्तः आधुनिक प्लेटोवाद के संस्थापक प्लोटिनस के विचार की उपज है। इस्लामी सभ्यता एवं संस्कृति की आरंभिक अवस्थाओं में आधुनिक प्लेटोवाद की एक पुस्तक का अनुवाद अरबी में किया गया और इस अनुवाद का नाम इलाहियात-अरस्तू (अरस्तू का धर्म विज्ञान) रखा गया। मुसलमान अब तक इस पुस्तक को अरस्तू का दर्शन समझते हैं; यद्यपि इटली के प्रोफेसर डी. त्रिची (D. Trichi) ने सशक्त तर्कों से सिद्ध कर दिया है कि इस पुस्तक का अरस्तू के धर्म विज्ञान से कोई संबंध नहीं, प्रत्युत यह प्लोटिनस के विचारों का अरबी अनुवाद है। तात्पर्य यह कि तनज़्ज़ुलाते - सित्तः की अवधारणा इस प्रकार यूनानी दर्शन से स्थानान्तरित होकर मुसलमानों में प्रचलित हो गयी और बाद में इस्लामी दार्शनिकों एवं सूफियों ने अपने-अपने उद्देश्यों के अनुरूप इसे इस्लामी परिभाषाओं में निरूपित किया। शेख शिहाबुद्दीन सुहरवर्दी मक्तूल (यह शैख सादी के गुरु शेख शिहाबुद्दीन से भिन्न हैं) ने अपनी पुस्तक 'हिक्मत अल इश्राक़' में इस अवधारणा को इस प्रकार वर्णित किया है कि इस्लाम के पूर्व ज़रथ्रुस्ती दर्शन को भी इसमें मिला दिया है तथा इस ज़रथ्रुस्ती तत्व की पुष्टि के लिए क़ुरआन की प्रसिद्ध आयत "अल्लाहु नूरुस्समावातु वल अर्द" (अल्लाह आसमानों एवं पृथ्वी का प्रकाश है) में तलाश की है। इस समय हिन्दुस्तान में बहुत से सूफी हज़रात इस मसले के क़ायल हैं और संभवतः इसलिए कि वे इस मसले के इतिहास से अवगत नहीं हैं।"[55] इक़बाल के विचार में वह्दतुलवुजूद की अवधारणा वास्तव में तनज़्ज़ुलाते-सित्तः की दार्शनिक निष्पत्ति है। उन्हीं के शब्दों में, "मानवीय बुद्धि स्वयमेव तनज़्ज़ुलाते-सित्तः से वह्दतुलवुजूद तक पहुँची है। अधिकतर सूफी इस अवधारणा के क़ायल हैं, कुछ इस तरह कि यह एक वास्तविक यथार्थता (हक़ीक़त नफ्से-अम्री), है और कुछ इस प्रकार कि यह मात्र क़ल्ब (हृदय) की एक कैफियत (अवस्था) है या कि एक मक़ाम का नाम है।"[56]

वह्दतुलवुजूद की धारणा के अनुसार ईश्वर जगत् के कण-कण में व्याप्त है। किन्तु इक़बाल का मन्तव्य (जो कि वास्तव में कुरआन का मन्तव्य) है कि ईश्वर जगत् में जारी व सारी नहीं प्रत्युत वह जगत् का स्रष्टा है और उसकी रुबूबीय्यत (ईश्वरत्व परवर्दगारी) के कारण यह जगत् स्थित है। जब वह चाहेगा इसे समाप्त कर देगा।[57] वास्तव में सूफियों ने तौहीद की इस्लामी संकल्पना और वह्दतुलवुजूद जो कि एक दार्शनिक अवधारणा है, को समझने में भूल कर दी। इक़बाल के शब्दों में, "सच बात यह है कि सूफियों को तौहीद (एकत्व, अर्थात् ईश्वर एक है) और वह्दतुलवुजूद (अस्तित्व का एकत्व- Unity of existence) का अर्थ समझने में सख्त ग़लती हो गयी है। ये दोनों शब्द पर्याय नहीं प्रत्युत पूर्वोक्त का अर्थ विशुद्ध धार्मिक है और अवरोक्त का अभिप्राय विशुद्ध दार्शनिक है। तौहीद के मुक़ाबले में या उसका

विपरीत शब्द कस्रत (बहुतत्व) नहीं जैसा कि सूफियों ने समझा है प्रत्युत उसका विपरीत शिर्क (ईश्वरत्व में ईश्वर के सिवा और को भी सम्मिलित करना अर्थात अनेकेश्वरवाद) है। वहदतुलवुजूद का विपरीत कस्रत (बहुत्व) है—इस ग़लती का यह परिणाम हुआ कि जिन लोगों ने वहदतुलवुजूद या वर्तमान यूरोपीय दर्शन की परिभाषा में तौहीद को सिद्ध किया, वे मुअहहिद (एक सत्तावादी, अद्वैतवादी) माने गये, यद्यपि उनके द्वारा सिद्ध प्रश्न का सम्बन्ध धर्म से न था, बल्कि जगत् की वास्तविकता से था। इस्लाम की शिक्षा अत्यन्त स्पष्ट है अर्थात् यह कि उपासना का पात्र केवल एक अस्तित्व है, शेष जो कुछ संसार में दृष्टिगोचर होता है वह सब का सब सृजित है। यद्यपि बौद्धिक एवं दार्शनिक दृष्टि से उनकी वास्तविकता व यथार्थता एक ही हैं। चूँकि सूफियों ने दर्शन एवं धर्म की दो भिन्न अवधारणाओं अर्थात् तौहीद और वहदतुलवुजूद को एक ही अवधारणा समझ लिया, इस वास्ते उनको यह चिन्ता हुई कि तौहीद सिद्ध करने का कोई और रास्ता होना चाहिए जो बुद्धि एवं ज्ञान (अक़्ल व इद्राक) के नियमों से सम्बन्ध न रखता हो। इस उद्देश्य के लिए हालते-सुक्र (मस्ती की अवस्था) सहायक हुई और यह वास्तविकता है हाल व मक़ामात के मसले की। मुझे हालते-सुक्र की वास्तविकता से इन्कार नहीं। सिर्फ इस बात से इन्कार है कि जिस उद्देश्य के लिए यह हालत पैदा की जाती है वह उद्देश्य इससे बिल्कुल पूरा नहीं होता। इससे अधिक से अधिक साहबे-हाल (हाल की स्थिति में व्यक्ति) को एक बौद्धिक समस्या की पुष्टि हो जाती है न कि धार्मिक समस्या की। सूफियों ने वहदतुलवुजूद की कैफियत को मात्र एक मक़ाम लिखा है। शैख़ इब्न-अल-अरबी के अनुसार यह अन्तिम मक़ाम है और इसके आगे अदम महज़ (परम शून्यता) है। लेकिन यह प्रश्न किसी दिल में पैदा नहीं हुआ कि क्या यह मक़ाम किसी यथार्थता को स्पष्ट करता है ? यदि कस्रत (बहुत्व) (अनेक) वास्तविक यथार्थता (हकीक़त नफ्सुल अम्री) है तो यह वहदतुलवुजूद की कैफियत जो साहबे- हाल पर घटित होती है एक धोखा है और धार्मिक एवं दार्शनिक दृष्टि से कोई महत्व नहीं रखती। और यदि वहदतुलवुजूद मात्र एक मक़ाम है और किसी हक़ीकत नफ्सुलअमी (वास्तविक यथार्थता) का अवगम इससे नहीं होता तो फिर इसको तार्किक दृष्टि से सिद्ध करना व्यर्थ है जैसा कि मुहीउद्दीन इब्न-अल-अरबी और अन्य सूफियों ने किया है। न इसके मात्र मकाम होने से आध्यात्मिक जीवन को कोई लाभ पहुँचता है क्योंकि क़ुरआन की शिक्षा की दृष्टि से जगत् (वुजूद फिल ख़ारिज़) का ईश्वरीय अस्तित्व (ज़ाते बारी) से सम्बन्ध एकत्व (इत्तिहाद) का नहीं प्रत्युत सृजितता (मख़्लूक़ीयत) का है। यदि क़ुरआन की शिक्षा यह होती कि ईश्वर जगत् की अनेकता में व्याप्त दाइर व साइर है तो वहदतुलवुजूद की कैफ़ीयत (अवस्था) को क़ल्ब (हृदय) पर घटित कर सकना धार्मिक जीवन के लिए बहुत लाभकारी होता, बल्कि धार्मिक जीवन की अन्तिम मंज़िल होती। किन्तु मेरा विश्वास यह है कि यह क़ुरआन की शिक्षा नहीं है। इसका परिणाम स्पष्ट है कि मेरे

अनुसार प्रत्येक हार्दिक अवस्था (कैफीयते-कल्बी) धार्मिक दृष्टि से फायदा नहीं रखती।"[58]

अतः इक़बाल के विचार में "अजमी तसव्वुफ (अजमी इसलिए कि तसव्वुफ के अधिकांश संपादक अजमी अर्थात ग़ैर अरब थे) इस्लाम का अंग नहीं प्रत्युत यह एक प्रकार का वैराग्यवाद (asceticism) है जिससे इस्लाम का कोई संबंध नहीं और जिसके प्रभाव से इस्लामी कौमों में कर्म-शक्ति क्षीण हो गयी है। तसव्वुफ का तो शब्द भी पैग़म्बर हज़रत मुहम्मद के युग में विद्यमान न था। 150 हिजी में यह शब्द पहले-पहल प्रयोग में आया और धीरे-धीरे तसव्वुफ के अजमी समर्थकों ने एक ऐसा नैतिक एवं सामाजिक लक्ष्य पैदा कर दिया जो अन्ततः मुसलमानों के विनाश का कारण बना या कम से कम अन्य कारणों में एक यह भी था।"[59] वास्तव में वैराग्यवाद संसार की प्रत्येक कर्मठ जाति में उसके व्यावहारिक पतन के काल में उत्पन्न होता है। यद्यपि इसका समूल उन्मूलन असंभव है क्योंकि कतिपय वैरागी स्वभाव के लोग सदैव पाये जाते हैं। अतः इक़बाल का प्रयास यह है कि वैराग्यवाद के विषैले प्रभाव से समाज को बचाया जाये। इस्लाम के सूफियों में एक वर्ग ऐसा रहा है जो इस्लामी शरीअत को इल्मे-ज़ाहिर (गोचर या प्रत्यक्ष ज्ञान) की तिरस्कारपूर्ण संज्ञा से याद करता है और तसव्वुफ से उसका आशय उस बातिनी (आन्तरिक) कार्यप्रणाली से है जिसके अनुसरण से सालिक (साधक) को इन्द्रियातीत यथार्थता का ज्ञान प्राप्त होता है अथवा उसकी अनुभूति होती है। स्पष्ट है कि इस कार्यप्रणाली की परिणति अन्ततः वैराग्यवाद में होती है, और यह प्रवृत्ति सामाजिक पतन के काल में उभरती और जोर पकड़ती है। इक़बाल के विचार में "इस्लाम की कोई बात रहस्यमय नहीं है। क़ुरआन का प्रत्येक शब्द प्रकाश और अस्तित्व के आनन्द से लबालब है। किसी अवसादकर और निराशावादी रहस्यवाद को औचित्यपूर्ण ठहराना तो बड़ी दूर की बात रही, वास्तव में यह उन धार्मिक शिक्षाओं पर एक खुला प्रहार है जिन्होंने सदियों तक मानवता को भ्रमित कर रखा है।"[60] अतः ऐसा तसव्वुफ जो यह शिक्षा दे कि इस्लामी शरीअत मात्र इल्मे-ज़ाहिर है अर्थात् यथार्थता का मात्र बाह्य रूप है तथा किन्हीं अन्य माध्यमों से यथार्थता की प्राप्ति की शिक्षा देता है, वास्तव में एक झूठा तसव्वुफ है, क्योंकि समाज की अखण्डता को केवल विधि अर्थात शरीअत ही बनाये रख सकती है। अतः सूफियाना अव्यावहारिक चिन्तन उन मनीषियों के लिए आकर्षण नहीं रखता जिनका लक्ष्य क़ुरआन के आदर्शों के अनुसार मुस्लिम समाज की पुनर्रचना है।

वास्तव में तसव्वुफ के इतिहास से यह स्पष्ट हो जाता है कि तसव्वुफ की सबसे बडी कमी यह है कि यह समाज की परवाह नहीं करता और समाज को सुधारने के स्थान पर यह अपना ध्यान व्यक्तियों के सुधार पर केन्द्रित करता है न कि समाज के वर्तमान ढाँचे के परिवर्तन पर। इसमें संदेह नहीं कि व्यक्तियों का रूपान्तरण एवं उनकी आत्म प्रगति आवश्यक है क्योंकि ऐसे व्यक्तियों के अभाव में जो कि न केवल

मुस्लिम हों प्रत्युत अच्छे मुस्लिम हों, समाज की पुनर्रचना इस्लामी आधारों पर नहीं हो सकती। मुश्किल यह है कि एक अच्छे मुस्लिम की सूफी धारणा क़ुरआन की अच्छे मुस्लिम की अवधारणा से अनेक रूपों में भिन्न है। "वास्तव में तसव्वुफ द्वारा अपनायी जानेवाली प्रणालियाँ मुस्लिम समाज की पुनर्रचना के उपयुक्त नहीं है। वह्दतुलवुजूदी तसव्वुफ के अनुसार व्यक्ति का परम आदर्श आत्म या वैयक्तिक अस्मिता को ईश्वर में फना कर देना है, ठीक वैसे जैसे कि बूँद सागर में मिलकर अपना अस्तित्व खो देती है। किन्तु इक़बाल के विचार में आत्म या अहं का निषेध व्यक्ति का नैतिक या धार्मिक आदर्श नहीं हो सकता। अतः ऐसा तसव्वुफ जो फना या ईश्वर में विलीनता की शिक्षा देता है, वह इक़बाल के विचार में व्यक्ति और समाज के लिए अफीम है। हल्लाज की प्रसिद्ध उक्ति 'अनल हक़' (मैं सृजनात्मक सत्य हूँ) की विवेचना करते हुए इक़बाल कहते हैं कि मानवीय अनुभूति का यथेष्ट दिग्विन्यास "बूँद का समुद्र में विलीन हो जाना नहीं प्रत्युत एक गहनतर व्यक्तित्व में मानवीय अहं की यथार्थता एवं स्थायित्व की चरितार्थता की और स्पष्ट अभिपुष्टि है।" इसके अतिरिक्त क़ुरआनी संकल्पना के अनुसार एक अच्छे मुस्लिम को न केवल स्वयं अपनी आध्यात्मिक प्रगति में दिलचस्पी लेना चाहिए, प्रत्युत एक नियति के रूप में इस्लाम के आन्दोलन तथा समाज के नैतिक एवं भौतिक उत्थान और कल्याण में समान रूप से दिलचस्पी लेनी चाहिए।[61]

चूँकि 'इस्लाम में धार्मिक चिन्तन की पुनर्रचना' में इक़बाल का मुख्य सरोकार "इस्लामी सत्यों की पुनर्रचना" से है और इस्लामी सत्यों की पुनर्रचना तभी संभव हो सकती है जबकि मुस्लिम चिन्तन क़ुरआन की मूल भावना से ओतप्रोत हो और इसकी विचार-विधा से वह्दतुलवुजूद (सर्वेश्वरवाद) की एकसत्तावादी (monistic) अवधारणा का निराकरण करके इसके स्थान पर एकेश्वरवाद (monotheism) के अन्तर्गत बहुत्ववाद (pluralism) को अधिष्ठित न किया जाय। ऐसा नहीं कि इक़बाल से पूर्व मुस्लिम चिन्तन के इतिहास में इस दिशा में प्रयास नहीं हुए। सबसे पहले इब्न सीना (980-1037 ई.) के चिन्तन में बहुत्ववाद (pluralism) का आभास मिलता है। प्रेम विषयक अपनी एक पुस्तक में वह वैयक्तिता के आधार पर जीवन को एक विकासवादी क्रम में अग्रसर होता हुआ कल्पित करता है। "वस्तुओं की संरचना इस प्रकार हुई है कि वे अनस्तित्व से घृणा करती हैं तथा विभिन्न रूपों में वैयक्तिकता के आनन्द से प्रेम करती हैं।"[62] इसके बावजूद इब्न सीना की सामान्य चिन्तन प्रवृत्ति नव्य फ्लेटोवादी अरस्तूवाद की मात्र एक पुनरावृत्ति प्रतीत होती है। इब्न सीना के अतिरिक्त कलाम के अणुवाद में भी बहुत्ववाद की दिशा में प्रयास के आभास मिलते हैं। किन्तु किन्हीं वाह्य कारणों से ईश्वर की इच्छा की निरंकुशता को अक्षुण्ण रखने के लिए इन विचारकों ने बहुत्व (pluralism) के स्वतंत्र अस्तित्व का बलिदान कर दिया तथा अन्ततोगत्वा इनके विचारों की परिणति सर्वेश्वरवाद (pantheism) की निषेधात्मक अवधारणा के संवर्धन में हुई। इस दिशा में तीसरा

प्रयास वहीद महमूद (मृत्यु 600 हिज्री) ने किया। वहीद महमूद के विचार में सृष्टि की प्राथमिक घटक ऐसी असंख्य इकाइयाँ हैं जो जीवनयुक्त हैं। कलामियों के जौहर के स्थान पर वह इन इकाइयों को अफराइद कहता है जो लाइबनित्ज के चिद्णुओं (monads) के समान इन इकाइयों की जैविक विशेषताओं को रेखांकित करते हैं। दुर्भाग्य से मुस्लिम चिन्तन की ये बहुत्ववादी (pluralistic) प्रवृत्तियाँ एकसत्तावादी (monistic) वह्दतुलवुजूदी अवधारणा के नीचे दब गयीं।[63] इस्लामी चिन्तन की योजना मनुष्य की विशिष्टता के साथ ही साथ ईश्वर के श्रेष्ठतम रूप को बनाये रखने एवं निरूपित करने में निहित है। इक़बाल के अनुसार इस्लाम में मनुष्य की स्थिति नगण्य नहीं जैसा कि पाश्चात्य विचारकों का आग्रह रहा है, वास्तव में मनुष्य एवं ईश्वर के मध्य ऐसी दूरी भी नहीं जिसे लाँघा न जा सके। इक़बाल का दर्शन एकेश्वरवाद (monotheism) का उदाहरण है। वह यह स्पष्ट करते हैं कि इस्लाम किसी भी दृष्टि से वह्दतुलवुजूदी या सर्वेश्वरवादी नहीं है।

4

इक़बालीय चिन्तन पद्धति में 'अहं' अथवा ख़ुदी (ego) की अवधारणा इतनी मूलभूत है कि उनके दर्शन को अहं या ख़ुदी का दर्शन कहा जा सकता है। वास्तव में इक़बाल की अहं (ख़ुदी) की अवधारणा को वह्दतुलवुजूदी संकल्पना की निर्मूलता के प्रति उनकी तीक्ष्ण प्रतिक्रिया का परिणाम समझना चाहिए। उनके विचार में "व्यक्तियों और क़ौमों का तर्ज़े-अमल ख़ुदी या अहं के प्रश्न के उत्तर पर निर्भर करता है और यही कारण है कि दुनिया की कोई क़ौम ऐसी न होगी जिसके चिन्तकों एवं दार्शनिकों ने अहं की समस्या का समाधान ढूँढ़ने की कोशिश न की हो। किन्तु इस प्रश्न का उत्तर व्यक्तियों एवं क़ौमों की मानसिक क्षमता पर उतना निर्भर नहीं करता जितना कि उनके स्वभाव पर।" दार्शनिक मनोवृत्तिवाली प्राच्य क़ौमें इस धारणा की ओर अग्रसर हुईं कि "मानवीय अहं मात्र एक भ्रान्ति, माया है और इस फन्दे को गले से उतार फेंकने का नाम मोक्ष है। व्यावहारिक दृष्टिकोण से लैस पश्चिमी क़ौमों की व्यावहारिक प्रवृत्ति उनको ऐसे निष्कर्षों की ओर ले गयी जिसकी उनकी प्रकृति अपेक्षा करती थी।"[64]

अपनी प्रसिद्ध फारसी मसनवी असरारे-ख़ुदी (ख़ुदी या अहं का रहस्य) की भूमिका में 'ख़ुदी' या 'अना' अथवा 'अहं' या 'मैं' क्या है—इस प्रश्न से बहस करते हुये अल्लामा इक़बाल लिखते हैं, "हिन्दू क़ौम के दिलोदिमाग में कर्मों एवं विचारों का एक अद्भुत तरीके से मिश्रण हुआ है। इस क़ौम के सूक्ष्मदर्शी दार्शनिकों ने कर्म-शक्ति पर अत्यन्त सूक्ष्म बहस की है और अन्ततः इस निष्कर्ष पर पहुँचे हैं कि अहं के जीवन का यह प्रसिद्ध नैरन्तर्य, जो समस्त दुःखों की जड़ है, कर्म से निर्धारित होता है या यूँ कहिये कि मानवीय अहं की वर्तमान दशाएँ उसके अतीत कर्मों का अनिवार्य परिणाम हैं और जब तक यह कर्म-सिद्धान्त अपना कार्य करता रहेगा

वही परिणाम उत्पन्न होते रहेंगे। उन्नीसवीं सदी के मशहूर जर्मन कवि गोएटे का हीरो फाउस्ट जब इन्जील यूहन्ना की प्रथम आयत में 'शब्द' के स्थान पर 'कर्म' पढ़ता है (शुरू में शब्द था ख़ुदा के साथ और शब्द ही ख़ुदा था) तो वास्तव में उसकी सूक्ष्मदर्शी दृष्टि उसी बिन्दु को देखती है जिसको हिन्दू दार्शनिकों ने सदियों पहले देख लिया था। इस विचित्र पद्धति से हिन्दू दार्शनिकों ने नियति की निरंकुशता और मानवीय स्वतंत्रता, दूसरे शब्दों में जब्रोइख़्तियार की गुत्थी को सुलझाया और इसमें कोई सन्देह नहीं कि दार्शनिक दृष्टि से उनका कल्पना-चातुर्य प्रशंसा का पात्र है, विशेषकर इस कारण कि वह एक बहुत बड़े नैतिक साहस के साथ उन समस्त दार्शनिक निष्कर्षों को स्वीकार करते हैं जो इस विवाद से उत्पन्न हुए हैं। अर्थात् यह कि जब 'अहं' का निर्धारण कर्म है तो अहं के फन्दे से निकलने का एक ही रास्ता है और वह है कर्म का त्याग। यह निष्कर्ष वैयक्तिक एवं सामूहिक दृष्टि से अत्यन्त ख़तरनाक था और इस बात की अपेक्षा करता था कि कोई जीर्णोद्धारक उत्पन्न हो जो कर्म-त्याग के वास्तविक अर्थ को स्पष्ट करे। मानवजाति के बौद्धिक इतिहास में श्री कृष्ण का नाम सदैव आदर से लिया जायेगा कि इस महान् व्यक्ति ने एक अत्यन्त मनोहर शैली में अपने देश व कौम की दार्शनिक परंपरा की आलोचना की तथा इस तथ्य को स्पष्ट किया कि कर्म-त्याग से तात्पर्य पूर्णरूपेण कर्म का त्याग नहीं है क्योंकि कर्म तो प्रकृति की माँग है और इसी से जीवन की स्थिरता है। प्रत्युत कर्म के त्याग से तात्पर्य यह है कि कर्म एवं उसके परिणाम के प्रति बिल्कुल आसक्ति न हो। श्री कृष्ण के पश्चात् श्री रामानुज भी इसी मार्ग पर चले किन्तु खेद है कि जिस अर्थ-वधु का श्री कृष्ण और रामानुज घूँघट हटाना चाहते थे, श्री शंकर के तार्किक तिलिस्म ने उसे पुनः लज्जान्वित कर दिया और श्री कृष्ण की क़ौम उनके नवीकरण के फल से वंचित रह गयी।"[65]

वह्दतुलवुजूदी अवधारणा के अध्यारोपण के उपरांत इस्लामी जगत् में भी इसी प्रकार की मनोवृत्ति का उदय एवं विकास हुआ। अतः मुसलमानों और हिन्दुओं के वैचारिक इतिहास में इक़बाल एक विचित्र समानता पाते हैं : "पश्चिमी एशिया में इस्लामी आन्दोलन भी कर्म का एक महान संदेश था। यद्यपि इस आन्दोलन के अनुसार 'अहं' एक सृजित अस्तित्व है जो कर्म से अनश्वर हो सकता है। किन्तु अहं के प्रश्न की गवेषणा एवं उसके सोच-विचार में मुसलमानों एवं हिन्दुओं के वैचारिक इतिहास में एक विचित्र समानता है और वह यह कि जिस दृष्टिकोण से श्री शंकराचार्य ने गीता की व्याख्या की, उसी विचार दृष्टि से शैख मुहीउद्दीन इब्न-अरबी ने क़ुरआन शरीफ का अर्थनिरूपण किया जिसने मुसलमानों के मन पर बहुत गहरा प्रभाव डाला है। ..... (इब्न-अल-अरबी) के ज्ञान, उनकी विद्वता एवं उनके महान व्यक्तित्व ने वह्दतुलवुजूद के मसले को, जिसके कि वह अनथक व्याख्याता थे, इस्लामी विचार का एक अटूट अंग बना दिया। वहीदुद्दीन किरमानी और फख़्रुद्दीन इराक़ी उनकी शिक्षा से बहुत प्रभावित हुए और धीरे-धीरे

चौदहवीं शताब्दी के समस्त अजमी कविगण इस रंग में रंगीन हो गये। .... संक्षेप में यह कि हिन्दू विचारकों ने वह्दतुलवुजूद के प्रश्न में मन को संबोधित किया, किन्तु ईरानी कवियों ने इस प्रश्न की व्याख्या में अधिक ख़तरनाक मार्ग अपनाया अर्थात् उन्होंने हृदय को अपना लक्ष्य बनाया और उनकी सौन्दर्य - मर्मज्ञताओं का अन्ततः यह परिणाम हुआ कि इस मसले ने अवाम तक पहुँचकर लगभग समस्त इस्लामी क़ौमों को कर्म के आनन्द से वंचित कर दिया।"[66]

कहना न होगा कि अल्लामा इक़बाल की अहं (खुदी) की अवधारणा वह्दतुलवुजूदी संकल्पना की निर्मूलता के प्रति उनके तीव्र एहसास का परिणाम है। वह्दतुलवुजूदी या सर्वेश्वरवादी (Pantheistic) धारणा अहं (ख़ुदी) या आत्म को अवास्तविक अर्थात् असत् मानती है यद्यपि क़ुरआन मनुष्य की वैयक्तिकता (Individuality) एवं उसकी अनन्यता (uniqueness) पर ज़ोर देता है तथा उसे ईश्वर का अभिप्रेत, पृथ्वी पर ईश्वर का प्रतिनिधि तथा उसे एक स्वतन्त्र व्यक्तित्व (personality) का अमानतदार बताता है, "तथापि यह देखकर आश्चर्य होता है कि मानवीय चेतना का एकत्व जो कि मानवीय व्यक्तित्व का केन्द्र होता है, वास्तव में मुस्लिम चिन्तन के इतिहास में कभी भी दिलचस्पी का विषय नहीं रहा"।[67] अतः अनुभूति के एक ससीम केन्द्र के रूप में अहं की वास्तविकता एवं उसकी विशिष्टता का निरूपण इक़बाल द्वारा इस्लामी चिन्तन की पुनर्रचना का एक महत्वपूर्ण बिन्दु है।

इक़बाल अहं को वास्तविक मानते हैं किन्तु वह यह स्वीकार करते हैं कि जीवन के एक एकत्व के रूप में अहं अपनी ससीमता में अपूर्ण होता है। अहं की वास्तविकता इतनी गहन होती है कि उसका बौद्धिकीकरण नहीं किया जा सकता। अहं की वास्तविकता का निषेध सर्वेश्वरवादी दृष्टि से भी संभव नहीं .... इसका निषेध बदतोव्याघात होगा, क्योंकि माननीय अहं के निषेध के निमित्त निषेधकर्ता को स्वीकारना आवश्यक है। "अपने संघटन की वर्तमान अवस्था में निद्रा के अविरत विश्राम के बिना अहं अपने तनाव की अविच्छिन्नता को बरक़रार नहीं रख सकता। एक नगण्य-सी उत्तेजना भी कभी-कभी इसके एकत्व को भंग कर सकती है तथा एक नियामक ऊर्जा (directive energy) के रूप में इसे निष्फल कर सकती है।"[68]

अहं के वास्तविक स्वरूप की समुचित व्याख्या मनोवैज्ञानिक नहीं कर सकता। मनोविज्ञान में अहं को विचार-प्रवाह, भावना-प्रवाह, संवेदनशीलता एवं क्रियात्मकता जैसी अनेक प्रवाहित क्रियाओं के रूप में निरूपित किया जाता है। इक़बाल के विचार में अहं की वास्तविकता को समझने के लिए इन प्रवाहों के पीछे जाना आवश्यक है। सामान्य वैचारिक ढंग से अहं के स्वरूप का ज्ञान संभव नहीं। उनके अनुसार एक उपयुक्त अन्तः प्रज्ञा (intuition) ही अहं के वास्तविक स्वरूप का ज्ञान प्रदान कर सकती है।

अहं का विशिष्ट लक्षण क्या है? अहं स्वयं को मनोदशाओं (states of mind) के एकत्व के रूप में प्रकट करता है। मानसिक स्थितियाँ या मनोदशाएँ परस्पर पृथक् नहीं होती। ये एक दूसरे में सन्निहित होती हैं। किन्तु भौतिक वस्तुओं के साथ ऐसा नहीं — वे परस्पर पृथक् रह सकती हैं। अतः मनोदशाओं का संघटन भौतिक पदार्थों के संघटन से भिन्न होता है। मनोदशाएँ परस्पर अविच्छिन्न रूप से जुड़ी होती हैं, प्रत्येक मानसिक स्थिति का प्रभाव अन्य मानसिक स्थिति पर पड़ता है···· भावना का प्रभाव विचार पर, विचार का भावना पर और दोनों का संज्ञान (cognition) पर पड़ता है। इक़बाल का कहना है कि मानसिक अवस्थाओं, अनुभूतियों, भावनाओं, विचारों के मध्य एकत्व का आधार अहं है। अतः अहं एक संगठनकारी सिद्धान्त (organising principle) है। मनोदशाओं का अस्तित्व एक संश्लिष्ट कुल अर्थात् मन (mind) की अवस्थाओं में होता है। मानसिक एकत्व सर्वथा अनन्य होता है। "हम नहीं कह सकते कि हमारा एक विश्वास हमारे दूसरे विश्वास के दाएँ या बाएँ स्थित है। न तो यह कहना ही संभव है कि ताजमहल के सौन्दर्य का हमारा परिबोध आगरा से हमारी दूरी के साथ परिवर्तित हो जाता है।"[69] "अहं की दिक् विषयक धारणा दैशिक रूप से (spatially) दिक् से सम्बन्धित नहीं होती। अहं एक से अधिक दिक्-पद्धति (space-order) के बारे में सोच सकता है। अतः अहं उस अर्थ में दिग्बद्ध (space-bound) नहीं होता जिस अर्थ में कि शरीर दिग्बद्ध होता है। यद्यपि मानसिक एवं भौतिक घटनाएँ काल में होती हैं तथापि अहं की कालावधि (duration) भौतिक घटना की कालावधि से मूलतः भिन्न होती है। "भौतिक घटना की कालावधि एक वर्तमान तथ्य के रूप में दिक् में फैली होती है, अहं की कालावधि इसके अन्दर संकेन्द्रित होती है। किसी भाँति के घटना का विरचन (formation) कतिपय वर्तमान चिह्नों को अनावृत करता है जो बतलाते हैं कि यह काल की एक कालावधि से गुज़री है, किन्तु ये चिह्न केवल इसकी कालावधि के प्रतीक होते हैं न कि स्वयं कालावधि के।"[70] इक़बाल के अनुसार वास्तविक कालावधि का संबंध केवल अहं से ही होता है। अहं की दूसरी महत्वपूर्ण विशेषता इसकी मूलभूत निजता (privacy) या वैयक्तिकता है जो प्रत्येक अहं की अनन्यता को प्रकट करती है। इसकी इच्छाएँ, आकांक्षाएँ, इसके सुख-दुःख, इसके इरादे, इसका प्रेम और इसकी घृणा सब वैयक्तिक होते हैं। "मेरे सुख - दुःख और मेरी इच्छाएँ सिर्फ मेरी होती हैं तथा केवल मेरे ही निजी अहं का अनिवार्य अंग है। मेरी संवेदनाएँ, घृणाएँ, मेरी मुहब्बत, मेरे निर्णय तथा मेरे इरादे सिर्फ मेरे होते हैं। स्वयं ईश्वर न मेरे लिए महसूस कर सकता है, न फैसला कर सकता है और न चुन सकता है जबकि मेरे लिए एक से अधिक कार्य के मार्ग खुले हों। इसी प्रकार आप को पहचानने के लिए मुझे अतीत में आपको जानना चाहिए था। किसी स्थान अथवा व्यक्ति की मेरी पहचान का अर्थ मेरी पूर्व अनुभूति का संदर्भ है न कि अन्य अहं की विगत अनुभूति का। हमारी मानसिक अवस्थाओं का यही अनन्य अन्तः

संबंध है जिसे हम 'मैं' शब्द द्वारा अभिव्यक्त करते हैं ....।"[71]

इमाम अल ग़ज़ाली के अनुसार अहं एक सरल अविभाज्य और अपरिवर्तनीय आत्मा-द्रव्य (soul-substance) है जो हमारी मनोदशाओं से सर्वथा भिन्न तथा काल के व्यक्तिक्रम (passage) से प्रभावित नहीं होता। इसके अतिरिक्त अल ग़ज़ाली सचेतन अनुभूति को आत्मा-द्रव्य का गुण मानते हैं, उसी अर्थ में जिसमें कि भार उस शरीर का गुण होता है। आत्मा-द्रव्य की सरलता एवं अविभाज्यता और अपरिवर्तनीयता से इमाम अल ग़ज़ाली अहं की अविनाशिता का निष्कर्ष निकालते हैं। इक़बाल अल ग़ज़ाली की इस तर्कणा-पद्धति से सहमत नहीं। उनके अनुसार सचेतन अनुभूतियाँ अहं का गुण नहीं प्रत्युत "पर्यवेक्षण तो यही सिद्ध करता है कि अनुभूतियाँ विशिष्ट क्रियाओं का संदर्भ होती हैं। अतएव वे स्वयं अपना एक विशिष्ट अस्तित्व रखती हैं।"[72] यदि सचेतन अनुभूति को आत्मा-द्रव्य का गुण मानें तो इससे अहं के स्वरूप का कोई ज्ञान नहीं प्राप्त होगा क्योंकि आत्मा-द्रव्य स्वयं को अनुभूति में उद्घाटित नहीं करता। विभिन्न कालों में एक ही शरीर पर विभिन्न आत्मा-द्रव्यों का नियंन्त्रण भी संभव नहीं। इस दृष्टि से यह सिद्धान्त प्रत्यावर्ती व्यक्तित्व (alternating personality) सदृश तथ्यों की समुचित व्याख्या भी नहीं कर सकता।[73] विलियम जेम्ज़ चेतना की संकल्पना एक विचार-प्रवाह (Stream of thought) के रूप में--एक अनुभूत सातत्य सहित परिवर्तनों के एक सचेतन प्रवाह के रूप में— करता है। उसके अनुसार अहं का अस्तित्व व्यक्तिगत जीवन के सम्वेदनों में होता है, अतएव विचार की प्रणाली का एक अंग होता है। "विचार का प्रत्येक स्पन्दन वर्तमान हो या नाशवान, एक अविभाज्य एकत्व है जिसमें ज्ञान होता है और स्मृति भी। गुज़रते हुए स्पन्दन का विचार के वर्तमान स्पन्दन द्वारा और वर्तमान स्पन्दन का इसके उत्तरवर्ती द्वारा आत्मसात्करण ही अहं है।"[74] विलियम जेम्ज़ द्वारा हमारे मानसिक जीवन का यह वर्णन इक़बाल के विचार में हमारी चेतना के अनुरूप नहीं। "चेतना समस्त मानसिक जीवन में पूर्वमान्य कोई एकल वस्तु है न कि चेतना के अलग-अलग टुकड़े जो एक दूसरे को सूचना देते रहते हैं। चेतना विषयक यह धारणा हमें अहं का कोई सुराग़ देने से तो बहुत दूर रही, किन्तु अनुभूति में जो अपेक्षतया स्थायी तत्व होता है यह उसकी पूर्णतया उपेक्षा करती है। गुज़र जानेवाले विचारों के मध्य अस्तित्व की निरन्तरता नहीं होती है। इनमें से कोई एक जब विद्यमान होता है तो दूसरा बिल्कुल लुप्त हो जाता है, फिर गुजर जानेवाला विचार जो अपरिवर्तनीय रूप से लुप्त हो जाता है, वर्तमान द्वारा कैसे ज्ञात और आत्मसात् किया जा सकता है ?"[75] इक़बाल के विचार में अहं अनुभूति से भिन्न नहीं होता। वास्तव में आन्तरिक अनुभूति कार्यरत अहं है। "हम बोधगम्य करने, निर्णय करने तथा संकल्प करने की क्रिया में स्वयं अहं का परिबोध करते हैं। अहं का जीवन एक प्रकार का तनाव है जो माहौल पर आक्रमण करनेवाले अहं और अहं पर आक्रमण करनेवाले माहौल द्वारा उत्पन्न होता है।"[76] इस पारस्परिक

आक्रमण की क्रिया में अहं एक निदेशात्मक ऊर्जा (directive energy) के रूप में विद्यमान रहता है। वह स्वयं अपनी अनुभूति द्वारा विरचित एवं अनुशासित होता है।

अहं की निदेशात्मक क्रिया के वर्णन के लिए क़ुरआन 'अम्र' एवं 'ख़ल्क़' शब्दों का प्रयोग करता है। अम्र निदेशन है और ख़ल्क़ सृजन। आत्मा की मूलभूत प्रकृति निदेशात्मक है क्योंकि यह ईश्वर की निदेशात्मक ऊर्जा से उत्पन्न होती है, यद्यपि हम यह नहीं जानते कि अहं के एकत्वों के रूप में ईश्वरीय अम्र किस प्रकार कार्य करता है। मनुष्य का वास्तविक व्यक्तित्व कोई वस्तु नहीं, अपितु एक क्रिया है। "मेरी अनुभूति मात्र कृत्यों की शृंखला है जो परस्पर एक दूसरे को संदर्भित करते हैं तथा एक निदेशात्मक एकत्व द्वारा संगठित रहते हैं। मेरी सारी वास्तविकता मेरी निदेशात्मक मनोवृत्ति में निहित है। दिक् में किसी वस्तु की तरह अथवा कालिक पद्धति में अनुभूतियों के समूह की तरह आप मेरा बोध नहीं कर सकते, आप को मुझे मेरे निर्णयों, मेरी संकल्प-मनोवृत्तियों, मेरे उद्देश्यों और मेरी उच्चाकांक्षाओं में व्याख्यायित करना, समझना और महसूस करना होगा।"[77]

इक़बाल के अनुसार, अहं के दो पक्ष होते हैं जिसे वह गुणग्राही (appreciative) और कार्यसाधक (efficient) की संज्ञा देते हैं। सचेतन अनुभूति की प्रकृति में एक तीक्ष्णतर अन्तर्दृष्टि से यह प्रकट होता है कि आन्तरिक जीवन में अहं केन्द्र से बाहर की ओर गति करता है। अपने कार्यसाधक पक्ष की ओर अहं दिग्जगत् से संबंध स्थापित करता है। कार्यसाधक अहं वास्तव में दैनिक जीवन का व्यावहारिक अहं होता है जिसका वस्तुओं की बाह्य प्रणाली के साथ सरोकार होता है। दिक् से इसका भेद मुश्किल से ही किया जा सकता है। कार्यसाधक अहं जिस काल में होता है उसे दीर्घ अथवा लघु कहते हैं। देशिकृत (spatialised) काल में अस्तित्व नकली अस्तित्व होता है। गुणग्राही अहं अनुभूति का आन्तरिक केन्द्र होता है। यह गहनतर अहं होता है। गुणग्राही अहं का काल शुद्ध काल होता है। इसका काल एक ही वर्तमान है जिसे दिग्जगत् के साथ अपने सरोकार में यह वर्तमानों (nows) की एक शृंखला में चूर-चूर कर के एक धागे में मोती के मनकों के समान पिरो देता है। अतः यहाँ पर दिक् की मिलावट से रहित शुद्ध अवधि होती है।[78] "केवल तीव्र ध्यानावस्था के क्षणों में ही जब कि कार्यसाधक अहं प्रास्थगन में होता है, हम अपने गहनतर अहं में निमग्न होते तथा अनुभूति के आन्तरिक केन्द्र तक जा पहुँचते हैं। . . . . गुणग्राही अहं का एकत्व उस जीवाणु के समान होता है जिसमें कि उसके पूर्वजों के प्रत्येक व्यक्ति की अनुभूतियाँ एक अनेकत्व के रूप में नहीं प्रत्युत एक एकत्व के रूप में विद्यमान होती हैं जिसमें प्रत्येक अनुभूति समग्र में व्याप्त हो जाती है।"[79]

"दिक्कालिक पद्धति (spatio-temporal order) में अहं किस प्रकार आविर्भूत होता है"—इस प्रश्न से बहस करते हुए इक़बाल कहते हैं कि क़ुरआन के अनुसार अहं भौतिक अवयवसंस्थान के आधार पर विकसित होता है अर्थात् उप-अहं (sub-egos) के उस उपनिवेश के आधार पर जिसके माध्यम से एक गहनतर अहं इस पर प्रभावरत रहता है और इस प्रकार इसे अनुभूति के एक प्रणालीवद्ध एकत्व के निर्माण की अनुमति देता है। देकार्त के अनुसार आत्मा और इसका अवयव संस्थान दो वस्तुएँ हैं, एक दूसरे से स्वतन्त्र किन्तु किसी प्रकार रहस्यमय ढंग से संयुक्त। इक़बाल देकार्त के इस द्वैतवाद (dualism) से सहमत नहीं। उनके अनुसार, देकार्त की धारणा आरंभिक ईसाइयत की मानीवादी (Manichaen) विरासत से प्रभावित थी। आत्मा और शरीर के मध्य कोई पूर्ण विभाजक रेखा नहीं खींची जा सकती।[80] वह समान्तरवाद (parallelism) और अन्योन्यक्रियावाद (interactionism) दोनों को असंतोषजनक पाते हैं।[81] कुरआन के इस कथन के आधार पर कि "ख़ल्क (सृजन) और अम्र (निदेशन) उसी (ईश्वर) से संबंध रखते हैं", वह यह मानते हैं कि मन और शरीर दोनों का संबंध एक ही प्रणाली से है। "अनुभूतियों की वह प्रणाली जिसे हम आत्मा अथवा अहं कहते हैं. क्रियाओं की भी एक प्रणाली है। यह आत्मा और शरीर के भेद को लुप्त नहीं करती है, यह केवल उनको और समीप ले आती है। अहं की विशेषता है स्वतः प्रवृत्ति (spontaneity)। शरीर को संघटित करनेवाली क्रियाएँ स्वयं को दोहराती रहती हैं। शरीर आत्मा की संचित क्रिया अथवा आदत है। अतएव इससे पृथक्करणीय नहीं। यह चेतना का एक स्थायी तत्व है जो इस स्थायी तत्व के कारण बाहर से कोई स्थिर वस्तु प्रकट होता है।"[82] अब प्रश्न यह है कि पदार्थ क्या है ? इकबाल के विचार में पदार्थ "एक निम्न कोटि के अहं (खुदियों) का उपनिवेश है जिसमें एक उच्चतर कोटि का अहं आविर्भूत होता है, जब उनका साहचर्य एवं अन्योन्यक्रिया समन्वय की एक निश्चित अवस्था तक पहुँच जाते हैं।" इक़बाल के अनुसार, निम्नतर से उच्चतर का आविर्भूत होना उच्चतर की महिमा का ह्रास होना नहीं है। "किसी वस्तु का उद्‌गम महत्वपूर्ण नहीं, उद्‌गामी (emergent) की क्षमता, महत्ता और अन्तिम पहुँच महत्वपूर्ण होती है।"[83] जीवन का विकास बतलाता है कि आरंभ में मानसिक भौतिक से अभिभूत होता है किन्तु मानसिक की शक्ति में वृद्धि के साथ यह भौतिक पर हावी होने लगता है और बहुत संभव है कि उन्नति करते-करते कभी अन्ततः पूर्ण स्वतन्त्रता की स्थिति को प्राप्त हो जाय। अतः इक़बाल का मन्तव्य है कि "किसी भौतिकता से सम्पन्न होने के अर्थ में न तो कोई विशुद्धतया भौतिक स्तर जैसी कोई वस्तु ही होती है जो कि उस सृजनात्मक संश्लेषण को, जिसे कि हम जीवन एवं मन कहते हैं, विकास देने में मौलिक रूप से असमर्थ होती है और जिसे सचेतन एवं मानसिक से अनुप्राणित करने के लिए एक इन्द्रियातीत ईश्वर की आवश्कता पड़ती हो।"[84]

अहं की स्वतन्त्रता के निरूपण में इक़बाल इन प्रश्नों से बहस करते हैं — क्या अहं अपनी क्रियाओं को स्वयं निर्धारित करता है ? अहं का आत्म निर्धारण दिक्कालिक पद्धति से किस प्रकार का संबंध रखता है? क्या वैयक्तिक कारणता (personal causality) एक विशिष्ट प्रकार की कारणता है अथवा प्रकृति की

क्रिया-विधि का एक प्रच्छन्न रूप है? इक़बाल के मत में यन्त्रवाद (Mechanism) और स्वतन्त्रता (Freedom) के समर्थकों के मध्य विवाद का मूल कारण बौद्धिक क्रिया (intelligent action) की ग़लत धारणा है। " यह मत कि अहं की क्रियाशीलता विचारों एवं धारणाओं का एक पौर्वापर्य है जो अन्तत: संवेदनों (sensations) की इकाइयों में रूपान्तरणीय है, परमाणविक भौतिकवाद का केवल दूसरा रूप है जो कि आधुनिक विज्ञान का आधार है। ऐसी धारणा चेतना की एक यन्त्रवादी व्याख्या के समर्थन में केवल एक प्रबल परिकल्पना को ही जन्म दे सकती थी।"[85]

विज्ञान स्वभावत: अनुभागीय (sectional) होते हैं। वे अपने सिद्धान्तों को यथार्थता की एक पूर्ण धारणा के रूप में प्रतिपादित नहीं कर सकते। यही कारण है कि ज्ञान के संगठन में प्रयुक्त होनेवाली संकल्पनाएँ (concepts) भी अनुभागीय होती हैं तथा उनका अनुप्रयोग निर्भर करता है अनुभूति के स्तर पर जिसके सिलसिले में कि वे लागू की जाती हैं। अत: 'कारण' की संकल्पना, जिसकी कि मूलभूत विशेषता 'कार्य' से पूर्ववर्तिता है, भौतिक विज्ञान की उसी विषय-वस्तु के प्रति प्रासंगिक अथवा सापेक्ष होती है जो कि एक किस्म की क्रिया का अध्ययन करता है जो कि उन क्रियाओं से भिन्न होती हैं जिनका कि अन्य विज्ञान अनुशीलन करते हैं। "जब हम जीवन एवं मन के स्तर पर उठ जाते हैं, कारण की संकल्पना हमें निराश कर देती है तथा हमें भिन्न कोटि के विचार की संकल्पनाओं की आवश्यकता होती है। सजीव अवयवसंस्थानों की क्रिया जो कि एक उद्देश्य की दृष्टि से प्रवर्तित एवं योजनाबद्ध होती है, कारणात्मक क्रिया से पूर्णतया भिन्न होती है। अतएव हमारी पड़ताल का विषयवस्तु आन्तरिक रूप से प्रभावरत "उद्देश्य एवं प्रयोजन" की संकल्पनाओं की अपेक्षा करता है जो 'कार्य' के लिए बाह्य तथा बाह्यत: प्रभावरत कारण की संकल्पना से भिन्न होती हैं।[86] इक़बाल इससे इन्कार नहीं करते कि एक सजीव अवयवसंस्थान की क्रिया के ऐसे पहलू भी होते हैं जिनमें यह प्रकृति की अन्य वस्तुओं के साथ सहभागी होता है। इन पहलुओं के प्रेक्षण एवं अनुशीलन में भौतिक विज्ञान तथा रसायन विज्ञान की संकल्पनाओं की आवश्यकता होगी, किन्तु अवयवसंस्थान का आचरण मूलत: विरासत का विषय है तथा आणविक भौतिकी की शब्दावली में पर्याप्त व्याख्या के योग्य नहीं होता।[87] जीवन एक अद्भुत तथ्य है और यन्त्रवाद की संकल्पना इसके विश्लेषण के लिए अपर्याप्त है। अपने समर्थन में इक़बाल प्रसिद्ध जीवविज्ञानी जे.एस. हाल्डेन का उद्धरण देते हैं जो कहता है कि "एक आत्मप्रजनक (self-producing) अथवा आत्म-सम्पोषक (self-maintaining) यन्त्रावली (mechanism) के अस्तित्व की अभिधारणा करना एक ऐसी वस्तु की अभिधारणा करना है जिससे कोई अर्थ नहीं जोड़ा जा सकता। कभी-कभी शरीर-विज्ञानियों द्वारा निरर्थक शब्दों का प्रयोग किया जाता है किन्तु कोई ऐसी सर्वथा निरर्थक शब्दावली नहीं जितनी कि " प्रजनन की यन्त्रावली " की

शब्दावली ...... प्रजनन का कोई यान्त्रिकत्व नहीं हो सकता। एक ऐसी यन्त्रावली की धारणा जो स्वयं अपने ढाँचे को निरन्तर सम्पोषित एवं उत्पन्न कर रही हो, स्वतोविरोधी है। जिस यन्त्रावली ने स्वयं को उत्पन्न किया वह एक ऐसी यन्त्रावली होगी जो बिना अंगों की है, अतः वह एक यन्त्रावली नहीं होगी।"[88] विकास तथा अपने वातावरण के प्रति अनुकूलन की अपनी समस्त क्रियाओं में भले ही यह अनुकूलन (adaptation) नयी आदतों के विरेचन अथवा पुरानी आदतों के संशोधन द्वारा प्राप्त किया जाय, यह एक कैरिअर (career) से सम्पन्न होता है, जिसकी कल्पना किसी यन्त्र के सिलसिले में नहीं की जा सकती। "और एक कैरिअर से सम्पन्न होने का यह अर्थ होता है कि इसकी क्रियाशीलता के स्रोतों की व्याख्या सिवाय एक दूरस्थ अतीत के संदर्भ के नहीं हो सकती, अतः इसके उद्‌गम की तलाश एक आध्यात्मिक यथार्थता में की जानी चाहिए जो देशिक अनुभूति के किसी विश्लेषण में प्रकट होने योग्य तो है किन्तु उसके द्वारा ढूँढ़ निकालने योग्य नहीं।"[89] अहं के बौद्धिक व्यवहार (intelligent behaviour) का अध्ययन प्रकट करता है कि यह संवेदनों (emotions) का मात्र पौर्वापर्य नहीं प्रत्युत 'अन्तर्दृष्टि' के तथ्यों से नियमित होता है। इकबाल के विचार में "यह अन्तर्दृष्टि अहं का परिबोध है—वस्तुओं के कालिक, देशिक एवं कारणात्मक संबंध का, अर्थात् एक संश्लिष्ट समग्र में डेटा के चयन का उस लक्ष्य या उद्देश्य की दृष्टि से जिसे अस्थायी रूप से अहं ने अपने सम्मुख नियत कर रखा है। उद्देश्यपरक क्रिया की अनुभूति में प्रयास का यही बोध तथा वह सफलता जिसे मैं वस्तुतः अपने लक्ष्यों तक पहुँचने में प्राप्त करता हूँ, एक वैयक्तिक कारण (personal cause) के रूप में मुझे अपनी कार्यसाधकता (efficiency) का क़ायल कर देते हैं।"[90] किसी उद्देश्यपरक क्रिया की मूलभूत विशेषता किसी आगामी या भावी स्थिति के प्रति इसकी दृष्टि-शक्ति (vision) है जिसकी व्याख्या दैहिकी की शब्दावली में संभव नहीं। "सच तो यह है कि कारणात्मक श्रृंखला, जिसमें हम अहं के लिए कोई स्थान ढूँढ़ने की कोशिश करते हैं, इसके अपने ही उद्देश्यों के लिए स्वयं अहं की एक कृत्रिम व्याख्या है। अहं को जटिल माहौल में रहना होता है और वह इसमें अपने जीवन का निर्वाह बिना इसे एक ऐसी प्रणाली में परिणत किये नहीं कर सकता है जो उसे इसके गिर्द वस्तुओं के व्यवहार के बारे में किसी तरह का आश्वासन प्रदान करेगी। अतः कारण एवं कार्य की प्रणाली के रूप में उसके माहौल के विषय में धारणा अहं का एक अपरिहार्य उपकरण है न कि परम यथार्थता की प्रकृति की कोई अन्तिम अभिव्यक्ति। वास्तव में इस ढंग से प्रकृति (nature) की व्याख्या करके अहं अपने माहौल को समझता एवं नियन्त्रित करता है तथा उसके द्वारा अपनी स्वतन्त्रता अर्जित और विस्तृत करता है।"[91] इसके अतिरिक्त अहं की क्रियाशीलता में मार्गदर्शन और निदेशात्मक नियंत्रण का तत्व सिद्ध करता है कि अहं एक स्वतन्त्र वैयक्तिक कारणता है। वह परम अहं (Ultimate Ego) के जीवन एवं स्वतन्त्रता में सम्मिलित होता है जिसने

निजी पहल में समर्थ एक ससीम अहं के आविर्भाव का अवसर देकर स्वयं अपनी इच्छा-स्वातन्त्र्य की इस स्वतन्त्रता को सीमित कर दिया है।[92] इक़बाल के विचार में इस्लाम मानव-मनोविज्ञान के एक अत्यन्त महत्वपूर्ण तथ्य को, अर्थात् स्वतन्त्र रूप से कर्म करने की शक्ति के उत्थान एवं पतन को, स्वीकार करता है तथा अहं के जीवन में एक सतत एवं अक्षत घटक के रूप में स्वतन्त्र रूप से कर्म करने की शक्ति को बरक़रार रखने के लिए व्यग्र रहता है। " दैनिक उपासना, जो कि क़ुरआन के अनुसार अहं को जीवन एवं स्वातन्त्र्य के परम स्रोत के सम्पर्क में लाकर अहं का आत्म-संयम (self-possession) पुनः स्थापित कर देती है, उसके (प्रार्थना के) काल निर्धारण का आशय अहं को निद्रा एवं काम-काज के यान्त्रिकी प्रभाव से बचाना है। इस्लाम में उपासना यान्त्रिकता के प्रति पलायन है।"[93]

अहं की स्वतन्त्रता के मार्ग में सबसे बड़ा व्यवधान पदार्थ-जगत् या प्रकृति है। किन्तु इक़बाल की धारणा है कि पदार्थ-जगत् या प्रकृति-जगत् अशुभ नहीं है क्योंकि यह जीवन की आन्तरिक शक्तियों के प्रकटीकरण में सहायक होता है। उनके विचार में जीवन एक अग्रगामी आत्मसात्कारी गति है। यह अपने मार्ग के समस्त व्यवधानों का उनके आत्मसात्करण द्वारा निराकरण करता है। "अहं अपने मार्ग के समस्त व्यवधानों के दूरीकरण द्वारा अपनी स्वतन्त्रता को प्राप्त होता है। यह अंशतः स्वतन्त्र अंशतः निर्धारित होता है, और परम स्वतन्त्र व्यक्ति अर्थात् ईश्वर के सामीप्य द्वारा पूर्णतर स्वतन्त्रता को प्राप्त होता है।"[93]

इक़बाल को इससे इन्कार नहीं कि क़ुरआन में नियति (destiny) का भाव पाया जाता है। स्पेंगलर ने अपनी पुस्तक 'पश्चिम का पतन' में तो यहाँ तक कह दिया है कि इस्लाम का अर्थ अहं का पूर्ण निषेध है। वास्तव में क़ुरआन में निहित 'नियति' के भाव का उस प्रकार के 'भाग्यवाद' से कोई सरोकार नहीं जो आमतौर पर 'किस्मत' शब्द में निहित समझा जाता है। नियति या तक़दीर से क़ुरआन का आशय एक ऐसे काल से है जो कि एक अवयवीय समष्टि (organic whole) होता है। नियति समझा जानेवाला काल वस्तुओं का सत् है। इक़बाल के शब्दों में, "किसी वस्तु की नियति एक कठोर मालिक के समान बाह्यतः कार्यरत कोई निष्ठुर भाग्य नहीं प्रत्युत यह किसी वस्तु की आन्तरिक पहुँच है, इसकी चरितार्थ होने योग्य संभावना जो इसकी प्रकृति की गहराइयों में स्थित होती है तथा बिना किसी बाह्य दबाव के एहसास के अनुक्रमानुसार स्वयं को यथार्थ में परिणत करती है।"[94]

इक़बाल की धारणा है कि अन्तः प्रज्ञा अथवा आन्तरिक अनुभूति से पता चलता है कि अहं केवल स्वतन्त्र ही नहीं, अपितु अनश्वर (immortal) भी है। अनश्वरता की अनेक प्रकार से संकल्पना की गयी है। इक़बाल का मानना है कि शुद्ध रूप से तत्वमीमांसीय तर्क वैयक्तिक अनश्वरता या अमरता में कोई निश्चित विश्वास नहीं प्रदान करते। मुस्लिम चिन्तन के इतिहास में इब्न रुश्द ने अनश्वरता की समस्या को एक पूर्णतया तत्वमीमांसीय दृष्टिकोण से निरूपित किया, पर वह

किसी नतीजे पर नहीं पहुँच सका। उसके अनुसार बुद्धि शरीर का एक रूप नहीं है, इसका संबंध अस्तित्व की किसी अन्य कोटि से है तथा यह वैयक्तिकता से परे होती है। अतः यह एक, सार्वभौमिक एवं शाश्वत होती है। इक़बाल के अनुसार बुद्धि के शाश्वत एकत्व का अर्थ मानवता एवं सभ्यता का चिरस्थायित्व हो सकता है न कि वैयक्तिक अनश्वरत्व।[95] आधुनिक युग में नैतिक आधारों पर अनश्वरत्व के तर्कों का प्रतिपादन हुआ है। कान्ट के अनुसार अनश्वरत्व परिकल्पनात्मक बुद्धि (speculative reason) के क्षेत्र से परे हैं, यह व्यावहारिक बुद्धि की एक अभिधारणा, मनुष्य की नैतिक चेतना की एक स्वयंसिद्धि है। मनुष्य परम शुभ की अपेक्षा करता है जिसमें सद्गुण एवं सुख दोनों का समावेश होता है। चूँकि सद्गुण एवं सुख विजातीय धारणाएँ हैं अतः इस लघु जीवन में उनकी चरितार्थता संभव नहीं। अस्तु हमें अनश्वरता अर्थात् व्यक्ति के लिए स्थायी अस्तित्व और असीम प्रगति की अभिधारणा करनी चाहिए।[96] आधुनिक चिन्तन के इतिहास में नीत्शे की शाश्वत पुनरावृत्ति का सिद्धान्त अनश्वरता की एक प्रत्यक्षवादी (positive) धारणा प्रस्तुत करता है। उसका सिद्धान्त इस वैज्ञानिक परिकल्पना पर आधारित है कि सृष्टि में ऊर्जा की मात्रा नियत है, फलतः सीमित। सृष्टि एक परिबद्ध एकत्व (closed off unity) है जिसमें ऊर्जा का क्षय नहीं होता। इस ऊर्जा के केन्द्र संख्या में सीमित हैं तथा उनका संयोजन पूर्णतया परिकल्पनीय है। मृत्यु से ऊर्जा का क्षय नहीं हो सकता। इस सदा सक्रिय ऊर्जा का आदि है न अन्त, न सन्तुलन, न प्रथम और न अन्तिम परिवर्तन। चूँकि काल असीम है अतः ऊर्जा-केन्द्रों के सभी संभाव्य संयोजन पहले ही से निःशेष हो गये हैं। सृष्टि में कोई नयी घटना घटित नहीं होती है, अभी जो घटित होता है वह इससे पूर्व असंख्य बार घटित हो चुका है और भविष्य में भी असंख्य बार घटित होता रहेगा।[97] नीत्शे के अनुसार काल वस्तुनिष्ठ है। वह काल को घटनाओं की एक असीम शृंखला समझता है जो बार-बार स्वयं की आवृत्ति करती रहती है। चूँकि नीत्शे ने काल की एक वृत्तीय गति के रूप में धारणा की है जो इक़बाल के अनुसार अनश्वरत्व को असह्य बना देती है। "नीत्शे स्वयं इस बात को महसूस करता है और अपने सिद्धान्त को अनश्वरत्व के सिद्धान्त के रूप में नहीं प्रत्युत जीवन की एक ऐसी धारणा के रूप में वर्णित करता है जो अमरत्व को सह्य बना देगी।"[98] नीत्शे के अनुसार, जो चीज़ अनश्वरत्व को सह्य बना सकती है वह यह प्रत्याशा है कि ऊर्जा-केन्द्रों के संयोजन की एक पुनरावृत्ति जो कि वैयक्तिक अस्तित्व की संरचना करती है, उस आदर्श संयोजन के जन्म में अनिवार्य घटक है जिसे वह सुपरमैन (superman) या अतिमानव कहता है। किन्तु अतिमानव का जन्म असंख्य बार पहले हो चुका है। "उसका जन्म अवश्यंभावी है — यह संभावना कैसे कोई प्रत्याशा प्रदान कर सकती है ? हम केवल उसी की आकांक्षा कर सकते हैं जो सर्वथा नया हो और नीत्शे की धारणा की दृष्टि से सर्वथा नया सोच से परे है।"[99] अतः इक़बाल नीत्शे की धारणा को एक ऐसे नियतिवाद से कुछ अधिक नहीं

समझते जो 'किस्मत' शब्द में समाहृत नियतिवाद से भी गया गुज़रा है।"[100] इक़बाल के अनुसार नीत्शे की शाश्वत पुनरावृत्ति शाश्वत सृजन नहीं, प्रत्युत शाश्वत आवर्तन है। इस प्रकार का सिद्धान्त मानवीय अवयवसंस्थान को जीवन के संघर्ष के प्रति उत्प्रेरित नहीं करता, यह अहं के तनाव को शिथिल कर देता है। [101]

इक़बाल के विचार में मनुष्य की नियति की कुरआनी धारणा अंशतः नैतिक, अंशतः जैविक है। क़ुरआनी धारणा को इक़बाल अंशतः जैविक इसलिए कहते हैं क्योंकि इस संबंध में क़ुरआन जैविक प्रकृति के कतिपय विवरण प्रदान करता है जिन्हें समझने के लिए जीवन में एक गहनतर अन्तर्दृष्टि आवश्यक है। उदाहरण के लिए क़ुरआन बर्ज़ख के तथ्य का उल्लेख करता है जो मृत्यु और पुनरुज्जीवन के मध्य संभवतः किसी प्रकार के स्थगन (suspense) की अवस्था है। पुनरुज्जीवन की क़ुरआनी संकल्पना भी ईसाइयत की परिकल्पना से भिन्न है। क़ुरआन पुनरुज्जीवन की संभावना को किसी ऐतिहासिक व्यक्ति के वास्तविक पुनरुज्जीवन के साक्ष्य पर आधारित नहीं करता। इसके अनुसार पुनरुज्जीवन एक ऐसा सार्वभौमिक तथ्य है जो किन्हीं अर्थों में पशुओं एवं पक्षियों के बारे में भी सत्य है। वैयक्तिक अनश्वरत्व की क़ुरआनी धारणा के विषय में इक़बाल तीन बातों का उल्लेख करते हैं :— [102]

(1) अहं की आदि काल में है तथा दिक्काल में अपने आविर्भाव से पूर्व इसका अस्तित्व न था।

(2) मृत्यु के पश्चात् इस धरती पर लौटने की कोई संभावना नहीं है।

(3) ससीमता कोई दुर्भाग्य नहीं।

क़ुरआन के अनुसार अपने अतीत के परिणामों को स्वयं देखने तथा अपने भविष्य की संभावनाओं को आँकने के लिए अपनी वैयक्तिकता के अप्रतिस्थापनीय एकाकीपन के साथ ही ससीम अहं असीम अहं के समीप आयेगा। [103] मनुष्य की अन्तिम नियति जो भी हो, उसकी वैयक्तिकता का लोप नहीं होगा। इक़बाल के विचार में अहं के विकास की पराकाष्ठा इसमें है कि वह परम अहं के समक्ष भी अपना पूर्ण आत्म-संयम बनाये रख सके क़ुरआन के अनुसार यह मनुष्य के ऊपर निर्भर करता है कि वह सृष्टि के अर्थ का एक अंग बन जाय। कर्म द्वारा ही अहं का विकास संभव है। "जीवन अहं की क्रिया के लिए अवसर प्रदान करता है और मृत्यु अहं की सांश्लेषिक क्रियाशीलता की पहली परख है।"[104] इक़बाल के विचार में सुखप्रद या दुःखप्रद कर्म नहीं होते, केवल अहं को सम्पोषित करनेवाले अथवा उसे विलीन करनेवाले कर्म होते हैं। अमरत्व की प्राप्ति केवल व्यक्तिगत प्रयास द्वारा ही संभव है। इक़बाल के अनुसार, वैयक्तिक अमरत्व मनुष्य का अधिकार नहीं, वह इसका मात्र उम्मीदवार है। [105]

इक़बाल के विचार में पुनरुज्जीवन कोई बाह्य घटना नहीं, यह अहं के अन्दर एक जीवन-प्रक्रिया की परिपूर्ति है। यह अहं की पूर्व उपलब्धियों एवं भावी संभावनाओं के एक प्रकार के सर्वेक्षण से अधिक कुछ नहीं। [106] अहं के प्रथम

आविर्भाव की सदृश्यता के आधार पर क़ुरआन उसके पुनराविर्भाव का तर्क देता है : "मनुष्य कहता है, जब मैं मर गया तो फिर क्या जीवित उठाया जाऊँगा ? क्या मनुष्य को यह बात याद नहीं रही कि हमने उसे पहले पैदा किया, जब वह कुछ न था।"(कुरआन 19: 66-67.)

इस प्रश्न को लेकर मुस्लिम दार्शनिकों एवं धर्मशास्त्रियों में काफी मतभेद है कि क्या मनुष्य के पुनराविर्भाव या पुनरुज्जीवन में उसके पूर्ववर्ती भौतिक माध्यम का पुनराविर्भाव सन्निहित है। शाह वली उल्लाह देहलवी सदृश विचारक इस धारणा की ओर प्रवृत्त हैं कि अहं के नवीन वातावरण के अनुरूप इसमें किसी न किसी प्रकार के भौतिक माध्यम का समावेश होता है। इस धारणा के अनुसार बिना किसी प्रकार के स्थानीय संदर्भ अथवा अनुभवमूलक पृष्ठभूमि के एक व्यक्ति के रूप में अहं की कल्पना नहीं की जा सकती। इक़बाल इस मत से सहमत नहीं। उनके विचार में "सृष्टि की प्रकृति ऐसी है कि मनुष्य के वर्तमान वातावरण में जो चीज़ उस की वैयक्तिकता को विशिष्ट करती प्रतीत होती है उसके विघटन के पश्चात् भी मानव-कर्म के अन्तिम परिकलन के लिए जिस प्रकार की वैयक्तिकता की आवश्यकता होती हो उसको किसी अन्य ढ़ंग से बनाये रखना संभव है। वह अन्य ढंग क्या है हम नहीं जानते ...... अतः दार्शनिक दृष्टि से हम इससे और आगे नहीं जा सकते कि मनुष्य के विगत इतिहास को देखते हुए यह अत्यन्त असंभव है कि उसके शरीर के विलयन के पश्चात् उसके कैरिअर (career) का अन्त हो जायेगा।"
107

अतः इकबाल अहं (खुदी) अथवा आत्म की यथार्थता, वैयक्तिकता, अनन्यता, स्वतन्त्रता और अनश्वरता की अभिपुष्टि करते हैं। यह अन्तःप्रज्ञा या आत्मानुभूति ही है जो उनके लिए इस अभिपुष्टि को संभव बनाती है। स्पष्ट है कि इक़बाल सर्वेश्वरवाद (pantheism) या वहदतुलवुजूद को एकदम अस्वीकृत कर देते हैं जो कि अनुभूति के एक ससीम केन्द्र के रूप में न तो अहं अथवा आत्म की वास्तविकता को स्वीकार करता है और न बाह्य जगत् की यथार्थता को ही मानता है। वास्तव में इक़बाल जीवन के प्रति एक अन्तःप्रज्ञात्मक दृपिटकोण अपनाते हैं न कि बौद्धिक। जीवन के प्रति एक बौद्धिक धारणा अनिवार्यतया सर्वेश्वरवादी होती है। यही कारण है कि इक़बाल आन्तरिक अनुभूति या अन्तःप्रज्ञा—सचेतन अनुभूति के तथ्यों—का सहारा लेते हैं जो इस निष्कर्ष को औचित्यपूर्ण ठहराते हैं कि यथार्थता की मूलभूत प्रकृति आध्यात्मिक है और अनुभूति का ससीम केन्द्र वास्तविक है तथा इसकी संकल्पना एक अहं के रूप में ही की जानी चाहिए।

1987 में जब मैंने 'इस्लाम में धार्मिक चिन्तन की पुनर्रचना' का अनुवाद करना आरंभ किया तो कभी सोचा न था कि इसे पूरा करने में छः वर्ष से अधिक लग

जायेंगे। इस दौरान अनुवाद के तीन मसौदे तैयार किये गये। तीसरा और अन्तिम ड्राफ्ट पुस्तक के रूप में आप के हाथों में है। डॉ. आबिद रज़ा बेदार तथा श्रद्धेय गुरुवर पं. ओमप्रकाश मालवीय का मैं अत्यन्त आभारी हूँ कि उन्होंने अनुवाद कार्य में दिलचस्पी लेकर उत्साहवर्धन किया। विभूति नारायण राय, डॉ. दिनेशकुमार शुक्ल, मुहम्मद असलम, परेश सिन्हा, रामजी राय, समर झा, तथा वीरेन्द्र यादव सदृश मित्रों एवं सहयोगियों की प्रेरणा न मिलती तो संभवतः पुस्तक के प्रकाशन की नौबत न आती। डॉ. सत्यप्रकाश मिश्र तथा प्रकाश सत्येन नटराजन का मैं विशेष रूप से आभारी हूँ कि उन्होंने अनुवाद को आदि से अन्त तक पढ़ा ही नहीं प्रत्युत मूल अंग्रेजी पाठ से यथासंभव सत्यापन भी किया और 'परिदृश्य' के सिलसिले में महत्वपूर्ण सुझाव दिया। श्री रूपकिशोर सकरवा तथा सुश्री शर्मिष्ठा लाहिड़ी का आभारी हूं कि उन्होंने पाण्डुलिपि की तैयारी में महत्वपूर्ण सहयोग दिया। अन्त में मैं अपनी पत्नी रुख़साना के प्रति आभार व्यक्त किये बिना नहीं रह सकता जिनकी प्रेरणा एवं सहयोग के बिना इस पुस्तक की कल्पना असंभव थी।

मुहम्मद शीस ख़ान

प्राक्कथन

क़ुरआन एक ऐसी किताब है जो विचार की अपेक्षा कर्म पर बल देती है। किन्तु, ऐसे भी मनुष्य हैं जिनके लिए अवयवीय रूप से एक जैविक प्रक्रिया के रूप में उस विशिष्ट प्रकार की आन्तरिक अनुभूति को, जिस पर कि धार्मिक विश्वास अन्ततः निर्भर करता है, पुनः महसूस करके किसी इतर सृष्टि को आत्मसात् करना संभव नहीं होता। इसके अतिरिक्त मूर्त चिन्तन की आदतें विकसित करके — ऐसी आदतें जिन्हें स्वयं इस्लाम ने कम से कम अपने सांस्कृतिक कैरिअर की आरंभिक अवस्थाओं में प्रोत्साहन दिया था — आधुनिक मनुष्य ने स्वयं को उस अनुभूति के और भी कम योग्य बना दिया है तथा उसके भ्रामक होने की संभावना के कारण वह उस पर और भी संदेह करता है। इसमें कोई संदेह नहीं कि इस्लाम में धार्मिक अनुभूति के विकास को आकार देने एवं निदेशित करने में तसव्वुफ की अपेक्षतया अधिक प्रामाणिक विचारधाराओं ने अच्छा कार्य किया है, किन्तु आधुनिक मन की अपनी अज्ञानता के कारण उसके परवर्ती प्रतिनिधि आधुनिक चिन्तन एवं अनुभूति से कोई नयी प्रेरणा प्राप्त करने के पूर्णतया अयोग्य हो गये हैं। वे ऐसे तरीक़े जारी रखे हुए हैं जो उन पीढ़ियों के लिए सृजित किये गये थे जो महत्वपूर्ण पहलुओं में हमसे भिन्न सांस्कृतिक मनोवृत्ति रखती थीं। क़ुरआन कहता है, तुम्हारा सृजन एवं पुनरुज्जीवन एक अकेली आत्मा के सृजन और पुनरुज्जीवन के समान है। इस आयत में सन्निहित जैविक एकत्व के क़िस्म की जीवन्त अनुभूति आज एक ऐसे तरीक़े की अपेक्षा करती है जो एक मूर्त क़िस्म के मन के लिए दैहिक रूप से कम उग्र और मनोवैज्ञानिक रूप से अधिक उपयुक्त हो। किसी ऐसे तरीक़े के अभाव में धार्मिक ज्ञान की एक मनोवैज्ञानिक विधा की माँग बिल्कुल स्वाभाविक है। इन व्याख्यानों में जिनका कि मद्रास मुस्लिम एसोसिएशन के निवेदन पर आश्वासन दिया गया था और जो मद्रास, हैदराबाद और अलीगढ़ में दिये गये थे, मैंने इस्लाम की दार्शनिक परम्परा और मानव-ज्ञान के विभिन्न क्षेत्रों में नवीनतर प्रगतियों को यथोचित रूप से ध्यान में रखते हुए मुस्लिम धार्मिक दर्शन की पुनर्रचना के प्रयास द्वारा, आंशिक रूप से ही सही, इस अत्यावश्यक माँग को पूरा करने का प्रयास किया है। और वर्तमान समय इस प्रकार के किसी उपक्रम के लिए बहुत अनुकूल है। क्लासीकीय भौतिकी ने अपने स्वयं के आधारों की समालोचना करना सीख

लिया है। इस समालोचना के परिणामस्वरूप वह भौतिकवाद, जिसे मूलतः इसने अपरिहार्य बना दिया था, तेज़ी से लुप्त हो रहा है, और वह दिन बहुत दूर नहीं जब धर्म और विज्ञान अभी तक अकल्पित पारस्परिक समन्वयों को ढूँढ़ निकालेंगे। किन्तु यह याद रखना चाहिए कि दार्शनिक चिन्तन में अन्तिमता जैसी कोई चीज़ नहीं है। ज्यों-ज्यों ज्ञान की प्रगति होगी और विचार के नये मार्ग खुलेंगे, संभवतः इन व्याख्यानों में निहित धारणाओं से अधिक युक्तियुक्त अन्य धारणाएँ संभव हो सकेंगी। मानव चिन्तन की प्रगति का ध्यानपूर्वक अवलोकन करना तथा इसके प्रति एक स्वतंत्र समालोचनात्मक दृष्टिकोण बनाये रखना हमारा कर्त्तव्य है।

मु. इ.

1
ज्ञान और धार्मिक अनुभूति

जिस सृष्टि में हम रहते हैं, उसका स्वरूप क्या है और सामान्य संरचना कैसी है? क्या इस सृष्टि के ढाँचे में कोई स्थायी तत्व है? हमारा इससे क्या सम्बन्ध है? इसमें हमारा स्थान क्या है और किस प्रकार का आचरण हमारे इस स्थान के उपयुक्त है? ये प्रश्न धर्म, दर्शन और उच्च कविता में सामान्य हैं। किन्तु काव्यात्मक प्रेरणा से जिस प्रकार का ज्ञान प्राप्त होता है वह अपने स्वरूप में मूलतः वैयक्तिक, प्रतीकात्मक, अस्पष्ट और अनिश्चित होता है। धर्म अपने अधिक विकसित रूपों में कविता से उच्चतर हो जाता है। यह व्यक्ति से समाज की ओर बढ़ता है। परम यथार्थता के प्रति अपनी मनोवृत्ति में यह मनुष्य की परिसीमाओं का विरोधी है, यह उसके दावों को विस्तृत करता है और यथार्थता के साक्षात् दर्शन से कम की प्रत्याशा नहीं प्रस्तुत करता। तब क्या दर्शन की पूर्णतया बुद्धिसंगत प्रणाली को धर्म में लागू करना संभव है? दर्शन का मूल भाव स्वतंत्र गवेषणा है। यह समस्त प्रमाणों पर संदेह करता है। मानव-विचार की अविवेचित मान्यताओं का उनके निभृत स्थानों में पता लगाना इसका कार्य है, और अन्ततः इस तलाश की समाप्ति परम यथार्थता तक पहुँचने में शुद्ध बुद्धि की अक्षमता के अस्वीकरण अथवा निःसंकोच स्वीकरण में हो सकती है। इसके विपरीत धर्म की आत्मा है आस्था, और आस्था पक्षी की तरह बुद्धि के बिना, जो कि इस्लाम के एक महान् सूफी कवि के शब्दों में "केवल मनुष्य के सजीव हृदय की ताक में रहती है तथा इसमें निहित अदृश्य जीवन-धन लूट लेती है,"[1] अपना निश्चिन्ह मार्ग देख लेती है। फिर भी इससे इंकार नहीं किया जा सकता कि आस्था मात्र भावना नहीं, प्रत्युत उससे कुछ अधिक होती है। इसमें संज्ञानात्मक तत्व-सदृश कुछ होता है, और धर्म के इतिहास में प्रतिद्वन्दी दलों — दर्शनशास्त्रियों एवं सूफियों की विद्यमानता से सिद्ध होता है कि धर्म में विचार एक अत्यावश्यक तत्व है। इसके अतिरिक्त जहां तक सैद्धान्तिक पक्ष का सम्बन्ध है धर्म, प्रोफेसर व्हाइटहेड की परिभाषा के अनुसार, "सामान्य सत्यों की एक ऐसी प्रणाली है जिसे यदि निष्ठापूर्वक अपनाया जाए और जीवन्त रूप से बोधगम्य कर लिया जाये तो चरित्र का रूपान्तरण हो जाता है।"[2] चूँकि मनुष्य के आन्तरिक और बाह्य जीवन

का रूपान्तरण और पथ-प्रदर्शन ही धर्म का मूल उद्देश्य है, अतः यह बात स्पष्ट है कि इसमें समाविष्ट सामान्य सत्यों को अनिर्धारित नहीं पड़े रहना चाहिए। कोई भी व्यक्ति आचरण के एक संदिग्ध सिद्धान्त के आधार पर कर्म का जोखिम नहीं उठायेगा। वास्तव में इसके कार्य को देखते हुए विज्ञान की अपेक्षा धर्म को अपने मूलभूत सिद्धान्तों के निमित्त एक बुद्धिसंगत आधार की अधिक आवश्यकता है। विज्ञान एक बुद्धिसंगत तत्वमीमांसा की उपेक्षा कर सकता है, सच तो यह है कि अब तक इसने इसकी उपेक्षा ही की है। धर्म मुश्किल से ही अनुभूति की प्रतिकूलताओं के सामंजस्य तथा मनुष्य जिस वातावरण में रहता है उसके एक औचित्य की तलाश की उपेक्षा कर सकता है। अतः प्रोफेसर व्हाइटहेड की यह टिप्पणी बड़ी सारगर्भित है कि "धर्म के युग बुद्धिवाद के युग होते हैं।"[3] किन्तु आस्था की बुद्धिसंगत व्याख्या प्रस्तुत करने का तात्पर्य धर्म पर दर्शन की श्रेष्ठता स्वीकार करना नहीं। निस्संदेह दर्शन को धर्म के मूल्यांकन का अधिकार है किन्तु मूल्यांकित की जानेवाली वस्तु इस प्रकृति की है कि अपनी शर्तों को छोड़कर दर्शन के अधिकार क्षेत्र के सामने नतमस्तक नहीं होगी। धर्म पर निर्णय देते समय दर्शन अपने दित्ता में धर्म को निम्नतर स्थान नहीं दे सकता। धर्म इसका विभागीय मामला नहीं, यह न तो मात्र विचार है, न मात्र भावना ओर न मात्र कर्म। यह सम्पूर्ण मनुष्य की अभिव्यक्ति है। अतः धर्म के मूल्यांकन में दर्शन को धर्म की केन्द्रीय हैसियत को स्वीकार करना पड़ेगा और अनुचिन्तनात्मक संश्लेषण की प्रक्रिया में इसे केन्द्रीय मान लेने के अतिरिक्त और कोई विकल्प भी नहीं। और न यह मान लेने का कोई कारण है कि विचार और अन्तःप्रज्ञा अनिवार्यतया एक दूसरे के विपरीत हैं। वे एक ही स्रोत से प्रस्फुटित होते हैं और एक दूसरे के पूरक हैं। एक यथार्थता को खण्डशः और दूसरा उसे उसकी अखण्डता में बोधगम्य करता है। एक अपनी दृष्टि यथार्थता के शाश्वत तथा दूसरा इसके कालिक पहलू पर जमाता है। एक सकल यथार्थता का वर्तमान उपभोग है, दूसरे का उद्देश्य है धीरे-धीरे विशेष विवरण द्वारा सम्पूर्ण यथार्थता पर विचार करना तथा विशिष्ट पर्यवेक्षण के लिए समग्र के विभिन्न क्षेत्रों को सीमावद्ध कर देना। पारस्परिक नवीकरण के लिए दोनों को एक दूसरे की आवश्यकता पड़ती है। दोनों एक ही यथार्थता का दर्शन करना चाहते हैं जोकि जीवन में उनके कार्य के अनुरूप उन्हें अपना स्वरूप प्रकट करती है। वस्तुतः अन्तःप्रज्ञा, जैसा कि बर्गसाँ ने ठीक ही कहा है, बुद्धि ही की एक उच्चतर कोटि है।[4]

इस्लाम में बौद्धिक आधारों की तलाश की शुरूआत स्वयं पैग़म्बर हज़रत मुहम्मद से समझना चाहिए। वह यह सतत प्रार्थना करते थे, "हे ईश्वर ! मुझे वस्तुओं की मूल प्रकृति का ज्ञान प्रदान कर।"[5] परवर्ती सूफियों और ग़ैर सूफी बुद्धिवादियों (मुतकल्लिमीन) का कृत्य हमारी संस्कृति के इतिहास में एक नितान्त शिक्षाप्रद अध्याय का निर्माण करता है, क्योंकि यह विचारों की एक सुसंगत ललक, सत्य के प्रति अनन्य निष्ठा की एक स्फूर्ति के अलावा युग की उन सीमाओं को प्रकट

करता है जिनके कारण इस्लाम में विभिन्न तत्वमीमांसात्मक आन्दोलन उतना लाभप्रद न हो सके जितना कि किसी और युग में हो सकते थे। जैसा कि हम सब जानते हैं यूनानी दर्शन इस्लाम के इतिहास में एक महान् सांस्कृतिक शक्ति रहा है। तथापि क़ुरआन तथा यूनानी चिन्तन की प्रेरणा के अन्तर्गत उत्पन्न इल्मे-कलाम की विभिन्न विचारधाराओं का एक ध्यानपूर्वक अध्ययन इस तथ्य को अनावृत करता है कि यद्यपि यूनानी दर्शन ने मुस्लिम विचारकों के दृष्टिकोण को बहुत अधिक विस्तृत किया, किन्तु आम तौर पर इसने उनकी क़ुरआन-विषयक दृष्टि को धुँधला दिया। सुकरात ने अपना ध्यान केवल मानव जगत् पर ही केन्द्रित किया। उसके लिए मनुष्य के अध्ययन का सही विषय मनुष्य है न कि पेड़-पौधों, कीड़ों-मकोड़ों और सितारों की दुनिया। कितनी भिन्न है यह शिक्षा क़ुरआन की आत्मा से जो एक तुच्छ मधुमक्खी में ईश्वरीय प्रेरणा[6] की प्राप्तिकर्ता देखता है और जो बार-बार पाठक से हवाओं के सतत परिवर्तन, रात-दिन के प्रत्यावर्तन, बादलों,[7] तारों भरे आकाश[8] तथा असीम अन्तरिक्ष[9] के आद्योपान्त तिरनेवाले ग्रहों के अवलोकन का आग्रह करता है। सुकरात के एक सच्चे शिष्य के नाते अफलातून इन्द्रिय-बोध से—जो कि उसके विचार में केवल एक सम्मति प्रदान करती है, न कि वास्तविक ज्ञान—घृणा करता था। कितनी भिन्न है यह शिक्षा क़ुरआन से जो 'श्रवण-शक्ति' और 'दृष्टि' को ईश्वरीय वरदानों[10] में सबसे मूल्यवान मानता है तथा उन्हें इस संसार में अपने क्रिया-कलापों के लिए ईश्वर के प्रति उत्तरदायी घोषित करता है।[11] क्लासिकी चिन्तन के सम्मोहन के कारण क़ुरआन के पूर्ववर्ती मुस्लिम विद्यार्थियों से यह तथ्य लुप्त हो गया। उन्होंने क़ुरआन का अध्ययन यूनानी चिन्तन की रोशनी में किया। यह समझने में—वह भी यद्यपि बिल्कुल स्पष्ट रूप से नहीं—उन्हें दो सौ वर्ष से अधिक लग गये कि क़ुरआन की मूल प्रवृत्ति मूलतः क्लासिकी-विरोधी (anti-classical) थी और इस बोध की परिणति एक प्रकार के बौद्धिक विद्रोह में हुई जिसकी सम्पूर्ण महत्ता का अनुमान आज तक नहीं किया गया। कुछ तो इस विद्रोह तथा कुछ अपने व्यक्तिगत इतिहास के कारण इमाम ग़ज़ाली ने धर्म का आधार दार्शनिक संशयवाद पर रखा जो वस्तुतः धर्म के लिए एक असुरक्षित आधार था और जो क़ुरआन के अभिप्राय की दृष्टि से पूर्णतया औचित्यपूर्ण नहीं ठहरता था। ग़ज़ाली का प्रमुख विरोधी इब्न रुश्द, जिसने विद्रोहियों के सम्मुख यूनानी दर्शन का समर्थन किया, अरस्तू के माध्यम से "सक्रिय बुद्धि की अमरता" के सिद्धान्त की ओर प्रवृत्त हुआ। कभी फ्रांस और इटली के जीवन में इस सिद्धान्त का बड़ा प्रभाव था, किन्तु मैं समझता हूँ कि यह सिद्धान्त उस धारणा से सर्वथा विपरीत है जो मानवीय अहं के महत्व एवं नियति के सम्बन्ध में क़ुरआन अपनाता है।[12] अतः इस्लाम में एक महत्वपूर्ण और लाभदायक विचार इब्न रुश्द की दृष्टि से ओझल हो गया और अनजाने में वह उस शक्तिह्रासक जीवन-दर्शन के विकास में सहायक हुआ जो मनुष्य की दृष्टि स्वयं उसके, उसके ईश्वर तथा उसके संसार के बारे में

धुँधली कर देता है। निःसंदेह अशअरीवादी विचारकों में जो अधिक रचनात्मक थे, वे सही मार्ग पर थे और उन्होंने आदर्शवाद के कतिपय आधुनिकतर स्वरूपों का पूर्वाभास भी कर लिया था। तथापि कुल मिलाकर अशअरीवादी आन्दोलन का उद्देश्य यूनानी तर्क विद्या के हथियारों से शास्त्र-सम्मत विचारों का केवल समर्थन था। धर्म को सिद्धान्तों का मात्र एक समूह समझते हुए तथा एक जैविक तथ्य के रूप में इसकी उपेक्षा करते हुए मोतज़िला ने परम यथार्थता तक पहुंचने की असंकल्पनात्मक प्रणालियों पर कोई ध्यान नहीं दिया तथा धर्म को तार्किक संकल्पनाओं की मात्र एक प्रणाली में परिणत कर दिया जिसका पर्यवसान एक पूर्णतया नकारात्मक मनोवृत्ति में हुआ। वह यह समझने में असफल रहे कि वैज्ञानिक अथवा धार्मिक ज्ञान के क्षेत्र में मूर्त अनुभूति से विचार की पूर्ण स्वतन्त्रता संभव नहीं है।

इससे इन्कार नहीं किया जा सकता कि ग़ज़ाली का मिशन अठारहवीं सदी की जर्मनी में कांट के मिशन की तरह लगभग पैग़म्बराना था। जर्मनी में बुद्धिवाद धर्म के सहचर के रूप में प्रकट हुआ किन्तु शीघ्र ही उसने यह महसूस कर लिया कि धर्म के सैद्धान्तिक पक्ष का प्रमाणन संभव नहीं। उसके समक्ष मात्र यही रास्ता था कि पवित्र दस्तावेज़ से धर्म-सिद्धान्त को निकाल दे। धर्म-सिद्धान्त के निष्कासन के साथ नैतिकता का उपयोगितावादी दृष्टिकोण आविर्भूत हुआ। उसकी "शुद्ध बुद्धि – मीमांसा" ने मानव बुद्धि की सीमाओं को प्रदर्शित किया तथा बुद्धिवादियों के सारे कार्य को खण्डहरों के ढेर में बदल दिया। और यह बिल्कुल ठीक ही कहा गया है कि वह अपने देश के लिए ईश्वर का सबसे बड़ा वरदान था। वस्तुतः ग़ज़ाली के दार्शनिक संशयवाद ने, जो कुछ अधिक ही आगे बढ़ गया था, इस्लाम की दुनिया में उस उद्धत सतही बुद्धिवाद की, जोकि जर्मनी में कान्ट-पूर्व बुद्धिवाद की तरह उसी दिशा में प्रवृत्त था, रीढ़ तोड़ने में उसी प्रकार का काम किया। किन्तु ग़ज़ाली और कान्ट में एक महत्वपूर्ण अन्तर है। कान्ट अपने सिद्धान्तों के समनुरूप ईश्वर के विषय में ज्ञान की संभावना की पुष्टि नहीं कर सका। विश्लेषणात्मक चिन्तन में कोई उम्मीद न पाकर ग़ज़ाली सूफियाना अनुभूति की ओर बढ़े और वहाँ उन्हें धर्म के लिए एक स्वतन्त्र अन्तर्वस्तु की प्राप्ति हुई। इस प्रकार उन्हें धर्म के लिए विज्ञान एवं तत्वमीमांसा से स्वतन्त्र अस्तित्व का अधिकार प्राप्त करने में सफलता प्राप्त हुई किन्तु सूफियाना अनुभूति में सकल असीम के प्रकटन ने उन्हें विचार की ससीमता और अनिर्णायकता का क़ायल तथा विचार और अन्तःप्रज्ञा के मध्य एक विभाजन रेखा खींचने के लिए विवश कर दिया। वह यह समझने में असफल रहे कि विचार और अन्तःप्रज्ञा अवयवीय रूप से एक दूसरे से संबंधित हैं और यह कि शृंखलाबद्ध काल से अपने सम्बन्ध के कारण विचार को अनिवार्यतः ससीमता और अनिश्चयात्मकता का स्वाँग भरना ही पड़ेगा। यह धारणा कि विचार मूलतः ससीम होता है, अतः इस कारण असीम को प्राप्त करने में असमर्थ, ज्ञान में विचार की

गति की एक भ्रान्तिपूर्ण परिकल्पना पर आधारित है। यह तर्कणापरक अवबोध की अपर्याप्तता है, जिसे परस्पर प्रतिकर्षक वैयक्तिकताओं की विविधता को अन्ततः एक एकत्व में परिणत करने की कोई संभावना नहीं दिखाई पड़ती, जिससे विचार की निश्चयात्मकता के बारे में हम शंकालु हो जाते हैं। वास्तव में तार्किक अवबोध इस विविधता को एक सुसंगत समग्र के रूप में देखने में सर्वथा अक्षम है। इसकी मात्र रीति है सादृश्यों पर आधारित सामान्यीकरण, किन्तु इसके सामान्यीकरण केवल काल्पनिक एकत्व होते हैं जो मूर्त वस्तुओं की यथार्थता पर कोई प्रभाव नहीं डालते। तथापि अपनी गम्भीरतर गति में विचार एक अन्तर्यामी असीम तक पहुँचने में समर्थ है जिसकी आत्मप्रकटनकारी गति में विभिन्न ससीम संबोध मात्र क्षण होते हैं। अतः अपनी मूलभूत प्रकृति में विचार स्थैतिक नहीं होता, यह गतिशील होता है तथा काल के सन्दर्भ में अपनी आन्तरिक असीमता का प्रकटन उस बीज के समान करता है जो आरम्भ से ही वृक्ष के अवयवीय एकत्व को एक वर्तमान तथ्य के रूप में अपने भीतर वहन करता है। अतः अपनी गतिशील आत्माभिव्यक्ति में विचार समग्र होता है जो ऐहिक दृष्टि को निश्चित विशिष्टताओं की एक श्रृंखला प्रतीत होता है जो सिवाय एक पारस्परिक संदर्भ के समझी नहीं जा सकती। उनका अर्थ उनकी आत्म-अस्मिता में नहीं प्रत्युत उस बृहत्तर समग्र का, यदि क़ुरआन के रूपक का प्रयोग करें तो, "परिरक्षित फलक"[13] है जो ज्ञान की सकल अनिर्धारित संभावनाओं को वर्तमान यथार्थ के रूप में धारण किये रहता है तथा जो स्वयं को श्रृंखलाबद्ध काल में ससीम संकल्पनाओं के एक ऐसे अनुक्रमण के रूप में व्यक्त करता है जो एक ऐसे एकत्व को प्राप्त करने का प्रयास करती हुई प्रतीत होती हैं जो उनमें पहले ही से विद्यमान है। वास्तव में ज्ञान की गति में सकल असीम की यही विद्यमानता है जो ससीम विचार को संभव करती है। कान्ट और ग़ज़ाली दोनों यह समझने में असफल रहे कि ज्ञान की क्रिया में ही विचार स्वयं अपनी ससीमता से परे हो जाता है। प्रकृति की ससीमताएँ परस्पर बहिष्कारी होती हैं। किन्तु विचार की ससीमताएँ ऐसी नहीं होतीं, अपनी मूल प्रकृति में विचार परिसीमन के अयोग्य होता है क्योंकि वह अपनी ही वैयक्तिकता की संकीर्ण परिधि में बन्दी बनाकर नहीं रखा जा सकता। इससे परे विस्तृत जगत् में कोई चीज़ इसके लिए बाह्य नहीं। प्रत्यक्षतः बाह्य प्रतीत होनेवाले जीवन में अपनी उत्तरोत्तर सहभागिता के माध्यम से ही विचार अपनी ससीमता की दीवारों को ध्वस्त कर देता है तथा अपनी प्रच्छन्न असीमता का आनन्द लेता है। इसकी ससीम वैयक्तिकता में असीम की अन्तर्निहित उपस्थिति के कारण ही इसकी गति सम्भव होती है जो इसके अन्दर आकांक्षा की अग्निशिखा को जीवित रखती है और इसकी अन्तहीन खोजों में इसे सहारा देती है। विचार को अनिश्चायक समझना एक भूल है क्योंकि यह भी, अपनी ही रीति में असीम के साथ ससीम का अभिवादन है।

गत पाँच सौ वर्षों के दौरान इस्लाम में धार्मिक चिन्तन व्यावहारतः स्थिर रहा

है। एक ज़माना था जब कि यूरोपीय चिन्तन इस्लामी जगत् से प्रेरणा प्राप्त करता था। आधुनिक इतिहास की सर्वाधिक उल्लेखनीय घटना वह त्वरित गति है जिसके साथ आध्यात्मिक रूप से इस्लाम की दुनिया पश्चिम की ओर बढ़ रही है। इस गति में कोई दोष नहीं, क्योंकि जहाँ तक इसके बौद्धिक पक्ष का प्रश्न है, यूरोपीय संस्कृति इस्लामी संस्कृति के कतिपय सर्वाधिक महत्वपूर्ण पहलुओं का और अधिक विकसित रूप है। हमें केवल यही आशंका है कि कहीं यूरोपीय संस्कृति का चकाचौंध कर देनेवाला बाहरी रूप हमारी गति को अवरुद्ध न कर दे और हम उस संस्कृति की असली आन्तरिकता तक पहुँचने में असफल रहें। हमारी बौद्धिक जड़ता की सारी सदियों के दौरान यूरोप उन महान समस्याओं पर गम्भीरता से विचार करता रहा जिनमें इस्लाम के दार्शनिक और वैज्ञानिक बहुत दिलचस्पी लेते थे। मध्य युग से लेकर, जबकि मुस्लिम धर्मशास्त्र के मतवाद समापन को पहुँचे, अब तक मानवीय चिन्तन एवं अनुभूति के क्षेत्र में असीम प्रगति हुई है। प्रकृति पर मनुष्य की शक्ति के विस्तार ने उसे एक नया विश्वास और उन शक्तियों पर जो कि उसके परिवेश का निर्माण करती हैं, श्रेष्ठता की एक अभिनव चेतना प्रदान कर दी है। नये दृष्टिकोण प्रस्तुत किये गये हैं, ताज़ी अनुभूति के आलोक में पुरानी समस्याओं की पुनरभिव्यक्ति हुई है तथा नयी समस्याएँ उठ खड़ी हुई हैं। ऐसा प्रतीत होता है कि मनुष्य की बुद्धि अपने ही सर्वाधिक मूलभूत प्रवर्गों--काल, दिक् और कारण-कार्य सम्बन्ध से आगे निकल रही है। वैज्ञानिक चिन्तन के विकास के साथ बुद्धिगम्यता की हमारी संकल्पना में भी परिवर्तन हो रहा है। आइन्स्टाइन के सिद्धान्त ने सृष्टि के बारे में एक नयी दृष्टि प्रदान की है और धर्म तथा दर्शन के मध्य उभयनिष्ठ समस्याओं पर विचार करने के लिए नयी रीतियों को प्रस्तुत किया है। तो कोई आश्चर्य नहीं कि एशिया और अफ्रीका में इस्लाम की नयी पीढ़ी अपनी आस्था के एक नये दिग्विन्यास की माँग करती है। अतः इस्लाम की नवजागृति के साथ यह आवश्यक हो गया है कि हम एक स्वतंत्र भाव से इस बात की जाँच-पड़ताल करें कि यूरोप ने क्या-क्या सोच-विचार किया है और उसके निष्कर्ष कहाँ तक इस्लाम के धार्मिक चिन्तन के संशोधन तथा यदि आवश्यक हो तो उसके पुनर्निर्माण में हमारी सहायता कर सकते हैं। इसके अतिरिक्त मध्य-एशिया में सामान्यतः धर्म विरोधी और विशेषतया इस्लाम विरोधी प्रचार को, जो कि हिन्दुस्तान की सीमाओं को पहले ही पार कर चुका है, नज़रअन्दाज़ करना संभव नहीं। इस आन्दोलन के कुछ प्रचारक जन्मना मुसलमान हैं और उनमें से एक तौफीक फ़िकेत'', तुर्क कवि, जिसकी कि कुछ ही दिन पहले मृत्यु हुई, तो हमारे महान् कवि -'विचारक मिर्ज़ा अब्दुल क़ादिर बेदिल अकबराबादी का इस आन्दोलन के लिए प्रयोग करने लगा है। निःसंदेह इस्लाम के मूलभूत सिद्धान्तों पर दृष्टिपात करने का अब समय है। इन व्याख्यानों में मेरा उद्देश्य इस्लाम के कतिपय मूलभूत विचारों का एक दार्शनिक विवेचन प्रस्तुत करना है, इस आशा के साथ कि कम से कम यह मानवता के प्रति

एक संदेश के रूप में इस्लाम के अभिप्राय को उचित रूप से समझने में सहायक होगा। अगली परिचर्चा के लिए एक प्रकार की मूल रूपरेखा प्रस्तुत करने की दृष्टि से इस आरंभिक व्याख्यान में मैं ज्ञान और धार्मिक अनुभूति के स्वरूप पर विचार करना चाहता हूँ।

क़ुरआन का मुख्य उद्देश्य मनुष्य में ईश्वर और सृष्टि के साथ उसके नाना सम्बन्धों की उच्चतर चेतना जाग्रत करना है। क़ुरआनी शिक्षा का यही मूलभूत पहलू है जिसकी दृष्टि से एक शिक्षात्मक शक्ति के रूप में इस्लाम की एक सामान्य समीक्षा करते हुए गोएटे ने एकरमैन से कहा था, "आप देखते हैं कि यह शिक्षा कभी विफल नहीं होती, हम अपनी सारी प्रणालियों के बावजूद इससे आगे नहीं बढ़ सकते, आमतौर पर कोई मनुष्य इससे आगे नहीं बढ़ सकता।"[15] इस्लाम की समस्या को वास्तव में धर्म और सभ्यता की दो शक्तियों द्वारा प्रस्तुत पारस्परिक द्वन्द्व और साथ ही पारस्परिक आकर्षण ने उत्पन्न किया था। वही समस्या आदि ईसाई धर्म के सामने भी आयी थी। ईसाई धर्म में महत्वपूर्ण बिन्दु आध्यात्मिक जीवन के लिए एक स्वतंत्र अन्तर्वस्तु की तलाश है, इसके संस्थापक की अन्तर्दृष्टि के अनुसार इस आध्यात्मिक जीवन का उन्नयन मनुष्य की आत्मा के प्रति बाह्य जगत् की शक्तियों द्वारा नहीं, प्रत्युत उसकी आत्मा के अन्दर एक अभिनव जगत् के प्रकटीकरण द्वारा किया जा सकता है। इस्लाम इस अन्तर्दृष्टि को पूर्णरूप से स्वीकार करता है तथा इसका अनुपूरण इस अतिरिक्त अन्तर्दृष्टि द्वारा कर देता है कि इस प्रकार प्रकटित अभिनव जगत् की ज्योति पदार्थ जगत् के लिए कोई बाह्य वस्तु नहीं, प्रत्युत इसमें पूर्णतया व्याप्त होती है।

अतः ईसाई धर्म द्वारा वांछित आत्मशक्ति की अभिपुष्टि, बाह्य शक्तियों के परित्याग द्वारा नहीं जिनमें कि आत्मशक्ति की ज्योति पहले से ही व्याप्त है, प्रत्युत आन्तरिक जगत् से प्राप्त प्रकाश की दृष्टि से इन शक्तियों के प्रति मनुष्य के सम्बन्ध के समुचित समन्वय द्वारा होगी। यह आदर्श का रहस्यमय स्पर्श ही है जो यथार्थता को अनुप्राणित करता है तथा इसे बनाये रखता है, तथा इसके माध्यम से ही हम आदर्श का अवगम एवं पुष्टिकरण कर सकते हैं। इस्लाम के लिए आदर्श और यथार्थ दो विरोधी शक्तियाँ नहीं जिनका समन्वय न हो सकता हो। आदर्श का जीवन यथार्थता से पूर्ण सम्बन्ध विच्छेद करने में नहीं, इससे तो जीवन की अवयवीय समग्रता दुःखद विपरीतताओं में चूर-चूर हो जायेगी, प्रत्युत अन्ततः इसे आत्मसात् करने, इसे स्वयं में परिवर्तित करने तथा इसके सकल अस्तित्व को प्रकाशित करने की दृष्टि से यथार्थता को प्राप्त करने हेतु आदर्श के सतत प्रयास में निहित होता है। यह चेतन आत्मन् और जड़ पदार्थ, गणितीय बाह्य और जैविकीय अभ्यन्तर के मध्य तीक्ष्ण प्रतिरोध ही है जिसने ईसाई धर्म को प्रभावित किया। किन्तु इस्लाम इस प्रतिरोध का सामना इसे वशीभूत करने की दृष्टि से करता है। यह एक मूलभूत सम्बन्ध पर दृष्टिपात करने का मौलिक अन्तर है जो वर्तमान परिवेश में मानव

जीवन की समस्या के प्रति इन दो महान् धर्मों के अपने-अपने दृष्टिकोणों को निर्धारित करता है। दोनों मनुष्य में आध्यात्मिक अस्तित्व की अभिपुष्टि की अपेक्षा करते हैं, केवल इस अन्तर के साथ कि इस्लाम आदर्श से यथार्थता के सम्पर्क की पुष्टि करते हुए पदार्थ जगत् को 'हाँ' कहता है तथा इसे नियन्त्रित करने का मार्ग दिखलाता है ताकि जीवन के एक यथार्थपूर्ण नियमन के आधार की तलाश की जा सके।

अतः क़ुरआन के अनुसार जिस सृष्टि में हम रहते हैं उसकी विशेषता क्या है? प्रथम यह कि यह मात्र किसी सृजनात्मक लीला का परिणाम नहीं है—

"हमने आसमानों और पृथ्वी और जो कुछ उनके मध्य है उसे क्रीड़ा में उत्पन्न नहीं किया। सिवाय एक गंभीर उद्देश्य के हमने उन्हें नहीं उत्पन्न किया, किन्तु उनमें अधिकांश ऐसे हैं जो उसे समझते नहीं।" (44: 38-39) यह एक ऐसी यथार्थता है जिसका ध्यान रहना चाहिए।

"वस्तुतः आसमानों और पृथ्वी की सृष्टि में तथा रात और दिन के अनुक्रमण में बुद्धिमान लोगों के लिए संकेत हैं जो चाहे खड़े हों, बैठे हों या लेटे हों, मन में ईश्वर का ध्यान रखते हैं तथा आसमानों और पृथ्वी के सृजन पर चिन्तन करते हैं और पुकार उठते हैं, 'हे प्रभु ! तूने यह सब निरुद्देश्य नहीं पैदा किया।" (3: 190-191) इसके अतिरिक्त सृष्टि की रचना कुछ इस प्रकार हुई है कि यह प्रसार के योग्य है—

"वह (ईश्वर) जो कुछ चाहता है अपनी सृष्टि में वृद्धि कर देता है।" (35:1)

वह कोई जड़ीभूत सृष्टि, कोई बनी-बनायी वस्तु नहीं जो निश्चल हो तथा परिवर्तन में अक्षम। इसके अस्तित्व की गहराई में कदाचित् एक नये जन्म का स्वप्न होता है।

"कह दो कि पृथ्वी पर घूमो-फिरो और देखो ईश्वर ने समस्त सृष्टि को कैसे उत्पन्न किया है, इसके पश्चात् वह इसे एक और जन्म देगा।" (29:20) वस्तुतः सृष्टि का यह रहस्यमय दोलन और आवेग, काल का यह नीरव तिरना जो हम मानव प्राणियों को रात-दिन का आना-जाना प्रतीत होता है, इसे क़ुरआन ईश्वर के महानतम चिन्हों में से एक समझता है।

'ईश्वर रात और दिन का उलट-फेर करता है। वास्तव में इसमें अन्तर्दृष्टि-सम्पन्न व्यक्तियों के लिए शिक्षा है।" (24:44)

यही कारण है कि पैग़म्बर हज़रत मुहम्मद ने कहा था, "काल को अपशब्द न कहो क्योंकि काल ईश्वर है।"[16] काल एवं दिक् की यह विराटता अपने अन्दर मनुष्य द्वारा पूर्ण वशीकरण की प्रत्याशा भी रखती है, जिसका कर्त्तव्य है कि ईश्वर के चिन्हों पर चिन्तन करे तथा प्रकृति पर अपनी विजय को एक वास्तविक तथ्य के रूप में चरितार्थ करने के साधनों की तलाश करे।

"क्या तुम देखते नहीं कि जो कुछ आसमानों में है और जो कुछ पृथ्वी में है वह

सब कैसे ईश्वर ने तुम्हारे वशीभूत कर दिया है और तुम्हारे लिए दृश्य और अदृश्य दोनों वरदानों के सम्बन्ध में वह कैसे कृपालु है।" (31: 20)

"और उसने रात और दिन, सूर्य और चन्द्र को तुम्हारे अधीन कर दिया है, और सितारे भी उसके आदेश से तुम्हारे अधीन हैं, निश्चय ही इसमें उन लोगों के लिए चिन्ह हैं जो समझ रखते हैं।" (16:12)

यदि यह है सृष्टि की प्रकृति और ऐसा उसका आश्वासन तो मनुष्य की प्रकृति क्या है जिसके सम्मुख यह हर ओर होती है। क्षमताओं के एक नितान्त उपयुक्त पारस्परिक समन्वय से सम्पन्न, अवरोध की शक्तियों से चतुर्दिक घिरा मनुष्य स्वयं को जीवन-सोपान में बहुत नीचे पाता है।

"हमने मनुष्य को सर्वोत्तम उपादान का बनाया है, फिर उसे निम्नतम स्थिति में पहुँचा दिया।" (95: 4-5)

इस परिवेश में हम उसे कैसा पाते हैं? एक अधीर अस्तित्व,[17] अपने आदर्शों में और सब कुछ भूल बैठने की सीमा तक तल्लीन, आत्माभिव्यक्ति के निमित्त नूतन अवसरों की निरन्तर खोज में स्वयं को कष्ट देने में समर्थ। अपनी सारी कमज़ोरियों के बावजूद वह प्रकृति से श्रेष्ठतर है क्योंकि वह अपने अन्दर एक बहुत बड़ी अमानत सँभालकर रखता है जिसे क़ुरआन के शब्दों में, आसमानों, पृथ्वी और पर्वतों ने सँभालने से इन्कार कर दिया—

"हमने आसमानों, पृथ्वी और पर्वतों के समक्ष (व्यक्तित्व की) अमानत ग्रहण करने का प्रस्ताव रखा, किन्तु उन्होंने दायित्व से इनकार कर दिया, और इसे ग्रहण करने से डर गये। केवल मनुष्य ने इसे वहन करने का उत्तरदायित्व लिया, किन्तु वह अन्यायी और नासमझ सिद्ध हुआ है।" (33:72)

निःसन्देह उसके जीवन का एक आदि है किन्तु अस्तित्व की संरचना में एक स्थायी तत्व बन जाना ही उसकी नियति है—

"क्या मनुष्य समझता है कि वह एक व्यर्थ वस्तु की तरह फेंक दिया जायेगा? क्या वह एकमात्र भ्रूण नहीं था? तत्पश्चात् वह गाढ़ा रक्त हुआ जिससे ईश्वर ने उसे उत्पन्न किया और उसे आकार प्रदान किया तथा पुरुष और स्त्री का युग्म बनाया। क्या वह इतना शक्तिशाली नहीं कि मृत को जीवित कर दे?" (75: 36-40)

मनुष्य जब अपने चारों ओर की शक्तियों से आकृष्ट होता है, वह उन्हें अनुकूल करने और नियन्त्रित करने की शक्ति प्राप्त कर लेता है, उनसे बाधित होने पर वह अपने आन्तरिक अस्तित्व की गहराइयों में एक बृहत्तर संसार के निर्माण की क्षमता रखता है जिसमें उसे असीम आनन्द एवं प्रेरणा के स्रोत प्राप्त होते हैं। नियति उसकी निष्ठुर है और उसका अस्तित्व गुलाब-दल के समान सुकुमार, तथापि यथार्थता की कोई विधा इतनी शक्तिशाली, इतनी प्रेरणादायक और इतनी रमणीय नहीं जितनी कि मनुष्य की आत्मा। अतः मनुष्य अपने अन्तरतम अस्तित्व में, जैसा कि क़ुरआन की धारणा है, एक सृजनात्मक क्रिया है, एक ऊर्ध्वगामी वृत्ति जो अपने

अग्रवर्ती प्रयाण में अस्तित्व की एक अवस्था से दूसरी अवस्था को प्राप्त हो जाता है।

"यह अनिवार्य नहीं कि मैं सूर्यास्त की लालिमा, रात्रि और इसके संचयनों तथा चन्द्रमा की शपथ खाऊँ जब कि वह पूर्ण होता है कि निश्चित रूप से तुम एक अवस्था से दूसरी में आगे ले जाये जाओगे।" (84: 16-19)

अपने गिर्द सृष्टि की गहनतर आकांक्षाओं में भाग लेना, तथा कभी इसकी शक्तियों से स्वयं को अनुकूल बनाते हुए, कभी अपने उद्देश्यों एवं प्रयोजनों के अनुरूप इसकी शक्तियों को ढालने के लिए अपनी पूरी ताक़त से काम लेते हुये, अपनी स्वयं की नियति के अतिरिक्त सृष्टि की नियति का निर्माण करना मनुष्य का भाग्य है और इस उत्तरोत्तर परिवर्तन की प्रक्रिया में ईश्वर उसका सहकर्मी बन जाता है, बशर्ते कि मनुष्य पहल करे।

"वस्तुतः ईश्वर मनुष्यों की दशा में परिवर्तन नहीं करता जब तक कि वे स्वयं में परिवर्तन नहीं करते।"

यदि वह पहल नहीं करता, यदि वह अपने अस्तित्व की आन्तरिक समृद्धि को व्यक्त नहीं करता, यदि वह प्रगामी जीवन के आन्तरिक दबाव को महसूस करना बन्द कर देता है तब उसके भीतर उसकी अन्तरात्मा पत्थर की तरह कठोर हो जाती है और वह निर्जीव पदार्थ की सतह पर जा पहुंचता है। किन्तु उसके जीवन और उसकी आत्मा की अग्रवर्ती प्रगति उस यथार्थता से सम्बन्ध स्थापित करने में निर्भर करती है जो कि हर ओर उसके सामने होती है। यह ज्ञान ही है जो इन सम्बन्धों को स्थापित करता है, और बुद्धि द्वारा सुपरिष्कृत इन्द्रिय-बोध ही ज्ञान है।

"जब तेरे प्रभु ने फरिश्तों से कहा, 'वस्तुतः मैं पृथ्वी पर अपना प्रतिनिधि नियुक्त करनेवाला हूँ।' उन्होंने कहा, 'क्या तू ऐसे व्यक्ति को वहाँ नियुक्त करेगा जो बुराई फैलायेगा और रक्तपात करेगा जब कि हम तेरी स्तुति और तेरा गुणगान करते हैं?' ईश्वर ने कहा, 'निश्चय ही मैं जो जानता हूँ तुम उसे नहीं जानते।' और उसने (ईश्वर ने) आदम को सारी वस्तुओं का नाम सिखा दिया और फिर उन्हें फरिश्तों के सामने रख दिया और कहा, 'यदि तुम प्रज्ञासम्पन्न हो तो उनके नाम बतलाओ?' उन्होंने कहा, 'स्तुति तेरे लिए है। हमें कुछ ज्ञान नहीं है सिवाय इसके कि जो कुछ तूने हमें सिखला दिया है। तू ही ज्ञानी और बुद्धिमान है।' ईश्वर ने कहा, 'हे आदम! उन्हें नामों के बारे में जानकारी दो।' और जब उसने उन्हें नामों के बारे में सूचित कर दिया तो ईश्वर ने कहा, 'क्या मैंने तुमसे नहीं कहा था कि आसमानों और पृथ्वी की गुप्त चीज़ों के बारे में मैं जानता हूँ और जो कुछ तुम प्रकट करते हो और जो कुछ तुम छिपाते हो वह मेरे ज्ञान में है।'" (2: 30 : 33)

इन आयतों का आशय यह है कि मनुष्य वस्तुओं का नामोल्लेख करने की क्षमता अर्थात् उनके विषय में प्रत्ययन करने की क्षमता से सम्पन्न है, तथा उनके विषय में प्रत्ययन करने का अर्थ है उन्हें वशीभूत कर लेना। अतः मनुष्य के ज्ञान का स्वरूप प्रत्ययात्मक है और इस प्रत्ययात्मक ज्ञान के हथियार से लैस होकर ही

मनुष्य यथार्थता के इन्द्रियगोचर पक्ष के समीप आता है। क़ुरआन की एक विचारणीय विशेषता वह महत्व है जो यह यथार्थता के इन्द्रियगोचर पहलू को प्रदान करता है। हमें यहाँ कुछ आयतें उद्धृत करने की अनुमति दीजिए—

"निश्चय ही आसमानों और पृथ्वी की मृष्टि में और रात और दिन के प्रत्यावर्तन में, और जहाज़ों में जो मनुष्य के लिए लाभदायक वस्तुओं के साथ समुद्र से गुज़रते हैं, और वृष्टि में जो ईश्वर आसमान से बरसाता है जिससे धरती को इसकी मृत्यु के पश्चात् जीवन प्रदान करता है और इस पर सब प्रकार के पशु फैला देता है और हवाओं के परिवर्तन में और बादलों में जिनसे आसमानों और पृथ्वी के मध्य सेवा ली जाती है, उन लोगों के लिए संकेत है जो समझ-बूझ रखते हैं।" (2 : 164)

"और वही है जिसने तुम्हारे लिए तारों का विधान कर दिया है कि धरती और समुद्र के अँधेरे में उनसे तुम्हारा पथ-प्रदर्शन हो। ज्ञानसम्पन्न व्यक्तियों के लिए हमने अपने चिन्ह स्पष्ट कर दिये हैं। और वही है जिसने तुम्हें एक उच्छ्वास से पैदा किया है और तुम्हारे लिए (कोख में) एक स्थान और विश्राम-स्थल मुहैया कर दिया। अन्तर्दृष्टिसम्पन्न मनुष्यों के लिए हमने अपने चिन्ह स्पष्ट कर दिये हैं। और वही है जो आसमान से पानी बरसाता है, और हम इसके द्वारा सभी पौधों की कलियाँ उत्पन्न करते हैं और उनसे हम हरित पर्णसमूह और एक दाने से दूसरा मिला हुआ दाना, गुच्छेदार खजूर-फलों के आच्छदों सहित खजूर के वृक्ष, और अंगूरों, जैतून और अनार के बाग, एक दूसरे से मिलते - जुलते और एक-दूसरे से अलग-अलग, उत्पन्न करते हैं। तुम उनके फलों को देखो जब वे पकते हैं। सचमुच इसमें आस्थावान लोगों के लिए संकेत हैं।" (6 : 97-99)

"क्या तुम देखते नहीं कि तेरा प्रभु छाया को किस प्रकार दीर्घ कर देता है? वह चाहता तो उसे निश्चल बना देता। किन्तु हमने सूर्य को इसका पथ-प्रदर्शक बनाया, फिर हम इसको अपनी ओर समेट लेते हैं सहज कर्षण के साथ।" (25 : 45-46)

"क्या वे लोग ऊँटों की ओर नहीं देख सकते कि कैसे वे पैदा किये गये हैं, और आसमान की तरफ कि कैसा ऊपर उठाया गया है, और पर्वतों की ओर कि कैसे वे बद्धमूल हैं और पृथ्वी की ओर कि कैसे यह बिछा दी गयी है?" (88 : 17-20)

"और उसके चिन्हों में से हैं आसमानों और पृथ्वी की सृष्टि, और तुम्हारी बोलियों और वर्ण की विविधता। वास्तव में इसमें सारे मनुष्यों के लिए संकेत हैं।" (30 : 22)

इसमें कोई संदेह नहीं कि प्रकृति के इस अनुचिन्तनात्मक पर्यवेक्षण नें क़ुरआन का तात्कालिक उद्देश्य मनुष्य में उस चीज़ की चेतना जगाना है जिसका कि प्रकृति एक प्रतिबिम्ब समझी जाती है। किन्तु ध्यान देने की बात है क़ुरआन का सामान्य अनुभूतिमूलक दृष्टिकोण जिसने इसके अनुयायियों में वास्तविक के प्रति एक श्रद्धा की भावना को जन्म दिया तथा अन्त में उन्हें आधुनिक विज्ञान का संस्थापक बना

दिया। एक ऐसे युग में, जिसने कि दृष्टिगोचर को मनुष्य की ईश्वर के प्रति खोज में किसी प्रयोजन का न समझकर त्याग दिया था, अनुभूतिमूलक भावना को जाग्रत करना बड़े महत्व की बात थी। क़ुरआन के अनुसार, जैसा कि हम पहले ज्ञात कर चुके हैं, सृष्टि एक गंभीर उद्देश्य रखती है। इसकी परिवर्तनशील वास्तविकताएँ हमारे अस्तित्व को नये साँचों में ढलने के लिए विवश करती हैं। इसके द्वारा प्रस्तुत बाधा पर क़ाबू पाने के लिए किया गया बौद्धिक प्रयास हमारे जीवन को समृद्ध एवं विस्तृत करने के अतिरिक्त हमारी अन्तर्दृष्टि को पैनी करता है और इस प्रकार मानवीय अनुभूति के सूक्ष्मतर पहलुओं में एक अधिक कौशलपूर्ण सन्निवेश के लिए हमें उद्यत करता है। वस्तुओं के कालिक प्रवाह के साथ यह हमारा वैचारिक सम्पर्क ही है जो अलौकिक के बौद्धिक दर्शन के लिए हमें प्रशिक्षित करता है। यथार्थता अपने ही आभासों में रहती है, और मनुष्य सदृश प्राणी, जिसे कि एक प्रतिकूल परिवेश में अपने जीवन का निर्वहण करना पड़ता है, गोचर की उपेक्षा नहीं कर सकता है। क़ुरआन हमारी आँखों को परिवर्तन के महा तथ्य की ओर खोल देता है जिसके परिबोध एवं नियंत्रण के माध्यम से ही किसी स्थायी सभ्यता का निर्माण करना संभव है। एशिया की संस्कृतियाँ, और वास्तव में सम्पूर्ण प्राचीन विश्व की संस्कृतियाँ असफल रहीं, क्योंकि वे अन्दर से यथार्थता के समीप आयीं और भीतर से बाहर की ओर बढ़ीं। इस कार्य-प्रणाली ने उन्हें शक्ति-रहित सिद्धान्त प्रदान किया और मात्र सिद्धान्त पर कोई स्थायी सभ्यता स्थापित नहीं की जा सकती।

इसमें कोई संदेह नहीं कि ईश्वरीय ज्ञान के स्रोत के रूप में धार्मिक अनभूति का निरूपण ऐतिहासिक रूप से उसी उद्देश्य के निमित्त प्रतिपादित मानवीय अनुभूति के अन्य क्षेत्रों के निरूपण से पूर्ववर्ती है। यह मानते हुए कि अनुभूतिमूलक मनोवृत्ति आध्यात्मिक जीवन में एक अनिवार्य अवस्था है, क़ुरआन मानवीय अनुभूति के समस्त क्षेत्रों को समान महत्व देता है क्योंकि ये ज्ञानदाता होते हैं परम यथार्थता के, जो कि अपने चिन्हों को अन्दर और बाहर दोनों ओर प्रकट करती है।[18] हमारे सम्मुख विद्यमान यथार्थता के साथ संबंध स्थापित करने का एक अप्रत्यक्ष तरीक़ा है अनुचिन्तनात्मक पर्यवेक्षण तथा इसके चिन्हों का नियंत्रण जैसा कि वे स्वयं को इन्द्रियबोध के प्रति प्रकट करते हैं, अन्य तरीक़ा है उस यथार्थता के साथ प्रत्यक्ष साहचर्य जैसा कि यह स्वयं को अन्दर प्रकट करती है। क़ुरआन का प्रकृतिवाद केवल इस तथ्य की मान्यता है कि मनुष्य प्रकृति से सम्बद्ध है और उसकी शक्तियों को नियन्त्रित करने के एक साधन के रूप में इसकी संभावना को देखते हुए इस संबंध का उपयोग प्रभुत्व की अनैतिक इच्छा के निमित्त नहीं, प्रत्युत आध्यात्मिक जीवन की एक ऊर्ध्वमुखी गति के उच्चतर हित में किया जाना चाहिए। अतः यथार्थता की एक समग्र दृष्टि प्राप्त करने के लिए इन्द्रियबोध का अनुपूरण उस वस्तु के बोध द्वारा किया जाना चाहिए जिसका वर्णन क़ुरआन 'फ़ुआद' अथवा 'क़ल्ब' अर्थात् हृदय के रूप में करता है—

"ईश्वर ने प्रत्येक वस्तु जिसे कि उसने सृजित किया है, अत्यन्त उत्तम बनायी है और उसने मनुष्य का सृजन मिट्टी से आरंभ किया, तदनन्तर जीवन के जीवाणुओं, निकृष्ट जल से उसकी सन्तति का विधान किया, फिर उसको आकार प्रदान किया तथा अपनी आत्मा में से उसमें फूँक दिया और तुम्हें श्रवण शक्ति, दृष्टि एवं हृदय प्रदान किया, और तुम कितनी अल्प कृतज्ञता प्रकट करते हो?" (32 : 7-9)

हृदय एक प्रकार की अन्तःप्रज्ञा अथवा अन्तर्दृष्टि है जो रूमी के सुन्दर शब्दों में 'सूर्य-किरणों' से पोषित होता है और जो हमें यथार्थता के उन पहलुओं के सम्पर्क में लाता है जो इंद्रियबोध से परे हैं।[19] क़ुरआन के अनुसार यह कुछ यों है—जो "देखता है" और इसकी सूचनाएँ, यदि उनकी ठीक ढंग से व्याख्या की जाय, कभी ग़लत नहीं होतीं।[20] किन्तु इसे हमें कोई रहस्यमय विशिष्ट मनःशक्ति नहीं समझना चाहिए, वास्तव में यह यथार्थता के निरूपण की एक रीति है जिसमें दैहिक अर्थ में संवेदन की कोई भूमिका नहीं होती है।[21] तथापि हमारे लिए इस प्रकार अनावृत होनेवाला अनुभव परिदृश्य वैसा ही यथार्थपूर्ण एवं मूर्त होता है जैसा कि कोई अन्य अनुभव। इसे आत्मिक (Psychic) रहस्यवादी अथवा अलौकिक कहना इसके महत्व को कम करना नहीं है। आदिम मनुष्य के लिए समस्त अनुभूति अलौकिक होती थी। जीवन की तात्कालिक आवश्यकताओं से प्रेरित होकर वह अपनी अनुभूति की व्याख्या करने के लिए विवश हुआ और इस व्याख्या से क्रमशः प्रकृति का हमारे अर्थ में आविर्भाव हुआ। समग्र यथार्थता जो कि व्याख्या के आधार पर हमारे बोध में एक अनुभवजन्य तथ्य के रूप में प्रविष्ट एवं प्रकट होती है, उसके पास हमारी चेतना पर धावा बोलने की अन्य रीतियाँ हैं तथा वह व्याख्या के और भी अवसर प्रस्तुत करती है। मानवता का इल्हामी और रहस्यवादी साहित्य इस तथ्य का पर्याप्त प्रमाण है कि मानवजाति के इतिहास में धार्मिक अनुभूति इस क़दर स्थायी और प्रबल रही है कि इसे मात्र माया कहकर अस्वीकृत नहीं किया जा सकता। अतः मानवीय अनुभूति के सामान्य स्तर को तथ्य के रूप में स्वीकार कर लेने तथा इसके अन्य स्तरों को रहस्यवादी एवं भावात्मक ठहराकर अस्वीकृत कर देने का कोई कारण नहीं प्रतीत होता है। धार्मिक अनुभूति के तथ्य मानवीय अनुभूति के अन्य तथ्यों की भांति तथ्य हैं और व्याख्या द्वारा ज्ञान प्रदान करने की क्षमता के लिहाज से तो एक तथ्य उतना ही महत्वपूर्ण है जितना कि दूसरा। और न तो मानवीय अनुभूति के इस क्षेत्र का आलोचनात्मक परीक्षण करने में कोई अवमाननापूर्ण बात ही है। इस्लाम के पैग़ंबर आत्मिक संवृति के प्रथम आलोचनात्मक पर्यवेक्षक थे। इमाम बुख़ारी और अन्य मुहद्दिसों ने पैग़म्बर द्वारा अतीन्द्रिय संवेदी यहूदी युवक इब्न सैयाद के पर्यवेक्षण का पूरा ब्यौरा दिया है, जिसकी भावप्रवण मनोदशाओं ने पैग़म्बर का ध्यान आकर्षित किया था। उन्होंने उसकी परीक्षा ली, उससे प्रश्न पूछे और उसकी विविध मनोदशाओं में उसे जाँचा। एक बार उसके बड़बड़ाने को सुनने

के लिए अपने आप को एक वृक्ष के तने के पीछे छुपा लिया, किन्तु लड़के की माँ ने उसे पैग़म्बर के द्वारा उसके समीप आने के बारे में सतर्क कर दिया। तदनन्तर लड़के ने तुरन्त अपनी मनोदशा को त्याग दिया। इस पर पैग़म्बर ने फरमाया, "यदि वह उसे अकेला छोड़ देती तो सारी बात एकदम साफ हो जाती।"[22] पैग़म्बर के साथियों ने जिनमें से कुछ इस्लाम के इतिहास में इस प्रथम मनोवैज्ञानिक पर्यवेक्षण के दौरान विद्यमान थे, तथा परवर्ती मुहद्दिसों ने जिन्होंने कि इस महत्वपूर्ण तथ्य का उल्लेख करने में बड़ी सावधानी बरती, उनके दृष्टिकोण की महत्ता का पूर्णतया ग़लत अर्थ लगाया तथा अपनी निष्कपट रीति से इसकी व्याख्या की। प्रोफेसर मैकडोनल्ड को, जिन्हें कि लगता है सूफियाना एवं पैग़म्बराना चेतना के मध्य मौलिक अन्तर का ज्ञान नहीं था, 'मनौवैज्ञानिक अनुसंधान समाज' की रीति के अनुसार एक पैग़म्बर द्वारा दूसरे पैग़म्बर की जाँच-परख की कोशिश के चित्रण में परिहास का पहलू दिखाई पड़ जाता है।[23] क़ुरआन के अभिप्राय का एक बेहतर परिबोध, जिसने, जैसा कि मैं बाद के किसी एक व्याख्यान[24] में दिखलाऊँगा, उस सांस्कृतिक आन्दोलन का सूत्रपात किया जिसका पर्यवसान आधुनिक अनुभववादी मनोवृत्ति के जन्म में हुआ, पैग़म्बर द्वारा अतीन्द्रिय संवेदी यहूदी युवक के पर्यवेक्षण में कुछ असाधारणतया विचारोत्तेजक देखने के लिए प्रोफेसर की रहनुमाई कर सकता था। किन्तु पैग़म्बर के दृष्टिकोण के अर्थ और महत्व को समझनेवाला प्रथम मुसलमान इब्न ख़ल्दून था, जिसने सूफियाना चेतना की अन्तर्वस्तु का निरूपण एक अधिक आलोचनात्मक भाव से किया तथा जो अवचेतन मन[25] की आधुनिक परिकल्पना के बहुत निकट पहुँच गया था। जैसा कि प्रोफेसर मैकडोनल्ड का कथन है, "इब्न ख़ल्दून के पास कतिपय बहुत दिलचस्प मनोवैज्ञानिक विचार थे और संभवतः उसे विलियम जेम्ज़ की "धार्मिक अनुभूति की विविधता" से गहरी सहानुभूति होती।"[26] आधुनिक मनोविज्ञान ने हाल ही में रहस्यवादी चेतना की अन्तर्वस्तुओं के एक सुविचारित अध्ययन के महत्व को महसूस करना आरंभ किया है और चेतना की अबौद्धिक रीतियों की अन्तर्वस्तुओं को विश्लेषित करने के लिए वास्तव में अभी तक हमारे पास कोई कारगर वैज्ञानिक विधि नहीं है। समयाभाव के कारण यह संभव नहीं कि बहुमूल्यता एवं जीवन्तता की दृष्टि से रहस्यवादी चेतना के इतिहास तथा इसकी विभिन्न कोटियों की एक विस्तृत पड़ताल की जाय। रहस्यवादी अनुभूति की मुख्य विशेषताओं पर केवल कुछ सामान्य टिप्पणियाँ प्रस्तुत करना ही मेरे लिए संभव है।

(1) प्रथम विचारणीय बिन्दु है इस अनुभूति की तात्कालिकता। इस लिहाज़ से यह मानवीय अनुभूति के अन्य स्तरों से भिन्न नहीं होती जो ज्ञान के निमित्त दित्ता उपलब्ध कराते हैं। समस्त अनुभूति तात्कालिक होती है। जिस प्रकार हमारे बाह्य जगत् के ज्ञान के लिए सामान्य अनुभूति के क्षेत्र इन्द्रिय दित्ता की व्याख्या का विषय होते हैं, उसी प्रकार रहस्यवादी अनुभूति का क्षेत्र ईश्वर विषयक हमारे ज्ञान की व्याख्या का विषय होता है। रहस्यवादी अनुभूति का केवल यही अर्थ है कि हमें

ईश्वर का ज्ञान ठीक उसी प्रकार होता है जिस प्रकार कि अन्य पदार्थों का। ईश्वर कोई गणितीय अस्तित्व अथवा परस्पर सम्बद्ध तथा अनुभूति से सर्वथा असंपृक्त प्रत्ययनों का कोई निकाय नहीं है।[27]

2. दूसरा विन्दु है रहस्यवादी अनुभूति की अविश्लेषणीय समग्रता। जब मैं अपने सामने मेज़ की अनुभूति करता हूँ तो उस मेज़ की एकल अनुभूति में अनुभूति के असंख्य दित्ता का विलयन हो जाता है। दित्ता के इस बाहुल्य से मैं उन दित्तों का चयन कर लेता हूँ जो दिक् और काल के एक निश्चित् क्रम के अंतर्गत आते हैं और फिर मेज़ के संदर्भ में उन्हें पूर्ण कर लेता हूँ। रहस्यवादी अवस्था में, वह चाहे जितनी जीवन्त एवं बहुमूल्य हो और समृद्ध हो, विचार घटकर एक न्यूनतम पर आ जाता है और इस प्रकार का कोई विश्लेषण संभव नहीं होता। किन्तु साधारण बौद्धिक तर्कणापरक चेतना से रहस्यवादी अनुभूति के इस अन्तर का तात्पर्य सामान्य चेतना से विच्छेद नहीं जैसा कि प्रोफेसर विलियम जेम्ज गलती से समझ बैठे थे। दोनों स्थितियों में एक ही यथार्थता है जो हम पर प्रभाव डाल रही है। हमारे वातावरण से हमारी व्यावहारिक आवश्यकता की दृष्टि से सामान्य बौद्धिक चेतना अनुक्रिया के निमित्त उद्दीपन के पृथक समूहों का क्रमशः चयन करते हुए उस यथार्थता को खण्डशः ग्रहण करती है। रहस्यवादी अवस्था में हमें उस यथार्थता के पूर्ण विषयान्तरण के सम्पर्क में ला देती है जिसमें हर प्रकार के समस्त उद्दीपन परस्पर विलीन होकर एक एकल अविश्लेषणीय एकत्व का रूप धारण कर लेते हैं, जिसमें व्यक्ति एवं वस्तु के सामान्य विभेदीकरण का अस्तित्व नहीं होता है।

3. तीसरा विचारणीय बिन्दु यह है कि सूफी के लिए सूफियाना अवस्था एक अनन्य इतर आत्म के साथ घनिष्ठ साहचर्य का एक क्षण होती है, जो अनुभूतिकर्ता के निजी व्यक्तित्व के परे होता है, उसे आच्छादित किये तथा क्षणमात्र के लिए उसे दमित किये होता है। सूफियाना अनुभूति अपनी अन्तर्वस्तु की दृष्टि से अत्यन्त वस्तुनिष्ठ होती है और शुद्ध आत्मनिष्ठता के कुहासों में मात्र एक वापसी नहीं समझी जा सकती। फिर आप पूछेंगे कि एक अनाश्रित इतर आत्म के रूप में ईश्वर की तात्कालिक अनुभूति संभव है तो कैसे? मात्र यह तथ्य कि सूफियाना अवस्था निष्क्रिय होती है, अन्ततः अनुभूत आत्म के वास्तविक इतरत्व को सिद्ध नहीं करता है। हमारे मन में यह प्रश्न इसलिए उठता है क्योंकि हम बिना समीक्षा के यह मान बैठते हैं कि इन्द्रिय बोध के माध्यम से हमारा बाह्य जगत् का ज्ञान समस्त ज्ञान का नमूना है। यदि ऐसा होता तो हम अपने अस्तित्व की वास्तविकता के प्रति कभी आश्वस्त न होते। तथापि मैं इसके उत्तर में अपने दैनिक सामाजिक अनुभव का एक साम्यानुमान प्रस्तावित करता हूँ। हम अपने सामाजिक संव्यवहार में दूसरे के मनोभावों को कैसे मालूम कर लेते हैं? यह स्पष्ट है कि हमें स्वयं अपने अस्तित्व तथा प्रकृति का ज्ञान क्रमशः आन्तरिक मनन तथा इन्द्रिय बोध द्वारा होता है। अन्य मनों का बोध हमारे पास नहीं होता। किसी सचेतन प्राणी के बारे में मेरे ज्ञान का

मात्र आधार मेरी अपनी शारीरिक गतिविधियों से मिलती-जुलती शारीरिक गतिविधियां हैं जिससे मैं किसी अन्य सचेतन प्राणी की उपस्थिति का अनुमान करता हूं। अथवा प्रोफेसर रॉइस के अनुसार हम कह सकते हैं कि हमारे साथी लोग हमें वास्तविक मालूम होते हैं क्योंकि वे हमारे संकेतों का प्रत्युत्तर देते हैं और इस प्रकार हमारे अपूर्ण अर्थों के लिए निरन्तर आवश्यक सम्पूरक उपलब्ध करते रहते हैं। निःसंदेह प्रत्युत्तर ही किसी सचेतन प्राणी की विद्यमानता की कसौटी है और क़ुरआन भी यही दृष्टिकोण अपनाता है—

"और तेरा प्रभु कहता है, 'मुझे पुकारो और मैं तुम्हारी पुकार का जवाब देता हूं।' " (40 : 60)

"और जब मेरे सेवक मेरे विषय में तुझसे पूछते हैं, तब मैं उनके पास होता हूँ, और जो मुझे पुकारता है मैं उसकी पुकार का जवाब देता हूं।' (2 : 186)

स्पष्ट है कि चाहे हम दैहिक मानदण्ड का प्रयोग करें अथवा अदैहिक तथा रॉइस के और अधिक उपयुक्त मानदण्ड का, प्रत्येक स्थिति में अन्य मनों के विषय में हमारा ज्ञान कुछ आनुमानिक जैसा ही रहता है। किन्तु हम यह महसूस करते हैं कि अन्य मनों के विषय में हमारी अनुभूति तात्कालिक होती है और अपने सामाजिक अनुभव की वास्तविकता के सिलसिले में हमें कोई शंका नहीं होती। तथापि अपनी पड़ताल की वर्तमान अवस्था में मेरा अभिप्राय अन्य मनों के विषय में अपने ज्ञान के निहितार्थों के आधार पर किसी विवेकवान अहं की वास्तविकता के पक्ष में कोई आदर्शवादी तर्क स्थापित करना नहीं है। मैं जो प्रस्तावित करना चाहता हूँ वह यह है कि सूफियाना अवस्था में हमारी अनुभूति की तात्कालिकता ऐसी नहीं कि इसकी कोई मिसाल न हो। यह हमारी सामान्य अनुभूति से कुछ न कुछ समानता अवश्य रखती है और संभवतः उसी वर्गणा से संबंध भी रखती है।

4. चूंकि सूफियाना अनुभूति का गुण प्रत्यक्ष रूप से अनुभव करने की चीज होता है, अतः स्पष्ट है कि इसे सम्प्रेषित नहीं किया जा सकता। सूफियाना अवस्थाएँ (अहवाल) विचार की अपेक्षा भावना से अधिक मिलती हैं। सूफी या पैग़म्बर अपनी धार्मिक चेतना की अन्तर्वस्तु पर जो व्याख्या आरोपित करता है वह दूसरों तक प्रतिज्ञप्तियों के रूप में सम्प्रेषित की जा सकती है किन्तु स्वयं अन्तर्वस्तु इस प्रकार सम्प्रेषित नहीं की जा सकती। अतः क़ुरआन की निम्नलिखित आयतों में जो प्रदान किया गया है, वह मनोविज्ञान है न कि अनुभूति की अर्न्तवस्तु—

"यह मनुष्य के लिए नहीं कि ईश्वर उससे बात करे, सिवाय दिव्य-दर्शन द्वारा उद्घाटित करने के लिए जो कुछ वह चाहे, क्योंकि वह उच्च और विवेकसम्पन्न है।" (42 : 51)

"तारे की सौगंध जब वह डूब जाता है,
तुम्हारा साथी भूल नहीं करता, न तो वह भटक गया है।
न मात्र आवेश से वह बात कहता है

क़ुरआन उस पर प्रकटित वह्इ से भिन्न और कुछ नहीं :
उसे यह एक बड़ी शक्तिवाले ने सिखलाया,
ज्ञानसम्पन्न वह सन्तुलन के साथ अन्तरिक्ष के उच्चतम भाग में खड़ा था—
फिर वह और निकट आया तथा पास पहुंचा,
और दो धनुषों की दूरी पर या इससे भी निकटतर था—
और उसने ईश्वर के बन्दे पर प्रकट किया। उसने जो प्रकट किया :
उसके हृदय ने झुठलाया नहीं जो उसने देखा :
तो क्या तुम उससे प्रतिवाद करोगे कि उसने क्या देखा?
उसने एक बार और भी उसे देखा था
सिद्रः वृक्ष के समीप जो सीमा का संकेत करता है :
जिसके समीप कि शान्ति वाटिका है :
जब सिद्रः वृक्ष आच्छादित था उससे जो उसे आच्छादित किये था
उसकी आंख हटी नहीं, न तो यह इधर-उधर घूमी ही :
क्योंकि उसने प्रभु का महानतम चिह्न देखा।" (53: 1-18)

सूफियाना अनुभूति की सम्प्रेषणहीनता का कारण यह तथ्य है कि तर्कमूलक बुद्धि द्वारा मूलतः अस्पृष्ट यह मूलतः अस्फुट भावना का एक मामला होती है, फिर भी ध्यान देने की बात यह है कि समस्त भावना के समान सूफियाना भावना में संज्ञानात्मक तत्व भी होता है, और मैं मानता हूँ कि इसी संज्ञानात्मक तत्व के कारण यह विचार का रूप धारण कर लेती है। वास्तव में विचार में अभिव्यक्ति की तलाश करना भावना की प्रकृति है। ऐसा प्रतीत होगा कि भावना और विचार दोनों आन्तरिक अनुभूति की एक ही इकाई के अकालिक और कालिक पक्ष हैं। किन्तु इस प्रसंग में प्रोफेसर हॉकिंग का उद्धरण देना बेहतर होगा जिन्होंने धार्मिक चेतना की अन्तर्वस्तु की एक बौद्धिक धारणा के औचित्य में भावना का एक विशिष्ट रूप से तीक्ष्ण अध्ययन किया है—

"भावना से भिन्न वह क्या है जिसमें संभव है कि भावना का पर्यवसान हो। मेरा उत्तर है, किसी पदार्थ की चेतना। भावना एक समग्र सचेतन अहं का अस्थायित्व है और जो चीज़ इस अहं को स्थायित्व प्रदान करेगी वह इसकी स्वयं की सीमा के भीतर नहीं, प्रत्युत इससे परे है। भावना बाह्य दबाव है जैसे कि विचार बाह्य सूचना, और कोई भावना इतनी अन्धी नहीं कि अपने ही पात्र की ख़बर न रखे। ज्यों ही कोई भावना चित्त से सम्पन्न होती है उस भावना के एक अभिन्न अंग के रूप में चित्त भी उस वस्तु के विचार से युक्त हो जाता है जिससे वह शान्त होगा। किसी भावना का निदेशनहीन होना उसी प्रकार असंभव है जिस प्रकार किसी क्रिया का निदेशनहीन होना, और निदेशन में कोई न कोई उद्देश्य अवश्य समाविष्ट होता है। चेतना की अस्पष्ट अवस्थाएँ भी होती हैं जिसमें हम पूर्णतया निदेशनहीन प्रतीत होते हैं, किन्तु ऐसी स्थितियों में यह अपेक्षणीय है कि भावना भी उसी प्रकार

आस्थगन में होती है। उदाहरण के लिए मैं किसी आघात से स्तब्ध हो जाऊँ, न यह महसूस करूँ कि हुआ क्या है और न कोई दर्द ही उठे, तथापि इससे पूर्णतया अवगत रहूँ कि कुछ न कुछ हुआ अवश्य है : यह अनुभूति जब तक विचार इसे छू नहीं लेता और इसकी प्रतिक्रिया की दिशा निर्धारित नहीं कर देता—पल-भर चेतना के प्रकोष्ठ में भावना के रूप में नहीं, प्रत्युत एक तथ्य के रूप में—प्रतीक्षारत रहती है। तत्क्षण यह कष्टकर महसूस होने लगती है। यदि हम सही हैं तो भावना उसी प्रकार एक वस्तुनिष्ठ चेतना होती है जैसे कि विचार, यह सदैव वर्तमान अहं से परे किसी वस्तु की ओर संकेत करती है और सिवाय उस वस्तु की ओर अहं का निदेशन करने के जिसकी उपस्थिति में कि इसके कैरिअर का पर्यवसान होगा, इसका अपना कोई अस्तित्व नहीं होता।"[28]

इस प्रकार आप देखेंगे कि भावना की यही मूलभूत प्रकृति है जिसके कारण अपने इतिहास में धर्म ने स्वयं को मात्र भावना की विषयवस्तु नहीं समझा तथा निरन्तर तत्वमीमांसा के लिए प्रयास करता रहा, यद्यपि इसका आरंभ भावना से होता है। वास्तव में धर्म के इतिहास में सूफियों की ज्ञान के साधन के रूप में बुद्धि की निन्दा को कोई समर्थन नहीं मिला। किन्तु प्रोफेसर हॉकिंग का जो अवतरण अभी-अभी उद्धृत किया गया, उसका क्षेत्र धर्म में विचार के मात्र औचित्य से कहीं अधिक विस्तृत है। भावना और विचार का अवयवीय सम्बन्ध शाब्दिक इल्हाम के विषय मे उस पुराने धर्मविज्ञान सम्बन्धी विवाद पर प्रकाश डालता है जिसने कभी मुस्लिम धार्मिक चिन्तकों को बहुत तंग कर रखा था।[29] अस्फुट भावना अपनी नियति की पूर्ति विचार में करना चाहती है जो स्वयं में से अपना गोचर परिधान उत्पन्न करने के लिए प्रवृत्त होता है । यह कहना मात्र रूपक नहीं है कि विचार और शब्द दोनों एक ही साथ भावना के ऊपर से आविर्भूत होते हैं यद्यपि तार्किक बुद्धि उन्हें कालिक क्रम से अन्यथा नहीं ले सकती और इस प्रकार उन्हें परस्पर पृथक् समझ कर स्वयं अपने लिए कठिनाई उत्पन्न कर लेती है। एक अर्थ में शब्द का भी इल्हाम होता है।

5. अनन्त के साथ सूफी के आत्मीय साहचर्य का, जो कि उसे आनुक्रमिक काल की अवास्तविकता का एक बोध प्रदान करता है, तात्पर्य आनुक्रमिक काल से पूर्ण विच्छेद नहीं। अपनी अनन्यता के लिहाज़ से सूफियाना अवस्था किसी न किसी रीति से सामान्य अनुभूति से सम्बद्ध रहती है। यह इस तथ्य से स्पष्ट है कि सूफियाना अवस्था शीघ्र लुप्त हो जाती है, यद्यपि गुज़र जाने के पश्चात् यह प्रामाण्य का एक गहरा बोध छोड़ जाती है। सूफी और पैग़म्बर दोनों अनुभूति के सामान्य स्तरों की ओर प्रत्यागमन करते हैं, किन्तु इस अन्तर के साथ कि पैग़म्बर का प्रत्यागमन, जैसा कि मैं बाद में बतलाऊँगा, मानवता के लिए असीम अर्थ की संभावना रखता है।

अतः ज्ञान के उद्देश्यों के लिए सूफियाना अनुभूति का क्षेत्र, उतना ही वास्तविक

होता है जितना कि मानव-अनुभूति का कोई अन्य क्षेत्र और मात्र इसलिए इसकी उपेक्षा नहीं की जा सकती कि इन्द्रिय-बोध से इसका सम्बन्ध नहीं जोड़ा जा सकता; न तो इसे निर्धारित करती प्रतीत होनेवाली अवयवीय दशाओं के विशेष विवरण द्वारा सूफियाना अवस्था के आध्यात्मिक महत्व को विलोपित करना ही संभव है। यदि शरीर और मन के परस्पर संबंध से सम्बन्धित आधुनिक मनोविज्ञान की अभिधारणा को सही मान लिया जाय तो भी सत्य के प्रकटन के रूप में सूफियाना अवस्था की महत्ता पर शंका करना असंगत है। मनोवैज्ञानिक तौर पर सभी अवस्थाएँ चाहे उनकी अन्तर्वस्तु धार्मिक हो अथवा अधार्मिक, अवयवीय रूप से निर्धारित होती हैं। मन का वैज्ञानिक रूप उसी प्रकार अवयवीय तौर पर निर्धारित होता है जिस प्रकार कि धार्मिक। जहाँ तक प्रतिभा (genius) की सर्जना का प्रश्न है हमारा निर्णय न तो इस बात से निर्धारित और न तो अप्रत्यक्ष रूप से प्रभावित ही होता है कि हमारे मनोवैज्ञानिक इसकी (प्रतिभा की) अवयवीय दशाओं के बारे में क्या कहते हैं। एक निश्चित प्रकार का स्वभाव एक निश्चित प्रकार की ग्रहणशीलता के लिए एक अनिवार्य शर्त हो सकता है, किन्तु जो गृहीत है उसके स्वरूप के विषय में पूर्ववर्ती दशा को सम्पूर्ण सत्य नहीं माना जा सकता। सच तो यह है कि हमारी मानसिक अवस्थाओं की अवयवीय कारणता उस कसौटी से कोई सरोकार नहीं रखती जिस पर कि हम महत्व की दृष्टि से उनके उत्कृष्ट या निकृष्ट होने की परख करते हैं। "दिव्य-दर्शनों और संदेशों में से" "विलियम जेम्ज़ का कथन है, "कुछ सदैव स्पष्टतया निरर्थक रहे हैं, हाल और काल में से कुछ तो आचरण और चरित्र के लिए इस प्रकार निरर्थक रहे हैं कि वे अपने आप को महत्वपूर्ण कहलवाते, उन्हें दिव्य समझना तो दूर की कौड़ी लाना होगा। ऐसे संदेशों एवं अनुभूतियों के मध्य यह विवेचन करना कि इनमें से कौन ईश्वरीय चमत्कार थी और कौन ऐसी थी जिन्हें शैतान अपनी दुर्भावनावश खोटा करने में समर्थ रहा, और फलतः धार्मिक व्यक्ति को पहले की अपेक्षा दुगुना अधिक नर्क-शावक बना दिया, मसीही रहस्यवाद के इतिहास में इस समस्या का समाधान सदैव कठिन रहा और इसे अन्तःकरण के श्रेष्ठ निदेशकों की समस्त विलक्षणता और अनुभव की जरूरत पड़ती रही। अन्त में इसे हमारी अनुभवमूलक कसौटी पर लाया गया कि "वृक्ष अपने फल से पहचाना जाता है न कि जड़ से।"[30]

वास्तव में मसीही रहस्यवाद की समस्या जिसकी ओर प्रोफेसर जेम्ज़ ने संकेत किया है, समस्त रहस्यवाद की समस्या रही है। शैतान अपनी दुर्भावना में अनुभूतियों को खोटा कर देता है जो रहस्यवादी अवस्था की परिधि में सरक जाती हैं। जैसा कि कुरआन में हम पढ़ते हैं—

"हमने तुमसे पहले कोई रसूल अथवा नबी[31] नहीं भेजा जिसकी इच्छाओं में शैतान ने कोई न कोई बुरी इच्छा न डाल दी हो, किन्तु ईश्वर वह सब मिटा देगा जिसे शैतान ने सुझाया था। इस प्रकार ईश्वर अपने प्रकटनों की पुष्टि कर देगा,

क्योंकि ईश्वर ज्ञान और विवेकसम्पन्न है।" (22:52)

और यह दिव्य से पैशाचिक का निराकरण ही है जिसके सिलसिले में फ्रायड के अनुयायियों ने धर्म की अपरिमेय सेवा की है, यद्यपि मैं यह कहे बिना नहीं रह सकता कि इस नवीनतर मनोविज्ञान का मुख्य सिद्धान्त मुझे किसी यथेष्ट प्रमाण पर आधारित नहीं लगता। यदि हमारे आवारा मनोवेग, हमारे स्वप्नों में अथवा किसी और समय जब हम पूर्णतया अपने आप में नहीं होते, अपना सिर उठाते हैं तो इसका अर्थ यह नहीं कि वे हमारे सामान्य आत्म के पीछे किसी कबाड़खाने में बन्द रहते हैं। हमारे सामान्य आत्म के क्षेत्र में इन दमित मनोवेगों का यदा-कदा आक्रमण, मन के किसी अँधेरे कोने में उनकी सतत विद्यमानता की अपेक्षा हमारी प्रतिक्रिया की आदत सम्बन्धी प्रणाली के अस्थायी तौर पर भंग हो जाने का अधिक सूचक होता है। संक्षेप में यह सिद्धान्त यह है—अपने वातावरण से समन्वय की प्रक्रिया के दौरान हम अनेक प्रकार के उद्दीपनों का विषय बन जाते हैं। इन उद्दीपनों के प्रति हमारी अभ्यासगत प्रतिक्रियाएँ धीरे-धीरे एक अपेक्षतया निश्चित प्रणाली में ढल जाती हैं जिसकी जटिलता में, कुछ मनोवेगों को आत्मसात् कर लेने तथा कुछ को, जो हमारी प्रतिक्रियाओं की स्थायी प्रणाली के उपयुक्त नहीं होते, निराकृत कर देने के कारण, निरन्तर वृद्धि होती रहती है। ये निराकृत मनोवेग मन के उस क्षेत्र में लौट आते हैं जिसे अवचेतन कहते हैं और वहाँ वे अपना प्रभाव डालने तथा केन्द्रीय आत्म से अपना प्रतिकार करने के उचित अवसर के लिए प्रतीक्षारत रहते हैं। संभव है कि वे हमारी कार्य-योजनाएँ भंग कर दें, हमारे विचार तोड़-मरोड दें, हमारे स्वप्नों एवं कल्पनाओं का निर्माण कर दें और हमें आदिम आचरण के उन रूपों की ओर वापस ले जायें जिन्हें विकासवादी प्रक्रिया ने बहुत पीछे छोड़ दिया है। कहा जाता है कि धर्म एक कपोल-कल्पित कथा है जिसे मानवता के इन निराकृत मनोवेगों ने अपने स्वतंत्र निर्बाध संचरण के लिए एक तरह के परीलोक की तलाश की दृष्टि से गढ़ लिया है। इस मत के अनुसार धार्मिक आस्थाएँ एवं सिद्धान्त प्रकृति की मात्र आदिम परिकल्पनाओं से कुछ अधिक नहीं जिनके द्वारा मानवता ने यथार्थता का उसकी तात्विक कुरूपता से उद्धार करने और उसे जीवन के तथ्यों की अपेक्षा मनोकामना से समीपतर दिखाने का प्रयास किया है। मुझे इससे इन्कार नहीं कि ऐसे धर्म और कला के ऐसे रूप भी हैं जो जीवन की सच्चाइयों से एक प्रकार का कायरतापूर्ण पलायन प्रदान करते हैं। मैं जो कह देना चाहता हूँ वह यह है कि यह बात सभी धर्मों के बारे में सच नहीं है। इसमें कोई संदेह नहीं कि धार्मिक आस्थाओं एवं सिद्धान्तों की एक तत्वमीमांसात्मक महत्ता होती है, किन्तु यह स्पष्ट है कि वे अनुभूति के उन दित्ताओं की व्याख्या नहीं होते हैं जो प्रकृति-विज्ञानों का विषय होती हैं। धर्म भौतिक विज्ञान अथवा रसायन शास्त्र नहीं कि कार्य-कारण संबंध के अन्तर्गत प्रकृति की व्याख्या का प्रयास करे, वास्तव में इसका उद्देश्य मानव-अनुभूति के एक बिल्कुल भिन्न क्षेत्र, धार्मिक अनुभूति की

व्याख्या करना है जिसका दित्ता किसी अन्य विज्ञान के दित्ता में परिणत नहीं किया जा सकता। वास्तव में धर्म के औचित्य में यह कहा जा सकता है कि इसने विज्ञान से बहुत पहले मूर्त अनुभूति की आवश्यकता पर आग्रह किया था। दोनों के मध्य संघर्ष का कारण यह नहीं कि एक मूर्त अनुभूति पर आधारित है और दूसरा नहीं। प्रस्थान बिन्दु के रूप में दोनों मूर्त अनुभूति की माँग करते हैं। उनका द्वन्द्व इस ग़लतफ़हमी के कारण है कि दोनों अनुभूति के एक ही दित्ता की व्याख्या करते हैं। हम यह भूल जाते हैं कि धर्म का उद्देश्य मानव-अनुभूति की एक विशिष्ट क़िस्म की वास्तविक अर्थवत्ता तक पहुँचना है।

न तो धार्मिक चेतना की अन्तर्वस्तु को काम-आवेग की प्रक्रिया ठहराकर व्याख्यायित करना ही संभव है। चेतना के यौन एवं धार्मिक, ये दोनों रूप प्रायः विरोधी होते हैं अथवा कम से कम अपने स्वरूप, अपने उद्देश्य तथा उनसे जिस प्रकार की व्यवहार-प्रणाली की उत्पत्ति होती है, उसको देखते हुए वे एक दूसरे से पूर्णतया भिन्न होते हैं। सच यह है कि धार्मिक भावावेश की स्थिति में तथ्यात्मक वास्तविकता का ज्ञान हम कुछ अर्थों में अपने व्यक्तित्व की संकीर्ण परिधि से बाहर प्राप्त करते हैं। मनोवैज्ञानिक को, धार्मिक भावावेश अपनी तीव्रता के कारण जिससे कि यह हमारे अस्तित्व की गहराइयों को झँझोड़ देता है, अनिवार्यतः अवचेतन का कार्य लगता है। समस्त ज्ञान में भावावेश (passion) का एक तत्व होता है तथा भावावेश की तीव्रता में चढ़ाव और उतार के साथ ज्ञान के पात्र की वस्तुनिष्ठता में वृद्धि होती है अथवा कमी होती है। हमारे लिए तो वही सर्वाधिक यथार्थ होता है जो हमारे व्यक्तित्व के समस्त ढाँचे को झकझोर देता है। जैसा कि प्रोफेसर हॉकिंग ने स्पष्ट रूप से कहा है, "यदि कभी किसी व्यक्ति या सन्त को अपनी मनहूस दिवस-विस्तार काल-अवधि में कोई दिव्य दर्शन प्रकट हो जाय—उसके और हमारे जीवन को नई धाराओं में बहा ले जाने के लिए, तो यह केवल इसी कारण हो सकता है क्योंकि वह दिव्य दर्शन उसकी आत्मा में अनन्तता की मूर्त पूर्णता का कोई आक्रामक सैन्य दल प्रविष्ट कर देता है। निःसंदेह इस प्रकार के दिव्य दर्शन का अर्थ है अवचेतन तत्परता तथा अवचेतन संस्पन्दन भी, किन्तु अप्रयुक्त वायु-कोशिकाओं का फैल जाना इस बात की दलील नहीं कि हमने बाहर की हवा में साँस लेना छोड़ दिया है, बात इसके बिल्कुल विपरीत है।"[32]

अतः ज्ञान की एक विधा के रूप में कोई पूर्णतया मनोवैज्ञानिक पद्धति धार्मिक भावावेश की व्याख्या नहीं कर सकती। हमारे नये मनोवैज्ञानिकों के विषय में इसका असफल रहना उतना ही निश्चित है जितना कि लॉक तथा ह्यूम के विषय में यह असफल रही।

पूर्ववर्ती विवेचन से निश्चय ही आपके मन में एक महत्वपूर्ण प्रश्न उठेगा। मैंने यह सिद्ध करने का प्रयास किया है कि धार्मिक अनुभूति एक संज्ञानात्मक पक्ष से युक्त मूलतः संवेदना की एक अवस्था है जिसकी अन्तर्वस्तु सिवाय एक निर्णय के रूप

में दूसरों तक सम्प्रेषित नहीं की जा सकती है। अब जब कि मेरी सहमति के लिए मेरे समक्ष एक निर्णय रख दिया गया है जो मानव-अनुभूति के एक निश्चित क्षेत्र की व्याख्या होने का दावा करता है और जो मेरी पहुँच से बाहर है, तो मुझे यह पूछने का अधिकार है कि इसकी सत्यता की क्या गारण्टी है? क्या हमारे पास कोई ऐसी कसौटी है जो इसकी वैधता को उद्घाटित करेगी? यदि इस प्रकार के किसी निर्णय की स्वीकृति के लिए व्यक्तिगत अनुभव ही मात्र आधार होता तो धर्म केवल कुछ ही व्यक्तियों की इजारेदारी होता। संयोग से हमारे पास कुछ ऐसी कसौटियाँ हैं जो दूसरे प्रकार के ज्ञान के संबंध में लागू होनेवाली कसौटियों से भिन्न नहीं। इन्हें मैं बौद्धिक कसौटी और परिणाममूलक कसौटी कहता हूँ। बौद्धिक कसौटी से मेरा अभिप्राय मानव-अनुभूति की पूर्वमान्यताओं रहित समीक्षात्मक व्याख्या से है, सामान्यतया यह ज्ञात करने की दृष्टि से कि क्या हमारी व्याख्या अन्ततः उसी प्रकार की किसी यथार्थता की ओर ले जाती है जिस प्रकार की यथार्थता धार्मिक अनुभूति द्वारा प्रकट होती है। परिणाममूलक कसौटी इसे अपने निष्कर्षों द्वारा परखती है। पहली दार्शनिक द्वारा प्रयोग में लायी जाती है, दूसरी पैग़म्बर द्वारा। मैं आगामी व्याख्यान में बौद्धिक कसौटी का प्रयोग करूँगा।

2

धार्मिक अनुभूति के प्रकटीकरणों का दार्शनिक परीक्षण

मध्यकालीन यूरोपीय दर्शन[1] ने ईश्वर के अस्तित्व के पक्ष में तीन तर्क प्रतिपादित किये हैं। कार्यकारणभावमूलक तर्क, उद्देश्यमूलक तर्क और सत्तामूलक तर्क के रूप में ज्ञात ये तर्क परम तत्व (Absolute) की तलाश के सम्बन्ध में इसके चिन्तन की वास्तविक गति को व्यक्त करते हैं। किन्तु तर्कशास्त्रीय उपपत्तियों के रूप में देखा जाय तो मुझे खेद के साथ मानना पड़ता है कि नितान्त आलोचनास्पद होने के अतिरिक्त ये वस्तुतः अनुभूति की एक कृत्रिम विवेचना की अभिव्यंज्जना करते हैं।

कार्यकारणभावमूलक (Cosmological Argument) तर्क संसार को एक ससीम कार्य के रूप में देखता है तथा कार्यों एवं कारणों के रूप में सम्बद्ध आश्रित घटनाक्रमों की एक शृंखला से गुज़रते हुए किसी अनन्त पश्चगमन की विचारातीतता के कारण एक कारण रहित कारण पर रुक जाता है। यह तो बहरहाल स्पष्ट ही है कि एक ससीम कार्य केवल एक ससीम कारण अथवा अधिक से अधिक ऐसे कारणों की एक अनन्त शृंखला ही प्रदान कर सकता है। शृंखला को एक निश्चित बिन्दु पर समाप्त कर देना तथा शृंखला की एक कड़ी को किसी कारण रहित आदि कारण के पद पर समुन्नत कर देना वस्तुतः कारण-कार्य-सम्बन्ध के उस सिद्धान्त की ही अवज्ञा करना होगा जिस पर यह पूरा तर्क आधारित है। इसके अतिरिक्त तर्क द्वारा प्राप्त आदि कारण अनिवार्यतया अपना कार्य बहिष्कृत कर देता है और इसका अर्थ यह है कि कार्य स्वयं अपने कारण पर एक सीमा लगाकर इसे ससीम में परिणत कर देता है। फिर तर्क द्वारा प्राप्त कारण को इसीलिए अनिवार्य अस्तित्व नहीं ठहराया जा सकता क्योंकि कारण और कार्य के सिलसिले में सम्बन्ध की दोनों शर्तें एक दूसरे के लिए समान रूप से आवश्यक होती हैं। न तो अस्तित्व की अनिवार्यता कारण-कार्य-सम्बन्ध की संकल्पनात्मक अनिवार्यता के समरूप ही होती है; अधिक से अधिक यह तर्क जो सिद्ध कर सकता है, वह यही है। वास्तव में यह तर्क केवल ससीम को नकारकर असीम की प्राप्ति का प्रयास करता

है। किन्तु असीम के खण्डन द्वारा प्राप्त असीम एक असत्य असीम है जो न स्वयं का स्पष्टीकारण करता है और न ससीम का, जो कि इस प्रकार असीम के सम्मुख ला खड़ा किया जाता है। वास्तविक असीम ससीम को पृथक् नहीं करता; यह ससीम को बिना उसकी ससीमता मिटाये समाविष्ट कर लेता है तथा उसके अस्तित्व की व्याख्या तथा उसके औचित्य का आधार प्रस्तुत करता है। तार्किक दृष्टि से देखा जाय तो ससीम से असीम के प्रति गति, जैसा कि कार्यकारणमूलक तर्क की स्थापना है, बिल्कुल तर्क-विरुद्ध है तथा यह तर्क पूर्णतया अपर्याप्त है। उद्देश्यमूलक तर्क (Teleological Argument) इससे कहीं बेहतर नहीं। यह अपने कारण के स्वरूप का पता लगाने की दृष्टि से परिणामों की छानबीन करता है। प्रकृति में दूरदर्शिता, उद्देश्य और अनुकूलन के संकेतों से यह एक असीम बुद्धि एवं शक्तिसम्पन्न आत्मचेतन सत्ता के अस्तित्व का निष्कर्ष निकालता है। अधिक से अधिक यह तर्क हमें पहले से विद्यमान एक निर्जीव एवं दुर्दमनीय पदार्थ पर कार्यरत एक कुशल बाह्य प्रकल्पक (contriver) प्रदान करता है जिस (पदार्थ) के तत्व स्वयं अपनी प्रकृति से सुव्यवस्थित संरचनाओं एवं संयोजनों के योग्य नहीं होते हैं। यह तर्क हमें केवल एक प्रकल्पक प्रदान करता है न कि एक स्रष्टा और यदि हम उसे अपने पदार्थ का स्रष्टा भी मान लें तो पहले दुर्दम पदार्थ का सृजन करके अपनी ही कठिनाइयों को उत्पन्न करना और फिर अपने मूल निसर्ग के लिए प्रतिकूल उपायों के प्रयोग द्वारा इसके प्रतिरोध का निवारण करना इसकी बुद्धिमत्ता को गौरव नहीं प्रदान करता। अपने उपादान से बाह्य समझे जानेवाले समांकक (designer) को सदैव अपने उपादान द्वारा सीमित रहना पड़ेगा, अतः वह एक ससीम रूपांकक होगा जिसके परिमित साधन उसे अपनी कठिनाइयों पर एक मानव यन्त्रविद् (mechanician) की रीति के अनुसार काबू पाने के लिए विवश करते हैं। सच तो यह है कि जिस साम्यानुमान पर यह तर्क अग्रसर होता है वह बिल्कुल ही किसी महत्व का नहीं है। वास्तव में मानव शिल्पकार (artificer) और प्रकृति की संवृत्तियों के मध्य कोई सादृश्यता नहीं। अपने उपादानों को उनके सहज सम्बन्धों एवं स्थितियों में चयन करने और पृथक् करने के सिवाय मानव शिल्पकार और प्रकृति की संवृत्तियों के मध्य कोई सदृश्यता नहीं। अपने उपादानों को उनके सहज सम्बन्धों एवं स्थितियों में चयन करने और पृथक् करने के सिवाय मानव शिल्पकार अपनी योजना को सम्पन्न नहीं कर सकता। प्रकृति पूर्णतया अन्योन्याश्रित घटकों की एक प्रणाली का संघटन करती है, उसकी प्रक्रियाएँ वास्तुकार के कार्य से कोई सादृश्य नहीं रखतीं जो अपने उपादान के एक उत्तरोत्तर पृथक्करण एवं एकीकरण पर निर्भर होने के कारण प्रकृति में अवयवीय समष्टियों के विकास से कोई समता नहीं प्रस्तुत कर सकता। सत्तामूलक तर्क, (Ontological Argument) जो विभिन्न विचारकों द्वारा विभिन्न रूपों में प्रस्तुत किया गया है, सदैव चिन्तनशील मन को सर्वाधिक आकर्षित करता रहा है. इस तर्क का कारतेसीय रूप इस प्रकार है—

"यह कहना कि कोई गुण किसी वस्तु की प्रकृति अथवा संकल्पना में अन्तर्विष्ट होता है वैसे ही है जैसे यह कहना कि वह गुण उस वस्तु की वास्तविकता होता है और इस बात की पुष्टि की जा सकती है कि वह इस वस्तु में विद्यमान है। किन्तु आवश्यक अस्तित्व ईश्वर की प्रकृति अथवा संकल्पना में अन्तर्निहित है। अतः सच्चाई के साथ इस बात की अभिपुष्टि की जा सकती है कि अनिवार्य अस्तित्व ईश्वर में है अथवा यह कि ईश्वर का अस्तित्व है।"

देकार्त इस तर्क को एक अन्य तर्क द्वारा अनुपूरित करता है। हमारे मन में एक पूर्ण अस्तित्व का विचार है। इस विचार का स्रोत क्या है? यह विचार प्रकृति से तो आ नहीं सकता क्योंकि प्रकृति परिवर्तन के अतिरिक्त कुछ नहीं प्रकट करती है। यह किसी पूर्ण अस्तित्व का विचार उत्पन्न नहीं कर सकती। अतएव हमारे मन के विचार से मिलता-जुलता कोई वस्तुनिष्ठ प्रतिरूप होना चाहिए जो हमारे मन में एक पूर्ण अस्तित्व के विचार का कारण है। यह तर्क कुछ-कुछ कार्यकारण भावमूलक तर्क की प्रकृति का है जिसकी मैं इससे पूर्व आलोचना कर चुका हूँ। किन्तु तर्क का जो भी स्वरूप हो, यह स्पष्ट है कि अस्तित्व की संकल्पना वास्तविक अस्तित्व का प्रमाण नहीं। जैसा कि इस तर्क की आलोचना में कान्ट का मत है कि मेरे मन में तीन सौ डालर की कल्पना यह नही सिद्ध कर सकती के वे मेरी जेब में हैं। इस तर्क से जो कुछ सिद्ध होता है वह यह है कि एक पूर्ण अस्तित्व के विचार में उसकी सत्ता का विचार भी सम्मिलित होता है। एक पूर्ण अस्तित्व के विचार तथा उस अस्तित्व की वस्तुनिष्ठ वास्तविकता के मध्य एक ऐसी खाड़ी है जो विचार की किसी इन्द्रियातीत क्रिया द्वारा पार नहीं की जा सकती। उक्त तर्क, वास्तव में एक आत्माश्रय दोष" है, क्योंकि यह विवादास्पद प्रश्न—अर्थात् तार्किक से यथार्थ के प्रति संक्रमण—को बिना प्रमाण के मान लेता है। मुझे उम्मीद है कि मैंने आपको यह स्पष्ट कर दिया है कि सत्तामूलक और उद्देश्यमूलक तर्क, जैसा कि सामान्यतया ये प्रतिपादित किये जाते हैं, हमें किसी निष्कर्ष पर नहीं ले जाते। और उनकी असफलता का कारण यह है कि वे 'विचार' को वस्तुओं पर बाह्यतः कार्यरत एक माध्यम के रूप में देखते हैं। विचार विषयक यह धारणा एक तर्क के विषय में हमें केवल एक यन्त्रविद् प्रदान करती है और दूसरे तर्क के सिलसिले में आदर्श और यथार्थ के मध्य एक अपारगम्य खाड़ी उत्पन्न कर देती है। फिर भी यह संभव है कि हम विचार को एक ऐसे सिद्धान्त के रूप में न लें, जो अपने उपादान को बाहर से संगठित एवं एकीकृत करता है, बल्कि एक शक्ति के रूप में लें जो अपने उपादान के अस्तित्व की सचमुच निर्माणकारी है। इस दृष्टि से देखा जाय तो विचार या बोध वस्तुओं की मूलप्रकृति के लिए इतर नहीं, यह उनका परम आधार है तथा उनके कैरिअर के आरंभ से ही स्वयं को उनमें उड़ेलता हुआ और एक आत्म-निर्धारित ध्येय के प्रति उनके अग्रगामी प्रयाण को अनुप्रेरित करता हुआ, यह उनके अस्तित्व के उस मूलतत्व का ही निर्माण करता है। किन्तु हमारी वर्तमान अवस्था विचार

और अस्तित्व के द्वैत की अपेक्षा करती है। मानव ज्ञान की प्रत्येक क्रिया उस यथार्थता को दो भागों में विभाजित कर देती है जो हो सकता है विधिवत् गवेषणा के उपरान्त एक अहं, जो परिज्ञान करता है, और एक सामने खड़ा 'इतर' जिसे ज्ञात किया जाता है, का एक एकत्व निकले। यही कारण है कि हम बाध्य हैं कि अपने सम्मुख वस्तु को एक वस्तु समझें जो स्वतः विद्यमान है और जो अहं से बाहर और स्वतंत्र है, जिसके ज्ञान की क्रिया से ज्ञात वस्तु को कोई अन्तर नहीं पड़ता। सत्तामूलक तर्क और उद्देश्यमूलक तर्क की वास्तविक सार्थकता केवल तब प्रकट होगी जब हम यह सिद्ध कर सकेंगे कि मानवीय स्थिति अन्तिम नहीं तथा विचार और अस्तित्व अन्ततः एक हैं। यह तभी संभव है जब हम अनुभूति की ध्यानपूर्वक जाँच और व्याख्या क़ुरआन द्वारा प्रस्तुत संकेतों का अनुसरण करते हुए करें जो आन्तरिक और बाह्य अनुभूति को उस यथार्थता का प्रतीक[3] ठहराता है जिसे यह 'प्रथम एवं अंतिम', 'दृश्य' एवं 'अदृश्य'[4] के रूप में वर्णित करता है। वर्तमान लेक्चर में मेरा यही इरादा है।

अनुभूति के, जैसा कि यह स्वयं को काल में प्रकट करती है, मुख्य तीन स्तर हैं—पदार्थ का स्तर, जीवन का स्तर और मन तथा चेतना का स्तर — जो क्रमशः भौतिकी, जैविकी और मनोविज्ञान की विषयवस्तु हैं। आइए, सबसे पहले पदार्थ पर विचार करें। आधुनिक भौतिकी के स्थान को उचित रूप से समझने के लिए यह स्पष्टतया जानना आवश्यक है कि पदार्थ से हमारा क्या अभिप्राय है। एक अनुभूतिमूलक विज्ञान के रूप में भौतिकी का सरोकार अनुभूति के तथ्यों अर्थात् इन्द्रियानुभूति से होता है। भौतिकविज्ञानी आरंभ और समापन इन्द्रियग्राह्य तथ्यों से करता है जिसके बिना उसके लिए अपने सिद्धान्तों का सत्यापन करना असंभव है। वह परमाणुओं सदृश अति सूक्ष्म तत्वों की अभिधारणा कर सकता है, किन्तु वह ऐसा इसलिए करता है क्योंकि अन्यथा वह अपनी इन्द्रियानुभूति की व्याख्या नहीं कर सकता। अतः भौतिकी पदार्थ-जगत् अर्थात् इन्द्रियों द्वारा उद्घाटित जगत् का अध्ययन करती है। इस अध्ययन में समाविष्ट मानसिक प्रक्रियाएँ और उसी प्रकार धार्मिक एवं सौन्दर्यपरक अनुभूति, यद्यपि अनुभूति के समग्र क्षेत्र का अंग हैं, तथापि वे भौतिकी के कार्य-क्षेत्र से वर्जित हैं जिसका प्रत्यक्ष कारण यह है कि भौतिकी का अध्ययन पदार्थ-जगत् जिससे हमारा अभिप्राय महसूस की जानेवाली वस्तुओं के जगत् से है, तक सीमित है। यदि मैं आप से पूछूँ कि वे कौन-सी वस्तुएँ हैं जिनका आप भौतिक जगत् में अवगम करते हैं तो निःसंदेह आप अपने चारों ओर की परिचित वस्तुओं जैसे — धरती, आकाश, पर्वतों, कुर्सियों एवं मेज़ों का उल्लेख करेंगे। यदि मैं फिर पूछूं कि इन वस्तुओं में आप ठीक-ठीक क्या महसूस करते हैं तो आप कहेंगे कि उनके गुण। यह स्पष्ट है कि इस प्रकार के प्रश्न का उत्तर देने में वस्तुतः हम अपनी इंद्रियों के साक्ष्यों पर एक व्याख्या आरोपित कर देते हैं। व्याख्या वस्तु एवं उसके गुणों के मध्य भेद करने में निहित होती है। वास्तव में यह पदार्थ के

विषय में एक सिद्धान्त का अर्थ रखती है, अर्थात् इन्द्रिय-डेटा की प्रकृति, अवबोधनकर्त्ता के मन के प्रति उनके सम्बन्ध तथा मूलभूत कारणों । इस सिद्धान्त का सार इस प्रकार है—

"इन्द्रिय-विषय (वर्ण एवं ध्वनियाँ इत्यादि) बोधगम्यकर्त्ता के मन की अवस्थाएँ हैं और इस प्रकार वे प्रकृति से पृथक् हैं जिसे वस्तुनिष्ठ सदृश कोई चीज़ समझा जाता है। इस कारण वे किसी वास्तविक अर्थ में भौतिक वस्तुओं के गुण नहीं हो सकते। जब मैं कहता हूँ, "आकाश नीला है" तो इसका केवल यही अर्थ हो सकता है कि आकाश मेरे मन में केवल एक नीला संवेदन उत्पन्न करता है और यह नहीं कि नीला रंग आकाश में पाया जानेवाला गुण है। मानसिक अवस्थाओं के रूप में वे इन्द्रिय-संस्कार होते हैं अर्थात् वे हम में उत्पन्न होनेवाले प्रभाव होते हैं। इन प्रभावों का कारण पदार्थ अथवा हमारे स्नायुओं एवं मस्तिष्क के माध्यम से हमारे मन पर प्रभावरत भौतिक वस्तुएँ हैं। यह भौतिक कारण सम्पर्क अथवा संघात द्वारा प्रभाव उत्पन्न करता है अतएव इसमें रूप, परिमाण, ठोसपन तथा प्रतिरोध के गुण होने चाहिए।"[5]

यह दार्शनिक बर्कले था जिसने सबसे पहले हमारे संवेदनों के अज्ञात कारण के रूप में पदार्थ के सिद्धान्त के खण्डन का उत्तरदायित्व लिया। स्वयं हमारे युग में प्रसिद्ध गणितज्ञ एवं वैज्ञानिक प्रोफेसर ह्वाइटहेड ने यह निश्चयात्मक रूप से सिद्ध कर दिया है कि पदार्थवाद का परम्परागत सिद्धान्त अतर्कसंगत है। यह स्पष्ट है कि इस सिद्धान्त के अनुसार वर्ण, ध्वनि आदि केवल व्यक्तिनिष्ठ अवस्थाएँ होती हैं, वे प्रकृति का अंग नहीं होतीं। आंख और कान में जो प्रवृष्ट होता है वह वर्ण अथवा ध्वनि नहीं प्रत्युत वे अदृश्य ईथर लहरियाँ एवं अश्रव्य वायु लहरियाँ होती हैं। प्रकृति वह नहीं जो हम उसे समझते हैं, हमारे अवबोधन भ्रान्तियाँ होते हैं तथा उन्हें प्रकृति के प्रामाणिक प्रकटीकरणों के रूप में नहीं माना जा सकता जो इस सिद्धान्त के अनुसार एक ओर मानसिक संस्कारों तथा दूसरी ओर इन संस्कारों को उत्पन्न करनेवाली असत्यापनीय अगोचर इकाइयों में विभक्त होते हैं। यदि भौतिकी वास्तव में इन्द्रियग्राह्य पदार्थों के विषय में एक सुसंगत एवं प्रामाणिक ज्ञान प्रदान करती है तो पदार्थ के परम्परागत सिद्धान्त को इस सुस्पष्ट कारण से अस्वीकार कर देना चाहिए कि यह हमारी इन्द्रियों के साक्ष्य को, केवल जिस पर कि प्रकृति के एक पर्यवेक्षक के रूप में भौतिकविज्ञानी को निर्भर करना चाहिए, पर्यवेक्षक के मन के मात्र संस्कारों में परिणत कर देता है। प्रकृति एवं प्रकृति के पर्यवेक्षक के मध्य यह सिद्धान्त एक ऐसी खाड़ी उत्पन्न कर देता है जिसे पार करने के लिए वह एक पात्र में एक वस्तु के समान दिक् को घेरे रहनेवाली तथा किसी प्रकार के संघात द्वारा हमारे संवेदन को उत्पन्न करनेवाली किसी अगोचर वस्तु की संदिग्ध परिकल्पना का सहारा लेने के लिए विवश है। प्रोफेसर ह्वाइटहेड के शब्दों में, यह सिद्धान्त प्रकृति के एक अर्धभाग को 'स्वप्न' तथा दूसरे अर्धभाग को एक 'अनुमान' में परिणत कर

देता है।[6] इस प्रकार स्वयं अपने आधारों की आलोचना करना आवश्यक पाकर भौतिकी ने अन्ततः स्वयं अपने ही बुत को ध्वस्त करने का कारण ढूँढ़ लिया है तथा अन्त में उस अनुभूतिमूलक मनोवृत्ति की परिणति पदार्थ-के विरुद्ध एक विद्रोह में हुई है जो वैज्ञानिक पदार्थवाद को अनिवार्य ठहराती प्रतीत होती थी। चूँकि वस्तुएँ पदार्थ नामक किसी इन्द्रियातीत वस्तु द्वारा उत्पन्न आत्मनिष्ठ अवस्थाएँ नहीं होतीं, वे वास्तविक संवृतियाँ होती हैं जो प्रकृति के द्रव्य (substance) का निर्माण करती हैं और जिनका हम वैसे ही परिज्ञान करते हैं जैसे कि वे प्रकृति में होती हैं। किन्तु पदार्थ की अवधारणा को सबसे बड़ा आघात एक अन्य भौतिकशास्त्री आइंस्टाइन के हाथों पहुँचा जिसके अनुसंधानों ने मानव-चिन्तन के समूचे प्रभाव-क्षेत्र में एक अति दूरगामी क्रान्ति की आधार-शिला रख दी है। रसेल कहता है, "दिक्काल में काल के विलयन द्वारा सापेक्षतावाद ने दव्य (Substance) की परम्परागत धारणा को दार्शनिकों के समस्त तर्कों की अपेक्षा कहीं अधिक क्षति पहुँचाई है। सहज बुद्धि के लिए पदार्थ कुछ ऐसी वस्तु है जो काल में अवस्थित होती है और दिक् में गति करती है। किन्तु आधुनिक सापेक्षता भौतिकी के लिए यह धारणा अब मान्य नहीं, रही। पदार्थ का कोई अंश परिवर्ती अवस्थाओं सहित एक चिरस्थायी वस्तु नहीं, प्रत्युत अन्तः सम्बन्धित घटनाओं की एक प्रणाली बन गया है। प्राचीन ठोसपन समाप्त हो गया है और इसके साथ वे विशिष्टताएँ भी जिसके कारण भौतिकवादी के लिए पदार्थ क्षणभंगुर विचारों की अपेक्षा अधिक वास्तविक प्रतीत होता था।"

प्रोफेसर ह्वाइटहेड के अनुसार प्रकृति किसी निर्गतिक शून्य में स्थित कोई स्थैतिक तथ्य नहीं, प्रत्युत यह एक निरन्तर सर्जनात्मक प्रवाह के वैशिष्ट्य से युक्त घटनाओं की एक संरचना है जिसे विचार पृथक् स्थिरताओं में विभक्त कर देता है, जिसके अन्तः सम्बन्धों से दिक् और काल की अवधारणाएँ उत्पन्न होती हैं। अतः हम देखते हैं कि किस प्रकार आधुनिक विज्ञान बर्कले की आलोचना से अपनी सहमति व्यक्त करता है जिसे कभी यह अपने मूलाधार पर एक आक्रमण समझता था। एक विशुद्ध भौतिकता के रूप में प्रकृति विषयक वैज्ञानिक धारणा न्यूटन की दिक् विषयक धारणा से सम्बन्धित है जिसके अनुसार दिक् एक परम शून्य है जिसमें वस्तुएँ स्थित होती हैं। विज्ञान की इस मनोवृत्ति ने निःसंदेह इसकी द्रुतगामी प्रगति को सुनिश्चित कर दिया है, किन्तु एक समग्र अनुभूति के मन और पदार्थ के दो विरोधी क्षेत्रों में विभाजन ने इसकी आन्तरिक कठिनाइयों के कारण इसे उन समस्याओं पर विचार करने के लिए विवश कर दिया है जिन्हें अपने कैरअर (career) के आरंभ में इसने पूर्णतया उपेक्षित कर दिया था। गणितीय विज्ञानों के मूल सिद्धान्तों की आलोचना ने यह पूर्णतया प्रकट कर दिया है कि एक शुद्ध भौतिकता, किसी परमशून्य में स्थित एक चिरस्थायी पदार्थ, की परिकल्पना अव्यवहार्य है। क्या दिक् एक स्वतंत्र शून्य है जिसमें वस्तुएँ स्थित होती हैं और जो उस स्थिति में भी अक्षुण्ण बना रहेगा यदि सारी चीज़ें हटा ली जायें? प्राचीन

यूनानी दार्शनिक ज़ेनो (Zeno) ने दिक् में गति के प्रश्न के माध्यम से दिक् की समस्या का सामना किया। गति की अयथार्थता के पक्ष में उसके तर्क दर्शन के विद्यार्थियों को भली-भांति ज्ञात हैं और उसके समय से ही यह समस्या चिन्तन के इतिहास में विद्यमान रही तथा विचारकों की उत्तरोत्तर पीढ़ियों का तीव्र ध्यानाकर्षण करती रही है। इन तर्कों में से दो का यहाँ उल्लेख किया जा सकता है।[7] ज़ेनो, जो कि दिक् को असीम तथा विभाज्य मानता था, उसने यह तर्क प्रस्तुत किया कि दिक् में गति असंभव है। अपने गन्तव्य बिन्दु तक पहुंचने से पहले गतिमान काय को अपने प्रस्थान बिन्दु एवं गन्तव्य बिन्दु के मध्य पड़नेवाली आधी दूरी पार कर लेनी होगी और उस आधी दूरी पार कर लेने से पहले उस आधी की आधी तय कर लेनी होगी और अनन्तता तक इसी प्रकार की प्रक्रिया चलती रहेगी। हम दिक् के एक बिन्दु से दूसरे बिन्दु तक दोनों के मध्य पड़नेवाली दूरी के अनन्त बिन्दुओं से गुज़रे बिना नहीं पहुँच सकते। किन्तु एक ससीम काल में बिन्दुओं की एक असीमता से गुज़रना असंभव है। उसका अगला तर्क था कि उड़ता हुआ तीर गति नहीं करता क्योंकि अपनी उड़ान के दौरान यह दिक् के किसी बिन्दु पर स्थिर होता है। अतः ज़ेनो की धारणा थी कि गति केवल एक भ्रामक आभास है और यथार्थता एक और अपरिवर्तनीय है। गति की अयथार्थता का तात्पर्य होता है एक स्वतन्त्र दिक् की अयथार्थता। अल अश्अरी विचारधारा के मुस्लिम चिन्तक दिक् और काल की अनन्त विभाज्यता में विश्वास नहीं रखते थे। उनके विचार में दिक्, काल और गति ऐसे बिन्दुओं एवं क्षणों की गढ़न्त हैं जिनका और अधिक उपविभाजन नहीं हो सकता। अतः इस मान्यता के आधार पर कि अत्यणुओं का अस्तित्व है उन्होंने गति की संभावना को सिद्ध किया, क्योंकि यदि दिक् और काल की विभाज्यता की कोई सीमा है तो ससीम काल में दिक् के एक बिन्दु से दूसरे बिन्दु तक गति संभव है। किन्तु इब्न हज्म ने अत्यणुओं की अशअरीवादी धारणा का खण्डन किया और आधुनिक गणित ने उसके मत की पुष्टि कर दी है। अतः अशअरीवादी तर्कणा तर्कशास्त्रीय दृष्टि से ज़ेनों के विरोधाभास का समाधान नहीं कर सकती है। आधुनिक विचारकों में फ्रांसीसी दार्शनिक बर्गसाँ तथा ब्रिटिश गणितज्ञ बर्ट्रेण्ड रसेल ने अपने-अपने दृष्टिकोणों से ज़ेनों के तर्कों के खण्डन का प्रयास किया है। बर्गसाँ के विचार में वास्तविक परिवर्तन के रूप में गति ही मूल यथार्थता है। ज़ेनों के विरोधाभास का कारण है दिक् और काल का भ्रान्तिपूर्ण बोध जिन्हें बर्गसाँ गति विषयक मात्र बौद्धिक धारणाएँ मानता है। जीवन की उस तत्वमीमांसीय संकल्पना के एक पूर्णतर निरूपण के बिना जिस पर कि बर्गसाँ का समस्त तर्क आधारित है, यहाँ उसके तर्क को और अधिक विकसित करना संभव नहीं। बर्ट्रेण्ड रसेल का तर्क कैन्टर के गणितीय नैरन्तर्य के सिद्धान्त पर अग्रसर होता है जिसे वह आधुनिक गणित की सर्वाधिक महत्वपूर्ण शोधों में से एक मानता है।[8] स्पष्टतया ज़ेनो का तर्क इस मान्यता पर आधारित है कि दिक् और काल बिन्दुओं और क्षणों की एक

अपरिमेय संख्या के बने होते हैं। इस मान्यता के आधार पर यह तर्क देना आसान है कि दो बिन्दुओं के मध्य चूंकि गतिमान काल असंगत होगा, अतः गति असंभव है क्योंकि इसके घटित होने का कोई स्थान ही नहीं। कैन्टर का शोध यह सिद्ध करता है कि दिक् और काल सतत हैं। दिक् में किन्हीं दो बिन्दुओं के मध्य बिन्दुओं की एक अपरिमेय संख्या होती है और किसी असीम शृंखला में कोई दो बिन्दु एक दूसरे के निकटवर्ती नहीं होते। दिक् और काल की अपरिमेय विभाज्यता का तात्पर्य है शृंखला में दो बिन्दुओं की सुसंहति। इसका यह तात्पर्य नहीं कि दो बिन्दु एक दूसरे के मध्य अन्तराल होने के अर्थ में परस्पर पृथक् होते हैं। अतः ज़ेनो के प्रति रसेल का उत्तर निम्न प्रकार है—

"ज़ेनो पूछता है कि संक्रमण में बिना किसी स्थान पर किसी क्षण विद्यमान रहे आप एक स्थान से एक क्षण में दूसरे स्थान तक दूसरे क्षण किस प्रकार पहुँच सकते हैं? उत्तर यह है कि न किसी स्थान के बाद दूसरा स्थान होता है, न किसी क्षण के उपरान्त दूसरा क्षण, क्योंकि किन्हीं दो के मध्य सदैव एक और होता है। यदि अत्यणुओं का अस्तित्व होता तो गति असंभव होती, किन्तु अत्यणु होते ही नहीं। अतः यह कहने में ज़ेनो सही है कि अपनी उड़ान के प्रत्येक क्षण तीर स्थिर होता है किन्तु यह निष्कर्ष निकालने में ग़लत कि यह गति ही नहीं करता, क्योंकि स्थानों की असीम शृंखला और क्षणों की असीम शृंखला के मध्य किसी भी गति में एक-एक की संगति होती है। अतः इस सिद्धान्त के अनुसार दिक्, काल और गति की यथार्थता की अभिपुष्टि करना, साथ ही ज़ेनो के तर्कों में निहित विरोधाभास से बचना संभव है।"[9]

अतः कैन्टर के नैरन्तर्य के सिद्धान्त के आधार पर बर्ट्रेन्ड रसेल गति की यथार्थता सिद्ध करता है। गति की वास्तविकता का अर्थ है दिक् की स्वतंत्र यथार्थता एवं प्रकृति जगत् की वस्तुनिष्ठता। किन्तु नैरन्तर्य एवं दिक् की अनन्त विभाज्यता का तादात्म्य समस्या का समाधान नहीं है। मान लीजिए कि काल के एक ससीम अन्तराल में क्षणों की असीम बहुलता और दिक् के एक ससीम भाग में बिन्दुओं की एक असीम बहुलता के मध्य एक-एक की संगति है, तथापि विभाज्यता से उत्पन्न होनेवाली कठिनाई उसी प्रकार बनी रहती है। असीम शृंखला के रूप में नैरन्तर्य की गणितीय संकल्पना एक क्रिया के तौर पर मानी जाने वाली गति के प्रति नहीं लागू होती, प्रत्युत यह गति के उस चित्र के सम्बन्ध में लागू होती है, जैसा कि वह बाहर से दृष्टिगत होता है। गति की क्रिया—गति जैसा कि भोगी जाती है न कि जिस प्रकार विचारगत होती है—किसी विभाज्यता की कोई अनुमति नहीं देती। दिक् में एक मार्ग के रूप में अवलोकित की जानेवाली तीर की उड़ान विभाज्य होती है, किन्तु एक क्रिया के रूप में मानी जानेवाली इसकी उड़ान, दिक् में इसकी चरितार्थता को छोड़कर, एक होती है तथा किसी बहुलता में विभाजन के अयोग्य। विभाजन में इसका विनाश निहित होता है।

आइन्स्टाइन के अनुसार दिक् यथार्थ है किन्तु पर्यवेक्षक के लिए सापेक्ष होता है। वह एक परम दिक् की न्यूटनी संकल्पना का खण्डन करता है। पर्यवेक्षित वस्तु परिवर्तनशील होती है, यह पर्यवेक्षक के लिए सापेक्ष होती है, ज्यों ही पर्यवेक्षक के स्थान एवं रफ्तार में परिवर्तन होता है, इसकी मात्रा, रूप और आकार भी परिवर्तित हो जाते हैं। गति एवं विराम भी पर्यवेक्षक के लिए सापेक्ष होते हैं। अतः क्लासिकल भौतिकी के स्वतः विद्यमान भौतिकत्व सदृश कोई वस्तु नहीं होती है। फिर भी यहाँ एक ग़लतफहमी से बचना आवश्यक है। इस प्रसंग में पर्यवेक्षक (observer) शब्द के प्रयोग ने विल्डन कार (Wildon Carr) को इस मत की ओर गुमराह कर दिया है कि सापेक्षता का सिद्धान्त अनिवार्यतया चिद्णुवादी आदर्शवाद (Monadistic Idealism) की ओर ले जाता है। यह सच है कि इस सिद्धान्त के अनुसार संवृतियों (phenomena) के रूप, आकार और उनकी अवधियाँ निरपेक्ष नहीं होते हैं। किन्तु जैसा कि प्रोफेसर नन बताते हैं, दिक्काल-विन्यास पर्यवेक्षक के मन पर नहीं निर्भर करता है, यह भौतिक जगत् के उस बिन्दु पर निर्भर करता है जिससे उसका शरीर संलग्न होता है। वास्तव में पर्यवेक्षक किसी रिकार्डिंग उपकरण द्वारा आसानी से प्रतिस्थापित किया जा सकता है। व्यक्तिगत रूप से मैं मानता हूं कि यथार्थता का चरम स्वरूप आध्यात्मिक है, किन्तु एक व्यापक ग़लतफहमी से बचने के लिए यह बता देना आवश्यक है कि आइन्स्टाइन का सिद्धान्त जो कि एक वैज्ञानिक सिद्धान्त के रूप में केवल वस्तुओं की संरचना से सरोकार रखता है, उन वस्तुओं के चरम स्वरूप पर कोई प्रकाश नहीं डालता जो उस संरचना से युक्त होती हैं। इस सिद्धान्त का दार्शनिक महत्व दोहरा है। पहला यह कि यह प्रकृति की वस्तुनिष्ठता को नहीं प्रत्युत दिक् में एक सरल अवस्थिति के रूप में द्रव्य (substance) की धारणा को ध्वस्त कर देता है — एक ऐसी धारणा को जिसने क्लासिकल भौतिकी में भौतिकवाद का मार्ग प्रशस्त किया था। आधुनिक सापेक्षता भौतिकी के लिए द्रव्य (substance) परिवर्तनशील अवस्थाओं सहित कोई चिरस्थायी वस्तु नहीं, प्रत्युत अन्तःसम्बन्धित घटनाओं की एक प्रणाली है। ह्वाइटहेड द्वारा इस सिद्धान्त के प्रस्तुतीकरण में पदार्थ की धारणा अवयवसंस्थान की धारणा द्वारा पूर्णतया प्रतिस्थापित हो गयी है। दूसरे, यह सिद्धान्त दिक् को पदार्थ पर आश्रित बना देता है। आइन्स्टाइन के अनुसार यह ब्रह्माण्ड किसी असीम दिक् में किसी द्वीप के समान नहीं। यह ससीम किन्तु सीमा-रहित है, इससे परे कोई रिक्त स्थान नहीं। पदार्थ के अभाव में ब्रह्माण्ड एक बिन्दु तक सिकुड़ जायेगा। तथापि इन व्याख्यानों में मैंने जो दृष्टिकोण अपनाया है, उसको देखते हुए आइन्स्टाइन का सिद्धान्त एक महान् कठिनाई उपस्थित कर देता है अर्थात् काल की अयथार्थता। जो सिद्धान्त काल को दिक् का एक प्रकार का चतुर्थ विम समझता है, ऐसा प्रतीत होता है कि इसे भविष्य को कुछ पहले से निर्धारित और भूत के समान असंदिग्ध रूप से निश्चित मानना चाहिए। इस सिद्धान्त के लिए एक स्वतन्त्र सृजनात्मक गति के रूप

में काल का कोई महत्व नहीं है। यह गुज़रता नहीं। घटनाएँ घटित नहीं होतीं, केवल उनसे हमारा सामना हो जाता है। यह नहीं भूलना चाहिए कि यह सिद्धान्त काल की कतिपय विशिष्टताओं की उपेक्षा करता है जैसा कि वे हमारे द्वारा अनुभव की जाती हैं, और यह कहना भी संभव नहीं कि काल की प्रकृति उन विशिष्टताओं द्वारा निःशेष कर दी जाती है जिन्हें यह सिद्धान्त प्रकृति के उन पहलुओं के एक प्रणालीबद्ध विवरण के हितों में उल्लेख नहीं करता जिन्हें गणितानुसार निरूपित किया जा सकता है। न हम जैसे अविशेषज्ञों के लिए यह समझ पाना ही संभव है कि आइन्स्टाइन के काल की वास्तविक प्रकृति क्या है। इतना तो स्पष्ट है कि आइन्स्टाइन का काल बर्गसाँ की शुद्ध अवधि नहीं है। न इसे हम आनुक्रमिक काल ही मान सकते हैं। जैसा कि कान्ट ने निरूपित किया है आनुक्रमिक काल कारणता का सार (essence) है। कारण एवं इसका कार्य इस प्रकार परस्पर सम्बद्ध हैं कि कालक्रमानुसार पूर्वोक्त अवरोक्त से पूर्ववर्ती होता है। अतः यदि पूर्वोक्त नहीं तो अवरोक्त हो ही नहीं सकता। यदि गणितीय काल आनुक्रमिक काल होता है तब इस सिद्धान्त के आधार पर यह संभव है कि पर्यवेक्षण तथा उस प्रणाली के वेगों के, जिसमें कि प्रदत्त घटनाएँ घटित हो रही हैं, एक सुविचारित चयन द्वारा यह संभव है कि कार्य को कारण से पहले घटित करायें। मुझे ऐसा प्रतीत होता है कि दिक् के चतुर्थ विम के तौर पर माना जानेवाला काल, काल होना समाप्त हो जाता है। एक आधुनिक रूसी लेखक औस्पेन्स्की 'टर्टियम ऑर्गेनम' (Tertium Organum) नामक अपनी पुस्तक में चतुर्थ विम की, त्रिविमीय आकृति की एक ऐसी दिशा में गति के रूप में संकल्पना करता है जो स्वयं इसमें निहित नहीं होती है। ठीक जिस प्रकार कि एक ऐसी दिशा में जो कि उनमें अन्तर्विष्ट नहीं, बिन्दु, रेखा तथा सतह की गति हमें दिक् के सामान्य तीन विमों को प्रदान करती है, उसी प्रकार एक ऐसी दिशा में जो कि स्वयं इसमें समाविष्ट नहीं, त्रिविमीय आकृति की गति को हमें दिक् के चतुर्थ विम को प्रदान करना चाहिए। और चूँकि काल घटनाओं को अनुक्रमणानुसार पृथक् करने तथा उन्हें भिन्न समष्टियों में बाँध देनेवाली दूरी है, अतः स्पष्टतया यह एक दूरी है जो एक ऐसी दिशा में स्थित होती है जो त्रिविमीय दिक् में अन्तर्विष्ट नहीं होती। एक नये विम के रूप में घटनाओं को अनुक्रमणानुसार पृथक् करनेवाली यह दूरी त्रिविमीय दिक् के विमों से असम्मेय होती है जिस प्रकार कि एक वर्ष सेन्ट पीटर्सबर्ग से असम्मेय होता है। त्रिविमीय दिक् की समस्त दिशाओं के लिए यह लम्ब होती है और उनमें से किसी के लिए यह भी समानान्तर नहीं होती। अन्यत्र उसी पुस्तक में औस्पेन्स्की हमारे काल-बोध को एक अस्पष्ट दिक्-बोध के रूप में वर्णित करता है तथा हमारी मानसिक बनावट के आधार पर यह तर्क देता है कि एक, दो या तीन विमोंवाले प्राणियों को उच्चतर विम सदैव काल में अनुक्रमण के रूप में ही प्रतीत होगा। स्पष्टतया इसका यह अर्थ है कि हम त्रिविमीय प्राणियों को जो काल जैसा प्रतीत होता है, वह वास्तव में अपूर्ण रूप से बोध किया गया एक

दिक्-विम है जो स्वयं अपनी प्रकृति में पूर्णरूप से बोध किये गये यूक्लिडीय दिक् के विमों से भिन्न नहीं। दूसरे शब्दों में, काल कोई वास्तविक सृजनात्मक गति नहीं है और जिन्हें हम भावी घटनाएँ कहते हैं, वे नूतन घटनाएँ नहीं होतीं, प्रत्युत एक अज्ञात दिक् में पहले से ही निर्धारित चीज़ें होती हैं, तथापि तीन यूक्लिडीय (Euclidean) विमों से भिन्न एक नवीन दिशा को अपनी तलाश में औस्पेन्स्की को एक वास्तविक आनुक्रमिक काल अर्थात् अनुक्रमणानुसार घटनाओं को पृथक् करनेवाली दूरी की आवश्यकता पड़ती है। अतः काल जो तर्क के एक चरण के उद्देश्यों के लिए आवश्यक था तथा फलतः अनुक्रमण के रूप में समझा गया था, एक परवर्ती चरण में चुपके से अपने आनुक्रमिक स्वरूप से वंचित तथा उस चीज़ में परिणत हो जाता है जो दिक् की अन्य रेखाओं एवं विमों से किसी बात में भिन्न नहीं। काल के आनुक्रमिक स्वरूप के कारण ही औस्पेन्स्की इसे दिक् में एक विशुद्ध नयी दिशा समझने के योग्य हुआ। यदि वह विशेषता वास्तव में एक भ्रान्ति है तो यह औस्पेन्स्की की एक मौलिक विम की आवश्यकताओं की पूर्ति किस प्रकार कर सकती है?

अब हम अनुभूति के अन्य स्तरों—जीवन और चेतना—की ओर चलते हैं। चेतना की कल्पना जीवन से एक विक्षेप के रूप में की जा सकती है। इसका कार्य अग्रवर्ती जीवन-प्रयास को प्रबुद्ध करने के लिए एक ज्योतिर्मय बिन्दु प्रदान करना है। यह तनाव की एक अवस्था होती है, आत्म-केन्द्रीकरण की एक स्थिति जिसके माध्यम से जीवन उन समस्त स्मृतियों एवं सम्बन्धों को बहिष्कृत करने की युक्ति करता है जो किसी वर्तमान क्रिया से कोई सरोकार नहीं रखते। इसके कोई सुनिर्धारित सीमान्त नहीं हैं; यह आवश्यकतानुसार संकुचित एवं विस्तृत होती है। इसे पदार्थ की प्रक्रियाओं की एक अनुघटना (epiphenomenon) के रूप में वर्णित करना, एक स्वतन्त्र क्रिया के रूप में इसे नकारना है और एक स्वतन्त्र क्रिया के रूप में इसे नकारना समस्त ज्ञान की वैधता को नकारना है, ज्ञान जो कि चेतना की मात्र एक प्रणालीबद्ध अभिव्यक्ति होता है। अतः चेतना जीवन के एक शुद्धतया आध्यात्मिक सिद्धान्त की एक कोटि है जो एक द्रव्य (substance) नहीं प्रत्युत एक संयोजनकारी नियम, व्यवहार की एक विशिष्ट प्रणाली है जो बाह्यतः संचालित एक यन्त्र के व्यवहार से तत्वतः भिन्न है। हम चूँकि एक विशुद्धतया आध्यात्मिक ऊर्जा की कल्पना बिना इन्द्रियग्राह्य तत्वों के एक निश्चित समुच्चय के संसर्ग के नहीं कर सकते जिसके माध्यम से यह स्वयं को प्रकट करती है, अतएव, हम इस समुच्चय (combination) को आध्यात्मिक ऊर्जा का परमाधार मानने के लिए प्रवृत्त हो जाते हैं। पदार्थ के क्षेत्र में न्यूटन के शोध और प्रकृति विज्ञान के क्षेत्र में डार्विन के शोध एक यान्त्रिकता को व्यक्त करते हैं। ऐसा माना जाता था कि सारी समस्याएँ भौतिकी की समस्याएँ थीं। ऊर्जा और अणु, अपनी स्वयंजात विशेषताओं के साथ जीवन, विचार, संकल्प-शक्ति, एवं भावना—प्रत्येक वस्तु की व्याख्या कर सकते थे।

यान्त्रिकत्व की संकल्पना—एक शुद्धतया भौतिक संकल्पना—ने प्रकृति की सर्वव्यापी व्याख्या होने का दावा किया था और जैविकी के क्षेत्र में यान्त्रिकत्व के पक्ष और विपक्ष का युद्ध अभी तक भीषणता से लड़ा जा रहा है। तो प्रश्न यह है कि क्या इन्द्रिय-बोध से होकर यथार्थता को जानेवाला मार्ग अनिवार्यतः यथार्थता की एक ऐसी धारणा की ओर ले जाता है जो स्वतः उस धारणा के विपरीत है जो इसके परम स्वरूप के विषय में धर्म अपनाता है ? क्या प्रकृति विज्ञान अन्ततः भौतिकवाद से प्रतिबद्ध है? इसमें कोई संदेह नहीं कि विज्ञान के सिद्धान्त एक विश्वसनीय ज्ञान प्रदान करते हैं क्योंकि वे सत्यापनीय होते हैं तथा हमें प्रकृति की घटनाओं का पूर्वाभास करने एवं उन्हें नियंत्रित करने के योग्य बनाते हैं। किन्तु, हमें यह नहीं भूलना चाहिए कि जिसे विज्ञान कहा जाता है वह यथार्थता की कोई एकमात्र प्रणालीबद्ध धारणा नहीं। यह यथार्थता विषयक अनुभागीय धारणाओं—एक समग्र अनुभूति-खण्डों—का एक समूह होता है जो परस्पर ठीक बैठते नहीं प्रतीत होते। प्राकृतिक विज्ञान पदार्थ से, जीवन से तथा मन से सरोकार रखता है किन्तु ज्यों ही आप यह प्रश्न करते हैं कि पदार्थ, जीवन तथा मन किस प्रकार परस्पर सम्बन्धित हैं तो इनका निरूपण करनेवाले विभिन्न विज्ञानों के अनुभागीय स्वरूप तथा अकेले-अकेले लेने पर इन विज्ञानों की आपके प्रश्न का एक पूर्ण उत्तर प्रदान करने की असमर्थता आप देखने लगते हैं। वास्तव में विभिन्न प्राकृतिक विज्ञान प्रकृति के मृत शरीर पर टूट पड़नेवाले बहुत सारे गिद्धों के समान हैं जिनमें से प्रत्येक मांस के एक टुकड़े के साथ चम्पत हो जाता है। विज्ञान की विषयवस्तु के रूप में प्रकृति एक अत्यन्त कृत्रिम चीज़ होती है और यह कृत्रिमता उस चयनात्मक प्रक्रिया का परिणाम होती है जिसके वशीभूत विज्ञान को स्वयं को सुस्पष्टता के हितों में करना पड़ता है। ज्यों ही आप विज्ञान की विषयवस्तु को मानवीय अनुभूति की समग्रता में प्रस्तुत करते हैं, यह एक भिन्न स्वरूप अनावृत करने लगता है। अतः धर्म को, जो कि सम्पूर्ण यथार्थता की अपेक्षा करता है और इस कारण जिसे मानवीय अनुभूति के समस्त दित्ता के किसी भी संश्लेषण में केन्द्रीय स्थान मिलना चाहिए, यथार्थता विषयक किन्हीं भी अनुभागीय धारणाओं से भयभीत होने का कोई कारण नहीं। प्राकृतिक विज्ञान स्वभावतः अनुभागीय है, यदि यह स्वयं अपने स्वभाव एवं कार्य के प्रति निष्ठावान है तो यह अपने सिद्धान्त को यथार्थता की एक पूर्व धारणा के रूप में स्थापित नहीं कर सकता। इसीलिए ज्ञान के व्यवस्थापन में हम जिन संकल्पनाओं का प्रयोग करते हैं उनका प्रयोग अनुभूति के उस स्तर के प्रति सापेक्ष होता है जिसके प्रति वे प्रयुक्त की जाती हैं। उदाहरणार्थ 'कारण' की संकल्पना, जिसकी सारभूत विशेषता है कार्य से पूर्ववर्तिता, भौतिक विज्ञान की विषयवस्तु से सापेक्ष होती है जो क्रिया के अन्य रूपों को छोड़कर, जिनका कि अनुशीलन अन्य विज्ञान करते हैं, एक विशिष्ट प्रकार की क्रिया का अध्ययन करता है। जब हम जीवन एवं मन के स्तर पर उठ जाते हैं, कारण की संकल्पना हमें निराश कर देती है तथा भिन्न

कोटि के विचार की संकल्पनाओं की आवश्यकता होती है। सजीव अवयवसंस्थानों की क्रिया जो कि एक उद्देश्य की दृष्टि से योजनाबद्ध तथा प्रवर्तित होती है, कारणात्मक क्रिया से पूर्णतया भिन्न होती है। अतएव हमारी पड़ताल की विषयवस्तु आन्तरिक रूप से प्रभावरत "उद्देश्य एवं प्रयोजन" की संकल्पनाओं की अपेक्षा करती है जो कार्य के लिए बाह्य तथा बाह्यतः प्रभावरत कारण की संकल्पना से भिन्न होती है। निःसंदेह एक सजीव अवयवसंस्थान की क्रिया के ऐसे पहलू भी होते हैं जिनमें यह प्रकृति की अन्य वस्तुओं के साथ सहभागी होता है। इन पहलुओं के पर्यवेक्षण में भौतिक विज्ञान एवं रसायन विज्ञान की संकल्पनाओं की आवश्यकता होगी; किन्तु अवयवसंस्थान का आचरण मूलतः विरासत का विषय है तथा आणविक भौतिकी की शब्दावली में पर्याप्त व्याख्या के योग्य नहीं होता। तथापि यान्त्रिकत्व की संकल्पना जीवन के प्रति प्रयुक्त की गयी है और हमें देखना है कि कहाँ तक यह प्रयास सफल रहा है। दुर्भाग्य से मैं कोई जीवविज्ञानी नहीं हूँ तथा समर्थन के लिए मुझे स्वयं जीवविज्ञानियों की ओर लौटना होगा। हमें यह बताने के पश्चात् कि एक जीवित अवयवसंस्थान और एक मशीन में मुख्य अन्तर यह होता है कि पूर्वोक्त आत्म-सम्पोषक एवं आत्म-प्रजनक होता है, जे. एस. हॉल्डेन कहते हैं—

"अतः यह स्पष्ट है कि यद्यपि सजीव शरीर में हम अनेक ऐसी क्रियाएँ पाते हैं कि जब तक हम उन्हें सूक्ष्मता से न देखें तो वे संतोषजनक रूप से भौतिकी एवं रासायनिक यान्त्रिकत्व के तौर पर व्याख्यायित की जा सकती हैं, उनके पास-पास अन्य क्रियाएँ भी हैं (आत्म-सम्पोषण एवं प्रजनन) जिनके लिए इस प्रकार की व्याख्या की संभावना लुप्त प्रतीत होती है। यन्त्रवादी मानते हैं कि शारीरिक यंत्र-विन्यास संरचित ही कुछ ऐसे होते हैं कि अपना सम्पोषण, अपनी मरम्मत तथा प्रजनन कर लेते हैं। उनका कहना है कि प्राकृतिक वरण की दीर्घ प्रक्रिया में इस प्रकार के यन्त्र-विन्यास धीरे-धीरे विकसित हुए हैं।

"आइए, इस परिकल्पना की जांच करें। जब हम किसी घटना को यन्त्रवादी शब्दावली में व्यक्त करते हैं तो हम इसे घटना में परस्पर प्रभाव डालनेवाले अंगों के निश्चित सरल गुणों के एक अनिवार्य परिणाम के रूप में व्यक्त करते हैं। घटना की व्याख्या अथवा पुनर्वर्णन का सार यह है कि यथोचित अनुसंधान के पश्चात् हमने यह मान लिया है कि घटना में प्रभाव करनेवाले अंगों के कुछ सामान्य एवं निश्चित गुण होते हैं जिससे कि वे समान दशाओं में समान रूप से प्रतिक्रिया करते हैं। एक यान्त्रिकीय व्याख्या के लिए अन्योन्यक्रियारत अंग पहले से प्रदत्त होने चाहिए। निश्चित गुणों से युक्त अंगों की जब तक कोई व्यवस्था न हो, यान्त्रिकीय व्याख्या की बात करना निरर्थक है।

"अतः एक आत्म-प्रजनक अथवा आत्म-सम्पोषक यन्त्रावली के अस्तित्व की अभिधारणा करना एक किसी ऐसी वस्तु की अभिधारणा करना है जिससे कोई अर्थ

नहीं जोड़ा जा सकता। कभी-कभी शरीरविज्ञानियों द्वारा निरर्थक शब्दों का प्रयोग किया जाता है, किन्तु कोई ऐसी सर्वथा निरर्थक शब्दावली नहीं जितनी कि "प्रजनन की यन्त्रावली" की शब्दावली। जनक अवयवसंस्थान में जो भी यन्त्रावली हो, वह प्रजनन की प्रक्रिया में अविद्यमान होती है और उसे स्वयं को प्रत्येक प्रजनन में पुनर्निर्मित करना पड़ेगा, क्योंकि जनक अवयवसंस्थान स्वयं अपने शरीर के मात्र एक नन्हे से कण से उत्पन्न होता है। प्रजनन का कोई यान्त्रिकत्व नहीं हो सकता। एक ऐसी यन्त्रावली की धारणा जो स्वयं अपने ढांचे को निरन्तर सम्पोषित एवं उत्पन्न कर रही हो, स्वतोविरोधी है। जिस यन्त्रावली ने स्वयं को उत्पन्न किया वह एक ऐसी यन्त्रावली होगी जो बिना अंगों की है, अतः वह एक यन्त्रावली नहीं होगी।"[10]

अतएव, जीवन एक अद्भुत तथ्य है और यन्त्रवाद की संकल्पना इसके विश्लेषण के लिए अपर्याप्त है। एक अन्य महत्वपूर्ण जीवविज्ञानी ड्रीश (Driesch) की शब्दावली का प्रयोग करें तो इसकी "तथ्यात्मक समग्रता" एक प्रकार का एकत्व है जो एक अन्य दृष्टिकोण से देखे जाने पर एक अनेकत्व भी है। विकास तथा अपने वातावरण के प्रति अनुकूलन की समस्त प्रक्रियाओं में, चाहे यह अनुकूलन नयी आदतों के निर्माण अथवा पुरानी आदतों के संशोधन द्वारा प्राप्त किया जाय, यह एक कैरिअर से सम्पन्न होता है जो किसी यन्त्र के सिलसिले में अविचार्य है। और एक कैरिअर से सम्पन्न होने का यह अर्थ होता है कि इसकी क्रियाशीलता के स्रोतों की व्याख्या सिवाय एक दूरस्थ भूत के संदर्भ के नहीं हो सकती, अतः इसके उद्गम की तलाश एक आध्यात्मिक यथार्थता में की जानी चाहिए जो देशिक अनुभूति के किसी विश्लेषण में प्रकट होने योग्य तो है किन्तु उसके द्वारा ढूंढ निकालने योग्य नहीं। अतः ऐसा प्रतीत होता है कि जीवन मूलाधारात्मक है तथा उन भौतिक एवं रासायनिक प्रक्रियाओं के नित्य क्रम से पूर्ववर्ती जिन्हें एक प्रकार का नियत व्यवहार समझना चाहिए, जो विकास की एक दीर्घ अवधि में बन जाता है। इसके अतिरिक्त जीवन के प्रति यन्त्रवादी संकल्पनाओं का प्रयोग जो इस धारणा को अनिवार्य कर देता है कि स्वयं बुद्धि विकास का परिणाम है, विज्ञान को अनुसंधान के स्वयं अपने वस्तुपरक सिद्धान्त के द्वन्द्व में ला खड़ा करता है। इस बिन्दु पर मैं विल्डन कार का एक अवतरण उद्धृत करूँगा, जिसने इस द्वन्द्व को बड़ी तीक्ष्ण अभिव्यक्ति प्रदान की है—

'यदि बुद्धि विकास की एक उपज है तो प्रकृति और जीवन के उद्भव की सम्पूर्ण यन्त्रवादी संकल्पना अनर्गल है, और विज्ञान ने जो सिद्धान्त अपनाया है उसे स्पष्टतया संशोधित करना होगा। इस अन्तर्विरोध को देखने के लिए हमें इसका मात्र वर्णन करना है। बुद्धि, जो कि यथार्थता को बोधगम्य करने की एक प्रणाली है, स्वयं कैसी ऐसी वस्तु का विकास कैसे हो सकती है जिसका अस्तित्व केवल उस बोधगम्य करने की प्रणाली अर्थात् बुद्धि के एक अमूर्तीकरण के रूप में होता है।

यदि बुद्धि जीवन का एक विकास है तो जीवन की वह संकल्पना, जो बुद्धि को यथार्थता को बोधगम्य करने की एक विशिष्ट प्रणाली के रूप में विकसित कर सकती है, एक यान्त्रिक गति की अपेक्षा किसी अधिक सूक्ष्म मूर्त क्रिया की संकल्पना होगी जिसे बुद्धि स्वयं को इसकी बोधगम्य की गयी अर्न्तवस्तु के विश्लेषण द्वारा प्रस्तुत कर सकती है। और इसके अतिरिक्त यदि बुद्धि जीवन के विकास का परिणाम है तो यह उस जीवन-क्रिया के प्रति निरपेक्ष नहीं प्रत्युत सापेक्ष है जिसने इसे विकसित किया है; तो इस स्थिति में ज्ञान के व्यक्तिनिष्ठ पहलू को विज्ञान कैसे बहिष्कृत कर सकता है तथा एक निरपेक्ष के रूप में वस्तुनिष्ठ प्रस्तुतीकरण पर कैसे निर्भर हो सकता है? स्पष्टत: जैविकविज्ञान वैज्ञानिक सिद्धांत के पुनर्विचार को आवश्यक बना देते हैं।"[12]

अब मैं एक दूसरे मार्ग से जीवन और विचार की प्रमुखता तक पहुँचने तथा अनुभूति की अपनी परीक्षा में आप को एक क़दम आगे ले जाने का प्रयास करूँगा। यह जीवन की प्राथमिकता पर कुछ और प्रकाश डालेगी तथा मनोक्रिया (psychic acitivity) के रूप में जीवन की प्रकृति में हमें एक अन्तर्दृष्टि प्रदान करेगी। हमें ज्ञात है कि प्रोफेसर ह्वाइटहेड सृष्टि का वर्णन किसी स्थैतिक वस्तु के रूप में नहीं, प्रत्युत घटनाओं की एक संरचना के रूप में करते हैं जो एक सतत सर्जनात्मक प्रवाह के गुण से सम्पन्न होती है। काल में प्रकृति के संक्रमण (passage) का यह गुण संभवत: अनुभूति का सर्वाधिक महत्वपूर्ण पहलू है जिस पर क़ुरआन विशेष रूप से ज़ोर देता है और जो, जैसा कि मैं बाद में दर्शाने में समर्थ होने की आशा करता हूँ, यथार्थता की परम प्रकृति के बारे में सर्वोत्तम संकेत प्रस्तुत करता है। मैं पहले ही आप का ध्यान कुछ आयतों (3 : 190-91; 2 : 164, 24 : 44)[13] की ओर आकर्षित कर चुका हूँ जो विषय के लिए प्रासंगिक हैं। इस विषय की महती गुरुता को देखते हुए यहाँ मैं कुछ और आयतें उद्धृत करूँगा—

"निश्चिंत रूप से रात और दिन के प्रत्यावर्तन में तथा उन समस्त वस्तुओं में जिन्हें ईश्वर ने आसमानों तथा पृथ्वी में उत्पन्न किया है, उन लोगों के लिए चिह्न हैं जो उससे डरते हैं।" (10 : 6)

"वही तो है जिसने रात और दिन के लिए एक दूसरे के बाद आने का विधान किया है उन लोगों के लिए जो ईश्वर के विषय में सोच-विचार करना चाहते हैं, या जो कृतज्ञ होना चाहते हैं।" (25 : 62)

"क्या तुम देखते नहीं कि ईश्वर ने ऐसा विधान किया है कि रात के बाद दिन आये; और उसने सूर्य और चन्द्रमा को नियमों के वशीभूत कर दिया है जिसके द्वारा प्रत्येक एक नियत लक्ष्य की ओर चलता है।" (39 : 29)

"यह उसी का विधान है कि दिन के बाद रात आती है और रात के बाद दिन आता है। · · · ·"(39 : 5)

"और रात दिन का परिवर्तन उसी का विधान है।" (23 : 80)

आयतों का एक अन्य समूह है जो हमारे कालविषयक बोध की सापेक्षता के प्रति संकेत करते हुए चेतना के अज्ञात स्तरों की संभावना का आभास देता है; किन्तु मैं स्वयं को उपर्युक्त आयतों में इंगित अनुभूति के सुविदित तथापि अत्यन्त महत्वपूर्ण पहलू के एक विवेचन तक सीमित रखूँगा। समकालीन चिन्तन के प्रतिनिधियों में बर्गसाँ ही वह मात्र विचारक है जिसने काल में अवधि के तथ्य का एक तीक्ष्ण अध्ययन किया है। पहले मैं आप को संक्षेप में उसकी अवधि विषयक धारणा स्पष्ट करूंगा, तदनन्तर अनुभूति के कालिक पहलू की एक पूर्णतर धारणा के निहितार्थों को पूर्णरूपेण स्पष्ट करने के लिए उसके विश्लेषण की अपर्याप्तता की ओर संकेत करूँगा। हमारे सम्मुख सत्तामूलक (ontological) समस्या यह है कि अस्तित्व के परम स्वरूप को किस प्रकार परिभाषित किया जाय। सृष्टि काल में अवस्थित है, यह बात संदेहास्पद नहीं। फिर, चूँकि यह हमारे लिए बाह्य है, अतः इसके अस्तित्व के विषय में शंकालु होना संभव है। काल में इस अवस्थिति के अर्थ को पूर्णरूपेण समझने के लिए हमें अस्तित्व के किसी विशेषाधिकृत उदाहरण का अध्ययन करने की स्थिति में होना चाहिए जो सर्वथा निर्विवाद हो तथा अवधि के एक साक्षात् दर्शन का हमें अतिरिक्त आश्वासन प्रदान करता हो। ऐसी परिस्थिति में मेरे सम्मुख विद्यमान वस्तुओं के विषय में मेरा बोध कृत्रिम तथा बाह्य होता है। किन्तु स्वयं अपने बारे में मेरा बोध आन्तरिक, घनिष्ठ एवं गंभीर होता है। अतः यह निष्कर्ष निकलता है कि सचेतन अनुभूति अस्तित्व का वह विशेषाधिकृत उदाहरण है जिसमें हम यथार्थता के पूर्ण सम्पर्क में होते हैं, तथा संभव है कि इस विशेषाधिकृत उदाहरण का एक विश्लेषण अस्तित्व के मूल अर्थ पर प्रचुर प्रकाश डाले। जब मैं अपनी ही सचेतन अनुभूति पर अपनी दृष्टि टिकाता हूँ तो मुझे क्या प्राप्त होता है? बर्गसाँ के शब्दों में, "मैं एक दशा से दूसरी दशा में चला जाता हूँ। मुझे गर्मी लगती है या सर्दी। मैं प्रसन्न होता हूँ या दुःखी। मैं काम में लग जाता हूँ या कुछ नहीं करता हूँ। मैं अपने गिर्द की चीज़ों को निहारता हूँ या मैं किसी अन्य वस्तु, के बारे में सोचता हूँ। संवेदनाएँ, भावनाएँ, संकल्प तथा विचार—इतने परिवर्तन हैं जिसमें मेरा अस्तित्व विभाजित है तथा जो बारी-बारी से इसमें रंग भरते रहते हैं। अतः मैं निरन्तर परिवर्तित होता रहता हूँ।"[13]

अतः मेरे आन्तरिक जीवन में कोई चीज़ स्थैतिक नहीं; सब एक निरन्तर गतिशीलता है, अवस्थाओं का एक निरन्तर परिवर्तन, एक अविरत प्रवाह जिसमें न तो विराम है, न विश्राम स्थल। किन्तु काल के बिना सतत परिवर्तन अविचार्य है। अतएव हमारी आन्तरिक अनुभूति के साम्यानुमान के आधार पर तो सचेतन अस्तित्व का अर्थ है काल में जीवन, किन्तु सचेतन अनुभूति की प्रकृति में एक सूक्ष्मतर अन्तर्दृष्टि प्रकट करती है कि अपने आन्तरिक जीवन में अहं केन्द्र से बाहर की ओर गति करता है। अतः इसके दो पक्ष होते हैं जिन्हें गुणग्राही तथा कार्यसाधक के रूप में वर्णित किया जा सकता है। अपने कार्यसाधक (efficient) पक्ष की ओर

वह उस चीज़ के साथ सम्बन्ध स्थापित कर लेता है जिसे हम दिक्-जगत् कहते हैं। कार्यसाधक अहं, हमारी चेतना की गुज़र जानेवाली अवस्थाओं को निर्धारित करने वाली तथा इन अवस्थाओं पर पारस्परिक पार्थक्य की स्वयं अपनी विशेषता की छाप छोड़ जानेवाली वस्तुओं की बाह्य प्रणाली के साथ अपने सरोकार में दैनिक जीवन का व्यावहारिक अहं—साहचर्यवादी (associationist) मनोविज्ञान का विषय है। जैसे कि यहाँ अहं स्वयं से बाहर रहता है तथा एक समग्रता के रूप में अपने एकत्व को बनाये रखते हुए स्वयं को विशिष्ट एवं महत्वपूर्ण रूप में गणनीय अवस्थाओं की एक शृंखला से कुछ अधिक नहीं प्रकट करता। अतः जिस काल में अहं रहता है वह ऐसा काल होता है जिसे हम दीर्घ अथवा अल्प कहते हैं। यह मुश्किल से ही दिक् से भेद करने योग्य होता है। हम इसकी कल्पना देशिक (spatial) बिन्दुओं से निर्मित केवल एक ऋजु रेखा के रूप में कर सकते हैं जो किसी यात्रा में बहुत सारे पड़ावों के समान एक दूसरे के समान होते हैं। किन्तु बर्गसाँ के अनुसार ऐसा माना जाने वाला काल वास्तविक काल नहीं होता। देशिकृत (spatialized) काल में अस्तित्व नकली अस्तित्व होता है। सचेतन अनुभूति का एक गंभीरतर विश्लेषण हमें वह चीज़ प्रकट करता है जिसे मैंने अहं का गुणग्राही (appreciative) पक्ष कहा है। वस्तुओं की बाह्य प्रणाली में अपनी तन्मयता के साथ, जिसे हमारी वर्तमान स्थिति ने अनिवार्य बना दिया है, गुणग्राही अहं की एक झलक पा लेना नितान्त कठिन है। बाह्य वस्तुओं के पीछे अपनी अविरत भाग-दौड़ में हम गुणग्राही अहं के गिर्द एक प्रकार का आवरण बना देते हैं; अतः वह हमारे लिए पूर्णतया अजनबी बन जाता है। केवल तीव्र ध्यानावस्थता के क्षणों में ही जब कि कार्यसाधक अहं प्रास्थगन (abeyance) में होता है, हम अपने गहनतर अहं में निमग्न होते तथा अनुभूति के आन्तरिक केन्द्र तक जा पहुँचते हैं। इस गहनतर 'अहं' की जीवन-प्रक्रिया में चेतना की अवस्थाएँ एक दूसरे में विलीन हो जाती हैं। गुणग्राही अहं का एकत्व उस जीवाणु के समान होता है जिसमें कि उसके पूर्वजों के प्रत्येक व्यक्ति की अनुभूतियाँ एक अनेकत्व के रूप में नहीं, प्रत्युत एक एकत्व के रूप में विद्यमान होती हैं जिसमें प्रत्येक अनुभूति समग्र में व्याप्त हो जाती है। अहं की समग्रता में अवस्थाओं की संख्यात्मक भिन्नता नहीं होती जिसके तत्वों की अनेकता कार्यसाधक अहं के विपरीत पूर्णतया गुणात्मक होती है। उसमें परिवर्तन तथा गति होती है किन्तु परिवर्तन एवं गति अविभाज्य होते हैं, उनके तत्व अन्तर्वेधन कर जाते हैं तथा स्वरूप में पूर्णतया अनानुक्रमिक होते हैं। ऐसा प्रतीत होता है कि गुणग्राही अहं का काल एक ही वर्तमान (now) है जिसे दिक्-जगत् के साथ अपने सरोकार में गुणग्राही अहं 'वर्तमानों' (nows) की एक शृंखला में चूर-चूर करके एक धागे में मोती के मनकों के समान पिरो देता है। अतः यहाँ पर दिक् की मिलावट से रहित शुद्ध अवधि होती है। निम्न आयतों में क़ुरआन अपनी विशिष्ट सादगी के साथ अवधि के आनुक्रमिक (serial) एवं अनानुक्रमिक (non-serial) पहलुओं की ओर

संकेत करता है—

"और उस (ईश्वर) पर भरोसा रखो जो जीवित है और मरता नहीं, और उसकी स्तुति का गुणगान करो जिसने आसमानों और पृथ्वी को और जो कुछ उनके बीच है छः दिनों में बनाया, फिर अपने सिंहासन पर आरूढ़ हुआ, वह दयालु है . . . . ." (25 : 58-59)

"हमने सारी चीज़ों को एक निश्चित नियति के साथ पैदा किया, हमारा आदेश तो एक ही था, आँख झपकने के समान तेज़"। (54 : 49-50)

यदि हम बाहर से सृष्टि में अन्तर्निहित गति का अवलोकन करें, कहने का तात्पर्य यह है कि इसे बौद्धिक रूप से बोधगम्य करें तो यह हज़ारों वर्षों से जारी एक प्रक्रिया है, क्योंकि 'पूर्व विधान' (Old Testament) के समान क़ुरआन की शब्दावली में एक ईश्वरीय दिन एक हज़ार वर्ष के बराबर होता है।[15] हज़ारों वर्ष से जारी सृष्टि की प्रक्रिया, दूसरे दृष्टिकोण से एक एकल अविभाज्य क्रिया है, "आँख झपकने के समान तेज़"। फिर भी शुद्ध अवधि की इस आन्तरिक अनुभूति को शब्दों में अभिव्यक्त करना असंभव है क्योंकि भाषा हमारे दैनिक कार्यसाधक अहं के आनुक्रमिक काल के आधार पर विकसित होती है। संभवतः एक उदाहरण इस बिन्दु को और स्पष्ट कर देगा। भौतिक विज्ञान के अनुसार आप के काल संवेदन का कारण है तरंग-गति की तेज़ी जिसकी आवृत्ति चार हज़ार ख़रब प्रति सेकेण्ड है। यदि आप इस विस्मयकारी आवृत्ति को बाहर से देख सकने की स्थिति में हों और इसे दो हज़ार प्रति सेकेण्ड की दर से गिन सकें, जो कि प्रकाश की अवगम्यता की सीमा मानी जाती है, तो यह गणना समाप्त करने में आप को 6000 वर्ष से अधिक लगेंगे।[16] तथापि अवबोधन की मात्र क्षणिक मानसिक क्रिया में आप तरंग-गति की एक ऐसी आवृत्ति को एक साथ बोधगम्य कर लेते हैं जो व्यावहारिकतया गणनातीत है। इस प्रकार मानसिक क्रिया पौर्वापर्य (succession) को अवधि में परिणत कर देती है। अतः गुणग्राही अहं कमोबेश कार्यसाधक अहं का सुधारक होता है क्योंकि यह समस्त 'यहाँ' और 'अभी' अर्थात् दिक् और काल के छोटे-छोटे परिवर्तनों को, जो गुणग्राही अहं के लिए अपरिहार्य है, व्यक्तित्व की सुसंगत समग्रता में संश्लिष्ट कर देता है। अतः शुद्ध काल, जैसा कि हमारी सचेतन अनुभूति के एक गहनतर विश्लेषण से प्रकट होता है, पृथक् और प्रतिवर्ती क्षणों की कोई शृंखला नहीं, यह एक अवयवीय समष्टि है जिसमें भूत पीछे नहीं छूट गया है प्रत्युत वर्तमान के साथ गति कर रहा तथा प्रभावरत हो रहा है। और भविष्य इसके लिए इस तरह प्रदत्त नहीं होता कि जैसे सामने पड़ा हो और जहाँ तक अभी पहुँचना हो; यह केवल इस अर्थ में प्रदत्त होता है कि यह इसकी प्रकृति में एक खुली संभावना के रूप में विद्यमान होता है। एक अवयवीय समष्टि के रूप में समझा जानेवाला यह काल ही है जिसे क़ुरआन 'तक़दीर' अथवा नियति के रूप में वर्णित करता है—एक ऐसा शब्द जिसे इस्लामिक जगत् के अन्दर और बाहर दोनों जगह बहुत ग़लत समझा गया है।

नियति वह काल है जिसे अपनी संभावनाओं के प्रकटीकरण से पूर्ववर्ती माना जाता है। यह कार्य-कारण अनुक्रम के पाश—आरेखीय (diagrammatic) स्वरूप—से मुक्त काल है जिसे तार्किक प्रज्ञा इस पर आरोपित कर देती है। संक्षेप में, यह महसूस किया जानेवाला काल है न कि विचार में आनेवाला अथवा परिकलित काल। यदि आप मुझसे प्रश्न करें कि सम्राट हुमायूँ और शाह तहमास्प परस्पर समकालीन क्यों थे तो मैं आप को कोई कार्य-कारण संबंधी स्पष्टीकरण नहीं दे सकता। संभवतः एकमात्र उत्तर जो दिया जा सकता है वह यह है कि यथार्थता की प्रकृति ही ऐसी है कि संभवन की इसकी असीम संभावनाओं में हुमायूँ एवं शाह तहमास्प के जीवन के रूप में ज्ञात दो संभावनाएँ स्वयं को एक साथ साकार करें। नियति के रूप में समझा जानेवाला काल समस्त वस्तुओं के सत् (essence) का रूप धारण करता है। जैसा कि क़ुरआन कहता है, "ईश्वर ने समस्त वस्तुओं की सृष्टि की तथा प्रत्येक के लिए इसकी नियति निर्धारित की।" अतः किसी वस्तु की नियति एक कठोर मालिक के समान बाह्यतः कार्यरत कोई निष्ठुर भाग्य नहीं प्रत्युत यह किसी वस्तु की आन्तरिक पहुँच (internal reach) है, इसकी चरितार्थ होने योग्य संभावना जो इसकी प्रकृति की गहराइयों में स्थित होती है तथा बिना किसी बाह्य दबाव के एहसास के अनुक्रमानुसार स्वयं को यथार्थता में परिणत करती है। अतः अवधि की अवयवीय समग्रता का यह अर्थ नहीं कि पूर्ण विकसित घटनाएँ यथार्थता के उदर में कहीं पड़ी रहती हैं तथा रेतघड़ी से रेत-कणों के समान एक-एक करके निकलती रहती हैं। यदि काल वास्तविक है न कि समरूप क्षणों की एकमात्र पुनरावृत्ति, जो हमारी सचेतन अनुभूति को एक भ्रान्ति बना देते हैं, तो यथार्थता के जीवन में हर क्षण मौलिक होता है तथा सर्वथा अपूर्व तथा अपूर्वानुमेय को जन्म देता है। क़ुरआन कहता है, "प्रतिदिन वह (ईश्वर) किसी नये काम में लगा रहता है।"[17] वास्तविक काल में अस्तित्व रखना आनुक्रमिक काल की बेड़ियों द्वारा बँधा होना नहीं प्रत्युत इसे प्रति क्षण सृजित करना तथा सृजन में पूर्णतया स्वतन्त्र एवं मौलिक होना है। वास्तव में समस्त सृजनात्मक क्रिया स्वतन्त्र क्रिया होती है। सृजन पुनरावृत्ति का विरोधी होता है जो एक यान्त्रिक क्रिया की विशेषता होती है। यही कारण है कि यन्त्रवाद की शब्दावली में जीवन की सृजनात्मक क्रियाशीलता की व्याख्या करना असंभव है। विज्ञान अनुभूति की एकरूपताओं—यान्त्रिक पुनरावृत्ति के सिद्धान्तों को स्थापित करने का प्रयास करता है। स्वतः प्रवृत्ति की अपनी उत्कट भावना सहित जीवन अनिर्धारणीयता के एक केन्द्र का रूप धारण कर लेता है और इस प्रकार विवशता के क्षेत्र से बाहर स्थित होता है। अतः विज्ञान जीवन को बोधगम्य नहीं कर सकता। जीव-विज्ञानी जो कि जीवन की एक यन्त्रवादी व्याख्या का प्रयास करता है तो इसलिए कि वह अपने अध्ययन को जीवन के निरन्तर रूपों तक सीमित रखता है जिसका व्यवहार यान्त्रिक कार्यविधि से समानता प्रकट करता है। यदि वह स्वतन्त्रता से भूत एवं वर्तमान का चयन करते हुए, खण्डन करते हुए,

अनुचिन्तन करते हुए, सर्वेक्षण करते हुए, तथा गत्यात्मक रूप से भविष्य का अनुमान लगाते हुए जीवन का वैसा जैसा कि स्वयं उसमें व्यक्त होता है अर्थात् स्वयं अपने मन का अध्ययन करें तो उसका अपनी यन्त्रवादी संकल्पनाओं की अपर्याप्तता का क़ायल होना निश्चित है।

अतः हमारी सचेतन अनुभूति के साम्यानुमान के आधार पर सृष्टि एक स्वतन्त्र सृजनात्मक गति है। किन्तु हम कैसे किसी गति को उस वस्तु से स्वतन्त्र मान सकते हैं जो गति करती है। उत्तर यह है कि वस्तु का बोध व्युत्पत्तिक होता है। हम गति से तो वस्तुओं की व्युत्पत्ति कर सकते हैं किन्तु अगतिशील वस्तुओं से गति की व्युत्पत्ति नहीं कर सकते। उदाहरणार्थ यदि हम भौतिक परमाणुओं, जैसे कि डेमॉक्रिटस के परमाणुओं को मौलिक यथार्थता मान लें तो उनकी प्रकृति के लिए कुछ अजनबी वस्तु के समान उनमें हमें बाह्यतः गति आयातित करनी पड़ेगी। परन्तु इसके विपरीत यदि हम गति को मौलिक मान लें तो इससे स्थैतिक वस्तुओं की व्युत्पत्ति हो सकती है। वास्तव में भौतिक विज्ञान ने समस्त वस्तुओं को गति में परिणत कर दिया है। आधुनिक विज्ञान में परमाणु की मूल प्रकृति विद्युत है न कि कोई विद्युन्मय वस्तु। इसके अतिरिक्त अव्यवहित (immediate) अनुभूति में वस्तुएँ पहले से निश्चित रूप-रेखाओं से सम्पन्न वस्तुओं के समान प्रदत्त नहीं होतीं, क्योंकि अव्यवहित अनुभूति एक सातत्य है जिसमें कोई भेदभाव नहीं होता। हम जिन्हें वस्तु कहते हैं वे प्रकृति के सातत्य में घटनाएँ होती हैं जिन्हें विचार देशिकृत कर देता है तथा क्रिया के प्रयोजनों के लिए परस्पर पृथक् समझता है। यह सृष्टि जो कि हमें वस्तुओं का एक समूह प्रतीत होती है किसी शून्य में स्थित कोई ठोस चीज़ नहीं। यह कोई वस्तु नहीं प्रत्युत एक क्रिया है। बर्गसाँ के अनुसार विचार की प्रकृति आनुक्रमिक होती है; यह गति का निरूपण, सिवाय उसे स्थिर बिन्दुओं की एक स्थिर शृंखला के रूप में कल्पित करने के, नहीं कर सकता। अतएव स्थैतिक संकल्पनाओं से काम लेते हुए यह विचार की क्रिया ही है जो उस चीज़ को, जो कि अपनी प्रकृति में मूलतः गतिशील है, निश्चलताओं की एक शृंखला का आभास प्रदान करती है। इन निश्चलताओं का सह-अस्तित्व एवं अनुक्रमण ही उस चीज़ का स्रोत है जिसे हम दिक् और काल कहते हैं।

अतः बर्गसाँ के अनुसार यथार्थता संकल्प (volition) की प्रकृति की एक स्वतन्त्र, अपूर्वानुमेय, सृजनात्मक जीवन शक्ति है जिसे विचार देशिकृत कर देता है तथा वस्तुओं के एक अनेकत्व के रूप में अवलोकन करता है। यहाँ इस धारणा की पूर्ण समालोचना नहीं की जा सकती। यह बता देना पर्याप्त होगा कि बर्गसाँ के जैव शक्तिवाद (vitalism) की समाप्ति संकल्प और विचार के एक दुर्लंध्य द्वैत में होती है। वस्तुतः इसका कारण बुद्धि के विषय में उसकी एकांगी धारणा है। उसके अनुसार बुद्धि एक देशिकरण (spatializing) करनेवाली क्रिया है; यह केवल पदार्थ से विकसित होती है तथा अपने अधिकार में केवल यान्त्रिक प्रवर्ग (categories) रखती है। किन्तु जैसा कि मैंने अपने प्रथम व्याख्यान में संकेत कर दिया था, विचार की एक गंभीरतर गति भी होती है। यद्यपि यह यथार्थता को स्थैतिक टुकड़ों में तोड़ता हुआ प्रतीत होता है, इसका वास्तविक कार्य अनुभूति द्वारा प्रस्तुत विभिन्न स्तरों के लिए उपयुक्त प्रवर्गों के नियोजन द्वारा अनुभूति के तत्वों को संश्लेषित करना है। यह उतना ही अवयवीय होता है जितना कि जीवन। एक अवयवीय वृद्धि (growth) के रूप में जीवन की गति अपनी विभिन्न अवस्थाओं के एक उत्तरोत्तर संश्लेषण को समाविष्ट करती है। इस संश्लेषण के बिना यह अवयवीय वृद्धि होना बन्द कर देगा। यह उद्देश्यों द्वारा निर्धारित होता है तथा उद्देश्यों की विद्यमानता का अर्थ है कि यह बुद्धि से सराबोर होता है। न तो बुद्धि की सक्रियता उद्देश्यों की विद्यमानता के बिना संभव ही है। सचेतन अनुभूति में जीवन एवं विचार एक दूसरे में व्याप्त हो जाते हैं। वे एक एकत्व का रूप धारण कर लेते हैं। अतः विचार अपनी वास्तविक प्रकृति में जीवन से समरूप होता है। फिर बर्गसाँ के विचार में अपनी सृजनात्मक स्वतंत्रता में जैविक आवेग (vital-impulse) का अग्रवर्ती प्रवाह किसी तात्कालिक अथवा दूरस्थ उद्देश्य के प्रकाश द्वारा आयोजित होता है। यह किसी परिणाम को अपना लक्ष्य नहीं बनाता; यह अपने व्यवहार में पूर्णतया स्वेच्छाचारी, अनिदेशित, अव्यवस्थित तथा अपूर्वानुमेय होता है। मुख्यतया यहाँ पर बर्गसाँ की हमारी सचेतन अनुभूति का विश्लेषण अपनी अपर्याप्तता प्रकट कर देता है। वह सचेतन अनुभूति को वर्तमान के साथ-साथ चलता हुआ तथा उसमें प्रभावरत भूत समझता है। वह यह नज़रअन्दाज़ कर देता है कि चेतना का एकत्व अग्रवर्ती अवलोकन का भी एक पहलू रखता है। जीवन अवधान (attention) की क्रियाओं की मात्र एक शृंखला है; और किसी सचेतन अथवा अचेतन उद्देश्य के संदर्भ के बिना अवधान की कोई भी क्रिया अव्याख्येय होती है। यहाँ तक कि हमारे अवबोधन की क्रियाएँ भी हमारी तात्कालिक अभिरुचियों एवं उद्देश्यों द्वारा निर्धारित होती हैं। फारसी कवि उर्फी ने मानवीय अवबोधन के इस पहलू की एक बड़ी सुन्दर अभिव्यंजना की है—

ज़ नक्से तश्नः लबी दान ब अक़्ले ख़ेश मनाज़।
दिलत फरेब गर अज़ जल्व ए सुराब न ख़ुर्द॥

"यदि मरीचिका द्वारा तुम्हारा हृदय छला नहीं गया है तो अपनी बुद्धि की तीक्ष्णता पर गर्व न करो; क्योंकि इस दृष्टिभ्रम से तुम्हारी मुक्ति का कारण तुम्हारी अधूरी तृष्णा है।" कवि के कथन का आशय यह है कि यदि तुम्हें पेय की तीव्र इच्छा होती तो मरुस्थल की रेत तुम्हें एक झील का आभास देती। भ्रम से तुम्हारी विमुक्ति का कारण है जल की तीव्र इच्छा की अविद्यमानता। तुमने वस्तु को उसी प्रकार देखा है जैसे कि वह है, क्योंकि वह जो नहीं है उस रूप में उसे देखने की तुम्हें अभिरुचि नहीं थी। अतः उद्देश्य एवं प्रयोजन ही, चाहे वे सचेतन प्रवृत्तियों के रूप में विद्यमान हों अथवा अवचेतन, हमारी सचेतन अनुभूति का ताना-बाना हैं। और

भविष्य के सन्दर्भ के सिवाय प्रयोजन का भाव समझ में नहीं आ सकता। इसमें कोई सन्देह नहीं कि भूत वर्तमान में विद्यमान और कार्यरत होता है किन्तु वर्तमान में भूत की यह क्रियाशीलता सम्पूर्ण चेतना नहीं। प्रयोजन का तत्व चेतना में एक प्रकार की अग्रवर्ती दृष्टि का प्रकटीकरण करता है। प्रयोजन चेतना की हमारी वर्तमान अवस्थाओं में केवल रंग ही नहीं भरते, प्रत्युत इसकी भावी दिशा को भी प्रकट करते हैं। वास्तव में वे हमारे जीवन के अग्रवर्ती प्रयास होते हैं तथा इस प्रकार एक तरह से आगामी स्थितियों का पूर्वानुमान कर लेते है तथा उन्हें प्रभावित भी करते हैं। किसी उद्देश्य द्वारा निर्धारित होना इस बात द्वारा निर्धारित होना है कि क्या होना चाहिए। अतः भूत और भविष्य चेतना की वर्तमान अवस्था में कार्यरत रहते हैं तथा भविष्य पूर्णतया अनिर्धारित नहीं रहता जैसा कि बर्गसाँ का हमारी सचेतन अनुभूति का विश्लेषण प्रदर्शित करता है। अवधानकारी घटकों के रूप में एकाग्र चेतना की अवस्था स्मृति एवं कल्पना दोनों का समावेश करती है। अतः हमारी सचेतन अनुभूति के साम्यानुमान के आधार पर यथार्थता विचार द्वारा पूर्णतया अज्योतित कोई अन्धा जैविक आवेग नहीं है। इसकी प्रकृति पूर्णतया उद्देश्यमूलक होती है।

किन्तु बर्गसाँ यथार्थता के उद्देश्यमूलक स्वरूप को इस आधार पर अस्वीकार करता है कि उद्देश्यमूलकता काल को अवास्तविक बना देती है। उसके अनुसार "भविष्य के सिंहद्वारों को यथार्थता के प्रति पूरा-पूरा खुला होना चाहिए," अन्यथा यह स्वतन्त्र एवं सृजनशील नहीं होगी। निःसंदेह यदि उद्देश्यपरकता का अर्थ एक पूर्वनिर्धारित प्रयोजन अथवा ध्येय की दृष्टि से किसी योजना को पूरा करना है तो यह काल को अवश्य अवास्तविक बना देती है। यह सृष्टि को एक पूर्व-विद्यमान् अनन्त-योजना अथवा संरचना की एकमात्र कालिक पुनरुत्पत्ति (reproduction) में परिगत कर देती है जिसमें कि विशिष्ट घटनाएँ पहले से ही अपना उचित स्थान प्राप्त कर चुकी होती हैं और जैसे कि इतिहास के कालिक प्रवाह में प्रवेश करने के लिए वे अपनी बारी की प्रतीक्षा कर रही होती हैं। अनन्तता में सब कहीं पहले से ही निर्धारित होता है; घटनाओं का कालिक क्रम शाश्वत साँचे की मात्र एक अनुकृति से अधिक कुछ नहीं। इस प्रकार की धारणा यन्त्रवाद से, जिसे हम पहले ही अस्वीकृत कर चुके हैं, मुश्किल से ही विभेदनीय है। वास्तव में यह एक प्रकार का प्रच्छन्न भौतिकवाद है जिसमें भाग्य अथवा नियति, मानवीय अथवा ईश्वरीय स्वतन्त्रता के लिए भी गुंजाइश न छोड़ते हुए एक कठोर नियतत्ववाद का स्थान ले लेती है। एक पूर्वनियत लक्ष्य की पूर्ति करनेवाली प्रक्रिया के रूप में माना जाने वाला जगत् स्वतन्त्र, उत्तरदायी नैतिक अभिकर्ताओं (agents) का जगत् नहीं है, यह केवल एक मंच है जिस पर एक प्रकार के कर्षण द्वारा कठपुतलियों को पीछे से चलाया जाता है। किन्तु उद्देश्यमूलकता का एक आशय और है। हम अपनी सचेतन अनुभूति से ज्ञात कर चुके हैं कि जीवित रहना उद्देश्यों एवं प्रयोजनों को निर्धारित

करना तथा परिवर्तित करना तथा उनके द्वारा नियन्त्रित होना है। मानसिक जीवन इस अर्थ में उद्देश्यमूलक होता है कि यद्यपि कोई सुदूरस्थ लक्ष्य नहीं होता जिसकी ओर हम बढ़ रहे होते हैं, किन्तु ज्यों ही जीवन-प्रक्रिया विकसित एवं विस्तृत होती है, नये उद्देश्यों, प्रयोजनों तथा मूल्य के आदर्श मापदण्डों का उत्तरोत्तर निर्माण होता रहता है। हमारा संभवन हम जो हैं उससे विरत होने से ही होता है। जीवन मृत्युओं की एक शृंखला से होकर जानेवाला मार्ग है। किन्तु इस मार्ग की अविच्छिन्नता में एक पद्धति है। इसकी विभिन्न अवस्थाएँ, वस्तुओं के विषय में हमारे मूल्यांकन में प्रत्यक्षतः आकस्मिक परिवर्तनों के बावजूद, अवयवीय रूप से एक दूसरे से सम्बद्ध होती हैं। व्यक्ति का जीवन-वृत्त, कुल मिलाकर एक एकत्व है न कि परस्पर अनुकूलित घटनाओं की मात्र एक शृंखला। विश्व-प्रक्रिया अथवा काल में सृष्टि की गति निश्चित रूप से उद्देश्य रहित है, यदि उद्देश्य से हमारा अभिप्राय एक पूर्व ज्ञात लक्ष्य, एक दूरवर्ती नियत गन्तव्य है जिसकी ओर समस्त सृष्टि गति करती है। इस अर्थ में विश्व-प्रक्रिया को प्रयोजनसम्पन्न करना इसे इसकी मौलिकता तथा इसके सृजनात्मक स्वरूप से वंचित करना है। इसके लक्ष्य एक कैरिअर (career) के पर्यवसान होते हैं, आनेवाले, न कि अनिवार्यतया पूर्वविचारित लक्ष्य। किसी काल-प्रक्रिया की कल्पना एक पहले से खींची हुई रेखा के रूप में नहीं की जा सकती। यह एक खींची जाती हुई रेखा—खुली संभावनाओं की एक चरितार्थता—है। यह केवल इस अर्थ में प्रयोजनमूलक है कि स्वरूप में यह चयनात्मक है तथा सक्रिय रूप से भूत के परिरक्षण एवं अनुपूरण द्वारा स्वयं की किसी प्रकार की एक वर्तमान संसिद्धि करती है। मेरे विचार में क़ुरआनी दृष्टिकोण के प्रति कोई चीज़ इस धारणा से अधिक प्रतिकूल नहीं कि सृष्टि किसी पूर्वनिर्धारित योजना का कालिक परिणाम है। जैसा कि मैंने पहले ही संकेत कर दिया है, क़ुरआन के अनुसार सृष्टि का परिवर्धन संभव है। यह एक वर्धमान सृष्टि है न कि पहले से ही कोई तैयार वस्तु जिसने सदियों पहले अपने निर्माता का हाथ छोड़ दिया था तथा जो दिक् में अब मृत पदार्थ के एक ढेर की तरह पसरी पड़ी है तथा जिसको काल से कोई सरोकार नहीं, फलतः जिसके लिए वह कोई चीज़ नहीं।

मैं आशा करता हूँ कि अब हम इस आयत का अभिप्राय समझ सकने की स्थिति में हैं—"और वही है जिसने उन लोगों के लिए जो ईश्वर के विषय में चिन्तन करने की इच्छा रखते हैं अथवा कृतज्ञ होने की इच्छा रखते हैं, एक दूसरे के पश्चात् आने के लिए रात और दिन का विधान किया है।"[18] काल के अनुक्रम का, जिस प्रकार कि यह हमारे अपने अस्तित्व में प्रकट होता है, एक आलोचनात्मक विवेचन हमें परम यथार्थता की इस धारणा की ओर ले गया है कि यह एक शुद्ध अवधि है जिसमें विचार, जीवन एवं प्रयोजन एक दूसरे में समाविष्ट हो जाते हैं ताकि वे एक अवयवीय एकत्व का रूप धारण कर लें। हम इस एकत्व की कल्पना सिवाय एक अहं—एक सर्वव्यापी मूर्त अहं—समस्त वैयक्तिक जीवन एवं विचार के परम

स्रोत—के एकत्व के नहीं कर सकते। मैं यह सोचने का साहस करता हूँ कि बर्गसाँ की त्रुटि शुद्ध काल को अहं (ego) का पूर्ववर्ती मानने में निहित है, केवल जिसके लिए ही शुद्ध, अवधि अभिधेय है। न तो शुद्ध दिक्, न तो शुद्ध काल ही वस्तुओं एवं घटनाओं के अनेकत्व को परस्पर बनाये रख सकते हैं। यह केवल एक चिरस्थायी अहं का गुणग्राही कार्य ही है जो क्षणों की एक असीमता में खण्डित अवधि के अनेकत्व को अधिकार में ले सकता तथा इसे एक संश्लेषण की अवयवीय समग्रता में परिणत कर सकता है। शुद्ध अवधि में अस्तित्व रखना, एक अहं होना है तथा एक अहं होना "मैं हूँ" कहने के योग्य होना है। सचमुच में केवल उसी का अस्तित्व होता है जो कह सके "मैं हूँ"। यह 'अहमस्मित्व' की अन्तःप्रज्ञा की मात्रा है जो अस्तित्व के सोपान में किसी वस्तु का स्थान निर्धारित करती है। हम भी कहते हैं 'अहमस्मि'। किन्तु हमारा 'अहमस्मित्व' आत्म तथा अनात्म (self and not self) के मध्य भेद पर आश्रित एवं उसी से प्रादुर्भूत होता है। क़ुरआन के शब्दों में, परम आत्म "समस्त विश्वों से निस्पृह रहने में समर्थ है।"[19] उसके प्रति अनात्म स्वयं को एक सम्मुख स्थित (comfronting) करने वाले 'इतर' के रूप में नहीं प्रस्तुत करता; अन्यथा इसे भी हमारे ससीम आत्म के समान एक सम्मुख स्थित 'इतर' (other) के साथ देशिक सम्बन्ध रखना पड़ेगा। हम जिसे प्रकृति अथवा अनात्म (not self) कहते हैं वह ईश्वर के जीवन में मात्र एक शीघ्र गुज़र जाने वाला क्षण है। ईश्वर का 'अहमस्मित्व' स्वतन्त्र, मौलिक एवं निरपेक्ष है।[20] हमारे लिए एक ऐसे अस्तित्व के बारे में कोई समुचित धारणा बनाना असंभव है। जैसा कि क़ुरआन कहता है, "उसके समान कोई वस्तु नहीं" तथापि "वह सुनता और देखता है"।[21] ऐसी स्थिति में बिना एक चरित्र, अर्थात् व्यवहार की एक समान प्रणाली के कोई आत्म अविचार्य है। जैसा कि हम ज्ञात कर चुके हैं प्रकृति, किसी शून्य में स्थित शुद्ध भौतिकता का कोई ढेर नहीं है। यह घटनाओं की एक संरचना है, व्यवहार (behaviour) की एक सुव्यवस्थित प्रणाली अतएव परम-आत्म (Ultimate-self) के लिए अवयवीय है। ईश्वरीय आत्म (Divine Self) के लिए प्रकृति का वही स्थान है जो मानव आत्म (human self) के लिए चरित्र का। क़ुरआन की मनोरम भाषा में "यह अल्लाह की आदत है"।[22] मानवीय दृष्टिकोण से यह एक व्याख्या है जिसे अपनी वर्तमान स्थिति में हम परम अहं (Ultimate Ego) की सृजनात्मक क्रियाशीलता पर आरोपित कर देते हैं। अपनी अग्रगामी गति के किसी विशिष्ट क्षण में यह (प्रकृति) ससीम होती है; किन्तु चूँकि वह आत्म जिसके लिए यह अवयवीय होती है सृजनात्मक है, अतः इसका विस्तार संभव है तथा फलतः इस अर्थ में अन्तहीन है कि इसके प्रसार की कोई सीमा अन्तिम नहीं होती। इसकी अन्तहीनता संभाव्य है, वास्तविक नहीं। अतः प्रकृति को एक सजीव, सदा वर्धमान अवयवसंस्थान के रूप में समझा जाना चाहिए जिसकी वृद्धि की अन्तिम बाह्य सीमाएँ नहीं हैं। इसकी मात्र सीमा आन्तरिक है अर्थात् अन्तर्यामी आत्म (immanent self) जो समग्र को अनुप्राणित एवं सम्पोषित करता है। जैसा कि क़ुरआन कहता है, "और निश्चय ही तेरे प्रभु के प्रति सीमा है"। (53 : 42) अतः हमने जो धारणा अपनायी है वह भौतिक विज्ञान को एक नवीन आध्यात्मिक अर्थ प्रदान करती है। प्रकृति का ज्ञान ईश्वर के व्यवहार का ज्ञान है। प्रकृति के अपने पर्यवेक्षण में हम वास्तव में परम अहं (Absolute Ego) के साथ एक प्रकार की घनिष्टता की तलाश करते होते हैं, और उपासना का यह केवल एक दूसरा रूप है।

उपर्युक्त विवेचन काल को परम यथार्थता में एक अनिवार्य तत्व के रूप में लेता है। अतः हमारे सम्मुख दूसरा मुद्दा काल की अयथार्थता[23] से सम्बन्धित स्वर्गीय डॉ. मैक्टैगर्ट के तर्क पर विचार करना है। डॉ. मैक्टैगर्ट के अनुसार काल अयर्थार्थ है क्योंकि प्रत्येक घटना भूत, वर्तमान तथा भविष्य होती है। उदाहरण के लिए महारानी ऐन की मृत्यु हमारे लिए भूत है, यह उसके समकालीनों के लिए वर्तमान तथा विलियम तृतीय के लिए भविष्य। अतः ऐन की मृत्यु की घटना ऐसी विशेषताएँ सम्मिलित करती है जो एक दूसरे के लिए असंगत हैं। स्पष्ट है कि यह तर्क इस मान्यता पर अग्रसर होता है कि काल की आनुक्रमिक प्रकृति अन्तिम है। यदि हम भूत, वर्तमान तथा भविष्य को काल के लिए अनिवार्य मानते हैं तो हमें काल को एक सीधी रेखा के रूप में कल्पित करना होगा जिसका कुछ भाग हम तय करके पीछे छोड़ चुके हैं और कुछ अभी हमारे सामने है जिसे तय करना बाकी है। यह काल को एक सजीव सर्जनात्मक क्षण के रूप में नहीं प्रत्युत एक स्थैतिक निरपेक्ष (static absolute) के रूप में मानना है जो बाह्य पर्यवेक्षक के लिए आनुक्रमिक रूप से उदद्घाटित, पूरी तरह से ढली-ढलाई ब्रह्माण्डीय घटनाओं के विनिश्चित बहुत्व को किसी फिल्म के चित्रों के समान थामे हुए है। हम अवश्य कह सकते हैं कि महारानी ऐन की मृत्यु विलियम तृतीय के लिए भविष्य थी, यदि इसे कोई पहले से ही पूर्णतया ढली-ढलाई घटना के रूप में मान लिया जाय जो भविष्य में पड़ी अपने घटित होने के लिए प्रतीक्षारत थी। किन्तु जैसा कि ब्रॉड यथोचित रूप से संकेत करता है, किसी भावी घटना को एक घटना के रूप में वर्णित नहीं किया जा सकता। ऐन की मृत्यु से पूर्व उसकी मृत्यु की घटना का बिल्कुल अस्तित्व नहीं था।[24] ऐन के जीवन के दौरान उसकी मृत्यु की घटना का अस्तित्व परम यथार्थता की प्रकृति में केवल एक अचरितार्थ संभावना के रूप में था जिसने इसे एक घटना के रूप में तभी सम्मिलित किया जब अपने संभवन की प्रक्रिया में यह उस घटना के घटित होने के वास्तविक बिन्दु पर पहुँच गयी। डॉ. मैक्टैगर्ट के प्रश्न का उत्तर यह है कि भविष्य का अस्तित्व केवल एक खुली सम्भावना के रूप में होता है न कि एक वास्तविकता के रूप में। न तो यही कहा जा सकता है कि कोई घटना परस्पर असंगत विशेषताओं को सम्मिलित करती है, जब उसे भूत और भविष्य दोनों के रूप में वर्णित किया जाता है। जब कोई 'अ' घटना घटित हो जाती है तो यह अपने से पूर्व घटित समस्त घटनाओं के साथ एक अपरिवर्तनीय सम्बन्ध स्थापित कर लेती है। ये

संबंध 'अ' के अन्य घटनाओं के साथ संबंधों से बिल्कुल प्रभावित नहीं होते जो यथार्थता के और अधिक संभवन द्वारा 'अ' के पश्चात् घटित होती हैं। इन सम्बन्धों के विषय में कोई सही या ग़लत प्रस्थापना कभी भी सही या ग़लत न होगी। अतः किसी घटना को भूत और भविष्य दोनों मानने में तार्किक दृष्टि से कोई कठिनाई नहीं है। तथापि यह मान लेना पड़ेगा कि यह बिन्दु कठिनाई से खाली नहीं तथा और अधिक चिन्तन की अपेक्षा करता है। काल के रहस्य का समाधान करना सरल नहीं है। आगस्टाइन के सारगर्भित शब्द आज भी वैसे ही सच हैं जैसे कि वे उस समय थे जब कि वे बोले गये थे : "यदि काल के विषय में कोई मुझसे प्रश्न नहीं करता तो इसका मुझे ज्ञान होता है : यदि किसी प्रश्नकर्ता को इसकी व्याख्या करनी पड़ी तो मुझे इसका कोई ज्ञान नहीं होता।"[25] व्यक्तिगत तौर पर मैं यह मानने के लिए प्रवृत्त हूँ कि काल यथार्थता में एक अनिवार्य तत्व है। किन्तु वास्तविक काल आनुक्रमिक काल नहीं जिसके लिए भूत, वर्तमान और भविष्य का विभेदीकरण अनिवार्य हैं; यह शुद्ध अवधि है अर्थात् अनुक्रमण रहित परिवर्तन जिसकी मैक्टगर्ट का तर्क चर्चा नहीं करता। आनुक्रमिक काल विचार द्वारा संपिष्ट शुद्ध अवधि है—एक प्रकार का साधन जिसके द्वारा यथार्थता अपनी अविच्छिन्न सृजनात्मक क्रियाशीलता मात्रात्मक परिमाण के अनुसार प्रकट करती है। इसी अर्थ में क़ुरआन कहता है, "रात और दिन का परिवर्तन करना उसी के लिए है।"[26]

किन्तु संभवतः आप जो प्रश्न पूछनेवाले हैं वह यह है, "क्या परम अहं के विषय में परिवर्तन का विधेयन किया जा सकता है?" मानव प्राणियों के रूप में हम क्रियात्मक रूप से एक स्वतन्त्र विश्व-प्रक्रिया से सम्बद्ध हैं। हमारे जीवन की परिस्थितियाँ मुख्यतया हमारे लिए बाह्य हैं। हमें केवल जिस प्रकार का जीवन ज्ञात है वह है, इच्छा, तलाश, असफलता अथवा उपलब्धि अर्थात् एक स्थिति से दूसरी स्थिति में निरन्तर परिवर्तन। हमारे दृष्टिकोण से जीवन परिवर्तन है तथा परिवर्तन अनिवार्यतया अपूर्णता है। फिर भी हमारी सचेतन अनुभूति ही चूँकि समस्त ज्ञान का मात्र प्रस्थान-बिन्दु है, अतः हम तथ्यों को अपनी स्वयं की आन्तरिक अनुभूति के प्रकाश में व्याख्यायित करने की पाबंदी से बच नहीं सकते। जीवन के अवबोध में एक मानवत्वारोपी (anthropomorphic) संकल्पना विशेषतया अपरिहार्य है, क्योंकि जीवन केवल अन्दर से ही बोधगम्य किया जा सकता है। जैसा कि नासिर अली सरहिन्दी मूर्ति को ब्राह्मण से यह कहते हुए कल्पित करता है—

> मिरा बर सूरते ख़ुद आफ्रीदी
> बरून अज़ नक़्शे ख़ुद आख़िर चि दीदी?[27]
>
> (तूने अपने ही अनुबिम्ब में मेरी सर्जना की है
> आखिर स्वयं से परे तूने देखा ही क्या है?)

ईश्वरीय जीवन को मानवीय जीवन के अनुबिम्ब में कल्पित करने की यही

आशंका थी कि स्पेन के मुस्लिम धर्मविज्ञानी इब्न हज़्म ने ईश्वर के जीवन का प्रतिपादन करने से संकोच किया और उसने बड़ी प्रवीणता से यह सुझाव दिया कि ईश्वर को जीव के रूप में वर्णित करना चाहिए, इसलिए नहीं कि वह हमारी जीवनानुभूति के अर्थ में जीवन्त है केवल इस कारण कि उसे क़ुरआन में ऐसा ही वर्णित किया गया है।[28] हमारी सचेतन अनुभूति के स्तर तक ही स्वयं को सीमित रखते तथा इसके गंभीरतर पहलुओं की उपेक्षा करते हुए इब्न हज़्म ने जीवन को एक आनुक्रमिक परिवर्तन—एक अवरोधकारी वातावरण के प्रति मनोवृत्तियों के एक अनुक्रमण के रूप में समझा होगा। स्पष्टतया आनुक्रमिक परिवर्तन अपूर्णता की एक निशानी है; और यदि हम स्वयं को परिवर्तन की इस धारणा तक ही सीमित रखें तो ईश्वरीय पूर्णता के ईश्वरीय जीवन से समन्वय की कठिनाई अनतिक्रमणीय हो जाती है। इब्न हज़्म ने महसूस किया होगा कि ईश्वर की पूर्णता उसके जीवन की क़ीमत पर ही बनाये रखी जा सकती है। फिर भी इस कठिनाई से बाहर निकलने का एक रास्ता है। निरपेक्ष अहं (Absolute Ego), जैसा कि हम ज्ञात कर चुके हैं, समग्र यथार्थता है। वह इस प्रकार अवस्थित नहीं कि किसी इतर सृष्टि का परिप्रेक्ष्यगत अवलोकन करे; फलतः उसके जीवन की अवस्थाएँ पूर्णतया अन्दर से निर्धारित होती हैं। अतः एक अपूर्ण अवस्था से किसी अपेक्षाकृत पूर्ण अवस्था की ओर गति के अथवा विपरीत अर्थ में परिवर्तन स्पष्टतया उसके जीवन के प्रति लागू नहीं होता। किन्तु इस अर्थ में ही परिवर्तन जीवन का मात्र संभाव्य रूप नहीं। हमारी सचेतन अनुभूति में एक गंभीरतर अन्तर्दृष्टि प्रदर्शित करती है कि आनुक्रमिक अवधि की प्रतीयमानता के नीचे वास्तविक अवधि होती है। परम अहं का अस्तित्व शुद्ध अवधि में होता है जहां परिवर्तन बदलती रहनेवाली मनोवृत्तियों का एक अनुक्रमण होना बन्द हो जाता है तथा अपना वास्तविक स्वरूप "क्लान्ति से अस्पृष्ट"[29] तथा "ऊँघ अथवा निद्रा"[30] द्वारा अनभिग्रहणीय सतत सृजन के रूप में प्रकट करता है। परिवर्तन के इस अर्थ में परम अहं को परिवर्तनहीन कल्पित करना उसे अतीव निष्क्रियता, एक निरुद्देश्य, निश्चल तटस्थता, एक परम अनस्तित्व (absolute nothing) के रूप में कल्पित करना है। सृजनात्मक अहं के लिए परिवर्तन का अर्थ अपूर्णता नहीं हो सकता। सृजनात्मक अहं की पूर्णता किसी यान्त्रिक रूप से संकल्पित गतिहीनता में नहीं निहित होती जैसा कि संभव है अरस्तू ने इब्न हज़्म को सोचने के लिए प्रवृत्त किया हो। यह उसकी सर्जनात्मक क्रियाशीलता के बृहत्तर आधार तथा उसकी सर्जनात्मक दृष्टि के असीम कार्य-क्षेत्र में निहित होती है। ईश्वर का जीवन आत्म-प्रकटीकरण है, न कि किसी आदर्श की तलाश जिसे प्राप्त करना हो। मनुष्य के "अभी तक नहीं" (not yet) का अर्थ तलाश होता है और इसका अर्थ "असफलता" भी हो सकता है, ईश्वर के "अभी तक नहीं" का अर्थ है उसके अस्तित्व की अनन्त सृजनात्मक संभावनाओं की अचूक सिद्धि जो कि समस्त प्रक्रिया के दौरान अपनी समग्रता बनाये रखती है :

अन्तहीन आत्मावृत्ति में वही सदा-सर्वदा रवाँ है
असंख्य मेहराबें लपकती, मिलती हुई,
महाबली आकार को देती हैं सम्बल।
भव्यतम तारा हो या अकिंचन लोष्ठ,
सब में प्रस्फुटित जीवनानुराग।
सकल प्रयास और सकल परिश्रम
चिर शान्ति है ईश्वर में[31]—गोएटे

अतः गुणग्राही और कार्यसाधक पहलुओं से अनुभूति के समस्त तथ्यों की एक विशद दार्शनिक समीक्षा हमें इस निष्कर्ष पर ले आती है कि परम यथार्थता एक बौद्धिकतया निदेशित सृजनात्मक जीवन है। इस जीवन को एक अहं के रूप में व्याख्यायित करना ईश्वर को मनुष्य के अनुबिम्ब में निरूपित करना नहीं है। यह केवल अनुभूति के इस सीधे-सादे तथ्य को स्वीकार करना है कि जीवन कोई निराकार द्रव नहीं, प्रत्युत एकत्व का एक संयोजनकारी सिद्धान्त, एक संश्लेषणात्मक क्रियाशीलता है जो एक रचनात्मक उद्देश्य के लिए जीवन्त अवयवसंस्थान की परिक्षेपी प्रवृत्तियों को संगठित एवं केन्द्रीभूत करता है। विचार की प्रक्रिया जो कि स्वरूप में मूलतः प्रतीकात्मक होती है, जीवन की वास्तविक प्रकृति पर पर्दा डाल देती है और इसे समस्त वस्तुओं में से प्रवाहित होने वाली एक प्रकार की वैश्विक धारा के ही रूप में कल्पित कर सकती है। अतः जीवन के एक बौद्धिक दृष्टिकोण की परिणति अनिवार्यतया सर्वेश्वरवादात्मक होती है। किन्तु जीवन के गुणग्राही पहलू का हमारे पास भीतर से प्रत्यक्ष ज्ञान है। अन्तः-प्रज्ञा जीवन को एक केन्द्रीकरण करनेवाले अहं के रूप में प्रकट करती है। हमें मात्र एक प्रस्थान-बिन्दु प्रदान करने के कारण यह ज्ञान कितना ही अधूरा हो, तथापि यह यथार्थता की परम प्रकृति का एक प्रत्यक्ष प्रकटीकरण है। अतः अनुभूति के तथ्य इस निष्कर्ष की पुष्टि करते हैं कि यथार्थता की परम प्रकृति आध्यात्मिक है तथा एक अहं के रूप में कल्पित की जानी चाहिए। किन्तु धर्म की महत्वाकांक्षा दर्शन की महात्वाकांक्षा की अपेक्षा अधिक ऊँची उड़ान भरती है। दर्शन वस्तुओं के विषय में एक बौद्धिक दृष्टिकोण है, अतः यह एक ऐसी संकल्पना से आगे जाने की चिन्ता नहीं करता जो अनुभूति की समस्त समृद्ध विविधता को एक प्रणाली में परिणत कर सकती है। मानो यह यथार्थता का दूर से अवलोकन करता है। धर्म यथार्थता से एक निकटतर सम्पर्क चाहता है। पहला सिद्धान्त है; दूसरा जीवन्त अनुभूति, साहचर्य एवं घनिष्ठता है। इस घनिष्ठता की प्राप्ति के लिए विचार को स्वयं से अधिक ऊँचे उठना होगा तथा अपनी सिद्धि की प्राप्ति मन के एक ऐसे रुझान में करनी होगी जिसे धर्म प्रार्थना के रूप में वर्णित करता है तथा जो इस्लाम के पैग़म्बर के होठों पर अन्तिम शब्द था।[32]

3

ईश्वर की अवधारणा एवं प्रार्थना का अभिप्राय

हम देख चुके हैं कि धार्मिक अनुभूति पर आधारित निर्णय बौद्धिक कसौटी पर पूरा उतरता है। अनुभूति के अपेक्षाकृत अधिक महत्वपूर्ण क्षेत्रों की यदि संश्लेषणात्मक दृष्टि से पड़ताल की जाय तो प्रत्येक अनुभूति के मूलाधार के रूप में वे बौद्धिक रूप से निदेशित एक सृजनात्मक संकल्प-शक्ति का पता देते हैं जिसे एक अहं के रूप में वर्णित करने के हमारे पास कारण हैं। परम अहं की वैयक्तिकता पर ज़ोर देने के लिए क़ुरआन उसे 'अल्लाह' की व्यक्तिवाचक संज्ञा देता है तथा उसे निम्न प्रकार से परिभाषित करता है—

> "कहो! अल्लाह एक है :
> सारी चीज़ें उसी पर निर्भर करती हैं।
> वह किसी का प्रजनन नहीं करता, न उसे किसी ने जन्म दिया।
> और उसके समान कोई नहीं। (112 : 1-4)

किन्तु यह जानना कठिन है कि सचमुच कोई व्यक्ति होता क्या है। जैसा कि बर्गसाँ ने "सृजनात्मक विकास" में हमें बताया है कि वैयक्तिकता मात्राओं (degrees) की चीज़ है तथा मानव अस्तित्व के प्रत्यक्षतया पृथक् एकत्व में भी यह पूर्णतया चरितार्थ नहीं होती।[1] बर्गसाँ कहता है, "वैयक्तिकता के विषय में विशेष रूप से यह कहा जा सकता है कि संघटित जगत् में व्यक्तित्व प्रदान करने की प्रवृत्ति यद्यपि सर्वत्र विद्यमान है, किन्तु प्रजनन की प्रवृत्ति इसका सदैव विरोध करती है। वैयक्तिकता के पूर्ण होने के लिए यह आवश्यक होगा कि अवयव-संस्थान का कोई असंपृक्त अंग पृथक् रूप से जीवित न रह सके। किन्तु तब प्रजनन असंभव हो जायेगा। क्योंकि प्रजनन है क्या सिवाय पुराने अवयवसंस्थान के एक असंपृक्त अंश से एक नये अवयवसंस्थान का निर्माण करने के। अतः वैयक्तिकता घर में अपने ही शत्रु को शरण देती है।"[2]

इस अवतरण के आलोक में यह स्पष्ट है कि पूर्ण व्यक्ति को जो कि एक अहं के

रूप में पृथक् अद्वितीय एवं अनुपम होता है, घर में अपने ही शत्रु के शरणदाता के रूप में कल्पित नहीं किया जा सकता। इसे प्रजनन की प्रतिरोधात्मक प्रवृत्ति से श्रेष्ठतर समझना चाहिए। पूर्ण अहं की यही विशेषता ईश्वर विषयक क़ुरआनी अवधारणा में सर्वाधिक मूलभूत तत्व है, और क़ुरआन इसका बार-बार उल्लेख प्रचलित ईसाई अवधारणा के खण्डन की दृष्टि से उतना नहीं करता जितना कि एक पूर्ण व्यक्ति विषयक अपनी स्वयं की धारणा पर बल देने के लिए।[3] किन्तु यह कहा जा सकता है कि धार्मिक चिन्तन का इतिहास परम यथार्थता की किसी वैयक्तिक संकल्पना से पलायन के विभिन्न रास्तों को अनावृत करता है जो कि एक अस्पष्ट, विराट तथा परिव्यापी ब्रह्माण्डीय (cosmic) तत्व के रूप[4] में कल्पित की गयी है, जैसे कि प्रकाश। यही दृष्टिकोण है जिसे फार्नेल ने "ईश्वर के गुण" पर अपने गिफर्ड व्याख्यान में अपनाया है। मैं मानता हूँ कि धर्म का इतिहास विचार की ऐसी प्रणालियाँ प्रकट करता है जो सर्वेश्वरवाद की ओर ले जाती हैं, किन्तु मैं यह मानने का साहस करता हूँ कि जहाँ तक प्रकाश से ईश्वर के क़ुरआनी तादात्म्य का संबंध है, फार्नेल की धारणा ग़लत है। वह पूरी आयत जिसका कि वह केवल एक अंश उद्धृत करता है, इस प्रकार है—

"अल्लाह आसमानों और पृथ्वी का प्रकाश है। उसका प्रकाश ऐसा है जैसे एक ताक़ में दीपक हो और दीपक एक शीशे में रखा हो—शीशा जैसे एक तारा हो"[5] (24:35)

इसमें संदेह नहीं कि आयत का आरंभिक वाक्य ईश्वर की एक व्यक्तिपरक अवधारणा से पलायन का आभास प्रदान करता है। किन्तु जब हम शेष आयत में प्रकाश के रूपक पर ध्यान देते हैं तो यह हमें ठीक विपरीत आभास प्रदान करता है। निश्चय ही रूपक के परिवर्धन का अर्थ प्रकाश का एक अग्निशिखा में केन्द्रीकरण करके एक निराकार ब्रह्माण्डीय तत्व की व्यंजना का निषेध करना है, एक शीशे में इसके निधानीकरण द्वारा अग्निशिखा का और अधिक वैयक्तिकीकरण किया गया है, शीशे को उपमा एक सुनिश्चित तारे से दी गयी है। व्यक्तिगत रूप से मैं मानता हूँ कि यहूदियत, ईसाइयत तथा इस्लाम के इल्हामी साहित्य में प्रकाश के रूप में ईश्वर के वर्णन की व्याख्या अब किसी अन्य रीति से करनी चाहिए। आधुनिक भौतिकी की शिक्षा यह है कि प्रकाश के वेग का अतिक्रमण नहीं किया जा सकता तथा यह सभी पर्यवेक्षकों के लिए समान होता है, चाहे उनकी अपनी स्वयं की गति की जो भी प्रणाली हो। अतः परिवर्तन के संसार में प्रकाश ईश्वर के प्रति निकटतम सादृश्य है। अतः आधुनिक ज्ञान की दृष्टि से ईश्वर के प्रति अनुप्रयुक्त प्रकाश के रूपक को ईश्वर की निरपेक्षता (Absoluteness) का सूचक समझना चाहिए न कि उसकी सर्वव्यापिता (Omnipresence) का, जो कि बड़ी आसानी से स्वयं को एक सर्वेश्वरवादात्मक विवेचन के हवाले कर देती है।

किन्तु एक प्रश्न है जो इस सम्बन्ध में उठाया जायेगा। क्या वैयक्तिकता का अर्थ

ससीमता नहीं होता? यदि ईश्वर एक अहं है अतएव एक व्यक्ति तो हम उसे असीम के रूप में कैसे कल्पित कर सकते हैं? इस प्रश्न का उत्तर यह है कि देशिक असीमता के अर्थ में ईश्वर की असीम के रूप में संकल्पना नहीं की जा सकी। आध्यात्मिक मूल्यांकन के मामलों में मात्र अपरिमेयता (immensity) की कोई गणना नहीं होती। इसके अतिरिक्त, जैसा कि हम पहले देख चुके हैं, कालिक एवं देशिक असीमताएँ (infinities) निरपेक्ष नहीं होती हैं। आधुनिक विज्ञान प्रकृति को किसी असीम शून्य में स्थित कोई स्थैतिक वस्तु नहीं, प्रत्युत, अन्तःसंबंधित घटनाओं की एक संरचना समझता है, जिनके पारस्परिक सम्बन्धों में से दिक् एवं काल की संकल्पनाएँ उत्पन्न होती हैं। और यह केवल एक अन्य तरीक़ा है यह कहने का कि दिक् एवं काल व्याख्याएँ हैं जिन्हें विचार परम अहं की सर्जनात्मक क्रियाशीलता पर आरोपित कर देता है। दिक् एवं काल अहं की संभावनाएँ हैं जो हमारे गणितीय दिक् और काल के रूप में केवल अंशतः ही महसूस होती हैं। ईश्वर से परे और उसकी सर्जनात्मक क्रियाशीलता के अलावा न तो काल है न दिक् कि अन्य अहं के संदर्भ में ईश्वर को पृथक् करें। अतएव परम अहं न तो देशिक असीमता के अर्थ में असीम है, न तो दिग्बद्ध (space-bound) मानवीय अहं के अर्थ में ससीम कि जिसका शरीर अन्य अहं के संदर्भ में उसे पृथक् कर देता है। परम अहं की असीमता उसकी सर्जनात्मक क्रियाशीलता की आन्तरिक संभावनाओं की असीमता में निहित होती है, जिसकी कि यह सृष्टि, जैसा कि यह हमें ज्ञात होती है, मात्र एक आंशिक अभिव्यक्ति है। संक्षेप में, ईश्वर की असीमता गहनतामूलक (intensive) है न कि विस्तीर्णतामूलक (extensive)। इसमें एक असीम श्रृंखला समाविष्ट होती है, किन्तु यह वह श्रृंखला नहीं होती।

एक पूर्णतया बौद्धिक दृष्टिकोण से ईश्वर की क़ुरआनी अवधारणा में अन्य महत्वपूर्ण तत्व हैं सृजनात्मकता, ज्ञान, सर्वशक्तिमत्ता (Omnipotence) तथा अनन्तता। मैं क्रमानुसार उनका निरूपण करूँगा।

ससीम मन प्रकृति को एक सामने स्थित 'इतर' के रूप में मानते हैं, जो स्वतः विद्यमान है, मन को जिसका ज्ञान तो है किन्तु उसे वह निर्मित नहीं करता। अतः हम सृजन की क्रिया को अतीत की एक विशिष्ट घटना के रूप में मानने के लिए प्रवृत्त होते हैं, और सृष्टि हमारे लिए एक निर्मित वस्तु प्रतीत होती है जिसका अपने निर्माता के जीवन से कोई अवयवीय सम्बन्ध नहीं और निर्माता जिसके मात्र एक दर्शक से कुछ अधिक नहीं। सृष्टि की धारणा के विषय में समस्त अर्थहीन धर्म-विज्ञान सम्बन्धी विवाद ससीम मन के इसी संकुचित दृष्टिकोण से उत्पन्न होते हैं[6]। इस दृष्टि से तो सृष्टि ईश्वर के जीवन में एक घटना-भर है और हो सकता है उसे उत्पन्न ही नहीं किया जाता। असली प्रश्न जिसका हमें उत्तर देना है, यह है : क्या सृष्टि ईश्वर के सम्मुख उसके 'इतर' के रूप में विद्यमान है और दिक् उसके और ईश्वर के मध्य पड़ता है? उत्तर यह है कि ईश्वरीय दृष्टिकोण से सृष्टि किसी

घटना विशेष के अर्थ में नहीं है कि उसका एक 'पूर्व' और एक 'पश्चात्' हो। सृष्टि को ईश्वर के सम्मुख विद्यमान एक स्वतन्त्र यथार्थता के रूप में नहीं माना जा सकता। यह धारणा तो ईश्वर और जगत् दोनों को ऐसी दो पृथक् इकाइयों में परिणत कर देगी जो एक असीम दिक् के रिक्त स्थान में आमने-सामने स्थित होते हैं। हम पहले देख चुके हैं कि दिक्, काल और पदार्थ ईश्वर की स्वतंत्र सर्जनात्मक शक्ति पर विचार द्वारा आरोपित व्याख्याएँ हैं।[7] वे स्वतः विद्यमान कोई स्वतन्त्र, वास्तविकताएँ नहीं हैं, प्रत्युत ईश्वर के जीवन को बोधगम्य करने की केवल बौद्धिक प्रणालियाँ हैं। एक बार प्रसिद्ध सन्त बा यज़ीद बिस्तामी के शिष्यों में सृष्टि का प्रश्न छिड़ गया। एक शिष्य ने बड़े अर्थपूर्ण ढंग से आम धारणा को यह कहते हुए व्यक्त किया, "काल का एक क्षण था जब ईश्वर का अस्तित्व था और उसके अतिरिक्त किसी अन्य चीज़ का अस्तित्व न था।" सन्त का उत्तर भी उतना ही सारगर्भित था। उसने कहा, "अभी भी ठीक वैसे ही है जैसे उस समय था।" अतः पदार्थ जगत् कोई ऐसी वस्तु नहीं जो ईश्वर के साथ सह-अनन्त (co-eternal) हो और जिसे वह मानो दूर से संचालित कर रहा हो। यह अपनी वास्तविक प्रकृति में एक अविच्छिन्न क्रिया है जिसे विचार परस्पर अलग-थलग वस्तुओं के एक अनेकत्व में खण्डित कर देता है। प्रोफेसर एडिन्गटन ने इस महत्वपूर्ण विषय पर और अधिक प्रकाश डाला है और मैं उनकी पुस्तक 'दिक्, काल और गुरुत्वाकर्षण' से एक अनुच्छेद उद्धृत करने की धृष्टता कर रहा हूँ—

"अपने मूलभूत अन्तराल-सम्बन्धों (interval-relations) सहित बिन्दु-घटनाओं (point-events) का हमारा एक जगत् है। जगत् की अवस्था की विभिन्न विशेषताओं का वर्णन करते हुए गणितीय दृष्टि से इन सम्बन्धों से असीमित संख्या में और अधिक जटिल सम्बन्धों एवं गुणों की रचना की जा सकती है। प्रकृति में इनका उसी अर्थ में अस्तित्व होता है जिस अर्थ में कि किसी खुली बंजर जमीन पर असंख्य पगडण्डियों का अस्तित्व होता है। किन्तु यह अस्तित्व जैसे कि तब तक प्रच्छन्न रहता है जब तक कि कोई पगडण्डी पर चलकर इसे एक अर्थवत्ता प्रदान नहीं कर देता; उसी प्रकार जगत् के इन गुणों में से किसी एक गुण का अस्तित्व अपने साथियों के ऊपर तभी महत्ता प्राप्त करता है जब कोई मन उसे पहचान के लिए अलग कर लेता है। गुणों के अर्थहीन घाल-मेल से मन पदार्थ को उसी प्रकार छान लेता है जिस प्रकार कि प्रिज़्म श्वेत प्रकाश के अव्यवस्थित स्पन्दनों से इन्द्रधनुष के रंगों को छान लेता है। मन स्थायी का उन्नयन तथा अस्थायी की उपेक्षा करता है, और संबंधों के गणितीय अध्ययन से ऐसा प्रतीत होता है कि मन के पास अपने लक्ष्य की पूर्ति का मात्र उपाय यह है कि वह प्रात्यक्षिक (perceptual) जगत् के एक स्थायी द्रव्य (substance) के रूप में किसी एक गुण विशेष का चयन कर के एक प्रात्यक्षिक काल एवं दिक् का विभाजन कर दे जिससे यह स्थायी रहे तथा इस उत्कृष्ट चयन के परिणामस्वरूप गुरुत्वाकर्षण, यान्त्रिकी एवं ज्यामिति के नियमों का

तो पालन करना ही पड़ेगा। क्या यह कहना अतिशयोक्ति होगा कि स्थायित्व की दिशा में मन की इसी तलाश ने भौतिक विज्ञान के जगत् की सर्जना की है?"[8]

इस अवतरण का अन्तिम वाक्य प्रोफेसर एडिन्गटन की पुस्तक की गहनतम वस्तुओं में से एक है। भौतिकविज्ञानी को अभी अपने ही तरीक़ों से यह पता लगाना है कि भौतिक विज्ञान के प्रत्यक्षतः स्थायी जगत् के इस गुज़रते हुए दृश्य का मूल, जिस जगत् को कि स्थायित्व की दिशा में अपनी ही तलाश में मन ने सृजित किया है, किसी अधिक स्थायी वस्तु में है जो कि केवल एक आत्म (self) के रूप में ही कल्पित की जा सकती है, अकेले ही जो परिवर्तन एवं स्थायित्व के विरोधी गुणों से सम्पन्न होता है और इसीलिए जो सतत (constant) एवं परिवर्तनशील (variable) दोनों समझा जाता है।

किन्तु इससे पूर्व कि हम और आगे बढ़ें, हमें एक प्रश्न का उत्तर देना आवश्यक है। ईश्वर की सृजनात्मक क्रियाशीलता किस प्रकार सृजन के कार्य की ओर अग्रसर होती है? मुस्लिम धर्मविज्ञान की सर्वाधिक रूढ़िवादी विचारधारा, और जो कि अभी तक लोकप्रिय भी है, मेरा आशय अशअरीवादी से है, का मानना है कि ईश्वरीय ऊर्जा की सृजनात्मक प्रणाली परमाणवीय (atomic) है, और लगता है कि उन्होंने क़ुरआन की निम्न आयत को अपने सिद्धान्त का आधार बनाया है :

"और यहाँ कोई भी वस्तु नहीं किन्तु हमारे पास जिसके ख़ज़ाने न हों, और हम इसे नहीं भेजते किन्तु निश्चित मात्रा में।" (15 : 21)

इस्लाम में परमाणुवादी विचारधारा का विकास—एक स्थिर सृष्टि विषयक अरस्तूवादी धारणा के विरुद्ध एक बौद्धिक विद्रोह का प्रथम महत्वपूर्ण संकेत—मुस्लिम चिन्तन के इतिहास में एक सर्वाधिक रोचक अध्याय का सूत्रपात करता है। बसरा मतवाद की धारणाओं को सबसे पहले अबू हाशिम (933 ई.) ने तथा बग़दाद के मतवाद की धारणाओं को सर्वाधिक यथातथ्य एवं साहसिक धर्मविज्ञानी चिन्तक अबू बक्र बाक़िलानी (1012 ई.) ने क्रमबद्ध किया था। तदनन्तर तेरहवीं शताब्दी के आरंभ में स्पेन के मुस्लिम विश्वविद्यालयों में शिक्षा प्राप्त एक यहूदी धर्मविज्ञानी मोज़ेज़ मैमोनिडीज़ (Maimonides) की पुस्तक 'किंकर्त्तव्यविमूढ़ की संदर्शिका' में हम एक पूर्णतया व्यवस्थित वर्णन पाते हैं। 1896 में मुंक (Munk) ने इस पुस्तक का एक फ्रांसीसी अनुवाद किया, और हाल ही में अमेरिका के प्रोफेसर मैक्डनल्ड ने इसकी विषयवस्तु का एक उत्कृष्ट विवरण आइसिस (Isis) में दिया है, जहाँ से डॉ. ज़्वेमर ने इसे जनवरी 1928 की 'दि मुस्लिम वर्ल्ड' में पुनः प्रकाशित किया है। किन्तु प्रोफेसर मैक्डनल्ड ने उन मनोवैज्ञानिक शक्तियों का पता लगाने का कोई प्रयास नहीं किया है जिन्होंने इस्लाम में परमाणुवादी कलाम के विकास को निर्धारित किया। वह यह मानते हैं कि यूनानी चिन्तन में इस्लाम के परमाणुवाद जैसी कोई चीज़ नहीं किन्तु चूँकि वह मुस्लिम विचारकों को मौलिक चिन्तन का कोई श्रेय देने के लिए तैयार नहीं हैं तथा इस्लामी सिद्धांत एवं बौद्धधर्म के किसी

सम्प्रदाय की धारणाओं के मध्य एक सतही समरूपता पाकर इस निष्कर्ष पर पहुँच जाते हैं कि इस सिद्धान्त के उद्‌भव का कारण इस्लाम के चिन्तन पर बौद्ध प्रभाव है। दुर्भाग्यवश इस पूर्णतया मीमांसात्मक सिद्धान्त के स्रोतों की पूर्ण चर्चा इस व्याख्यान में संभव नहीं है। मैं आप के समक्ष केवल इसकी कतिपय अधिक महत्वपूर्ण विशेषताओं को प्रस्तुत करने का इरादा रखता हूँ तथा साथ ही उन पद्धतियों की ओर संकेत कर देना चाहता हूँ जिनके आधार पर मेरी राय में आधुनिक भौतिकी के आलोक में पुनर्रचना के कार्य को आगे बढ़ाना चाहिए।

अशअरीवादीः विचारधारा के चिन्तकों के अनुसार सृष्टि की रचना एक ऐसी चीज़ से हुई है जिसे 'जवाहिर' कहते हैं—असीम मात्रा में लघु अंशों अथवा परमाणुओं से—जिन्हें और अधिक विभाजित नहीं किया जा सकता। ईश्वर की सृजनात्मक क्रियाशीलता चूँकि अविच्छिन्न है अतएव परमाणुओं की संख्या ससीम नहीं हो सकती। हर क्षण नये-नये परमाणु उत्पन्न होते रहते हैं, और इसीलिए सृष्टि की लगातार वृद्धि हो रही है। जैसा कि क़ुरआन कहता है, "ईश्वर जो चाहता है अपनी सृष्टि में बढ़ा देता है।"[9] परमाणु का सत्व (essence) इसके अस्तित्व से स्वतंत्र है। इसका अर्थ यह हुआ कि अस्तित्व ईश्वर द्वारा परमाणु पर आरोपित एक गुण है। इस गुण की प्राप्ति से पूर्व परमाणु मानो ईश्वर की सृजनात्मक ऊर्जा में सुसुप्त रहता है, और इसके अस्तित्व का अर्थ इससे कुछ अधिक नहीं होता कि ईश्वरीय ऊर्जा दृष्टिगोचर हो जाय। अतः अपने सत्व में परमाणु परिमाण (magnitude) सम्पन्न नहीं होता, इसका अपना स्थान होता है जिसमें दिक् का समावेश नहीं होता। अपने समुच्चयन द्वारा ही परमाणु विस्तृत होते तथा दिक् को उत्पन्न करते हैं। परमाणुवाद का आलोचक इब्न हज़्म बड़ी सारगर्भित टिप्पणी करता है कि क़ुरआन की भाषा सृजन की क्रिया और सृजित वस्तु में कोई भेद नहीं करती। हम जिसे एक वस्तु कहते हैं वह अपनी मूलभूत प्रकृति में परमाणविक क्रियाओं का समुच्चय है। किन्तु परमाणविक क्रिया की संकल्पना का कोई मानसिक चित्र बनाना कठिन है। आधुनिक भौतिकी भी एक निश्चित भौतिक परिमाण के वास्तविक परमाणु को एक क्रिया के रूप में कल्पित करती है। किन्तु जैसा कि प्रोफेसर एडिंगटन ने संकेत किया है, अभी तक क्रिया की प्रमात्राओं (Quanta) के सिद्धान्त का ठीक-ठीक प्रतिपादन संभव नहीं हो सका है, यद्यपि अस्पष्ट रूप से यही विश्वास किया जाता है कि क्रिया की परमाणविकता ही सामान्य नियम है तथा इलेक्ट्रानों का प्रकटन किसी न किसी रूप में इस नियम पर आश्रित है।[10]

फिर हम देख चुके हैं कि प्रत्येक परमाणु एक स्थान लेता है जिसमें दिक् का समावेश नहीं होता। इस स्थिति में गति की प्रकृति क्या है जिसे हम दिक् में परमाणु के गुज़रने के सिवाय किसी और तरह से कल्पित नहीं कर सकते। अशअरीवादी चूँकि समझते थे कि परमाणुओं के समूहन से दिक् अस्तित्व में आया है, अतएव वह गति की व्याख्या इस प्रकार नहीं कर सके कि गति का अर्थ है किसी काल का दिक्

के उन सभी बिन्दुओं से होकर गुज़रना जो इसके प्रस्थान और गन्तव्य-बिन्दु के मध्य पड़ते हैं। किन्तु इस प्रकार की व्याख्या को अनिवार्यतया एक स्वतन्त्र यथार्थता के रूप में शून्य के अस्तित्व को मानना होगा। इस मुश्किल पर क़ाबू पाने के लिए नज्ज़ाम ने 'तफ्र:' अर्थात् 'छलाँग' की धारणा का सहारा लिया, और गतिमान काय को दिक् में हर अलग-अलग स्थान से गुज़रते हुए नहीं प्रत्युत एक स्थान और दूसरे स्थान के मध्य शून्य पर छलाँग लगाते हुए कल्पित किया। अतः नज्ज़ाम के अनुसार तीव्र गति और मन्द गति की रफ्तार एक ही होती है किन्तु मन्द गति के विराम-बिन्दु अधिक होते हैं। मैं स्वीकार करता हूँ कि मुश्किल का यह हल मेरी समझ में तो बिल्कुल नहीं आता। फिर भी इस बात का संकेत किया जा सकता है कि आधुनिक परमाणुवाद ने उसी प्रकार की कठिनाई महसूस की है तथा उसने उसी प्रकार के हल का सुझाव दिया है। प्लैन्क के प्रमात्रा के सिद्धान्त से सम्बन्धित प्रयोगों को देखते हुए हम गतिमान परमाणु को दिक् में निरन्तर अपना मार्ग तय करते हुए नहीं कल्पित कर सकते। प्रोफेसर ह्वाइटहेड अपनी पुस्तक 'विज्ञान और आधुनिक विश्व' में कहते हैं कि "इस व्याख्या की एक सर्वाधिक आशाप्रद युक्ति यह है कि हम मान लें कि कोई इलेक्ट्रान दिक् में लगातार अपना रास्ता नहीं तय करता रहता। और इसके अस्तित्व की प्रणाली के सिलसिले में वैकल्पिक धारणा यह है कि यह पृथक्-पृथक् स्थानों की एक शृंखला पर दिक् में प्रकट होता है जिसे यह काल की उत्तरोत्तर अवधियों के लिए छेंक लेता है, जैसे यह 30 मील प्रति घंटा की औसत रफ्तार से सड़क पर चलनेवाली कोई मोटर कार हो जिसने सड़क को लगातार तय नहीं किया बल्कि जो प्रत्येक मील-पत्थर पर दो-दो मिनट ठहरकर उत्तरोत्तर मील पत्थरों पर आनुक्रमिक रूप से प्रकट होती रही।"[11]

सृजन की इस परिकल्पना की दूसरी विशेषता अतात्विक (accident) गुण का सिद्धांत है जिसके सतत् सृजन पर एक अस्तित्ववान के रूप में परमाणु की निरन्तरता निर्भर करती है। यदि ईश्वर अतात्विक गुणों की सृष्टि करना बन्द कर दे तो एक परमाणु के रूप में परमागु का अस्तित्व समाप्त हो जायेगा। परमाणु में अपृथक्करणीय धनात्मक एवं ऋणात्मक गुण होते हैं। ये गुण विरोधी युग्मों, जैसे जीवन एवं मृत्यु, गति और विराम में विद्यमान होते हैं और व्यावहारिकतया इनकी कोई अवधि नहीं होती है। इससे दो प्रस्थापनाएँ निकलती हैं: (1) किसी वस्तु की स्थायी प्रकृति नहीं होती (2) परमाणुओं की केवल एक ही कोटि होती है, अर्थात् जिसे हम आत्मा कहते हैं वह या तो एक सूक्ष्मतर क़िस्म का पदार्थ है या मात्र एक अतात्विक गुण।

मैं यह मानने के लिए प्रवृत्त हूँ कि, अशअरीवादियों की सतत सृजन की धारणा को देखते हुए जिसे कि वे स्थापित करना चाहते थे, पहली प्रस्थापना में सच्चाई का एक अंश है। मैं पहले भी कह चुका हूँ कि मेरे मत में क़ुरआन की आत्मा कुल मिलाकर क्लैसिकल विरोधी (anti-classical) है।[12] इस प्रसंग में मैं

अशअरीवादी विचारधारा को एक परम इच्छाशक्ति अथवा ऊर्जा के आधार पर सृष्टि के विषय में एक ऐसी परिकल्पना के प्रतिपादन का सच्चा प्रयास समझता हूँ जो अपनी सारी त्रुटियों के बावजूद एक स्थिर सृष्टि की अरस्तूवादी धारणा की अपेक्षा क़ुरआन के दृष्टिकोण के कहीं अधिक समीप है। इस्लाम के भावी धर्मविज्ञानियों का यह कर्त्तव्य है कि इस पूर्णतया चिन्तनशील सिद्धान्त की पुनर्रचना करें तथा इसे आधुनिक विज्ञान के और निकट सम्पर्क में लायें, जो उसी दिशा में बढ़ता हुआ प्रतीत होता है।

दूसरी प्रस्थापना शुद्ध भौतिकवाद सदृश प्रतीत होती है। यह मेरा मत है कि अशअरीवादियों की यह धारणा कि 'नफ्स' एक अतात्त्विक गुण है, उनकी अपनी परिकल्पना के वास्तविक रुझान के विरुद्ध है जो कि परमाणु के अविच्छिन्न अस्तित्व को अतात्त्विक गुणों के सतत सृजन पर आश्रित बताती है। यह स्पष्ट है कि काल के बिना गति अकल्पनीय है और चूँकि काल मानसिक जीवन से आता है, अतः काल गति से अधिक मौलिक है। मानसिक जीवन नहीं तो काल नहीं : काल नहीं तो गति भी नहीं। अतः वास्तव में अशअरीवादी जिसे अतात्त्विक गुण कहते हैं वही इस रूप में परमाणु की निरन्तरता के लिए उत्तरदायी है। परमाणु जब अस्तित्व का गुण प्राप्त कर लेता है तो यह देशिकृत हो जाता अथवा लगने लगता है। ईश्वरीय ऊर्जा की एक अवस्था के रूप में देखा जाय तो यह मूलतः आध्यात्मिक होता है। नफ्स शुद्ध क्रिया है; शरीर क्रिया का मात्र दृष्टिगोचर होना, अतः मापनीय होना है। वास्तव में अशअरीवादियों ने अस्पष्ट रूप से बिन्दु-क्षण की आधुनिक संकल्पना का पूर्वाभास कर लिया था, किन्तु वे बिन्दु और क्षण के मध्य पारस्परिक सम्बन्ध की प्रकृति को ठीक-ठीक समझने में असफल रहे। दोनों में क्षण अधिक मूलभूत है किन्तु इसके प्रकटीकरण की एक अनिवार्य विधा (mode) होने के कारण बिन्दु क्षण से अपृथक्करणीय है। बिन्दु कोई वस्तु नहीं, यह क्षण को केवल एक तरह से अवलोकन करना है। ग़ज़ाली की अपेक्षा रूमी इस्लाम की आत्मा के कहीं अधिक अनुरूप हैं, जब वह कहते हैं :

पैकर अज़ मा हस्त शुद नय मा अज़ू।
बादा अज़ मा मस्त शुद नय मा अज़ू॥[13]

(रूप हमसे उत्पन्न हुआ है न कि हम उससे
मदिरा हम से मस्त हुई है न कि हम उससे)

अतः यथार्थता तत्वतः आत्मा है। किन्तु इसमें संदेह नहीं कि आत्मा की कोटियाँ (degrees) होती हैं। मुस्लिम चिन्तन के इतिहास में यथार्थता की कोटियों की धारणा शिहाबुद्दीन सुहरवर्दी मक़्तूल की रचनाओं में प्रकट होती है। आधुनिक युग में हम इसे एक अधिक वृहत्तर पैमाने पर हेगेल की रचनाओं तथा अभी हाल ही में स्वर्गीय लार्ड हाल्डेन की पुस्तक 'सापेक्षता का आधिपत्य' में, जिसे कि उन्होंने

अपनी मृत्यु से थोड़ा पहले प्रकाशित किया था, प्रतिपादित पाते हैं। मैंने परम यथार्थता की संकल्पना एक अहं (Ego) के रूप में की है तथा अभी मुझे आगे यह कहना है कि परम अहं से केवल अहं ही प्रादुर्भूत होते हैं। परम अहं की सृजनात्मक ऊर्जा, जिसमें कि कर्म एवं विचार समान होते हैं, अहं के एकत्वों (ego-unities) के रूप में कार्य करती है। जिसे हम पदार्थ का परमाणु कहते हैं उसकी यान्त्रिक गति से लेकर मानवीय अहं में विचार की स्वतन्त्र गति तक संसार अपने समस्त विवरणों में "मैं महान् हूँ"[14] का आत्म-प्रकटीकरण है। ईश्वरीय ऊर्जा का प्रत्येक परमाणु, वह कितना ही निम्न हो, अस्तित्व के सोपान में एक अहं है। किन्तु अहंभाव (egohood) की अभिव्यक्ति में कोटियाँ होती हैं। अस्तित्व के सकल स्वर-परास में सर्वत्र धीरे-धीरे ऊपर उठता हुआ अहंभाव का स्वर चालू रहता है जब तक कि मनुष्य में वह अपनी पराकाष्ठा को नहीं प्राप्त हो जाता। यही कारण है कि क़ुरआन परम अहं को मनुष्य से स्वयं उसकी अपनी ग्रीवा-शिरा से अधिक निकट बताता है।[15] ईश्वरीय जीवन के सतत प्रवाह में हम मोतियों के समान रहते, और गति करते तथा अपना अस्तित्व रखते हैं।

इस प्रकार मुस्लिम चिन्तन की सर्वोत्तम परम्पराओं से अनुप्रेरित आलोचना परमाणुवाद की अशअरीवादी पद्धति को एक ऐसे आध्यात्मिक अनेकत्व में परिणत करने की ओर प्रवृत्त हो जाती है जिसके विवरण इस्लाम के भावी धर्मविज्ञानियों को तैयार करने होंगे। किन्तु यह पूछा जा सकता है कि क्या परमाणुता ईश्वर की सृजनात्मक ऊर्जा में कोई वास्तविक स्थान रखती है अथवा अवबोधन की हमारी ससीम प्रणाली के कारण स्वयं को हमारे समक्ष इस प्रकार प्रस्तुत करती है? मैं यह नहीं कह सकता कि पूर्णतया एक वैज्ञानिक दृष्टिकोण से इस प्रश्न का क्या अन्तिम उत्तर होगा। मनोवैज्ञानिक दृष्टिकोण से हमें एक वस्तु निश्चित प्रतीत होती है। सही अर्थों में केवल वही वस्तु यथार्थ होती है जो प्रत्यक्षतया अपनी यथार्थता के प्रति सचेतन हो। अहंभाव के संवेदन की मात्रा के साथ यथार्थता की मात्रा परिवर्तित हो जाती है। अहं की प्रकृति ऐसी होती है कि अन्य अहं के प्रति प्रतिक्रिया प्रदर्शित करने की क्षमता के बावजूद यह आत्म-केन्द्रित होता है तथा वैयक्तिकता की एक ऐसी निजी परिधि से युक्त होता है जो स्वयं इसके अतिरिक्त अन्य समस्त अहं को बहिष्कृत कर देती है। एक अहं के रूप में इसकी यथार्थता केवल इसी में निहित होती है। अतः मनुष्य, जिसमें कि अहंभाव अपनी सापेक्षिक पराकाष्ठा को पहुँच गया है, ईश्वरीय सृजनात्मक ऊर्जा के अन्दर एक वास्तविक स्थान रखता है तथा इस प्रकार अपने गिर्द वस्तुओं की अपेक्षा यथार्थता की एक अधिक उच्चतर मात्रा से सम्पन्न होता है। ईश्वर की समस्त सृष्टियों में अकेला वही अपने स्रष्टा के सृजनात्मक जीवन में सचेतन रूप से सम्मिलित होने योग्य है। एक बेहतर दुनिया की कल्पना करने तथा विद्यमान को वांछित में परिणत कर देने की शक्ति से सम्पन्न मनुष्य में, एक वर्धमान रूप से अनुपम तथा बोधशील वैयक्तिकता

के हितों में उसके अहं की यही आकांक्षा रहती है कि वह उन समस्त विविध वातावरणों से काम ले जिनके अन्तर्गत कि उसे एक अन्तहीन कैरिअर की प्रक्रिया के दौरान कार्यरत होने की संभावना होती है। किन्तु मैं आप लोगों से निवेदन करूँगा कि इस बिन्दु के एक पूर्णतर निरूपण के लिए मेरे व्याख्यान 'अमरत्व एवं अहं का स्वातन्त्र्य' तक प्रतीक्षा करें। इस बीच में परमाणविक काल के सिद्धान्त के विषय में मैं संक्षेप में कुछ कहना चाहता हूँ जो कि मैं समझता हूँ सृष्टि विषयक अशअरीवादी सिद्धान्त का सबसे कमज़ोर पक्ष है। अनन्तता के ईश्वरीय गुण की एक यथोचित धारणा के लिए ऐसा करना आवश्यक है।

काल की समस्या मुस्लिम विचारकों एवं सूफियों का सदैव ध्यान आकर्षित करती रही है। अंशतः इसका कारण यह तथ्य है कि क़ुरआन के अनुसार रात और दिन का प्रत्यावर्तन ईश्वर के महानतम चिह्नों मे से एक है तथा अंशतः इससे पूर्व उल्लिखित एक प्रसिद्ध हदीस में पैग़म्बर हज़रत मुहम्मद का दह्र (काल) के साथ ईश्वर का तदात्मीकरण प्रतीत होता है।[16] निश्चय ही महानतम सूफियों में से कुछ 'दह्र' शब्द के सूफियाना गुण-धर्मों में विश्वास करते थे। मुहीउद्दीन इब्न-अल-अरबी के अनुसार 'दह्र' अल्लाह के सुन्दर नामों में से एक है और इमाम राज़ी क़ुरआन की तफ्सीर में हमें बताते हैं कि उन्हें कुछ मुस्लिम सन्तों ने दह्र, देहुर अथवा दैहर शब्द के बारम्बार पाठ की शिक्षा दी थी। अशअरीवादी सिद्धान्त मुस्लिम चिन्तन के इतिहास में काल को दार्शनिक रूप से समझने का संभवतः प्रथम प्रयास था। अशअरीवादियों के अनुसार, काल अकेले 'वर्तमानों' (nows) का एक पौर्वापर्य है। इस धारणा से स्पष्टतया यही परिणाम निकलता है कि प्रत्येक दो पृथक् 'वर्तमानों' अथवा काल के क्षणों के मध्य काल का एक ख़ाली क्षण अर्थात् काल की एक शून्यता है। इस निष्कर्ष की असंगति का कारण यह तथ्य है कि अपनी गवेषणा के विषय में उन्होंने एक पूर्णतया वस्तुनिष्ठ दृष्टिकोण अपनाया था। उन्होंने यूनानी चिन्तन के इतिहास से कोई शिक्षा नहीं ली जिसने वही दृष्टिकोण अपनाया था तथा किसी निष्कर्ष पर नहीं पहुँचा था। हमारे अपने युग में न्यूटन ने काल को "किसी ऐसी वस्तु के रूप में वर्णित किया जो स्वयं में तथा स्वयं की ही प्रकृति से समान रूप से प्रवाहित होता है।" इस वर्णन में अन्तर्निहित प्रवाह का रूपक काल के विषय में न्यूटन की वैसी ही वस्तुपरक धारणा के प्रति गंभीर आपत्तियाँ प्रस्तुत करता है। हम यह नहीं समझ सकते कि इस प्रवाह में निमज्जित होने पर कोई वस्तु कैसे प्रभावित होती है और यह उन वस्तुओं से किस प्रकार भिन्न होती है जो इसके प्रवाह में सम्मिलित नहीं होती हैं। न तो हम काल के आदि, अन्त तथा सीमाओं के विषय में कोई धारणा ही बना सकते हैं यदि हम इसे एक प्रवाह के साम्यानुमान के आधार पर समझने का प्रयास करें। इसके अतिरिक्त यदि प्रवाह गति अथवा संक्रमण काल की प्रकृति के विषय में अन्तिम शब्द है तो प्रथम काल की गति का निर्धारण करने के लिए कोई अन्य काल होना चाहिए, तथा जो दूसरे काल का निर्धारण करता है

उसके लिए दूसरा और इसी प्रकार अनन्तता पर्यन्त। अतः काल के विषय में यह धारणा कि यह कोई पूर्णतया वस्तुनिष्ठ चीज़ है कठिनाइयों से भरी है। फिर भी यह मानना पड़ेगा कि व्यावहारिक अरब मन काल को यूनानियों की तरह कोई अवास्तविक चीज़ नहीं समझ सकता था। यद्यपि काल का बोध करने के लिए हमारे पास कोई ज्ञानेन्द्रिय नहीं, फिर भी इससे इन्कार नहीं किया जा सकता कि यह एक प्रकार का प्रवाह है और इस प्रकार इसका एक वास्तविक उद्देश्य अर्थात् एक परमाणविक पहलू है। वास्तव में आधुनिक विज्ञान का निर्णय बिल्कुल वही है जो कि अशअरीवादियों का था, क्योंकि काल की प्रकृति के विषय में भौतिक विज्ञान में हाल के शोध पदार्थ की विच्छिन्नता को मानते हैं। इस प्रसंग में प्रोफेसर राउगियर (Rougier) की पुस्तक 'दर्शन एवं नवीन भौतिकी' का निम्न अवतरण उल्लेखनीय है—

"इस प्राचीन कहावत के विपरीत कि प्रकृति छलाँग नहीं लगाती, ऐसा प्रतीत होता है कि सृष्टि आकस्मिक छलाँग द्वारा परिवर्तित होती है न कि क्रमशः अगोचर रूप से। कोई भी भौतिक प्रणाली हो, वह पृथक् अवस्थाओं की केवल एक सीमित संख्या की ही क्षमता रखती है। दो भिन्न और तत्काल क्रमागत अवस्थाओं के मध्य सृष्टि चूँकि गतिहीन रहती है, काल स्थगित हो जाता है जिससे कि स्वयं काल विच्छिन्न हो जाता है, अतः काल का एक परमाणु है।"[17]

किन्तु बात यह है कि आधुनिक विचारकों के समान अशअरीवादियों का रचनात्मक प्रयास मनोवैज्ञानिक विश्लेषण से पूर्णया रहित था और इस कमी का यह परिणाम हुआ कि वे काल के आत्मनिष्ठ पहलू को महसूस करने में पूर्णतया असफल रहे। इस असफलता के कारण ही उनके सिद्धान्त में भौतिक परमाणुओं एवं कालिक परमाणुओं की प्रणालियाँ अलग-अलग रहती हैं तथा उनके मध्य कोई अवयवीय संबंध नहीं होता। यह बिल्कुल स्पष्ट है कि यदि हम काल पर पूर्णतया वस्तुगत दृष्टि से विचार करें तो गंभीर कठिनाइयाँ उठ खड़ी होती हैं, क्योंकि हम परमाणविक काल को ईश्वर के सम्बन्ध में लागू नहीं कर सकते और न उसे एक ऐसे जीवन के रूप में कल्पित कर सकते हैं, जो अभी संभवन की प्रक्रिया में है, जैसा कि लगता है प्रोफेसर एलेग्ज़ैन्डर ने 'दिक्, काल एवं ईश्वर'[18] विषयक अपने व्याख्यानों में किया है। परवर्ती मुस्लिम धर्मविज्ञानियों ने इन कठिनाइयों को पूरी तरह महसूस किया। मुल्ला जलालुद्दीन दव्वानी अपनी पुस्तक 'ज़ौरा' के एक अवतरण में, जो कि आधुनिक विद्यार्थी को प्रोफेसर रॉइस (Royce) की काल विषयक धारणाओं की याद दिलाता है, हमें बताते हैं कि यदि हम काल को एक प्रकार की अवधि मान लें जो घटनाओं के आविर्भाव को एक गतिमान जुलूस के रूप में संभव करती है, और साथ ही इस अवधि को एक इकाई कल्पित कर लें तो हमारे पास इसके अतिरिक्त और कोई उपाय नहीं कि हम इसे ईश्वरीय क्रियाशीलता की एक मौलिक अवस्था के रूप में वर्णित करें, जिसमें उस क्रियाशीलता की सारी परवर्ती अवस्थाएँ सम्मिलित

होनी हैं। किन्तु मुल्ला आगे यह कह देने में बड़ी सावधानी बरतते हैं कि पौर्वापर्य की प्रकृति में एक गहनतर अन्तर्दृष्टि इसकी सापेक्षता को प्रकट कर देती है जिससे कि ईश्वर के सिलसिले में यह लुप्त हो जाता है जिसके लिए कि समस्त घटनाएँ अवबोधन की एक ही क्रिया में विद्यमान होती हैं। सूफी कवि इराक़ी का इस विषय पर विचार करने का तरीक़ा इससे मिलता-जुलता है। वह काल के अनन्त प्रकारों की कल्पना करता है जो भौतिकता एवं शुद्ध आध्यात्मिकता के मध्य पड़नेवाले अस्तित्व की परिवर्ती कोटियों के प्रति सापेक्ष होते हैं। स्थूल कायों का काल, जिसका कि आविर्भाव ग्रहों की परिक्रमा से होता है, भूत, वर्तमान और भविष्य में विभाज्य है और इसकी प्रकृति ऐसी है कि जब तक एक दिन गुज़र नहीं जाता, परवर्ती दिन नहीं आता है। अभौतिक अस्तित्वों का काल भी अपने स्वरूप में आनुक्रमिक होता है किन्तु इसका संक्रमण कुछ ऐसा है कि स्थूल कायों के काल का एक पूरा साल एक अभौतिक अस्तित्व के काल के एक दिन से अधिक नहीं। अभौतिक अस्तित्वों के सोपान में क्रमशः ऊपर बढ़ते हुए हम ईश्वरीय काल तक पहुँच जाते हैं—उस काल तक जो कि संक्रमण (passage) के गुण से पूर्णतया मुक्त होता है तथा जिसमें विभाज्यता, पूर्वापरता एवं परिवर्तन की कोई गुंजाइश नहीं होती। यह अनन्तता से परे होता है, इसका आदि है न अन्त। अवबोधन की एक ही अविभाज्य क्रिया में ईश्वर की आँख समस्त दृष्टिगोचर वस्तुओं को देख लेती है तथा उसके कान समस्त श्रव्यों को सुन लेते हैं। ईश्वर की पूर्ववर्तिता काल की पूर्ववर्तिता के कारण नहीं, इसके विपरीत काल की पूर्ववर्तिता ईश्वर की पूर्ववर्तिता के कारण है। अतः ईश्वरीय काल वह काल है जिसे क़ुरआन 'उम्मुल किताब'[19] (किताबों की माँ) के रूप में वर्णित करता है, जिसमें कि कारणात्मक अनुक्रम के पाश से मुक्त सकल इतिहास एक एकाकी परम अनन्त 'वर्तमान' में संग्रहीत है। ऐसा प्रतीत होता है कि समस्त मुस्लिम धर्म विज्ञानियों में फ़ख्रुद्दीन राज़ी ने काल के प्रश्न पर सबसे अधिक ध्यान दिया है। अपनी 'प्राच्य परिचर्चा' में राज़ी काल विषयक समस्त समकालीन सिद्धान्तों की बड़ी सूक्ष्म छानबीन करते हैं। कुल मिलाकर उनकी पद्धति वस्तुनिष्ठ है, अतः वह भी किसी निश्चित निष्कर्ष पर पहुँचने में स्वयं को असमर्थ पाते हैं। वह कहते हैं, "अभी तक मैं किसी ऐसी वस्तु का पता नहीं लगा सका हूँ जो काल की प्रकृति के सम्बन्ध में वास्तव में सच हो, तथा मेरी पुस्तक का मुख्य उद्देश्य प्रत्येक सिद्धान्त के पक्ष या विपक्ष में बिना किसी पक्षपात की भावना से, जिससे कि मैं सामान्यतया बचता हूँ, विशेषकर काल के प्रश्न के संबंध में, जो कुछ कहा जा सकता है उसकी व्याख्या करना है।"[20]

उपर्युक्त विवेचन से यह बिल्कुल स्पष्ट हो जाता है कि एक पूर्णतया वस्तुगत दृष्टिकोण काल की प्रकृति को समझने में हमारा आंशिक रूप से ही सहायक होता है। इसकी उचित प्रणाली है हमारी सचेतन अनुभूति का एक सुविचारित मनोवैज्ञानिक विश्लेषण, क्योंकि केवल वही काल की वास्तविक प्रकृति को प्रकट

करता है। मैं समझता हूँ कि आप को वह विभेदीकरण याद होगा जो मैंने अहं के दो पहलुओं—गुणग्राही एवं कार्यसाधक—के मध्य किया था। गुणग्राही अहं शुद्ध अवधि—पौर्वापर्य रहित परिवर्तन—में रहता है। अहं का जीवन गुणग्राहिता से कार्यसाधकता, अन्तःप्रज्ञा से विचारणा के प्रति अपनी गति में निहित होता है; तथा इस गति से ही परमाणविक काल उत्पन्न होता है। अतः हमारी सचेतन अनुभूति का स्वरूप—हमारे समस्त ज्ञान का प्रस्थान बिन्दु—हमें उस संकल्पना के प्रति एक सुराग़ प्रदान करता है जो स्थायित्व एवं परिवर्तन, एक अवयवीय समग्रता अथवा अनन्तता के रूप में समझे जानेवाले काल एवं परमाणविक रूप में समझे जाने वाले काल के प्रतिरोध के मध्य समन्वय स्थापित करता है। इसलिए यदि हम अपनी सचेतन अनुभूति का मार्गदर्शन स्वीकार कर लें तथा ससीम अहं के साम्यानुमान के आधार पर सर्व-समावेशी (all-inclusive) अहं के जीवन की कल्पना कर लें तो परम अहं का काल पौर्वापर्य-रहित परिवर्तन (change without succession) के रूप में प्रकट होता है अर्थात् एक अवयवीय समग्रता के रूप में जो कि अहं की सृजनात्मक गति के कारण परमाणविक प्रतीत होती है। यही अभिप्राय होता है मीर दामाद तथा मुल्ला बाक़िर का, जब वे यह कहते हैं कि काल का आविर्भाव सृजन की क्रिया के साथ होता है जिसके द्वारा परम अहं अपनी अनिर्धारित सर्जनात्मक संभावनाओं के असीम वैभव को साकार करता तथा उनका मापन करता है। अतएव एक ओर अहं अनन्तता में, जिससे मेरा अभिप्राय अनानुक्रमिक (non-successional) परिवर्तन से है, में रहता है तथा दूसरी ओर यह आनुक्रमिक काल में रहता है, जिसे मैं इस अर्थ में अवयवीय रूप से अनन्तता से सम्बद्ध कल्पित करता हूँ कि यह अनानुक्रमिक परिवर्तन का एक पैमाना होता है। "रात-दिन का प्रत्यावर्तन ईश्वर से सम्बन्ध रखता है"[21] क़ुरआन की इस आयत को केवल इसी अर्थ में समझना संभव है। किन्तु समस्या के इस कठिन पहलू के विषय में मैं अपने पूर्ववर्ती व्याख्यान में बहुत कुछ कह चुका हूँ। अब ईश्वर के ज्ञान एवं उसकी सर्वशक्तिमत्ता के गुणों पर विचार करने का समय है।

ससीम अहं के सम्बन्ध में प्रयुक्त होने पर ज्ञान शब्द का सदैव अर्थ होता है तर्कमूलक (discursive) ज्ञान—एक कालिक प्रक्रिया जो एक वास्तविक 'इतर' के गिर्द गति करती है जो स्वतः विद्यमान तथा ज्ञाता अहं के सम्मुख स्थित माना जाता है। यदि इस अर्थ में ज्ञान को सर्वज्ञता (omniscience) के बिन्दु तक विस्तारण दें तो भी यह सदैव अपने सम्मुख स्थित 'इतर' से सापेक्ष होगा और इसीलिए यह परम अहं का अभिधेय नहीं हो सकता जो कि सर्वसमावेशी होने के कारण ससीम अहं के समान सापेक्ष महत्व रखनेवाला नहीं कल्पित किया जा सकता। यह सृष्टि, जैसा कि हम पहले ज्ञात कर चुके हैं, ईश्वर के सम्मुख (confronting God) स्वतः विद्यमान कोई 'इतर' नहीं। सृजन की क्रिया को जब हम ईश्वर के जीवन-वृत्त में एक विशिष्ट घटना के रूप में देखते हैं केवल तभी सृष्टि एक स्वतंत्र, 'इतर' के रूप में प्रतीत

होती है। सर्व-समावेशी अहं के दृष्टिकोण से कोई 'इतर' नहीं है। उसमें विचार एवं कर्म, ज्ञान की क्रिया एवं सृजन की क्रिया समान होती है। यह तर्क दिया जा सकता है कि अहं चाहे समीम हो या असीम, वह एक सम्मुख स्थित अनहं (non-ego) के बिना अकल्पनीय है तथा यदि कोई वस्तु परम अहं से बाहर नहीं है तो परम अहं को एक अहं के रूप में कल्पित नहीं किया जा सकता। इस तर्क का यह उत्तर है कि निषेध तर्क-वाक्यों की कोई उपयोगिता नहीं होती किसी सकारात्मक संकल्पना के प्रतिपादन में, जिसे कि यथार्थता के उस स्वरूप पर आधारित होना चाहिये जैसा कि वह अनुभूति में उद्घाटित होती है। अनुभूति की हमारी समीक्षा परम यथार्थता को एक बौद्धिकतया निर्दिष्ट जीवन के रूप में प्रकट करती है जो कि हमारी जीवनानुभूति की दृष्टि से सिवाय एक अवयवीय समग्र के कल्पित नहीं किया जा सकता, एक ऐसी वस्तु के रूप में जो कि घनिष्ट रूप से एक साथ ग्रथित हो तथा एक केन्द्रीय बिन्दु रखती हो। यह रही जीवन की विशेषता, तो परम जीवन केवल एक अहं के रूप में ही कल्पित किया जा सकता है। एक ऐसे अहं के विषय में जो कि जानता है तथा साथ ही ज्ञात वस्तु के आधार का रूप धारण करता है, तर्कमूलक ज्ञान के अर्थ में ज्ञान का अभिधेयन नहीं किया जा सकता, भले ही वह कितना ही असीम हो। दुर्भाग्यवश यहाँ भाषा हमें सहारा नहीं देती। हमारे पास ऐसे ज्ञान को अभिव्यक्त करने के लिए कोई शब्द नहीं जो स्वयं अपने विषय (object) का सर्जक भी होता है। ईश्वरीय ज्ञान की विकल्पी संकल्पना है सर्वज्ञता, अवबोधन की एक एकाकी अविभाज्य क्रिया के अर्थ में जो कि ईश्वर को इतिहास के सकल प्रवाह से तत्काल अवगत कर देती है जिसे एक अनन्त 'वर्तमान' में विशिष्ट घटनाओं के एक क्रम के रूप में जाना जाता है। जलालुद्दीन दव्वानी, इराक़ी और हमारे अपने युग में प्रोफेसर रॉइस ने ईश्वर के ज्ञान की संकल्पना इसी प्रकार की है। इस संकल्पना में सच्चाई का एक तत्व है। किन्तु यह एक बन्द (closed) सृष्टि, एक नियत भविष्य, विशिष्ट घटनाओं के एक पूर्वनिर्धारित, अपरिवर्तनीय क्रम का संकेत देती है जो कि एक श्रेष्ठ भाग्य के समान ईश्वर की सृजनात्मक क्रिया की दिशाओं को हमेशा-हमेशा के लिए नियत कर चुकी है। वास्तव में एक प्रकार की निष्क्रिय सर्वज्ञता के रूप में समझा जानेवाला ईश्वरीय ज्ञान आइन्स्टाइन से पूर्व भौतिक विज्ञान की निष्क्रिय रिक्ति से कुछ अधिक नहीं जो चीज़ों को परस्पर बनाये रखकर उन्हें एक प्रकार का एकत्व प्रदान करता है—एक प्रकार का दर्पण जो चीजों की एक पहले से तैयार संरचना के विवरणों को निश्चेष्ट रूप से प्रतिबिम्बित करता है तथा जिसे ससीम चेतना केवल टुकड़ों में प्रतिबिम्बित करती है। ईश्वरीय ज्ञान की कल्पना एक जीवन्त सर्जनात्मक क्रिया के रूप में की जानी चाहिए जिससे स्वतः अस्तित्ववान प्रतीत होनेवाली वस्तुएँ अवयवीय रूप से सम्बद्ध होती हैं। ईश्वर के ज्ञान की एक प्रकार के प्रतिबिम्बिक दर्पण के रूप में कल्पना करके निःसंदेह हम उसके भावी घटनाओं के पूर्वज्ञान की रक्षा कर लेते हैं, किन्तु यह तो स्पष्ट ही है कि

हम उसकी स्वतंत्रता की क़ीमत पर ही ऐसा कर पाते हैं। ईश्वर के सर्जनात्मक जीवन की अवयवीय समष्टि में भविष्य निश्चित रूप से पहले से विद्यमान है, किन्तु यह एक खुली संभावना के ही रूप में पहले से विद्यमान है न कि निश्चित रूप-रेखाओं से युक्त घटनाओं के किसी नियत क्रम के रूप में। शायद एक उदाहरण से मेरे अभिप्राय को समझने में मदद मिले। जैसा कि कभी-कभी मानव चिन्तन के इतिहास में होता है, मान लीजिए कि अनुप्रयुक्तियों के एक महान् आन्तरिक वैभव से युक्त कोई लाभप्रद विचार आप की चेतना के आलोक में उभरकर आता है। एक संश्लिष्ट कुल के रूप में आप उस विचार से तत्काल अवगत हो जाते हैं; किन्तु इसके बहुत से पहलुओं की बौद्धिक कार्यान्विति समय का विषय होती है। उस विचार की समस्त संभावनाएँ अन्तःप्रज्ञात्मक रूप से आप के मन में विद्यमान होती हैं। यदि काल के किसी निश्चित क्षण में बौद्धिक रूप से कोई विशिष्ट संभावना इस प्रकार से आप को ज्ञात नहीं है तो इसका कारण यह नहीं कि आप का ज्ञान दोषपूर्ण है बल्कि इसका कारण यह है कि अभी तक उसके ज्ञात होने की संभावना नहीं है। अनुभव बढ़ने के साथ विचार अपनी अनुप्रयुक्ति की संभावना को प्रकट करता है और कभी-कभी तो इन संभावनाओं के चुकने से पहले विचारकों की एक से अधिक पीढ़ियाँ लग जाती हैं। न तो एक प्रकार की निष्क्रिय सर्वज्ञता के रूप में ईश्वरीय ज्ञान की धारणा के आधार पर एक स्रष्टा की कल्पना तक पहुँचना ही संभव है। यदि इतिहास को घटनाओं की एक पूर्वनिर्धारित शृंखला का क्रमशः प्रकट होने वाला मात्र एक चित्र मान लिया जाय तो इसमें अनूठापन और पहल की कोई गुजाइंश नहीं रह जाती। फलतः हमारे लिए सृजन शब्द का कोई अर्थ नहीं हो सकता, क्योंकि मौलिक कार्य की हमारी अपनी क्षमता की दृष्टि से ही हमारे लिए इसका कुछ अर्थ होता है। सच तो यह है कि पूर्वनियति (predestination) से सम्बन्धित समस्त धर्मशास्त्रीय विवाद का कारण कोरी कल्पना है जिसकी दृष्टि जीवन की स्वतःप्रवृत्ति (spontaneity) पर नहीं, जो कि हमारी वास्तविक अनुभूति का एक तथ्य है। निःसंदेह स्वतःप्रवृत्ति एवं अपूर्वज्ञेय क्रिया की शक्ति से सम्पन्न अहं का आविर्भाव एक अर्थ में सर्व-समावेशी अहं की स्वतंत्रता पर एक सीमाबंधन (limitation) है, किन्तु यह सीमाबंधन वाह्य रूप से आरोपित नहीं होता। यह स्वयं उसकी अपनी सर्जनात्मक स्वतन्त्रता से उत्पन्न होता है जिससे कि उसने ससीम अहं को अपने जीवन, अपनी शक्ति एवं स्वतन्त्रता में भागीदार होने के लिए चुन लिया है।

किन्तु अब यह पूछा जा सकता है कि सर्वशक्तिमत्ता से सीमाबंधन का सामंजस्य स्थापित करना किस प्रकार संभव है? सीमाबंधन शब्द से हमें डरना नहीं चाहिए। क़ुरआन अमूर्त प्रत्ययों (universals) को पसंद नहीं करता। यह सदैव मूर्त पर अपनी निगाह जमाता है जिसे अभी हाल ही में सापेक्षता के सिद्धान्त ने आधुनिक दर्शन को देखना सिखाया है। समस्त क्रिया चाहे सृजन सम्बन्धी हो या

भिन्न, एक प्रकार का सीमाबंधन है जिसके बिना एक मूर्त, क्रियाशील अहं के रूप में ईश्वर की कल्पना करना असंभव है। अमूर्तरूप से परिकल्पित सर्वशक्तिमत्ता केवल एक अंधी अस्थिर शक्ति है, जिसकी कोई सीमाएँ नहीं। परस्पर संबद्ध शक्तियों की एक व्यवस्थित प्रणाली के रूप में प्रकृति के विषय में क़ुरआन एक स्पष्ट और निश्चित धारणा रखता है। अतएव यह ईश्वरीय सर्वशक्तिमत्ता को ईश्वरीय ज्ञान से आन्तरिक रूप से सम्बद्ध समझता है तथा ईश्वर की असीम शक्ति को निरंकुश, अस्थिर में नहीं प्रत्युत प्रत्यावर्ती, नियमित एवं सुव्यवस्थित में व्यक्त पाता है। यद्यपि क़ुरआन ईश्वर को इस प्रकार कल्पित करता है जैसे कि "वह समस्त शुभ अपने हाथों में लिये हुये है।"[22] किन्तु यदि बौद्धिक रूप से निर्दिष्ट ईश्वरीय संकल्प शुभ हैं तो एक वड़ी गंभीर समस्या उठ खड़ी होती है। विकास की प्रक्रिया में, जैसा कि आधुनिक विज्ञान ने उद्घाटित किया है, प्रायः सार्वभौमिक दुःख-दर्द एवं बुराई का समावेश होता है। निःसंदेह बुराई मनुष्य तक ही सीमित है। किन्तु दुःख का तथ्य तो लगभग सार्वभौमिक है, यद्यपि यह समानरूप से सच है कि जिसे मनुष्य शुभ मानते रहे हैं वे उसके लिए परम कष्टकर दुःख सह सकते तथा सहते रहे हैं। अतः नैतिक एवं भौतिक अशुभ के दोनों तथ्य प्रकृति के जीवन में प्रमुख रूप से दिखाई पड़ते हैं। न तो अशुभ की सापेक्षता और न उन शक्तियों की विद्यमानता, जो कि इसे रूपान्तरित कर देने के लिए प्रवृत्त रहती हैं, हमारे लिए तसल्ली का कारण हो सकती है, क्योंकि इस समस्त सापेक्षता और रूपान्तरण के वावजूद इसमें कोई विशिष्ट रचनात्मक गुण होता है। तब ईश्वर की शुभता (goodness) एवं सर्वशक्तिमत्ता का सामंजस्य उसकी सृष्टि में अशुभ (evil) की असीम मात्रा से स्थापित करना कैसे संभव है? यह कष्टप्रद समस्या वास्तव में ईश्वरवाद (Theism) का मूल प्रश्न है। इसे किसी आधुनिक लेखक ने नाउमन (Naumann) की अपनी पुस्तक 'एक धार्मिक पत्र' से अधिक सही रूप में प्रस्तुत नहीं किया है। उसका कहना है, "हमारे पास संसार का ज्ञान है जो कि हमें शक्ति एवं सामर्थ्यवाले एक ईश्वर की शिक्षा देता है, जो जीवन और मृत्यु को उसी प्रकार साथ-साथ भेजता है जिस प्रकार छाया एवं प्रकाश को, और जो मुक्ति के लिए एक इल्हाम तथा विश्वास प्रदान करता है, जो उसी ईश्वर के पिता होने की घोषणा करता है। जगदीश्वर का अनुसरण अस्तित्व के संघर्ष की नैतिकता को जन्म देता है तथा ईसा मसीह के पिता की सेवा-सुश्रूषा करुणा की नैतिकता को जन्म देती है। तथापि वे दो ईश्वर नहीं बल्कि केवल एक ईश्वर हैं। किसी न किसी रूप में उनके भुजदण्ड गुँथ जाते हैं। केवल कोई मनुष्य नहीं कह सकता कि यह कहाँ और कैसे होता है।"[23]

आशावादी ब्राउनिंग के लिए 'संसार में सब ठीक-ठाक से है'[24], निराशावादी शोपेनहावर के लिए संसार एक सनत शरद ऋतु है[25] जिसमें एक अन्धी इच्छाशक्ति स्वयं को सजीव वस्तुओं की एक असीम विविधता में व्यक्त करती है, जो एक क्षण अपने प्रादुर्भाव पर विलाप करती है और तत्पश्चात् सदा के लिए लुप्त हो जाती है।

आशावाद एवं निराशावाद के मध्य इस प्रकार उठाया गया विवाद सृष्टि विषयक हमारे ज्ञान की वर्तमान अवस्था में अन्तिम रूप से तय नहीं किया जा सकता। हमारी बौद्धिक बनावट इस प्रकार की है कि हम चीज़ों के बारे में कोई आंशिक धारणा ही बना सकते हैं। हम उन ब्रह्माण्डीय शक्तियों के पूर्ण आशय को नहीं समझ सकते जो कि सर्वनाश करती हैं तथा साथ ही जीवन का संपोषण एवं संवर्धन भी करती हैं। क़ुरआन जो कि मनुष्य के व्यवहार में सुधार तथा प्राकृतिक शक्तियों पर उसके नियन्त्रण की संभावना में विश्वास करता है, उसकी शिक्षा न आशावाद है और न निराशावाद। यह सुधारवाद (ameliorism) है जो एक वर्धमान जगत् की पुष्टि करता है और जो बुराई पर मनुष्य की अन्तिम विजय की आशा से अनुप्राणित है।

किन्तु हमारी समस्या को बेहतर ढंग से समझने का संकेत उस आख्यान में दिया गया है जिसे 'मनुष्य का अवरोहण' (Fall of Man) कहा जाता है। इस उपाख्यान में क़ुरआन प्राचीन प्रतीकों को आंशिक रूप से बरक़रार रखता है, किन्तु एक पूर्णतया नया अर्थ देने के लिए वैषयिक रूप से उपाख्यान को परिवर्तित कर दिया गया है। नये विचारों की आत्मा से युक्त करने और इस प्रकार उन्हें समय के प्रगामी रुझान के अनुकूल बनाने के लिए उपाख्यानों के सम्पूर्ण या आंशिक परिवर्तन का क़ुरआन का तरीक़ा एक महत्वपूर्ण बिन्दु है जो इस्लाम के दोनों मुस्लिम और ग़ैरमुस्लिम विद्यार्थियों द्वारा लगभग सदैव नज़रन्दाज किया जाता रहा है। इन उपाख्यानों के निरूपण में क़ुरआन का उद्देश्य प्रायः ऐतिहासिक नहीं होता है, इसका उद्देश्य लगभग सदैव उन्हें एक सार्वभौमिक, नैतिक एवं दार्शनिक अर्थ प्रदान करना होता है। और क़ुरआन यह उद्देश्य व्यक्तियों एवं स्थानों का उल्लेख न करके, जो कि किसी उपाख्यान को एक विशिष्ट ऐतिहासिक घटना का रंग देकर उसके अर्थ को सीमित करने का कारण बनते हैं, तथा भावना के किसी भिन्न कोटि से सम्बन्धित प्रतीत होनेवाले विवरणों को हटाकर, प्राप्त करता है। उपाख्यानों को निरूपित करने का यह कोई असामान्य तरीक़ा नहीं है। ग़ैरधार्मिक साहित्य में तो यह आम बात है। फॉउस्ट (Faust) का उपाख्यान इसकी एक मिसाल है जिसे गोएटे (Goethe) की प्रतिभा के स्पर्श ने एक पूर्णतया नया अर्थ प्रदान कर दिया है।

जब हम 'अवरोहण' उपाख्यान की ओर मुड़ते हैं तो हम प्राचीन विश्व के साहित्यों में इसे विभिन्न रूपों में पाते हैं। इसमें संदेह नहीं कि इसके विकास की अवस्थाओं को निर्धारित करना तथा उन मानवीय प्रयोजनों को स्पष्टतया सीमांकित करना जो इसके मन्द रूपान्तरण में क्रियाशील रहे होंगे, असंभव है। यदि हम अपने को मिथक के सामी रूप तक सीमित रखें तो बहुत संभव है कि यह रोग एवं मृत्यु से परिपूर्ण तथा स्वयं को बनाये रखने के उसके प्रयास में हर तरफ से विघ्न डालनेवाले एक अननुकूल माहौल में अपनी दारुणता के अनन्त दुःख को स्वयं से व्यक्त करने की आदिम मनुष्य की इच्छा से उत्पन्न हुआ। प्रकृति की शक्तियों पर

नियंत्रण न रख सकने के कारण उसके लिए जीवन के प्रति एक निराशावादी दृष्टिकोण बिल्कुल स्वाभाविक था। अतएव प्राचीन बाबिल के एक शिलालेख में हम साँप (लैंगिक प्रतीक), वृक्ष और स्त्री को पुरुष के प्रति एक सेब (कौमार्य का प्रतीक) अर्पित करते हुए पाते हैं। मिथक का अभिप्राय स्पष्ट है—आनन्द की एक कल्पित अवस्था से मनुष्य के अवरोहण का कारण मानव-युग्म की मौलिक यौन-क्रीड़ा थी। इस आख्यान के बरतने का क़ुरआन का ढंग स्पष्ट हो जाता है जब हम इसकी तुलना बुक ऑव जेनेसिस (Book of Genesis) के वृतान्त से करते हैं। क़ुरआन और बाइबिल के वृतान्तों के मध्य अन्तर के विशिष्ट बिन्दु असंदिग्ध रूप से क़ुरआन के वृतान्त के उद्देश्य को इंगित करते हैं।

1. क़ुरआन साँप और पसली की कहानी का बिल्कुल उल्लेख नहीं करता। पहले अनुल्लेख का स्पष्टतया आशय कहानी को शिश्नीय परिवेश तथा जीवन के प्रति एक निराशावादी दृष्टिकोण की इसकी मौलिक व्यंजना से मुक्त करना है। बाद के अनुल्लेख का आशय यह बताना है कि क़ुरआन के वृतान्तों का उद्देश्य ऐतिहासिक नहीं है जैसा कि ओल्ड टेस्टमेन्ट (Old Testament) का उद्देश्य है जो कि इस्राईल के इतिहास की भूमिका के तौर पर हमें प्रथम मानव-युग्म की उत्पत्ति का एक विवरण देता है। वास्तव में उन आयतों में जो कि एक सजीव प्राणी के रूप में मनुष्य की उत्पत्ति का निरूपण करती हैं, क़ुरआन 'बशर' अथवा 'इन्सान' शब्द का प्रयोग करता है न कि 'आदम' का जिसे पृथ्वी पर ईश्वर के प्रतिनिधि की हैसियत में यह मनुष्य के लिए रख छोड़ता है। बाइबिल के वृत्तान्त में वर्णित व्यक्तिवाचक नामों—आदम और हौवा के अनुल्लेख से क़ुरआन के उद्देश्य की और भी पूर्ति हो जाती है। किसी वास्तविक मानव व्यक्ति के नाम की अपेक्षा 'आदम' शब्द एक संकल्पना के रूप में बरक़रार रखा गया है तथा प्रयुक्त हुआ है। स्वयं क़ुरआन में इस शब्द के प्रयोग की पुष्टि का अभाव नहीं। इस बिन्दु पर निम्न आयत स्पष्ट है—

"हमने तुम्हें पैदा किया, फिर तुम्हें आकार प्रदान किया, फिर फरिश्तों से कहा, आदम के आगे झुक जाओ।" (7: 1)।

2. क़ुरआन ने इस उपाख्यान को दो विशिष्ट उपकथाओं में विभक्त कर दिया है और दूसरी का संबंध "अनन्तता के वृक्ष" और "उस कभी न असफल होनेवाली बादशाहत"[27] से है। पहली उपकथा का उल्लेख क़ुरआन की सातवीं और दूसरी का बीसवीं सूरा में है। क़ुरआन के अनुसार शैतान द्वारा गुमराह किये जाने पर, जिसका कार्य ही लोगों के मन में शंका पैदा करना है, आदम और उसकी पत्नी ने दोनों वृक्षों का फल चखा था, जब कि ओल्ड टेस्टमेन्ट के अनुसार अवज्ञा के अपने प्रथम कर्म के तुरन्त बाद मनुष्य को अदन के बाग़ से निष्कासित कर दिया गया था और जीवन-वृक्ष को जाने वाले मार्ग को रोकने के लिए ईश्वर ने उस बाग़ के पूर्वी किनारे पर फरिश्तों को नियुक्त कर दिया एवं हर ओर घूमनेवाली एक प्रज्वलित तलवार रख दी।[28]

3. ओल्ड टेस्टमेन्ट आदम की अवज्ञा[29] के कृत्य के लिए पृथ्वी को धिक्कारता है; क़ुरआन पृथ्वी को मनुष्य का "निवास-स्थान; तथा उसके लिए लाभ का स्रोत"[30] होने की घोषणा करता है जिसके स्वामित्व के लिए उसे ईश्वर के प्रति कृतज्ञ होना चाहिए। "और हमने तुम्हें पृथ्वी पर स्थापित कर दिया तथा उसमें तुम्हें जीविका प्रदान की है। तुम कितनी कम कृतज्ञता प्रकट करते हो।" (7 : 10) न तो यह मानने का कोई कारण है कि यहाँ प्रयुक्त 'जन्नत' (बाग़) शब्द का अर्थ इन्द्रियातीत स्वर्ग है जहाँ से यह समझा जाता है कि मनुष्य इस धरती पर आ गिरा था। क़ुरआन के अनुसार मनुष्य इस धरती पर कोई अजनबी नहीं है। क़ुरआन कहता है, "और हमने तुम्हें धरती से पैदा किया है।" (71 : 17) उपाख्यान में वर्णित 'जन्नत' का अर्थ सदाचारियों का शाश्वत निवास-स्थान नहीं हो सकता। "सदाचारियों के शाश्वत निवास-स्थान" के अर्थ में 'जन्नत' को क़ुरआन ने एक ऐसे स्थान के रूप में वर्णित किया है, "जहाँ सदाचारी एक दूसरे को एक ऐसा जाम पेश करेंगे जो न कोई ओछा संलाप उत्पन्न करेगा न पाप के प्रति प्रेरणा।"[31] इसके अतिरिक्त इसे एक ऐसे स्थान के रूप में वर्णित किया गया है, "जिसमें सदाचारियों को न कोई थकान पहुँचेगी और न उसमें से वे निकाले जायेंगे।"[32] (15 : 48) उपाख्यान में उल्लिखित जन्नत में जो सबसे पहली घटना घटी वह मनुष्य की अवज्ञा का पाप था—जिसके पश्चात् उसका निष्कासन हुआ। वास्तव में जिस अर्थ में यह शब्द उसके अपने वृत्तान्त में प्रयुक्त हुआ है स्वयं क़ुरआन उसकी व्याख्या कर देता है। उपाख्यान की दूसरी उपकथा में बाग़ का एक ऐसे स्थान के रूप में वर्णन है, "जहाँ न भूख है न प्यास, न गर्मी और न नग्नता।"[33] अतएव मैं यह मानने के लिए प्रवृत्त हूँ कि क़ुरआन के वृत्तान्त में 'जन्नत' एक आदिम अवस्था की परिकल्पना है जिसमें मनुष्य व्यावहारिक रूप से अपने माहौल से असंबद्ध रहता है जिसके परिणाम-स्वरूप वह मानवीय आवश्यकताओं के डंक को महसूस नहीं करता और जिनका जन्म ही मानव-संस्कृति के सूत्रपात को व्यक्त करता है।

इस प्रकार हम देखते हैं कि क़ुरआन के अवरोहण-आख्यान का इस ग्रह पर मनुष्य के प्रथम आविर्भाव से कोई सरोकार नहीं है, प्रत्युत इसका उद्देश्य नैसर्गिक बुभुक्षा (instinctive appetite) की एक आदिम अवस्था से मनुष्य की उस प्रगति का संकेत करना है जिसके अन्तर्गत वह संदेह एवं अवज्ञा में समर्थ एक स्वतन्त्र आत्म (self) की चेतना से सम्पन्न हो जाता है। अवरोहण का अर्थ कोई नैतिक भ्रष्टता नहीं, यह सहज चेतना से आत्म-चेतना की प्रथम स्फुरण की दिशा में मनुष्य का संक्रमण है, अपने स्वयं के अस्तित्व में वैयक्तिक कारणता की एक धड़कन के साथ प्रकृति के स्वप्न से एक तरह का जागना है। न तो क़ुरआन पृथ्वी को एक यंत्रणा-कक्ष मानता है जहाँ एक आदि पाप कर्म के कारण तात्विक रूप से एक पापी मानवता क़ैद है। मनुष्य की अवज्ञा का प्रथम कर्म उसके स्वतंत्र वरण (free choice) का प्रथम कर्म भी था और यही कारण है कि क़ुरआन के वृत्तान्त के

अनुसार आदम का प्रथम अतिक्रमण माफ कर दिया गया था।[34] अब अच्छाई (goodness) कोई विवशता की बात नहीं; यह अहं का नैतिक आदर्श के प्रति स्वतंत्र समर्पण है तथा स्वतंत्र अहं के स्वैच्छिक सहयोग से उत्पन्न होती है। कोई प्राणी जिसकी गतिविधियाँ एक मशीन की तरह पूर्णरूपेण निर्धारित हों, अच्छाई नहीं पैदा कर सकता। अतः स्वतंत्रता अच्छाई की एक शर्त है किन्तु किसी ससीम अहं के प्रादुर्भाव की अनुमति देना, जो अपने लिए खुले कर्म के अनेक रास्तों के सापेक्षिक महत्व को परखने के पश्चात् चुनने का अधिकार रखता हो, वास्तव में एक बहुत बड़ा जोखिम उठाना है क्योंकि अच्छाई को चुनने की स्वतंत्रता में उस चीज़ को भी चुनने की स्वतंत्रता निहित होती है जो अच्छाई के विपरीत है। यह बात कि ईश्वर ने यह जोखिम उठाया है, मनुष्य में उसके असीम विश्वास को प्रकट करती है, अब यह मनुष्य का कर्त्तव्य है कि वह इस विश्वास को उचित सिद्ध करे। कदाचित् इस प्रकार का जोखिम ही उस प्राणी की क्षमताओं को परखना एवं विकसित करना संभव करता है जो "श्रेष्ठतम बनावट" का पैदा किया गया और तत्पश्चात् "अधस्तम होने के लिए गिरा दिया गया।"[35] क़ुरआन कहता है, "और आज़माइश के लिए हम तुम्हें बुराई और अच्छाई से परखते हैं।" (21 : 36) यद्यपि अच्छाई और बुराई विपरीत हैं फिर भी वे एक ही कुल के अन्तर्गत हैं। पृथक् (isolated) तथ्य जैसी कोई चीज़ नहीं होती है क्योंकि तथ्य प्रणालीबद्ध कुल होते हैं जिनके तत्वों को अन्योन्य सन्दर्भ द्वारा ही समझना पड़ेगा। तार्किक निर्णयन किसी तथ्य के तत्वों को पृथक् कर देता है—केवल उनकी परस्पर-निर्भरता व्यक्त करने के लिए।

इसके अतिरिक्त अहं (खुदी) की यह प्रकृति ही है कि वह स्वयं को एक अहं के रूप में बरक़रार रखे। इस उद्देश्य के लिए यह ज्ञान, आत्म-बहुलीकरण, तथा शक्ति अथवा क़ुरआन के शब्दों में "कभी न असफल होनेवाली बादशाहत" की तलाश करता है। क़ुरआन के आख्यान की प्रथम उपकथा का संबंध मनुष्य की ज्ञान की आकांक्षा से है और दूसरी का संबंध उसकी आत्म-बहुलीकरण एवं शक्ति की आकांक्षा से है। प्रथम उपकथा के सिलसिले में दो चीज़ों की ओर संकेत करना आवश्यक है। एक तो यह कि उपकथा का उल्लेख वस्तुओं का नाम स्मरण करने एवं दोहराने में[36] फरिश्तों के ऊपर आदम की श्रेष्ठता का वर्णन करनेवाली आयतों के फौरन बाद हुआ है। जैसा कि मैं पहले बतला चुका हूँ, इन आयतों का उद्देश्य मानव-ज्ञान के संकल्पनात्मक स्वरूप को प्रकट करना है।[37] दूसरे यह कि मादाम ब्लावत्स्की[38] जिन्हें प्राचीन प्रतीकवाद का विलक्षण ज्ञान प्राप्त था, अपनी पुस्तक 'गुप्त सिद्धान्त' (Secret Doctrine) में हमें यह बताती हैं कि प्राचीन जातियों के लिए वृक्ष गुह्य ज्ञान के निमित्त एक प्रच्छन्न प्रतीक था। आदम को इस वृक्ष का फल चखने से स्पष्टतया मना किया गया था, क्योंकि एक अहं के रूप में उसकी ससीमता, उसका इन्द्रिय उपकरण और उसकी बौद्धिक क्षमताएँ कुल मिलाकर एक

अन्य प्रकार के ज्ञान के लिए अनुकूल थीं, एक ऐसा ज्ञान जो कि धैर्यपूर्ण पर्यवेक्षण के कठिन परिश्रम को अपरिहार्य कर देता है तथा जो केवल मन्द अर्जन की गुंजाइश रखता है। परन्तु शैतान ने गुह्य ज्ञान के निषिद्ध फल को चखने के लिए उसे बहकाया और आदम मान गया; इस कारण नहीं कि तात्विक रूप से वह दुष्ट था बल्कि स्वभावतः जल्दबाज़ (अजूल)[39] होने के कारण वह ज्ञान को जानेवाले लघु मार्ग की तलाश करना चाहता था। इस प्रवृत्ति को सुधारने का मात्र उपाय यह था कि उसे एक ऐसे माहौल में डाल दिया जाय जो कष्टदायी होने के बावजूद उसकी बौद्धिक क्षमताओं को उद्घाटित करने के लिए अधिक उपयुक्त हो। अतः एक कष्टप्रद भौतिक परिवेश में आदम के सन्निवेश का उद्देश्य कोई दण्ड नहीं था, बल्कि उसका उद्देश्य शैतान के उद्देश्य को निष्फल करना था जिसने मनुष्य के एक शत्रु के रूप में उसे सतत वृद्धि एवं विस्तार के आनन्द से कूटनीतिक तौर पर अनभिज्ञ रखने का प्रयास किया था। किन्तु एक विघ्नकारी वातावरण में ससीम अहं का जीवन वास्तविक अनुभूति पर आधारित ज्ञान के निरन्तर विस्तार पर निर्भर करता है। और एक ससीम अहं की अनुभूति, जिसके लिए कि अनेक संभावनाएँ खुली होती हैं, केवल परीक्षण एवं त्रुटि प्रणाली द्वारा ही विस्तृत होती है। अतः त्रुटि, जिसे कि एक प्रकार की बौद्धिक बुराई के रूप में वर्णित किया जा सकता है, अनुभूति के गठन में एक अपरिहार्य घटक है।

क़ुरआन के आख्यान की दूसरी उपकथा निम्न प्रकार है—

"किन्तु शैतान उससे (आदम से) फुसफुसाया : उसने कहा, 'हे आदम! क्या मैं तुझे अनन्तता का वृक्ष दिखलाऊँ और ऐसी बादशाही जो कभी समाप्त नहीं होती?' और उन दोनों ने उसे खा लिया और उनकी नग्नता उन पर खुल गयी और वे अपने को छिपाने के लिए बाग़ के पत्ते जोड़ने लगे। और आदम ने अपने प्रभु की अवज्ञा की और वह बहक गया। फिर इसके बाद उसके प्रभु ने उसे अपने लिए चुन लिया, उसकी ओर उन्मुख हुआ तथा उसका पथ-प्रदर्शन किया।" (20 : 120-122)

यहाँ केन्द्रीय आशय एक चिरस्थायी अधिराज्य के लिए जीवन की अप्रतिरोध्य अभिलाषा का, एक मूर्त व्यक्ति के रूप में एक असीम कैरिअर का संकेत करना है। एक पार्थिव प्राणी के रूप में, जिसे मृत्यु द्वारा अपने कैरिअर (career) के अवसान का खटका बना रहता है, उसके लिए केवल यही रास्ता खुला है कि वह आत्म-बहुलीकरण (self-multiplication) द्वारा एक प्रकार की सामूहिक अमरता प्राप्त कर ले। अनन्तता के वृक्ष के निषिद्ध फल का खाना जीवन का लिंग-विभेदीकरण का आश्रय लेना है जिसके ज़रिये पूर्ण विनाश के निवारण की दृष्टि से यह अपना बहुलीकरण करता है। मानो जीवन मृत्यु से कहता हो, 'यदि तुमने प्राणधारियों की एक नस्ल का सफाया कर दिया तो मैं दूसरी उत्पन्न कर दूँगा।" क़ुरआन प्राचीन कला के लैंगिक प्रतीकवाद को अस्वीकृत कर देता है किन्तु

अपने शरीर की नग्नता को छिपाने की आदम की चिन्ता में व्यक्त लज्जा-बोध के जन्म द्वारा आदि यौन-क्रिया का संकेत करता है। अब जीवित रहना एक निश्चित रूपरेखा, एक मूर्त वैयक्तिकता से युक्त होना है। यह जीवन्त आकारों की असंख्य क़िस्मों में प्रव्यक्त मूर्त वैयक्तिकता ही है जिसमें परम अहं अपने अस्तित्व की अनन्त सम्पदा प्रकट करता है। चूँकि प्रत्येक की दृष्टि स्वयं अपनी ही संभावनाओं के प्रकटीकरण पर टिकी होती है, तथा प्रत्येक को अपने निजी अधिराज्य की तलाश होती है, अतएव वैयक्तिकताओं का आविर्भाव एवं बहुलीकरण अनिवार्यतया युगों के भयंकर संघर्ष को जन्म देता है। क़ुरआन कहता है : "तुम एक दूसरे के शुत्रओं की तरह टूट पड़ते हो।"[40] प्रतिरोधी वैयक्तिकताओं का यह परस्पर द्वन्द्व वह विश्व-दुःख है जो जीवन के अल्पकालिक कैरिअर को प्रकाशमय और अन्धकारमय दोनों करता है। मनुष्य के मामले में जिसमें कि पापाचार की संभावनाओं को खोल देते हुए वैयक्तिकता व्यक्तित्व में घनीभूत हो जाती है, जीवन की त्रासदी का बोध और अधिक तीक्ष्ण हो जाता है। किन्तु जीवन के एक रूप के तौर पर ख़ुदी (selfhood) की स्वीकृति में ख़ुदी की ससीमता से उत्पन्न होनेवाली समस्त अपूर्णताओं की स्वीकृति सन्निहित होती है। क़ुरआन के निरूपण के अनुसार मनुष्य ने स्वयं को ख़तरे में डालकर व्यक्तित्व की अमानत को स्वीकार किया था जिसे कि आसमानों, पृथ्वी और पर्वतों ने वहन करने से इन्कार कर दिया था—

"निश्चय ही हमने आसमानों, पृथ्वी और पर्वतों के समक्ष अमानत ग्रहण करने का प्रस्ताव रखा किन्तु उन्होंने दायित्व से इन्कार कर दिया और उसे ग्रहण करने से वे डर गये। मनुष्य ने इसे वहन करने का उत्तरदायित्व लिया, किन्तु वह अन्यायी और नासमझ सिद्ध हुआ है।" (33 : 72)

तो क्या इसके समस्त सहगामी दोषों सहित व्यक्तित्व की अमानत के प्रति हम हाँ या न कहेंगे? क़ुरआन के अनुसार असली मनुष्यत्व "विपत्तियों एवं कठिनाइयों की दशा में धैर्य रखने में निहित होता है।"[41] किन्तु आत्मत्व (ख़ुदी) के विकास की वर्तमान अवस्था में हम उस अनुशासन के पूर्ण आशय को नहीं समझ सकते जिसे दुःख की प्रेरक शक्ति उत्पन्न करती है। शायद यह अहं को किसी संभावित विलयन के विरुद्ध कठोर बना देती है। किन्तु उपर्युक्त प्रश्न पूछने में हम शुद्ध विचार की सीमाओं का अतिक्रमण कर रहे हैं। यह वह बिन्दु है जहाँ अच्छाई की अन्तिम विजय में विश्वास एक धार्मिक सिद्धान्त के रूप में प्रकट होता है। "ईश्वर अपने प्रयोजन के लिये समर्थ है, किन्तु अधिकतर लोग जानते नहीं हैं।" (12 : 21)

अभी मैं, आप को बतला चुका हूँ कि ईश्वर की इस्लामी संकल्पना को दार्शनिक रूप से न्यायसंगत सिद्ध करना किस प्रकार संभव है। किन्तु जैसा कि मैं पहले कह चुका हूँ कि धार्मिक महत्वाकांक्षा दर्शन की महत्वाकांक्षा से अधिक ऊँचे उठ जाती है।[42] धर्म मात्र संकल्पना से सन्तुष्ट नहीं होता, यह अपनी खोज के लक्ष्य का एक अधिक अंतरंग ज्ञान एवं उससे एक अधिक आत्मीय साहचर्य की तलाश करता है।

यह साहचर्य जिस माध्यम से प्राप्त होता है वह दुआ या प्रार्थना की क्रिया है जिसकी इति आध्यात्मिक प्रबोधन में होती है। किन्तु प्रार्थना की क्रिया चेतना की विभिन्न क़िस्मों को विभिन्न प्रकार से प्रभावित करती है। पैग़म्बरी चेतना के मामले में मुख्यतया यह सृजनात्मक होती है; अर्थात् यह एक नये नैतिक जगत् के सृजन की ओर प्रवृत्त होती है जिसमें कि पैग़म्बर अपने इल्हामों के प्रति परिणाममूलक कसौटी (pragmatic test) का विनियोग करता है। मैं इस बिन्दु को अपने व्याख्यान 'मुस्लिम संस्कृति का मूल-भाव' में और अधिक विकसित करूँगा। रहस्यवादी चेतना के मामले में यह कुल मिलाकर संज्ञानात्मक होती है। मैं इसी संज्ञानात्मक दृष्टि से प्रार्थना का अर्थ ज्ञात करने की कोशिश करूँगा।[43] प्रार्थना के चरम उद्देश्य को देखते हुए यह दृष्टिकोण पूर्णतया न्यायसंगत है। मैं आपका ध्यान महान् अमरीकी मनोवैज्ञानिक प्रोफेसर विलियम जेम्ज़ के निम्न अवतरण की ओर आकर्षित करना चाहूँगा—

"यह संभव प्रतीत होता है कि इस सब के विपरीत विज्ञान जो कुछ करे, इस सब के बावजूद काल के अन्त तक लोग उपासना करते रहेंगे जब तक न उनका स्वभाव इस ढंग से बदल जाय कि जिसे मानने के लिए हमें कोई ज्ञात चीज़ प्रवृत्त न करे। उपासना करने की अन्त:प्रेरणा इस तथ्य का अनिवार्य परिणाम है कि यद्यपि किसी मनुष्य के अनुभवमूलक आत्मभावों (empirical selves) का अन्तरतम समाजी किस्म का अहं होता है, फिर भी यह अपना मात्र यथेष्ट सहचर (अपना महान् साथी) एक आदर्श जगत में पा सकता है।"

"· · · अधिकतर लोग या तो लगातार या कभी-कभी अपने सीनों में इसका एक संदर्भ लिये रहते हैं। इस उच्चतर मान्यता के माध्यम से इस धरती पर क्षुद्रतम बहिष्कृत भी स्वयं को वास्तविक एवं प्रामाणिक महसूस कर सकता है। और इसके विपरीत यदि बाह्य सामाजिक अहं असफल हो गया और हम से छूट गया तो हम में से अधिकांश लोगों के लिए यह संसार संत्रास का रसातल हो जायेगा। मैं कहता हूँ हममें से बहुतों के लिए क्योंकि यह संभव है कि लोग बहुत कुछ उस मात्रा में भिन्न होते हैं जिस मात्रा में इस आदर्श दर्शक के बोध से अभिभूत होते हैं। औरों की अपेक्षा कुछ लोगों की चेतना का यह अत्यधिक आवश्यक अंग होता है। इसका अधिकांश भाग जिनके पास है वह संभवतः सर्वाधिक धार्मिक व्यक्ति होते हैं। किन्तु मुझे विश्वास है कि वे लोग भी जो कहते हैं कि वे इससे पूर्णतया रहित हैं, स्वयं को धोखा देते हैं और वास्तव में कुछ मात्रा में उनमें भी यह बोध होता है।"[44]

इस प्रकार आप देखेंगे कि मनोवैज्ञानिक अर्थ में प्रार्थना अपनी उत्पत्ति में सहजवृत्यात्मक (instinctive) होती है। जहाँ तक ज्ञान प्राप्ति के लक्ष्य का संबंध है, प्रार्थना मनन से मिलती-जुलती है, तथापि अपने उच्चतम रूप में प्रार्थना अमूर्त मनन से कहीं बहुत कुछ और है। मनन की भाँति यह भी आत्मसात्करण की एक प्रक्रिया होती है, किन्तु प्रार्थना के विषय में आत्मसात्करण प्रक्रिया स्वयं को एक ही

समय दत्तचित्त कर लेती है और इस प्रकार एक शक्ति प्राप्त कर लेती है जो शुद्ध विचार के लिए अविदित है। विचार में मन यथार्थता का पर्यवेक्षण करता है और उसकी क्रियाविधि का अनुसरण करता है, प्रार्थना की क्रिया में मन्द पगवाली सार्विकता के एक अन्वेपक के रूप में यह अपने कैरिअर को त्याग देता है तथा इसके जीवन में एक सचेत सहभागी बनने की दृष्टि से स्वयं यथार्थता को हस्तगत करने के लिए विचार से अधिक ऊँचे उठ जाता है। इसमें कोई रहस्यमय बात नहीं है। आध्यात्मिक ज्योति के एक माध्यम के रूप में, प्रार्थना एक सहज जैविक क्रिया है जिसके द्वारा हमारे व्यक्तित्व का लघु द्वीप सहसा अपनी स्थिति को जीवन के एक बृहत्तर कुल में दरयाफ्त करता है। यह मत समझिए कि मैं आत्म-संसूचन (auto-suggestion) की बात कर रहा हूँ। मानवीय अहं की गहराइयों में निहित जीवन-स्रोतों के खोलने से आत्म-संसूचन का कोई संबंध नहीं होता। आध्यात्मिक प्रबोधन के विपरीत जो कि मानवीय व्यक्तित्व को निरूपित करके नयी शक्ति उत्पन्न कर देता है, यह अपने पीछे स्थायी जीवन-प्रभावों को नहीं छोड़ता। न तो मैं किसी गुह्य ज्ञान और न ज्ञान की किसी विशिष्ट विधि की बात कर रहा हूँ। मेरा अभिप्राय आप के ध्यान को एक वास्तविक मानवीय अनुभूति पर स्थिर करना है, जो अपने पीछे एक इतिहास और सामने एक भविष्य रखती है। निःसंदेह तसव्वुफ ने इस अनुभूति के एक विशिष्ट अध्ययन द्वारा अहं के नये क्षेत्रों को उद्घाटित किया है। इसका साहित्य प्रबोधनशील है, तथापि एक घिसी-पिटी तत्वमीमांसा की विचार-शैलियों द्वारा गठित इसका नियत-पद-विन्यास आधुनिक मन पर एक शामक प्रभाव रखता है। नव्य प्लेटोवादी रहस्यवाद में, चाहे वह ईसाई हो या मुस्लिम, व्यक्त एक अनाम अवस्तु की तलाश आधुनिक मन को सन्तुष्ट नहीं कर सकती जो कि अपने मूर्त चिन्तन की आदत के कारण ईश्वर की एक मूर्त सजीव अनुभूति की माँग करता है, और नस्ल का इतिहास बतलाता है कि उपासना क्रिया में सन्निहित मन की अभिवृत्ति इस प्रकार की अनुभूति की एक शर्त है। वास्तव में प्रार्थना को प्रकृति के पर्यवेक्षक की बौद्धिक क्रिया का एक अनिवार्य सम्पूरक समझना चाहिए। प्रकृति का वैज्ञानिक पर्यवेक्षण हमें यथार्थता के व्यवहार के निकट सम्पर्क में रखता है तथा इस प्रकार इसके एक गहनतर अवलोकन के लिए हमारे आन्तरिक बोध को तेज़ कर देता है। मैं यहाँ सूफी कवि रूमी के एक अवतरण[45] को उद्धृत किये बिना नहीं रह सकता जिसमें कि वह यथार्थता के विषय में रहस्यवादी खोज का वर्णन करते हैं—

शब्द और स्याही नहीं बनाते किताबे-सूफी—
हिम-धवल हृत् के सिवा यह कुछ नहीं।
ज्ञानी का धन? क़लम के निशान।
सूफी का धन? क़दम के निशान।
आखेटक-सा मृगया का पीछा करता—

निहारता कस्तूरी-मृग-पद-चिह्नों को,
पर कुछ क्षण ही हैं ये चिह्न उचित—
फिर बनती कस्तूरी-गंध पथ-प्रदर्शक।
श्रेयस्कर है नाभि-गंध का क्षणिक अनुसरण
शत गन्तव्यों की प्रदक्षिणा से।

सच तो यह है कि ज्ञान की हर तलाश वस्तुतः प्रार्थना का एक रूप है। प्रकृति का वैज्ञानिक पर्यवेक्षक प्रार्थना की क्रिया में लगा एक प्रकार का सूफी अन्वेषक होता है। यद्यपि वर्तमान स्थिति में वह केवल कस्तूरी-मृग के पद-चिन्हों का अनुसरण करता है, और इस प्रकार अपनी खोज की प्रणाली को विनम्रतापूर्वक सीमित कर देता है, अन्ततः उसकी ज्ञान-पिपासा निश्चय ही उसे उस बिन्दु पर ले जानेवाली है, जहाँ मृग के पदचिन्हों की अपेक्षा कस्तूरी-ग्रन्थि की सुगंध एक बेहतर पथ-प्रदर्शक होती है। केवल यही प्रकृति के ऊपर उसकी शक्ति में वृद्धि करेगी तथा सकल असीम की उसे वह दृष्टि प्रदान करेगी जिसे दर्शन खोजना है किन्तु पाता नहीं। शक्ति-विहीन दृष्टि नैतिक उन्नयन लाती है किन्तु कोई चिर-स्थायी संस्कृति नहीं प्रदान कर सकती है। दृष्टिविहीन शक्ति विनाशकारी और अमानवीय बनने की ओर प्रवृत्त होती है। मानवता के आध्यात्मिक प्रसार के लिए दोनों को मिलना होगा।

किन्तु प्रार्थना के उद्देश्य की पूर्ति अधिक अच्छी तरह होती है जब प्रार्थना की क्रिया सामूहिक बन जाती है। समस्त सच्ची प्रार्थना का मूल-भाव सामाजिक होता है। संन्यासी भी एक एकान्त स्थान में ईश्वर का साहचर्य प्राप्त करने की आशा में ही मानव समाज का परित्याग करता है। समूह (जमाअत) उन मनुष्यों का साहचर्य (association) है जो समान उच्चाकांक्षा से अनुप्राणित होकर स्वयं को एक ही उद्देश्य पर केन्द्रित करते हैं तथा अपने आन्तरिक अस्तित्वों को एक अकेली अन्तःप्रेरणा की क्रिया के प्रति खोल देते हैं। यह एक मनोवैज्ञानिक सत्य है कि साहचर्य सामान्य मनुष्य की बोध-शक्ति में वृद्धि कर देता है, उसके मनोवेग को गहरा कर देता है और उसके संकल्प को एक ऐसी सीमा तक सक्रिय कर देता है जो उसकी वैयक्तिकता की एकान्तता में उसके लिए अज्ञात होती है। वास्तव में एक मनोवैज्ञानिक क्रिया के रूप में प्रार्थना अभी तक एक रहस्य है, क्योंकि अभी तक मनोविज्ञान साहचर्य की दशा में मानव-संवेदनशीलता में वृद्धि से संबंधित नियमों का पता नहीं लगा पाया है। किन्तु इस्लाम के लिहाज़ से सामूहिक प्रार्थना के माध्यम से आध्यात्मिक प्रबोधन का यह समाजीकरण दिलचस्पी का एक विशिष्ट बिन्दु है। जैसे-जैसे हम दैनिक सामूहिक प्रार्थना से मक्का की केन्द्रीय मस्जिद के गिर्द वार्षिक धर्मानुष्ठान की दिशा में आगे बढ़ते हैं, आसानी से यह समझ सकते हैं कि इस्लामी उपासना की विधि मानव-साहचर्य के क्षेत्र को किस प्रकार धीरे-धीरे विस्तृत करती है।

अतः प्रार्थना, चाहे वैयक्तिक हो या सामूहिक, सृष्टि की विस्मयकारी नीरवता में एक प्रत्युत्तर के निमित्त मनुष्य की आन्तरिक उत्कण्ठा की एक अभिव्यक्ति है। यह अवगम (discovery) की एक अनन्य प्रक्रिया है जिसके द्वारा तलाश करनेवाला अहं आत्म-नकार (self-negation) के क्षण में ही स्वयं की अभिपुष्टि (affirmation) करता है और इस प्रकार, सृष्टि के जीवन में एक गत्यात्मक प्रबल घटक के रूप में स्वयं अपने महत्व एवं औचित्य का पता लगा लेता है। प्रार्थना में मानसिक रवैये के मनोविज्ञान के पूर्णतः अनुरूप इस्लाम में उपासना की विधि स्वीकरण एवं नकार दोनों का प्रतीक है। तथापि नस्ल के अनुभवसिद्ध तथ्य की दृष्टि से कि प्रार्थना की अभिव्यक्ति एक आन्तरिक क्रिया के रूप में विविध रूपों मे हुई है, क़ुरआन कहता है—

"हमने हर उम्मत के लिए उपासना का एक तौर-तरीक़ा ठहरा दिया है जिस पर वह चल रही है। अतः लोगों को इस मामले में तुझसे विवाद नहीं करना चाहिए, तू अपने परवरदिगार की तरफ लोगों को दावत दे क्योंकि तू सीधे रास्ते पर है : यदि लोग तुझसे झगड़ा करें तो कह दे : तुम जो कुछ करते हो ईश्वर उसे भली-भाँति जानता है! तुम जिन बातों में मतभेद कर रहे हो, क़यामत के दिन वह तुम्हारे बीच निर्णय कर देगा।" (22 : 67-69)

उपासना की विधि विवाद का विषय नहीं होना चाहिए। आप किस तरफ अपना मुँह फेरते हैं, निश्चित रूप से यह उपसना की मूल-भावना के लिए आवश्यक नहीं है। इस बिन्दु पर क़ुरआन पूर्णतया स्पष्ट है—

"पूरब और पश्चिम ईश्वर का है : अतः जिस तरफ भी तुम मुँह कर लो वहीं ईश्वर का मुख है।" (2 : 115)

"पूरब अथवा पश्चिम की तरफ तुम्हारे मुँह फेर लेने में कोई पुण्यशीलता नहीं है, किन्तु वह पुण्यशील है जो ईश्वर में, क़यामत में, फरिश्तों में, आसमानी किताबों तथा पैग़म्बरों में विश्वास करता है और जो ईश्वर के प्रेम के लिए अपना धन अपने रिश्तेदारों, अनाथों, ज़रूरतमन्दों, मुसाफिरों तथा भिक्षुकों में वितरित करता है तथा ग़ुलामों को आज़ाद कराने के लिए खर्च करता है, जो उपासना करता है, ज़कात देता है और जो किसी चीज़ के लिए वचन देता है तो उसका पालन करता है तथा जो मुसीबत के समय में आपत्तियों एवं कठिनाइयों में धैर्यवान होता है, वही लोग न्यायी हैं और वे ही प्रभु से डरते हैं।" (2 : 177)

तथापि हम इस महत्वपूर्ण तथ्य की उपेक्षा नहीं कर सकते कि मन के रवैए के निर्धारण में शरीर की मुद्रा एक वास्तविक घटक है। इस्लामी उपासना में एक विशिष्ट दिशा के चयन का उद्देश्य समूह (जमाअत) में सम्वेदन का ऐक्य प्राप्त करना है और इसका सामान्य रूप उसी प्रकार सामाजिक समानता का बोध उत्पन्न एवं प्रोत्साहित करता है जिस प्रकार कि उपासकों में श्रेणी अथवा नस्लगत श्रेष्ठता की भावना को नष्ट करने का कारण बनता है। यदि दक्षिण भारत का अभिमानी

कुलीन ब्राह्मण प्रतिदिन अछूत से कन्धे से कन्धा मिलाकर खड़ा होने के लिए बाध्य कर दिया जाय तो व्यावहारिकतया बहुत शीघ्र कितनी ज़बरदस्त आध्यात्मिक क्रान्ति घटित हो जायगी। सर्व समावेशी अहं (Ego) के एकत्व से जो कि समस्त अहं को उत्पन्न एवं उन्हें संपोषित करता है, समस्त मानवता का मूलभूत एकत्व परिणत होता है।[46] क़ुरआन के अनुसार मानवता का नस्लों, राष्ट्रों एवं क़बीलों में विभाजन केवल पहचान के उद्देश्य से है।[47] अतः प्रार्थना में साहचर्य का इस्लामी रूप अपने संज्ञानात्मक महत्व के अलावा, मनुष्य और मनुष्य के मध्य विद्यमान समस्त अवरोधों को ध्वस्त करके मानवता के इस मूलभूत एकत्व को जीवन में तथ्य के रूप में चरितार्थ करने की आकांक्षा का सूचक है।

4

मानवीय अहं : उसका स्वातन्त्र्य एवं अमरत्व

क़ुरआन अपनी सरल एवं सशक्त शैली में मनुष्य की वैयक्तिकता एवं उसकी अनन्यता पर ज़ोर देता है और मैं समझता हूँ कि जीवन के एक एकत्व के रूप में[1] नियति के विषय में वह एक निश्चित धारणा रखता है। एक अनन्य वैयक्तिकता के रूप में मनुष्य की इस धारणा का ही परिणाम है कि क़ुरआन कफ्फारः की धारणा का निराकरण करने के लिए प्रवृत्त[2] हुआ, जो कि एक व्यक्ति के लिए दूसरे व्यक्ति का भार वहन करना असंभव बना देती है तथा उसे केवल उसी का हक़दार ठहराती है जो उसके स्वयं के व्यक्तिगत प्रयास के उपयुक्त है।[3] क़ुरआन से तीन बातें पूर्णतया स्पष्ट हो जाती हैं—

(1) मनुष्य ईश्वर का अभिप्रेत है :

"इसके पश्चात् उसके प्रभु ने उसे (आदम को) अपने लिए चुन लिया और उसकी ओर उन्मुख हुआ तथा उसका पथ-प्रदर्शन किया। (20: 122)

(2) अपनी समस्त त्रुटियों के बावजूद मनुष्य का उद्देश्य पृथ्वी पर ईश्वर का प्रतिनिधि होना है :

"जब तेरे प्रभु ने फरिश्तों से कहा, 'निश्चय ही मैं पृथ्वी पर अपना प्रतिनिधि नियुक्त करनेवाला हुँ, तो उन्होंने कहा, 'क्या तू उसे वहाँ नियुक्त करेगा जो वहाँ पर बुराई फैलायेगा तथा ख़ून बहायेगा, जब कि हम तेरी स्तुति करते हैं तथा तेरी पवित्रता का गुणगान करते हैं?' ईश्वर ने कहा, 'निश्चय ही मैं जो जानता हूँ तुम नहीं जानते हो।' " (2:30)

"और वही है जिसने तुम्हें पृथ्वी पर अपना प्रतिनिधि बनाया तथा तुम में से कुछ को अन्यों पर विभिन्न श्रेणियों द्वारा ऊपर उठा दिया ताकि अपने वरदानों से तुम्हारी परख करे।" (6: 165)

(3) मनुष्य एक स्वतन्त्र व्यक्तित्व का अमानतदार है जिसे उसने स्वयं को ख़तरे में डालकर स्वीकार किया :

"निश्चय ही हमने आसमानों एवं पृथ्वी तथा पर्वतों के समक्ष 'अमानत' ग्रहण करने का प्रस्ताव रखा, किन्तु उन्होंने उस उत्तरदायित्व से इन्कार कर दिया और

उसे ग्रहण करने से वे डर गये। मनुष्य ने उसे वहन करने की ज़िम्मेदारी उठा ली, किन्तु वह अन्यायी एवं नासमझ सिद्ध हुआ है।"। (33 : 72)

तथापि यह देखकर आश्चर्य होता है कि मानव चेतना का एकत्व, जो कि मानव व्यक्तित्व का केन्द्र होता है, वास्तव में मुस्लिम चिन्तन के इतिहास में कभी दिलचस्पी का विषय नहीं रहा। मुतकल्लिमून आत्मा को पदार्थ की एक उत्कृष्टतर कोटि अथवा मात्र एक अतात्विक गुण (accident) समझते थे जो शरीर के साथ मर जाती है और क़यामत के दिन पुनर्सृजित की जाती है। इस्लाम के दार्शनिकों ने यूनानी चिन्तन से प्रेरणा प्राप्त की थी। दूसरी विचारधाराओं के सिलसिले में यह याद रखना चाहिए कि इस्लाम का विस्तार विभिन्न धर्म-समुदायों से संबंध रखने वाली जातियों जैसे नेस्टोरियस के मतानुयायियों, यहूदियों, ज़रथ्रुश्तियों को अपने दायरे में ले आया जिनका बौद्धिक दृष्टिकोण एक ऐसी संस्कृति की अवधारणाओं से निर्मित हुआ था जिसका दीर्घकाल तक समस्त मध्य एवं पश्चिमी एशिया में वर्चस्व था। यह संस्कृति जो कि अपने उद्भव एवं विकास में कुल मिलाकर मजूसी[4] थी, संरचनात्मक रूप से एक द्वैतवादी आत्मा-चित्र रखती है जिसे हम कमोबेश इस्लाम के तत्वमीमांसात्मक चिन्तन में प्रतिबिम्बित पाते हैं। केवल भक्तिमय तसव्वुफ़ ने ही आन्तरिक अनुभूति के एकत्व के आशय को समझने का प्रयास किया था जिसे क़ुरआन ज्ञान के तीन स्रोतों में से एक होने की घोषणा करता है[5]—अन्य दो इतिहास और प्रकृति हैं। इस्लाम के धार्मिक जीवन में इस अनुभूति का विकास हल्लाज के सुप्रसिद्ध शब्दों "मैं सृजनात्मक सत्य हूँ" में अपनी पराकाष्ठा पर पहुँचा। हल्लाज के समकालीनों तथा साथ ही उसके उत्तरवर्तियों ने इन शब्दों की सर्वेश्वरवादात्मक (वह्दतुल्वुजूदी) रूप में व्याख्या की; किन्तु फ्रान्सीसी प्राच्यविद् एल. मैसीनो (L. Massigno) द्वारा संकलित एवं प्रकाशित हल्लाज की रचनाओं के अंश इसमें कोई संदेह नहीं रहने देते कि शहीद सन्त का आशय ईश्वर की अनुभवातीतता को नकारना नहीं रहा होगा।[6] अतः उसकी अनुभूति की सच्ची व्याख्या बूंद का समुद्र में गिरना नहीं प्रत्युत एक अमर सूक्ति में एक गहनतर व्यक्तित्व में माननीय अहं की यथार्थता एवं स्थायित्व का बोध और निर्भीक स्वीकरण है। हल्लाज की सूक्ति मुतकल्लिमून के विरुद्ध दी गयी लगभग एक चुनौती प्रतीत होती है। किन्तु धर्म के आधुनिक विद्यार्थियों की मुश्किल यह है कि इस प्रकार की अनुभूति यद्यपि अपनी शुरूआत में संभवतः पूर्णतया सहज होती है, अपनी परिपक्वता में चेतना के अज्ञात स्तरों के प्रति संकेत करती है। बहुत पहले इब्न ख़ल्दून ने इन स्तरों की पड़ताल करने की एक प्रभावकारी वैज्ञानिक प्रणाली की आवश्यकता को महसूस किया था।[7] आधुनिक मनोविज्ञान ने इस प्रकार की प्रणाली की आवश्यकता को केवल हाल ही में महसूस किया है, किन्तु अभी तक चेतना के सूफियाना स्तरों के विशिष्ट लक्षणों की खोज से आगे नहीं जा सका है। अनुभूति की इस कोटि पर विचार करने के लिए, जिस पर कि हल्लाज की क़िस्म के निर्णय आधारित होते हैं,

अभी तक किसी वैज्ञानिक प्रणाली से सम्पन्न न होने के कारण हम एक ज्ञानप्रद अनुभूति के तौर पर इसकी संभावित क्षमता से कोई लाभ नहीं उठा सकते । न तो व्यावहारिक दृष्टि से एक मृत तत्वमीमांसा की शब्दावली में आच्छादित धर्मशास्त्रीय पद्धतियों की अवधारणाएँ ही उन लोगों की कोई सहायता कर सकती हैं जो एक भिन्न बौद्धिक पृष्ठभूमि रखते हैं। अतः आधुनिक मुसलमान के सामने अत्यन्त विशाल कार्य है। अतीत से पूर्णतया अपना नाता तोड़े बिना उसे इस्लाम की सकल प्रणाली पर पुनर्विचार करना है। संभवतः पहला मुसलमान जिसने स्वयं में एक नयी स्फूर्ति का आवेग महसूस किया, वह शाह्वली उल्लाह देहलवी थे। किन्तु वह व्यक्ति जिसने इस कार्य की महत्ता एवं विशालता को पूरी तरह महसूस किया तथा मुस्लिम चिन्तन एवं जीवन के इतिहास के आन्तरिक आशय में जिसकी गहन अन्तर्दृष्टि, जिसे मनुष्यों एवं रीति-रिवाजों में उसके वृहद् अनुभव द्वारा उत्पन्न एक व्यापक दृष्टि से मिलकर, अतीत एवं भविष्य के मध्य एक जीवन्त कड़ी बना सकती थी, वह जमालुद्दीन अफ़ग़ानी थे। उनकी अथक किन्तु विभाजित कर्म-शक्ति यदि स्वयं को मानव-विश्वास एवं आचरण की प्रणाली के रूप में इस्लाम के प्रति पूर्णतया समर्पित कर सकी होती तो बौद्धिक रूप से इस्लाम की दुनिया आज कहीं और अधिक ठोस आधार पर होती। हमारे लिए मात्र खुला रास्ता यह है कि हम आधुनिक ज्ञान के प्रति एक आदरपूर्ण किन्तु स्वतंत्र दृष्टिकोण अपनायें और उस ज्ञान की रोशनी में इस्लाम की शिक्षाओं का मूल्यांकन करें, भले ही हमें अपने पूर्ववर्तियों से असहमत होना पड़े। वर्तमान व्याख्यान की विषय-वस्तु के संबंध में मेरा यही इरादा है।

आधुनिक चिन्तन के इतिहास में केवल ब्रैडले ही अहं की वास्तविकता से इन्कार करने की असंभावना का बेहतरीन प्रमाण प्रस्तुत करता है। अपने नीतिशास्त्रीय अध्ययन[8] (Ethical studies) में वह आत्म (self) की वास्तविकता को मानता है, अपने तर्कशास्त्र[9] (Logic) में वह इसे केवल एक कार्यकारी परिकल्पना के रूप में स्वीकार करता है। अपनी आभास एवं यथार्थता (Appearance and Reality) में वह अहं (ego) का एक सूक्ष्म परीक्षण करता है।[10] वास्तव में अहं के अर्थ एवं यथार्थता के विषय में उसके दोनों अध्यायों को जीवात्मा[11] की अयथार्थता पर एक प्रकार का आधुनिक उपनिषद् समझना चाहिए। उसके अनुसार यथार्थता की कसौटी अन्तर्विरोध से विमुक्ति है, और चूँकि उसकी आलोचना अनुभूति के ससीम केन्द्र को परिवर्तन एवं स्थायित्व, एकत्व एवं अनेकत्व की अनमेल प्रतिकूलताओं से ग्रस्त पाती है, अतः अहं मात्र एक भ्रम है। अहं के विषय में हमारा जो भी मत हो—भावना कहें, आत्म-तादात्म्य, आत्मा या संकल्प—यह केवल विचार के प्रतिमानों द्वारा ही परखा जा सकता है जो अपनी प्रकृति में सम्बन्धमूलक होता है तथा "समस्त संबंधों में अन्तर्विरोध सन्निहित होते हैं"। किन्तु इस तथ्य के बावजूद कि उसके निर्मम तर्क ने अहं को सम्भ्रान्ति का एक पुंज प्रदर्शित

किया है, ब्रैडले को मानना पड़ा है कि अहं किसी न किसी अर्थ में यथार्थ, किसी न किसी अर्थ में एक असंदिग्ध तथ्य[12] होगा। हम आसानी से स्वीकार कर सकते हैं कि जीवन के एक एकत्व के रूप में अहं अपनी ससीमता में अपूर्ण होता है। वस्तुतः इसकी प्रकृति एक अधिक समावेशकारी, अधिक प्रभावकारी, अधिक सन्तुलित और अनुपम एकत्व की सरासर उच्चाकांक्षा है। कौन जाने कि एक पूर्ण एकत्व के रूप में अपने संघटन के लिए इसे कितने विभिन्न प्रकारों के माहौल की ज़रूरत पड़ती है? अपने संघटन की वर्तमान अवस्था में निद्रा के सतत विश्राम के बिना यह अपने तनाव के सातत्य को बरक़रार रखने में असमर्थ होता है। एक नगण्य-सा उद्दीपक कभी-कभी इसके एकत्व को भंग कर सकता है और एक नियामक ऊर्जा के रूप में इसे निष्फल कर सकता है। फिर भी विचार चाहे जैसे चीड़-फाड़ और विश्लेषण करे, हमारे अहंभाव (egohood) का एहसास बुनियादी है और इतना शक्तिशाली है कि प्रोफेसर ब्रैडले से अपनी वास्तविकता का अनिच्छापूर्ण स्वीकरण प्राप्त कर ही लिया।

अतः अनुभूति का ससीम केन्द्र वास्तविक है, यद्यपि इसकी वास्तविकता इतनी गहन होती है कि बौद्धिक स्तर पर नहीं लाई जा सकती। तो अहं का विशिष्ट लक्षण क्या है? अहं स्वयं को उस एकत्व के रूप में प्रकट करता है जिसे हम मनोदशाओं के नाम से अभिहित करते हैं। मनोदशाओं का अस्तित्व पारस्परिक पृथक्करण में नहीं होता। वे एक दूसरे के लिए अर्थ रखती तथा एक दूसरे में सन्निहित होती हैं। उनका अस्तित्व मन कहे जानेवाले एक संश्लिष्ट कुल की अवस्थाओं में होता है। फिर भी इन परस्पर सम्बद्ध अवस्थाओं अथवा यह कहिए कि इन घटनाओं का अवयवीय एकत्व एक विशिष्ट प्रकार का एकत्व होता है। किसी भौतिक वस्तु के एकत्व से यह मूलतः भिन्न होता है; क्योंकि किसी भौतिक वस्तु के अंश परस्पर अलग रह सकते हैं। मानसिक एकत्व बिल्कुल अनुपम होता है। हम नहीं कह सकते कि हमारा एक विश्वास हमारे दूसरे विश्वास के दाएँ या बाएँ स्थित है। न तो यह कहना ही संभव है कि ताजमहल के सौन्दर्य का हमारा परिबोध आगरा से हमारी दूरी के साथ परिवर्तित हो जाता है। दिक् के विषय में मेरी धारणा देशिक रूप से दिक् से सम्बद्ध नहीं होती। वास्तव में अहं एक से अधिक दिक्-पद्धति के बारे में सोच सकता है। जाग्रत चेतना के दिक् तथा स्वप्न-दिक् में परस्पर कोई सम्बन्ध नहीं होता है। वे एक दूसरे के साथ हस्तक्षेप या एक दूसरे का अतिक्रमण नहीं करते, क्योंकि शरीर के लिए मात्र एक ही दिक् हो सकता है। अतः अहं उस अर्थ में दिग्बद्ध (space-bound) नहीं होता जिस अर्थ में शरीर दिग्बद्ध होता है। फिर मानसिक एवं भौतिक दोनों घटनाएँ काल में होती हैं, किन्तु अहं की कालावधि भौतिक घटना की कालावधि से मूलतः भिन्न होती है। भौतिक घटना की अवधि एक वर्तमान तथ्य के रूप में दिक् में फैली होती है, अहं की अवधि इसके अन्दर संकेन्द्रित होती है तथा एक अनन्य ढंग से इसके वर्तमान और भविष्य से जुड़ी होती है। किसी भौतिक

घटना का विरचन (formation) कतिपय वर्तमान चिह्नों को अनावृत करता है जो बतलाते हैं कि यह एक कालावधि से गुज़री है; किन्तु ये चिह्न केवल इसकी कालावधि के मात्र प्रतीक होते हैं; वे स्वयं कालावधि नहीं होते। वास्तविक कालावधि का संबंध केवल अहं से होता है।

अहं के एकत्व की दूसरी महत्वपूर्ण विशेषता इसकी मूलभूत एकान्तता (privacy) है जो प्रत्येक अहं की अनन्यता को प्रकट करती है। किसी निश्चित निष्कर्ष तक पहुँचने के लिए निगमनिक तर्क (syllogism) के समस्त आधार वाक्यों (premises) को एक और उसी मन को मानना पड़ेगा। यदि मैं "सभी मनुष्य मर्त्य हैं" प्रतिज्ञप्ति (proposition) में विश्वास करता हूँ तथा दूसरा मन, " सुकरात एक मनुष्य है" प्रतिज्ञप्ति में विश्वास करता है तो कोई अध्याहार संभव नहीं। यह केवल तभी संभव है जब मैं दोनों प्रतिज्ञप्तियों में विश्वास करूँ। इसके अलावा किसी निश्चित वस्तु के लिए मेरी इच्छा मूलतः मेरी होती है। इसकी पूर्ति का अर्थ होता है मेरा निजी आनन्द। यदि सारी मानवता उसी वस्तु की इच्छा करने लगे तो उसकी इच्छा-पूर्ति का अर्थ मेरी इच्छा-पूर्ति न होगा, यदि कि मुझे वांछित वस्तु की प्राप्ति न हो। दन्त चिकित्सक को मेरे दाँत के दर्द से हमदर्दी हो सकती है किन्तु मेरे दाँत के दर्द के एहसास की अनुभूति नहीं हो सकती। मेरे सुख-दुःख और मेरी इच्छाएँ सिर्फ मेरी होती हैं तथा केवल मेरे ही निजी अहं का अनिवार्य अंग हैं। मेरी संवेदनाएँ, घृणाएँ, मेरी मुहब्बत, मेरे निर्णय तथा इरादे सिर्फ मेरे होते हैं। स्वयं ईश्वर मेरे लिए न महसूस कर सकता है, न फैसला कर सकता है और न चुन सकता है जब कि मेरे लिए एक से अधिक कार्य के मार्ग खुले हों। इसी प्रकार आप को पहचानने के लिये मुझे अतीत में आप को जानना चाहिए था। किसी स्थान अथवा व्यक्ति की मेरी पहचान का अर्थ मेरी पूर्व अनुभूति का सन्दर्भ है न कि किसी अन्य अहं की विगत अनुभूति का। हमारी मानसिक अवस्थाओं का यही अनन्य परस्पर संबंध है जिसे हम 'मैं' शब्द द्वारा अभिव्यक्त करते हैं और यहीं से मनोविज्ञान की महान् समस्या प्रकट होने लगती है। इस 'मैं' की प्रकृति क्या है?

धर्मविज्ञान की उस मुस्लिम विचारधारा के अनुसार, जिसके कि ग़ज़ाली मुख्य प्रतिपादक हैं, अहं एक सरल, अविभाज्य और अपरिवर्तनीय आत्मा-द्रव्य (soul-substance) है जो हमारी मनोदशाओं के समूह से पूर्णतया भिन्न तथा काल के संक्रमण से अप्रभावित रहता है। हमारी सचेतन अनुभूति एक एकत्व है, क्योंकि हमारी मनोदशाएँ, बहुत से गुणों के तौर पर, इस सरल द्रव्य से संबंधित होती हैं, जो इसके गुणों के परिवर्तन के दौरान अपरिवर्तित बना रहता है। आप को मेरा पहचानना केवल तभी संभव है यदि मैं पहली बार देखने और वर्तमान स्मृति-क्रिया के मध्य अपरिवर्तित बना रहूँ। इस विचारधारा को मनोविज्ञान से उतनी दिलचस्पी नहीं थी जितनी कि तत्वमीमांसा से। किन्तु चाहे आत्मा की सत्ता को हम अपनी सचेतन अनुभूति के तथ्यों की व्याख्या के रूप में लें, अथवा अमरत्व के निमित्त एक

आधार के रूप में, यह न तो मनोवैज्ञानिक और न तो तत्वमीमांसात्मक सरोकार को पूरा करती है। आधुनिक दर्शन के विद्यार्थी को कान्ट के शुद्ध ज्ञान विषयक तर्क-दोष सुविदित हैं।[13] "मैं सोचता हूँ", जो कि प्रत्येक विचार के साथ होता है, कान्ट के अनुसार विचार की एक पूर्णतया आकारिक अवस्था है तथा विचार की एक पूर्णतया आकारिक अवस्था से सत्तामूलक द्रव्य के प्रति संक्रमण तार्किक दृष्टि से अवैध है।[14] अनुभूति के विषय पर कान्ट के विचार करने के ढंग के अतिरिक्त भी किसी तत्व की अविभाज्यता उसकी अविनाशिता को सिद्ध नहीं करती है क्योंकि जैसा कि स्वयं कान्ट कहता है, अविभाज्य तत्व एक गहनतामूलक (intensive) गुण की तरह धीरे-धीरे शून्य में लुप्त हो सकता है अथवा अचानक अस्तित्व से च्युत हो सकता है।[15] द्रव्य विषयक यह स्थैतिक धारणा न तो कोई मनोवैज्ञानिक सरोकार को ही पूरा कर सकती है। एक तो यह कि हमारी सचेतन अनुभूति के तत्वों को, उस अर्थ में जिसमें कि उदाहरणतया किसी भौतिक शरीर का भार उस शरीर का गुण होता है, किसी आत्मा-द्रव्य के गुण समझना कठिन है। पर्यवेक्षण तो यही प्रकट करता है कि अनुभूतियाँ विशिष्ट क्रियाओं का संदर्भ होती हैं, अतः वे स्वयं अपना एक विशिष्ट अस्तित्व रखती हैं, जैसा कि लेअर्ड विलक्षणतापूर्वक कहता है—वे "एक नवीन जगत् का, न कि एक प्राचीन जगत् में मात्र नयी विशेषताओं का निर्माण करती हैं।" दूसरे यह कि यदि हम अनुभूतियों को गुणों के तौर पर समझें तब भी हम यह पता नहीं लगा सकते कि कैसे वे आत्मा-द्रव्य में अन्तर्निहित होती हैं। इस प्रकार हम देखते हैं कि हमारी सचेतन अनूभूति, एक आत्मा-द्रव्य के रूप में माने जानेवाले अहं का हमें कोई सुराग़ नहीं प्रदान कर सकती, क्योंकि परिकल्पना की दृष्टि से आत्मा-द्रव्य अनुभूति में स्वयं को उद्घाटित नहीं करता । इसके अतिरिक्त यह इंगित किया जा सकता है कि विभिन्न कालों में एक ही शरीर पर विभिन्न आत्मा-द्रव्यों का नियंत्रण असंभव है। अतः इस दृष्टि से यह सिद्धान्त प्रत्यावर्ती व्यक्तित्व (alternating personality) जैसे तथ्यों की कोई समुचित व्याख्या नहीं प्रदान कर सकता, जिनकी व्याख्या पहले पिशाच आत्माओं द्वारा शरीर की अल्पकालिक ग्रस्तता द्वारा की जाती थी।

तथापि हमारी सचेतन अनुभूति की व्याख्या ही मात्र रास्ता है जिसके द्वारा हम अहं तक पहुँच सकते हैं। अतएव आइए, हम आधुनिक मनोविज्ञान की ओर लौटें और देखें कि यह अहं की प्रकृति पर क्या रोशनी डालता है। विलियम जेम्ज़ चेतना की कल्पना एक चिन्तन-प्रवाह—एक अनुभूत सातत्य सहित परिवर्तनों के एक सचेतन प्रवाह[16]—के रूप में करता है। वह हमारी अनुभूतियों में एक प्रकार के सामूहिक सिद्धान्त को कार्यरत पाता है जिन पर मानो अंकुड़े होते हैं जिनके द्वारा वे एक दूसरे को मानसिक जीवन के प्रवाह में पकड़ लेती है।[17] अहं का अस्तित्व व्यक्तिगत जीवन के सम्वेदनों में होता है, अतएव वह विचार की प्रणाली का एक अंग होता है। विचार का प्रत्येक स्पन्दन वर्तमान हो या नाशवान, एक अविभाज्य

एकत्व है, जिसमें ज्ञान होता है और स्मृति भी। गुज़रते हुए स्पन्दन का विचार के वर्तमान स्पन्दन द्वारा और वर्तमान स्पन्दन का इसके उत्तरवर्ती द्वारा आत्मसात्करण ही अहं है।[18] हमारे मानसिक जीवन का यह वर्णन अत्यन्त विदग्ध है; किन्तु मैं समझता हूँ कि यह हमारी चेतना के अनुरूप नहीं जैसा कि इसे हम स्वयं में पाते हैं। चेतना समस्त मानसिक जीवन में पूर्वमान्य कोई एकल वस्तु है, न कि उसके अलग-अलग टुकड़े जो एक दूसरे को सूचना देते रहते हैं। चेतना विषयक यह धारणा हमें अहं का कोई सुराग़ देने से तो बहुत दूर रही, किन्तु अनुभूति में जो अपेक्षतया स्थायी तत्व है यह उसकी पूर्णतया उपेक्षा करती है। गुज़र जानेवाले विचारों के मध्य अस्तित्व की निरन्तरता नहीं होती है। इनमें से कोई एक जब विद्यमान होता है तो दूसरा बिल्कुल लुप्त हो जाता है, फिर गुज़र जानेवाला विचार जो अपरिवर्तनीय रूप से लुप्त हो जाता है, वर्तमान विचार द्वारा कैसे ज्ञात और आत्मसात् किया जा सकता है? मेरे कहने का यह तात्पर्य नहीं कि अहं उस परस्पर अन्तर्वेधी विविधता से अलग-थलग और भिन्न है जिसे हम अनुभूति कहते हैं। आन्तरिक अनुभूति कार्यरत अहं है। हम बोधगम्य करने, निर्णय करने तथा संकल्प करने की क्रिया में स्वयं अहं का परिबोध करते हैं। अहं का जीवन एक प्रकार का तनाव है जो माहौल पर आक्रामक अहं और अहं पर आक्रामक माहौल द्वारा उत्पन्न होता है। पारस्परिक आक्रमण की इस रणभूमि से अहं बाहर नहीं खड़ा रहता है। यह इसमें एक निदेशात्मक ऊर्जा (directive energy) के रूप में विद्यमान रहता तथा स्वयं अपनी अनुभूति द्वारा विरचित एवं अनुशासित होता है। अहं के इस निदेशात्मक क्रिया के बारे में क़ुरआन स्पष्ट है—

"और वे तुझसे आत्मा के बारे में प्रश्न करते हैं। कह दो आत्मा मेरे प्रभु के अम्र (आदेश) से उत्पन्न होती है किन्तु तुम्हें उसका केवल थोड़ा-सा ज्ञान प्रदान किया गया है।" (17 : 85)

'अम्र' शब्द का अर्थ समझने के लिए हमें उस भेद को याद रखना चाहिए जो क़ुरआन 'अम्र' और 'ख़ल्क़' के मध्य करता है। प्रिन्गल पैटिसन खेद प्रकट करता है कि एक ओर ईश्वर और विस्तृति-जगत, तथा दूसरी ओर ईश्वर एवं मानवीय अहं के मध्य संबंध को व्यक्त करने के लिए अंग्रेजी भाषा के पास केवल एक शब्द 'creation' (सृजन) है। किन्तु इस सिलसिले में अरबी भाषा अधिक भाग्यशाली है। इसके पास दो शब्द 'अम्र' और 'ख़ल्क़' हैं, उन दो स्थितियों को अभिव्यक्त करने के लिए जिनमें हमारे लिए ईश्वर की सृजनात्मक क्रिया स्वयं को उद्घाटित करती है। 'ख़ल्क़' सृजन है, 'अम्र' निदेशन है। जैसा कि क़ुरआन कहता है "सृजन और निदेशन का उसी से संबंध है।"[19] ऊपर उद्धृत आयत का अर्थ है कि आत्मा की मूलभूत प्रकृति निदेशात्मक है क्योंकि यह ईश्वर की निदेशात्मक ऊर्जा से उत्पन्न होती है, यद्यपि हम यह नहीं जानते कि अहं के एकत्वों के रूप में ईश्वरीय अम्र किस प्रकार कार्य करता है। रब्बी (मेरा प्रभु) शब्द में प्रयुक्त व्यक्तिवाचक सर्वनाम

अहं की प्रकृति एवं व्यवहार पर और अधिक प्रकाश डालता है। इसका आशय यह इंगित करना है कि इसके एकत्व की सीमा, संतुलन और प्रभावकारिता में समस्त परिवर्तनों के बावजूद, आत्मा को कोई अलग और विशिष्ट चीज़ समझना चाहिए। "प्रत्येक मनुष्य अपने ही ढंग से कार्य करता है किन्तु तेरा प्रभु भली-भाँति जानता है कि उसके रास्ते पर कौन सर्वाधिक निर्दिष्ट है।" (17:84) अतएव मेरा वास्तविक व्यक्तित्व कोई वस्तु नहीं अपितु यह एक क्रिया है। मेरी अनुभूति मात्र शृंखला है कृत्यों की जो परस्पर एक दूसरे को संदर्भित करते हैं तथा एक निदेशात्मक प्रयोजन के एकत्व द्वारा संगठित रहते हैं। मेरी सारी वास्तविकता मेरी निदेशात्मक मनोवृत्ति में निहित है। दिक् में किसी वस्तु की तरह अथवा कालिक पद्धति में अनुभूतियों के एक समूह की तरह आप मेरा बोध नहीं कर सकते, आपको मुझे मेरे निर्णयों में, मेरी संकल्प-मनोवृत्तियों, मेरे उद्देश्यों एवं मेरी उच्चाकांक्षाओं में व्याख्यायित करना, समझना और महसूस करना होगा।

दूसरा प्रश्न यह है कि दिक्कालिक पद्धति में से अहं किस प्रकार आविर्भूत होता है? इस बिन्दु पर क़ुरआन की शिक्षा बिल्कुल स्पष्ट है—

"हमने मनुष्य को परिष्कृत मिट्टी से उत्पन्न किया है : फिर हमने उस आर्द्र जीवाणु को एक सुरक्षित स्थान में रख दिया, इसके बाद उस आर्द्र जीवाणु को हमने ख़ून का एक थक्का बना दिया। फिर ख़ून के थक्के को गोश्त का एक टुकड़ा कर दिया, फिर गोश्त के टुकड़े की हड्डियाँ बनायीं और हमने हड्डियों को गोश्त से आच्छादित कर दिया, इसके पश्चात् एक दूसरे ही प्रकार का मनुष्य उत्पन्न कर दिया। अतः बरकतोंवाला है ईश्वर—सृजन करनेवालों में सर्वश्रेष्ठ।" (23: 12:14)

यह "दूसरे ही प्रकार का" मनुष्य विकसित होता है भौतिक अवयवसंस्थान के आधार पर — उप अहं (sub-egos) के उस उपनिवेश के आधार पर जिसके माध्यम से एक गहनतर अहं मुझ पर सतत प्रभाव डालता रहता है, तथा इस प्रकार मुझे अनुभूति के एक प्रणालीबद्ध एकत्व के निर्माण की अनुमति देता है। तो क्या देकार्त के अर्थ में आत्मा और इसका अवयवसंस्थान दो वस्तुएँ हैं, एक दूसरी से स्वतन्त्र तथापि किसी तरह रहस्यपूर्ण ढंग से संयुक्त। मैं यह सोचने के लिए प्रवृत्त हूँ कि एक स्वतंत्र अस्तित्व के रूप में पदार्थ की परिकल्पना निराधार है। यह औचित्यपूर्ण ठहराई जा सकती है तो केवल हमारे संवेदन (sensation) के आधार पर, जिसका कि मेरे अतिरिक्त पदार्थ भी कम से कम आंशिक कारण माना जाता है। मेरे अतिरिक्त यह कोई वस्तु कुछ गुणों से युक्त मानी जाती है जिन्हें प्राथमिक कहते हैं और जो मेरे कतिपय सम्वेदनों से मिलते-जुलते हैं, और मैं उन गुणों में अपने विश्वास को इस आधार पर औचित्यपूर्ण ठहराता हूँ कि कारण कार्य से कुछ साम्य तो रखता ही होगा। किन्तु कारण और कार्य के मध्य साम्य होना ज़रूरी नहीं। यदि जीवन में मेरी सफलता किसी दूसरे मनुष्य को दुःख पहुँचाती है तो मेरी सफलता और उसके दुःख में परस्पर कोई साम्य नहीं होता। इसके बावजूद दैनिक

अनुभूति और भौतिक विज्ञान पदार्थ के एक स्वतंत्र अस्तित्व की मान्यता के आधार पर अग्रसर होते हैं। अतः आइए हम भी अस्थायी तौर पर मान लें कि शरीर और आत्मा दो परस्पर स्वतंत्र किन्तु किसी रहस्यपूर्ण ढंग से संयुक्त वस्तुएँ हैं। यह देकार्त ही था जिसने सबसे पहले इस समस्या के बारे में बताया और मैं मानता हूँ कि उसका कथन और इस समस्या के बारे में अन्तिम धारणा अधिकतया प्रारम्भिक ईसाइयत की मानीवादी (Manichaen) विरासत से प्रभावित थे। किन्तु यदि वे परस्पर स्वतंत्र हैं और एक दूसरे को प्रभावित नहीं करते हैं, तो किसी प्रकार के पूर्व स्थापित सामंजस्य के कारण, जैसा कि लाइबनिज़ का विचार था, दोनों के परिवर्तन बिल्कुल समानान्तर रेखाओं पर चलते हैं। यह आत्मा को शरीर की घटनाओं के मात्र एक निष्क्रिय दर्शक में परिणत कर देता है। यदि दूसरी ओर हम मान लें कि वे एक दूसरे को प्रभावित करते हैं, तो हम यह प्रदर्शित करने के लिए कोई पर्यवेक्षणीय तथ्य नहीं पा सकते कि ठीक-ठीक कैसे और कहाँ उनकी अन्योन्यक्रिया घटित होती है और दोनों में से कौन पहल करता है। आत्मा शरीर का एक अंग है जो दैहिक उद्देश्यों के लिए इसे काम में लाता है अथवा शरीर आत्मा का एक उपकरण है—ये अन्योन्यक्रिया के सिद्धान्त पर समान रूप से सही प्रस्थापनाएँ हैं। लांगे का संवेग का सिद्धान्त[20] यह प्रदर्शित करने की ओर प्रवृत्त है कि अन्तरक्रिया के कर्म में शरीर पहल करता है। तथापि इस सिद्धान्त का खण्डन करनेवाले तथ्य भी हैं और उन तथ्यों का यहाँ ब्योरा देना संभव नहीं है। इतना संकेत कर देना काफी है कि यदि शरीर पहल करता भी है तो संवेग के विकास की एक निश्चित अवस्था में मन एक रज़ामन्द घटक के रूप में सम्मिलित होता है और यह अन्य बाह्य उत्तेजकों (stimuli) के बारे में समान रूप से सच है जो मन पर निरन्तर प्रभाव डालते रहते हैं। कोई संवेग और अधिक विकास पायेगा अथवा कोई उत्तेजक कार्यरत रहेगा, यह इसके प्रति मेरे ध्यान देने पर निर्भर करता है। यह मन की सहमति है जो अन्ततः किसी संवेग अथवा किसी उत्तेजक की नियति तय करती है।

अतः समान्तरवाद (parallelism) और अन्तरक्रिया (interaction) दोनों असंतोषजनक हैं। तथापि मन और शरीर क्रिया में एक हो जाते हैं। जब मैं अपनी मेज़ पर से एक पुस्तक उठाता हूँ तो मेरी क्रिया एकल एवं अविभाज्य होती है। इस क्रिया में शरीर एवं मन की सहभागिता के मध्य विभाजन की कोई रेखा खींचना असंभव है। किसी तरह उन्हें एक ही प्रणाली से संबंध रखना चाहिए और क़ुरआन के अनुसार वे एक ही प्रणाली से संबंध रखते हैं।[21] "ख़ल्क (सृजन), एवं अम्र (निदेशन) उसी से संबंध रखते हैं"[22]; इस प्रकार की किसी वस्तु की संकल्पना करें तो कैसे ?

हम ज्ञात कर चुके हैं कि शरीर कोई ऐसी वस्तु नहीं जो किसी परम शून्य में स्थित हो, यह घटनाओं अथवा क्रियाओं की एक प्रणाली है। अनुभूतियों की वह प्रणाली जिसे हम आत्मा अथवा अहं कहते हैं, वह क्रियाओं की भी एक प्रणाली

है।[23] यह आत्मा और शरीर के भेद को लुप्त नहीं करती है, यह केवल उनको एक दूसरे के अधिक समीप ले आती है। अहं की विशेषता है स्वतः प्रवृत्ति; शरीर को संघटित करनेवाली क्रियाएँ स्वयं को दोहराती रहती हैं। शरीर आत्मा की संचित क्रिया अथवा आदत है। अतएव इससे पृथक्करणीय नहीं। यह चेतना का एक स्थायी तत्व है जो इस स्थायी तत्व के कारण बाहर से कोई स्थिर वस्तु प्रकट होता है। तो फिर पदार्थ क्या होता है? एक निम्न कोटि के अहं (ख़ुदियों) का उपनिवेश है जिससे एक उच्चतर कोटि का अहं आविर्भूत होता है, जब उनका साहचर्य एवं उनकी अन्योन्यक्रिया समन्वय की एक निश्चित अवस्था तक पहुँच जाते हैं। यह आत्म-निदेशन की अवस्था को प्राप्त जगत् होता है जिसमें परम यथार्थता संभवतः अपने रहस्य को उद्घाटित करती तथा अपनी परम प्रकृति के प्रति एक संकेत प्रदान करती है। यह तथ्य कि उच्चतर निम्नतर से आविर्भूत होता है, उच्चतर को इसके महत्व एवं गरिमा से वंचित नहीं कर देता। किसी वस्तु का उद्गम महत्वपूर्ण नहीं होता, उद्गामी की क्षमता, महत्ता और अन्तिम पहुँच महत्वपूर्ण होती है। यदि आत्मा के जीवन के आधार को हम पूर्णतया भौतिक मान भी लें तो इसका कदापि यह अर्थ नहीं कि उद्गामी उस चीज़ में विघटित हो सकता है जिसने इसके जन्म एवं विकास को निर्धारित किया। उद्गामी, जैसा कि उद्गामी विकासवाद (Emergent Evolution) के समर्थक हमें बताते हैं, स्वयं अपने अस्तित्व के स्तर पर एक अपूर्वज्ञेय और अनुपम तथ्य है तथा यन्त्रवादी ढंग से इसकी व्याख्या नहीं हो सकती। वस्तुतः जीवन का विकास बतलाता है कि यद्यपि आरंभ में मानसिक भौतिक से अभिभूत होता है, जैसे-जैसे मानसिक की शक्ति में वृद्धि होती है, यह भौतिक पर अभिभावी होने के लिए प्रवृत्त होता है और हो सकता है कि अन्ततः एक पूर्ण स्वाधीनता की स्थिति तक उन्नति कर जाय। किसी भौतिकता से सम्पन्न होने के अर्थ में न तो कोई विशुद्धतया भौतिक स्तर जैसी कोई वस्तु ही होती है जो कि उस सृजनात्मक संश्लेषण को, जिसे हम जीवन एवं मन कहते हैं, विकास देने में मौलिक रूप से असमर्थ होती है और जिसे सचेतन एवं मानसिक से अनुप्राणित करने के लिए एक इन्द्रियातीत ईश्वर की आवश्यकता पड़ती है। परम अहं जो कि उद्गामी का उद्गमन करता है प्रकृति में अन्तर्यामी है तथा क़ुरआन द्वारा "प्रथम एवं अन्तिम, दृश्य एवं अदृश्य"[24] के रूप में वर्णित किया गया है।

पदार्थ विषयक यह धारणा एक बहुत महत्वपूर्ण प्रश्न खड़ा कर देती है। हम देख आये हैं कि अहं कोई कठोर चीज़ नहीं है। यह स्वयं को काल में सुव्यवस्थित करता है और अपनी स्वयं की अनुभूति द्वारा विरचित तथा अनुशासित होता है। इसके अतिरिक्त यह स्पष्ट है कि कारणता की धाराएँ प्रकृति से इसमें तथा इससे प्रकृति में प्रवाहित होती हैं। तो क्या अहं अपनी स्वयं की क्रिया को निर्धारित करता है? यदि ऐसा है तो अहं का आत्म-निर्धारण दिक्कालिक पद्धति से किस प्रकार संबंधित है? क्या वैयक्तिक कारणता एक विशिष्ट प्रकार की कारणता है अथवा

प्रकृति की क्रियाविधि का केवल एक प्रच्छन्न रूप है? यह दावा किया जाता है कि दोनों प्रकार के नियतिवाद (determinism) परस्पर बहिष्कारी नहीं हैं और यह कि वैज्ञानिक प्रणाली समान रूप से मानव क्रिया के प्रति लागू होने योग्य है। मानवीय विमर्श-क्रिया (act of deliberation) अभिप्रेरकों (motives) का द्वन्द्व समझी जाती है जो अहं के वर्तमान अथवा मौरूसी क्रिया या अक्रिया के रुझानों के रूप में नहीं, प्रत्युत मन की रणभूमि में तलवारिया की तरह एक दूसरे से लड़ने वाली बहुत सारी बाह्य शक्तियों के रूप में कल्पित किये जाते हैं। तथापि अन्तिम वरण (choice) को प्रबलतम शक्ति द्वारा निर्धारित एक तथ्य समझा जाता है, न कि किसी पूर्णतया भौतिक परिणाम (effect) के समान संघर्षरत अभिप्रेरकों के परिणामी (resultant) द्वारा। परन्तु मेरा सुनिश्चित मत यह है कि यन्त्रवाद एवं स्वतन्त्रता के समर्थकों के मध्य विवाद, बौद्धिक क्रिया (intelligent action) की ग़लत धारणा से उत्पन्न होता है जिसे एक विज्ञान के रूप में, अपनी स्वयं की स्वाधीनता के प्रति असावधान, पर्यवेक्षण के लिए तथ्यों के एक विशिष्ट समुच्चय से सम्पन्न आधुनिक मनोविज्ञान, भौतिक विज्ञानों के अपने अन्धानुकरण के कारण अपनाने के लिए बाध्य था। यह धारणा कि अहं-क्रिया (ego-activity) विचारों एवं धारणाओं का एक पौर्वापर्य है जो अन्ततः संवेदनों की इकाइयों में रूपान्तरणीय है, परमाणविक भौतिकवाद का केवल दूसरा रूप है जो आधुनिक विज्ञान का आधार है। ऐसी धारणा चेतना की एक यन्त्रवादी व्याख्या के समर्थन में केवल एक प्रबल परिकल्पना को ही जन्म दे सकती थी। किन्तु यह सोचकर राहत मिलती है कि समाकृति मनोविज्ञान[25] (Configuration Psychology) के रूप में ज्ञात नव जर्मन मनोविज्ञान एक विज्ञान के रूप में मनोविज्ञान की स्वाधीनता प्राप्त करने में संभव है सफल हो जाय, जिस प्रकार संभव है कि उद्गामी विकासवाद (emergent evolution) का सिद्धान्त अन्ततः जीवविज्ञान की स्वाधीनता प्रदर्शित कर दे। यह अभिनवतर जर्मन मनोविज्ञान यह शिक्षा देता है कि बौद्धिक व्यवहार (intelligent behaviour) का एक सुविचारित अध्ययन सम्वेदनों के मात्र पौर्वापर्य के अतिरिक्त अन्तर्दृष्टि[26] के तथ्यों को प्रकट करता है। यह अन्तर्दृष्टि अहं का परिबोध है वस्तुओं के कालिक, देशिक एवं कारणात्मक संबंध का अर्थात् एक संश्लिष्ट समग्र में दित्ता (data) के चयन का, उस लक्ष्य या उद्देश्य की दृष्टि से जिसे अस्थायी रूप से अहं ने अपने सम्मुख नियत कर रखा है। उद्देश्यपरक क्रिया की अनुभूति में प्रयास का यही बोध तथा वह सफलता जिसे मैं वस्तुतः अपने लक्ष्यों तक पहुँचने में प्राप्त करता हूँ , एक वैयक्तिक कारण के रूप में मुझे अपनी कार्यसाधकता का क़ायल कर देते हैं। किसी उद्देश्यमूलक क्रिया की मूल विशेषता आगामी स्थिति की दृष्टि होती है जो दैहिकी के शब्दों में किसी व्याख्या को स्वीकार करती नहीं प्रतीत होती है। सच तो यह है कि कारणात्मक शृंखला, जिसमें हम अहं के लिए कोई स्थान ढूँढ़ने की कोशिश करते हैं, इसके अपने ही उद्देश्यों के लिए स्वयं अहं की एक कृत्रिम

व्याख्या है। अहं को एक जटिल माहौल में रहना होता है और वह इसमें अपने जीवन का निर्वाह, इसे एक ऐसी प्रणाली में परिणत किये बिना नहीं कर सकता है जो कि इसे इसके गिर्द वस्तुओं के व्यवहार के बारे में किसी प्रकार का आश्वासन प्रदान करेगी। अतः कारण एवं कार्य की प्रणाली के रूप में उसके माहौल के विषय में धारणा अहं का एक अपरिहार्य उपकरण है न कि यथार्थता की प्रकृति की कोई अन्तिम अभिव्यक्ति। वास्तव में इस ढंग से प्रकृति की व्याख्या करके अहं अपने माहौल को समझता एवं नियन्त्रित करता है तथा उसके द्वारा अपनी स्वतन्त्रता को अर्जित और विस्तृत करता है।[27]

अतः अहं की क्रिया में पथप्रदर्शन एवं निदेशात्मक नियन्त्रण का तत्व स्पष्ट रूप से सिद्ध करता है कि अहं एक स्वतंत्र वैयक्तिक कारणता है। वह परम अहं के जीवन एवं स्वतंत्रता में सम्मिलित होता है जिसने निजी पहल में समर्थ एक ससीम अहं के आविर्भाव का अवसर देकर स्वयं अपनी इच्छा-स्वातन्त्र्य की इस स्वतन्त्रता को सीमित कर दिया है। सचेतन व्यवहार की इस स्वतंत्रता का समर्थन अहं-क्रिया की उस धारणा से होता है जिसे क़ुरआन अपनाता है। ऐसी आयतें हैं जो इस बिन्दु पर पूर्णतया स्पष्ट हैं—

"और कह दो कि सच्चाई तुम्हारे ईश्वर की तरफ से है। तो जो चाहे विश्वास करे और जो चाहे इन्कार कर दे।" (18 : 29)

"यदि तुम अच्छाई करते हो तो अपने लिए ही अच्छाई करते हो, और यदि तुम बुराई करते हो तो तुम यह अपने विरुद्ध ही करते हो।" (17:7)

वास्तव में इस्लाम मानव मनोविज्ञान के एक अत्यन्त महत्वपूर्ण तथ्य को—अर्थात् स्वतन्त्र रूप से कर्म करने की शक्ति के उत्थान एवं पतन को—स्वीकार करता है तथा अहं के जीवन में एक सतत एवं अक्षत घटक के रूप में स्वतन्त्र रूप से कर्म करने की शक्ति को बरक़रार रखने के लिए व्यग्र रहता है। दैनिक उपासना जो कि क़ुरआन के अनुसार अहं को जीवन एवं स्वातन्त्र्य के परम स्रोत के संपर्क में लाकर अहं का आत्म-संयम पुनःस्थापित कर देती है, उसके समय-निर्धारण (timing) का उद्देश्य अहं को निद्रा एवं काम-काज के यान्त्रिकी प्रभाव से बचाना है। इस्लाम में उपासना यान्त्रिकता से स्वतंत्रता के प्रति अहं का पलायन है।

किन्तु इससे इन्कार नहीं किया जा सकता कि नियति (destiny) का भाव क़ुरआन में सर्वत्र पाया जाता है। यह विषय विचारणीय है, विशेषकर इसलिए कि स्पेंगलर अपनी पुस्तक 'पश्चिम का पतन' में यह सोचता प्रतीत होता है कि इस्लाम का अर्थ है अहं का पूर्ण नकार।[28] मैं तक़दीर (नियति) के विषय में अपनी धारणा, जैसा कि हम इसे क़ुरआन में पाते हैं आप को पहले ही स्पष्ट कर चुका हूँ।[29] जैसा कि स्वयं स्पेंगलर इंगित करता है, संसार को अपना बनाने के दो तरीक़े हैं। एक बौद्धिक है और दूसरा, किसी बेहतर शब्द के अभाव में हम इसे जैविक कह सकते हैं। बौद्धिक तरीक़ा संसार को कारण एवं कार्य की एक सख़्त प्रणाली के तौर पर

समझने में निहित होता है। जैविक तरीक़ा जीवन की अपरिहार्य आवश्यकता का निर्बाध स्वीकरण है जिसे एक कुल के रूप में समझा जाता है जो अपनी आन्तरिक समृद्धि को विकसित करने में आनुक्रमिक काल का सृजन करता है। सृष्टि को आत्मसात् करने का यह जैविक तरीक़ा वह चीज़ है जिसे क़ुरआन 'ईमान' के रूप में वर्णित करता है। ईमान एक निश्चित प्रकार की एक या अधिक प्रज्ञप्तियों (propositions) में मात्र निष्क्रिय विश्वास ही नहीं है, बल्कि यह एक असाधारण अनुभूति से उत्पन्न जीवन्त आश्वासन है। केवल शक्तिशाली व्यक्तित्व ही इस अनुभूति तथा इसमें निहित उच्चतर नियतिवाद (Fatalism) के योग्य होने में समर्थ होते हैं। बताया जाता है कि नैपोलियन ने कहा था, "मैं एक वस्तु हूँ, व्यक्ति नहीं।" यह एक तरीक़ा है जिसमें एकत्व-प्रवर्धक (unitive) अनुभूति स्वयं को अभिव्यक्त करती है। इस्लाम जो कि पैग़म्बर हज़रत मुहम्मद के अनुसार "मनुष्य में ईश्वरीय गुणों के सृजन में निहित होता है," उसकी धार्मिक अनुभूति के इतिहास में यह अनुभूति ऐसी सूक्तियों में अभिव्यक्ति को प्राप्त हुई है, जैसे "मैं सृजनात्मक सत्य हूँ" (हल्लाज), "मैं काल हूँ" (मुहम्मद), "मैं बोलता हुआ क़ुरआन हूँ (अली), "स्तुति मेरे लिए है" (बा यज़ीद)। इस्लाम के उच्चतर तसव्वुफ में एकत्व-प्रवर्धक अनुभूति, असीम अहं में किसी प्रकार के आत्मसात्करण द्वारा स्वयं अपनी अस्मिता मिटाता हुआ ससीम अहं नहीं; बल्कि यह असीम के स्नेहमय आलिंगन में जाता हुआ ससीम है। जैसा कि रूमी कहते हैं—

"दिव्य ज्ञान सन्त के ज्ञान में खो गया है !

"इस प्रकार की बात में विश्वास करना लोगों के लिए कैसे संभव है?"

इस मनोवृत्ति में निहित नियतिवाद अहं का नकार नहीं है जैसा कि स्पेंगलर सोचता हुआ लगता है, यह जीवन और निस्सीम शक्ति है जो किसी रुकावट को नहीं मानती, और जो मनुष्य को इस योग्य बनाती है कि जब उसके चारों ओर गोलियों की बौछार पड़ रही हो तो वह ख़ामोशी से अपनी उपासना की अदायगी कर सके।

किन्तु आप पूछेंगे कि क्या यह सच नहीं कि अनेक सदियों तक इस्लामी दुनिया में अत्यन्त अध:पतनकारी क़िस्म का नियतिवाद प्रचलित रहा है? यह सच है और अपने पीछे एक इतिहास रखता है जो एक पृथक् निरूपण की अपेक्षा करता है। यहाँ इतना संकेत कर देना काफी है कि इस्लाम के यूरोपीय आलोचक जिस प्रकार के नियतिवाद का समाहार 'क़िस्मत' शब्द में प्रस्तुत करते हैं उसका कारण अंशतः दार्शनिक चिन्तन, अंशतः राजनीतिक इष्ट-सिद्धि, और अंशतः जीवनावेग की क्रमशः क्षीण होनेवाली वह शक्ति थी, जिसे मूलतः इस्लाम ने अपने अनुयायियों को प्रदान किया था। कारण जैसा कि यह ईश्वर के प्रति लागू होता है उसके अर्थ की तलाश मे रत, तथा काल को कारण एवं कार्य के मध्य संबंध के सार (essence) के रूप में लेनेवाले दर्शन के सामने सृष्टि से पूर्व एवं इस पर बाहर से कार्यरत एक

इन्द्रियातीत ईश्वर की धारणा तक पहुँचने के अतिरिक्त कोई चारा न था। अतः ईश्वर को कारणात्मकता की श्रृंखला नें अन्तिम कड़ी के रूप में तथा सृष्टि में जो कुछ घटित होता है उस सब के एक वास्तविक प्रवर्तक के रूप में कल्पित किया गया। अब दमिश्क के अवसरवादी उमवी शासकों को व्यावहारिक भौतिकवाद की एक ऐसी खूँटी की ज़रूरत पड़ी जिस पर कि वे क़र्बला के अपने दुष्कर्मों को लटका सकें तथा किसी लोकप्रिय बग़ावत की संभावनाओं के बदले अमीर मुआविया के विद्रोह के फल सुरक्षित रख सकें। कहा जाता है कि मा'बद ने हसन बसरी से कहा था कि उमवियों ने मुसलमानों का क़त्ल किया और अपने कृत्यों को ईश्वर के हुक्म के मत्थे मढ़ दिया। हसन बसरी ने उत्तर दिया, "ईश्वर के ये शत्रु झूठे हैं" : इस प्रकार मुस्लिम धर्माचार्यों के खुल्लम-खुल्ला विरोध के बावजूद, निहित स्वार्थों के समर्थन के लिए एक नैतिक रूप से अधःपतनकारी नियतिवाद तथा "निष्पन्न तथ्य" के रूप में ज्ञात संवैधानिक सिद्धान्त का उदय हुआ। यह बिल्कुल आश्चर्यजनक नहीं। हमारे अपने युग में समाज के वर्तमान पूँजीवादी ढाँचे की अन्तिमता के समर्थन में दार्शनिकों ने एक प्रकार का बौद्धिक औचित्य प्रस्तुत किया है। परम यथार्थता के बारे में हेगेल की यह धारणा कि यह बुद्धि की एक असीमता है जिससे यथार्थ की मूलभूत युक्तिमूलकता स्थापित होती है, और ओग्यूस्त कोन्त की यह धारणा कि समाज एक अवयवसंस्थान है जिसमें प्रत्येक अंग के लिए विशिष्ट कार्य शाश्वत रूप से नियत होते हैं, इस प्रसंग में उदाहरण हैं। लगता है यही बात इस्लाम में भी हुई। लेकिन चूँकि मुसलमानों ने हमेशा अपने बदलते हुए रवैयों का औचित्य क़ुरआन में ढूँढ़ा है, यहाँ तक कि इसके साफ मतलब की क़ीमत पर भी, नियतिवादी व्याख्या ने मुस्लिम अवाम पर बहुत दूरगामी प्रभाव डाला। इस संदर्भ में मैं भ्रान्त व्याख्या के कई उदाहरण उद्धृत कर सकता था किन्तु यह विषय एक विशिष्ट निरूपण की अपेक्षा करता है और अब अनश्वरत्व के प्रश्न की ओर मुड़ने का समय है।

किसी युग ने अमरत्व (immortality) के प्रश्न पर इतना अधिक साहित्य नहीं पैदा किया है जितना कि हमारे अपने युग ने, और आधुनिक भौतिकवाद की विजयों के बावजूद यह साहित्य लगातार बढ़ता जा रहा है। किन्तु पूर्णतया तत्वमीमांसात्मक तर्क वैयक्तिक अमरत्व में हमें सच्चा विश्वास नहीं प्रदान कर सकते। मुस्लिम चिन्तन के इतिहास में इब्न-रुश्द ने एक पूर्णतया तत्वमीमांसात्मक दृष्टिकोण से अमरता के प्रश्न को हल करने की कोशिश की और मैं यह सोचने का साहस करता हूँ कि उसे किसी फल की उपलब्धि नहीं हुई। संभवतः, कुरआन में प्रयुक्त 'नफ्स' एवं 'रूह' जैसे शब्दों के कारण उसने इन्द्रिय और बुद्धि के मध्य पृथक्करण किया है। स्पष्टतः मनुष्य में दो विरोधी सिद्धांतों के मध्य द्वन्द्व का संकेत करनेवाले इन शब्दों ने इस्लाम के अनेक विचारकों को भ्रम में डाल दिया है। किन्तु यदि इब्न-रुश्द का द्वैतवाद क़ुरआन पर आधारित था तो मैं खेद से मानता हूँ कि

उसे ग़लतफ़हमी हुई थी क्योंकि 'नफ्स' शब्द क़ुरआन में किसी ऐसे तकनीकी अर्थ में प्रयुक्त नहीं लगता जैसा कि मुस्लिम धर्मशास्त्रियों ने समझ रखा था। इब्न-रुश्द के अनुसार बुद्धि शरीर का एक रूप नहीं है, इसका सम्बन्ध अस्तित्व के किसी दूसरी कोटि से है तथा यह वैयक्तिकता से परे होती है। अतएव यह एक, सार्वभौमिक एवं अनन्त होती है। स्पष्टतया इसका यह अर्थ है कि चूँकि एकात्मक बुद्धि (unitary intellect) वैयक्तिकता से श्रेष्ठतर होती है, अतः मनुष्यों के नानात्व में बहुत सारे एकत्वो के रूप में इसका प्रादुर्भाव केवल एक भ्रम है। जैसा कि रेनाँ का विचार है बुद्धि के शाश्वत एकत्व का अर्थ मानवता एवं सभ्यता का चिरस्थायित्व हो सकता है, निश्चित रूप से इसका अर्थ वैयक्तिक अमरत्व नहीं होता। वास्तव में इब्न-रुश्द की धारणा विलियम जेम्ज़ के इस विचार के समान प्रतीत होती है कि यह चेतना की एक इन्द्रियातीत प्रक्रिया (transcendental mechanism) है जो कि थोड़ी देर के लिए एक भौतिक माध्यम पर कार्यरत रहती है और तदनन्तर निरे मन-बहलाव में इसे त्याग देती है।[30]

आधुनिक युग में वैयक्तिक अमरत्व के निमित्त तर्क की पद्धति आमतौर से नैतिक है। किन्तु नैतिक तर्क जैसे कि कान्ट के थे, तथा उसके तर्कों के आधुनिक संशोधन न्याय के तक़ाज़ों की पूर्ति, अथवा असीम आदर्शों की प्राप्ति में प्रयत्नशील एक व्यक्ति के रूप में मनुष्य के अद्वितीय एवं अनुपम कार्य में एक प्रकार की आस्था पर निर्भर करते हैं। कान्ट के मत में अमरत्व परिकल्पनात्मक बुद्धि (speculative reason) के क्षेत्र से परे है, यह व्यावहारिक बुद्धि की एक अभिधारणा, मनुष्य की नैतिक चेतना की एक स्वयंसिद्धि है। मनुष्य को परम शुभ की अपेक्षा एवं तलाश है जिसमें सद्‌गुण (virtue) और सुख दोनों अन्तर्निहित हैं। किन्तु कान्ट के अनुसार सद्‌गुण एवं सुख, कर्त्तव्य एवं प्रवृत्ति विजातीय विचार हैं। उनका एकत्व इस इन्द्रियगम्य जगत् में खोजकर्त्ता के जीवन की अल्पावधि में नहीं प्राप्त हो सकता। अतः हम मनुष्य की सद्‌गुण एवं सुख की परस्पर बहिष्कारी धारणाओं के एकत्व की उत्तरोत्तर निष्पत्ति के लिए एक अनश्वर जीवन की और इस सम्मिलन को अन्ततः सम्पन्न करने के लिए ईश्वर के अस्तित्व की अधिधारणा करने के लिए बाध्य हैं। किन्तु यह स्पष्ट नहीं है कि सद्‌गुण एवं सुख की संसिद्धि को आख़िर क्यों असीम काल की ज़रूरत होती है और ईश्वर किस प्रकार परस्पर बहिष्कारी धारणाओं के मध्य सम्मिलन सम्पन्न कर सकता है। तत्वमीमांसात्मक तर्कों की इस अनिर्णयात्मकता ने अनेक विचारकों को प्रवृत्त किया कि वे स्वयं को आधुनिक भौतिकवाद की आपत्तियों का खण्डन करने तक सीमित रखें, जो यह समझते हुए कि चेतना केवल मस्तिष्क का एक कार्य है, अतएव मस्तिष्क - प्रक्रिया की समाप्ति के साथ ही इसका भी अन्त हो जाता है, अमरत्व को अस्वीकार करता है। विलियम जेम्ज़ का विचार है कि अमरता के प्रति यह आपत्ति तभी मान्य है यदि विचाराधीन 'कार्य' (function) को उत्पादनकारी समझा जा।[31] मात्र यह तथ्य कि कतिपय

शारीरिक परिवर्तनों के साथ कुछ मानसिक परिवर्तन सहवर्ती रूप से उत्पन्न हो जाते हैं, इस निष्कर्ष की वास्तविकता का विश्वास नहीं दिलाते कि मानसिक परिवर्तन शारीरिक परिवर्तनों द्वारा उत्पन्न होते हैं। कार्य (function) अनिवार्य रूप से उत्पादनकारी (productive) नहीं होता, यह एक आड़ी कमान के घोड़े अथवा परावर्तक लेन्स के कार्य की तरह अनुज्ञात्मक या सम्प्रेषक हो सकता है।[32] यह धारणा, जो कि यह संकेत करती है कि हमारे आन्तरिक जीवन का कारण मन-बहलाव की एक अल्पावधि के लिए एक भौतिक माध्यम का चयन करनेवाली चेतना की एक किस्म की इन्द्रियातीत प्रक्रिया का हमारे अन्दर परिचालन है, हमारी वास्तविक अनुभूति की अन्तर्वस्तु (content) की निरन्तरता का कोई आश्वासन नहीं प्रदान करती। भौतिकवाद का मुक़ाबला करने के उचित तरीके का संकेत मैं इन व्याख्यानों में पहले ही कर चुका हूँ।[33] विज्ञान को अनिवार्य रूप से परम यथार्थता के कतिपय विशिष्ट पहलुओं को ही अध्ययन के लिए चुनना तथा अन्यों का बहिष्कार करना होगा। इसके द्वारा चुने हुए परम यथार्थता के पहलू ही अध्ययन किये जाने योग्य हैं, यह दावा करना विज्ञान की ओर से कोरी हठधर्मिता है। निःसंदेह मनुष्य का एक देशिक पहलू है, किन्तु मनुष्य का यही एकमात्र पहलू नहीं है। मनुष्य के अन्य पहलू भी हैं जैसे मूल्यांकन, सप्रयोजन अनुभूति का एकात्मक स्वरूप और सत्य की तलाश जिसे विज्ञान को अनिवार्यतया अपने अधययन से बहिष्कृत करना पड़ेगा क्योंकि इनको समझने के लिए विज्ञान द्वारा प्रयुक्त प्रवर्गों (categories) की अपेक्षा अन्य प्रवर्गों की आवश्यकता पड़ती है।

किन्तु आधुनिक चिन्तन के इतिहास में अमरत्व के विषय में एक प्रत्यक्षवादी धारणा है, मेरा आशय नीत्शे के "शाश्वत पुनरावृत्ति" के सिद्धान्त से है। यह धारणा कुछ विचार करने योग्य है, केवल इस कारण नहीं कि नीत्शे ने एक पैग़म्बराना जोश के साथ इसका समर्थन किया है, बल्कि इस कारण भी कि यह आधुनिक मन के एक वास्तविक रुझान को प्रकट करती है। यह विचार कई दिमाग़ों में लगभग उसी समय उत्पन्न हुआ जब यह एक कवि सुलभ प्रेरणा के समान नीत्शे को आया, और उसके बीज हर्बर्ट स्पेन्सर में भी पाये जाते हैं। इसके तार्किक निरूपण की अपेक्षा वास्तव में यह इसके विचार की शक्ति थी जिसने इस आधुनिक पैगम्बर को आकर्षित किया। यह स्वयं में इस तथ्य का कुछ प्रमाण है कि मूलभूत वस्तुओं के बारे में प्रत्यक्षवादी धारणाएँ (positive views) वस्तुतः तत्वमीमांसा की अपेक्षा प्रेरणा का कार्य होती हैं। किन्तु नीत्शे ने अपने सिद्धान्त को एक सुविचारित परिकल्पना का रूप दिया है, अतः मैं समझता हूँ कि हम इसे परखने के हक़दार हैं। यह सिद्धान्त इस मान्यता पर आधारित है कि सृष्टि में ऊर्जा की मात्रा नियत है, फलतः सीमित है। दिक् केवल एक व्यक्तिनिष्ठ रूप है, इस कथन में कोई अर्थ नहीं कि जगत् दिक् में इस अर्थ में है कि यह किसी एक परम रिक्त परिशून्य में स्थित है। किन्तु अपनी काल की धारणा के सिलसिले में नीत्शे कान्ट और शोपेनहावर का

साथ छोड़ देता है। काल एक व्यक्तिनिष्ठ रूप नहीं है, यह एक वास्तविक और असीम प्रक्रिया है जो केवल 'आवधिक' तौर पर ही कल्पित की जा सकती है। अतः यह स्पष्ट है कि एक असीम रिक्त दिक् में ऊर्जा का क्षय नहीं हो सकता। इस ऊर्जा के केन्द्र संख्या में सीमित हैं और उनका संयोजन पूर्णतया परिकल्पनीय है।

इस सदा सक्रिय ऊर्जा का न आदि है न अन्त, न सन्तुलन, न प्रथम, न अन्तिम परिवर्तन। चूँकि काल असीम है अतएव ऊर्जा केन्द्रों के सभी संभाव्य संयोजन पहले से ही निःशेष हो गये हैं। सृष्टि में कोई नयी घटना घटित नहीं होती है, अभी जो कुछ घटित होता है वह इससे पूर्व असंख्य बार घटित हो चुका है और भविष्य में भी असंख्य बार घटित होता रहेगा। नीत्शे के विचार की दृष्टि से सृष्टि में घटनाओं का क्रम निश्चित एवं अपरिवर्तनीय होना चाहिए, चूँकि एक असीम काल गुज़र चुका है। अतः ऊर्जा केन्द्रों ने अब तक व्यवहार (behaviour) की कतिपय निश्चित पद्धति बना ली होगी। 'पुनरावृत्ति' (Recurrence) शब्द इसी निश्चितता को इंगित करता है, इसके अतिरिक्त हम यह निष्कर्ष निकालेंगे कि ऊर्जा केद्रों का कोई संयोजन (combination) जो एक बार घटित हो चुका है वह सदैव वापस आयेगा, अन्यथा अतिमानव (superman) की भी वापसी की कोई गारन्टी नहीं होगी।

"प्रत्येक वस्तु वापस आयी है : लुब्धक और मकड़ी, और इस क्षण तेरे विचार और यह तेरा अन्तिम विचार कि सारी चीज़ें वापस आयेंगी ······ मेरे साथी ! तेरा सम्पूर्ण जीवन रेत घड़ी के समान सदैव प्रतिवर्तित (reversed) होता और चुकता रहेगा। यह मुद्रिका जिसमें तुम केवल एक कण हो, सदैव नये सिरे से दमकती रहेगी।"

ऐसी है नीत्शे की शाश्वत पुनरावृत्ति। यह यन्त्रवाद की केवल एक और कठोर किस्म है जो किसी सुनिश्चित तथ्य पर नहीं, प्रत्युत केवल विज्ञान की कार्यकारी परिकल्पना पर आधारित है। न तो नीत्शे गंभीरतापूर्वक काल के प्रश्न का ही सामना करता है। वह इसे वस्तुगत रूप में लेता तथा इसे केवल घटनाओं की एक असीम श्रृंखला समझता है जो बार-बार स्वयं की आवृत्ति करती रहती हैं। ऐसी स्थिति में कि काल को एक सतत वृत्तीय गति (perpetual circular movement) के रूप में मान लिया गया तो वह अमरत्व को असह्य बना देता है। नीत्शे स्वयं इस बात को महसूस करता है और अपने सिद्धान्त को अमरत्व के सिद्धान्त के रूप में नहीं, प्रत्युत जीवन की एक ऐसी धारणा के रूप में वर्णित करता है जो अमरत्व को सहनीय बना देगी। और नीत्शे के अनुसार क्या चीज़ अमरता को सहनीय कर देती है? वह यह प्रत्याशा है कि ऊर्जा केन्द्रों के संयोजन की एक पुनरावृत्ति, जो कि मेरे व्यक्तिगत अस्तित्व की संरचना करती है, उस आदर्श संयोजन (combination) के जन्म में अनिवार्य घटक है जिसे वह 'अतिमानव' (Superman) कहता है। किन्तु अतिमानव (Superman) का आविर्भाव असंख्य बार पहले हो चुका है। उसका जन्म अवश्यंभावी है, यह संभावना कैसे कोई आकांक्षा प्रदान कर सकती है? हम

केवल उसी की आकांक्षा कर सकते हैं जो सर्वथा नया हो और नीत्शे की धारणा के अनुसार सर्वथा नया सोच से परे है, क्योंकि यह एक ऐसे भाग्यवाद (Fatalism) से कुछ अधिक नहीं जो 'क़िस्मत' शब्द में समाहृत भाग्यवाद से भी गया-गुज़रा है। इस प्रकार का सिद्धान्त मानव अवयवसंस्थान को जीवन के संघर्ष के लिए उत्प्रेरित करना तो दूर, इसकी कार्य-प्रवृत्तियों को नष्ट करने के लिए तत्पर रहता है तथा अहं के तनाव को शिथिल कर देता है।

अब क़ुरआन की शिक्षा की ओर चलते हैं। मनुष्य की नियति के विषय में क़ुरआनी धारणा अंशतः नैतिक, अंशतः जैविक है। अंशतः जैविक मैं इसलिए कहता हूँ क्योंकि इस सम्बन्ध में क़ुरआन एक जैविक प्रकृति के कतिपय विवरण देता है जिन्हें हम जीवन की प्रकृति में एक गहनतर अन्तर्दृष्टि के बिना नहीं समझ सकते। उदाहरणतया यह बर्ज़ख़[34] के तथ्य का उल्लेख करता है जो मृत्यु और पुनरुज्जीवन के मध्य संभवतः किसी प्रकार के स्थगन (suspense) की दशा है। पुनरुज्जीवन भी भिन्न रूप से परिकल्पित प्रतीत होता है। ईसाइयत की तरह क़ुरआन इसकी संभावना को किसी ऐतिहासिक व्यक्ति के वास्तविक पुनरुज्जीवन के साक्ष्य पर आधारित नहीं करता। यह पुनरुज्जीवन को जीवन के एक ऐसे सार्वभौम तथ्य के रूप में समझता और सिद्ध करता प्रतीत होता है, जो कुछ अर्थ में पक्षियों एवं पशुओं के बारे में भी सत्य है। (6 : 38)

वैयक्तिक अमरत्व (personal immortality) के क़ुरआनी सिद्धान्त की तफ्सील में जाने से पूर्व हमें तीन चीज़ों पर ध्यान देना होगा जो क़ुरआन से पूर्णतया स्पष्ट हैं और जिनके सम्बन्ध में न कोई मतभेद है और न होना चाहिए—

(1) यह कि अहं का काल में एक आदि है और देशिक-कालिक पद्धति (spatio-temporal order) में अपने आविर्भाव से पूर्व इसका अस्तित्व न था। यह उस आयत से स्पष्ट है, चन्द मिनट पहले जिसका मैंने हवाला दिया था।[35]

(2) यह कि क़ुरआनी धारणा के अनुसार इस धरती पर लौटने की कोई संभावना नहीं हैं। यह निम्न आयतों से स्पष्ट हो जाता है—

"जब उनमें से किसी के पास मौत आ खड़ी होती है तो वह कहता है, 'प्रभु मुझे पुनः वापस भेज दे कि मैंने जो अच्छा कार्य अधूरा छोड़ दिया था उसे कर सकूँ।' हरगिज़ नहीं। ये केवल शब्द हैं जो वह बोलेगा। किन्तु इन लोगों के पीछे एक आड़ (बर्ज़ख़) है जो उस दिन तक रहेगी जब वे पुनः उठाये जायेंगे।" (23 : 99-100)

"और चाँद की क़सम जब वह पूर्ण हो जाता है, निश्चय ही तुम एक अवस्था से दूसरी अवस्था में ले जाये जाओगे।" (84:18-19)

"जीवाणुओं को तुम पैदा करते हो? अथवा हम उसके पैदा करनेवाले हैं? हमने तुम्हारे बीच मृत्यु का आदेश दे रखा है, तथापि हमारे लिए कोई रोक नहीं कि तुम्हें तुम्हारे जैसे अन्य लोगों से बदल दें अथवा तुम्हें किसी ऐसे आकार में उत्पन्न कर दें जिसे तुम नहीं जानते—" (56 : 58-61)

(3) यह कि ससीमता कोई दुर्भाग्य नहीं है—

"निश्चय ही आसमानों में और ज़मीन में कोई नहीं है जो दयालु ईश्वर के समक्ष एक दास के रूप में न उपस्थित होगा। उसने उन्हें घेर रखा है तथा उनकी सही संख्या के साथ उन्हें गिन रखा है। और क़यामत के दिन सब उसके समक्ष एक अकेले व्यक्ति के रूप में आयेंगे।" (19 : 93-95)

यह एक बहुत महत्वपूर्ण बिन्दु है और मोक्ष के इस्लामी सिद्धान्त में एक स्पष्ट अन्तर्दृष्टि प्राप्त करने के लिए इसे ठीक से समझ लेना चाहिए। अपने अतीत के कर्म के परिणामों को स्वयं देखने तथा अपने भविष्य की संभावनाओं को आँकने के लिए अपनी वैयक्तिकता की अप्रतिस्थापनीय एकलता (irreplaceable singleness) के साथ ही ससीम अहं, असीम अहं के समीप आयेगा।

'और हमने हर मनुष्य का भाग्य उसकी गर्दन से बाँध दिया है : और क़यामत के दिन हम उसके लिए तत्काल एक किताब लायेंगे जो उसे बिल्कुल खुली हुई प्रदान की जायेगी : 'अपनी किताब पढ़ ले, आज के दिन तेरे विरुद्ध हिसाब लेने के लिए तेरे सिवाय और किसी की आवश्यकता नहीं'।" (17:13-14)

मनुष्य की अन्तिम नियति जो भी हो, इसका अर्थ वैयक्तिकता का लोप नहीं होता। क़ुरआन ससीमता से पूर्ण मुक्ति का विचार मानवीय परमानन्द की उच्चतम अवस्था के रूप में नहीं करता। मनुष्य का "अनवरत प्रतिफल"[36] निहित होता है आत्म-संयम में, उसकी क्रमशः वृद्धि में, अनूपता में तथा एक अहं के रूप में उसकी क्रिया की गहनता में। क़यामत के दिन से तत्काल पूर्ववर्ती[37] "सार्वभौमिक विनाश" का दृश्य भी एक पूर्ण विकसित अहं की पूर्ण शान्ति को प्रभावित नहीं कर सकता—

"और एक तूर्यनाद होगा, और वह सब मूर्च्छित हो जायेंगे जो आसमानों और ज़मीन में हैं, सिवाय उनके जिनके बारे में ईश्वर की इच्छा भिन्न है।" (39 : 68)

इस अपवाद का विषय कौन हो सकता है सिवाय उन व्यक्तियों के जिनमें कि अहं गहनता के उच्चतम बिन्दु तक पहुँच गया है। और इस विकास की पराकाष्ठा उस समय प्राप्त होती है जब अहं अपना पूर्ण आत्म-संयम बनाये रखने योग्य हो जाता है, यहाँ तक कि सर्व-समावेष्टी अहं के किसी साक्षात् सम्पर्क की स्थिति में भी। जैसा कि कुरआन पैग़म्बर द्वारा परम अहं के दर्शन के विषय में कहता है—

"उनकी निगाह हटी नहीं, न तो यह भटकी ही।" (53:17)

इस्लाम में यह पूर्ण मनुष्यत्व का आदर्श है। कहीं भी इसे एक फारसी शेर से बेहतर साहित्यिक अभिव्यक्ति नहीं प्राप्त हुई है जो कि ईश्वरीय ज्योति से संबंधित पवित्र पैगम्बर की अनुभूति की चर्चा करता है—

मूसा ज़ होश रफ्त बयक जल्व-ए-सिफात।
तू ऐन ज़ात मी निगरी दर तबस्सुमी[38] ॥

(परम यथार्थता की मात्र एक सतही ज्योति से मूसा के होश उड़ गये।
तूने परम यथार्थता की वास्तविकता को एक मुस्कान के साथ देख लिया॥)

सर्वेश्वरवादात्मक तसव्वुफ स्पष्टतया किसी ऐसी धारणा का समर्थन नहीं कर सकता, बल्कि वह दार्शनिक प्रकृति की कठिनाइयों का संकेत देता है। असीम और ससीम अहं परस्पर एक दूसरे को कैसे अलग कर सकते हैं? क्या ससीम अहं असीम अहं के अतिरिक्त अपनी ससीमता को इस प्रकार बनाये रख सकता है? यह कठिनाई असीम की वास्तविक प्रकृति के विषय में एक ग़लतफ़हमी पर आधारित है। वास्तविक असीमता का अर्थ असीम विस्तार नहीं जो समस्त उपलब्ध ससीम विस्तारों को समेटे बिना कल्पित नहीं किया जा सकता। इसकी प्रकृति गहनता (intensity) में निहित है, विस्तीर्णता (extensity) में नहीं, और ज्यों ही हम अपनी दृष्टि गहनता पर टिकाते हैं हमें महसूस होने लगता है कि ससीम अहं को असीम से भिन्न होना चाहिए किन्तु अलग नहीं। विस्तीर्णता के रूप में सोचिए तो मैं उस दिक्काल की प्रणाली में विलीन हो जाता हूँ, जिससे मेरा संबंध है। गहनता के तौर पर सोचिए तो मैं उसी दिक्कालिक प्रणाली को एक सामने विद्यमान 'इतर' समझता हूँ जो मेरे लिए पूर्णतया भिन्न है। मैं अपने जीवन एवं निर्वहण के लिए जिस पर निर्भर करता हूँ, उससे भिन्न भी हूँ और घनिष्टतया सम्बन्धित भी।

इन तीन बिन्दुओं को स्पष्टतया समझ लेने पर शेष सिद्धान्त को समझना आसान है। क़ुरआन के अनुसार यह मनुष्य पर है कि वह सृष्टि के अर्थ का अंग बन जाय और अमर हो जाये—

"क्या मनुष्य समझता है कि वह एक व्यर्थ चीज़ की तरह फेंक दिया जायेगा? क्या वह एकमात्र भ्रूण न था? इसके बाद वह गाढ़े रक्त में परिणत हुआ जिससे ईश्वर ने उसे निर्मित किया तथा आकार दिया, और उसे नर और मादा का युग्म बनाया। क्या ईश्वर इतना शक्तिशाली नहीं कि मृत को जीवित कर दे।" (75 : 36-40)

यह अत्यंत असंभव है कि कोई अस्तित्व जिसके विकास में लाखों वर्ष लगे हों, वह एक बेकार चीज़ की तरह फेंक दिया जायेगा। किन्तु केवल सदा विकास पाने वाले एक अहं के रूप मे ही वह सृष्टि की अर्थवत्ता से सम्बद्ध रह सकता है—

"आत्मा की और उस (ईश्वर) की क़सम जिसने इसे सन्तुलित किया है और इसे पाप और पुण्य के रास्ते दिखाये हैं, धन्य है वह जिसने इसे विकसित किया है और अभागा है वह जिसने इसे भ्रष्ट किया है।" (91 : 7-10)

किन्तु आत्मा को कैसे विकसित करें तथा किस प्रकार इसे विकार से बचायें? कर्म द्वारा—

"पवित्र है वह जिसके हाथ में बादशाही है। और सारी चीज़ों पर समर्थ है वह, जिसने मृत्यु और जीवन की सृष्टि की है यह परखने के लिए कि कर्म के लिहाज़ से तुममें कौन सर्वश्रेष्ठ है : और वह शक्तिशाली और क्षमाशील है। (67 :1-2)

जीवन अहं की क्रिया के लिए अवसर प्रदान करता है और मृत्यु अहं की सांश्लेपिक क्रिया की पहली परख है। सुखप्रद और दुःखप्रद कर्म नहीं होते, केवल

अहं को संपोषित करनेवाले तथा अहं को विलीन करनेवाले कर्म होते हैं। यह कर्म ही है जो अहं को विलयन के लिए तैयार करता अथवा भावी कैरिअर (career) के लिए अनुशासित करता है। अहं को संपोषित करनेवाले कर्म का सिद्धान्त है मेरे अन्दर अहं के अतिरिक्त दूसरों के अहं का आदर। अतः वैयक्तिक अमरत्व हमारा अधिकार नहीं है, इसे व्यक्तिगत प्रयास द्वारा प्राप्त करना होता है। मनुष्य इसके लिए केवल एक उम्मीदवार है। भौतिकवाद की अत्यंत निराशाजनक त्रुटि है यह मानना कि ससीम चेतना अपने विषय को निःशेष कर देती है। दर्शन और विज्ञान उस विषय तक पहुँचने का केवल एक रास्ता हैं। हमारे लिए उस विषय तक पहुँचने के और रास्ते खुले हैं, और यदि वर्तमान कर्म ने भौतिक विलयन से उत्पन्न होने वाले आघात के विरुद्ध अहं को पर्याप्त रूप से सुदृढ़ कर लिया है, तो मृत्यु केवल एक रास्ता है उस चीज़ का जिसे क़ुरआन 'बर्ज़ख़' के रूप में वर्णित करता है। सूफियाना अनुभूति के दस्तावेज़ बताते हैं कि बर्ज़ख़ चेतना की एक ऐसी अवस्था है जिसकी विशेषता यह है कि इसमें काल एवं दिक् के प्रति अहं की मनोवृत्ति में परिवर्तन हो जाता है। इसमें कोई असंभव बात भी नहीं। हेल्महोल्ट्ज़ (Helmholtz)[39] प्रथम व्यक्ति था जिसने यह पता लगाया कि स्नायविक उत्तेजना को चेतना तक पहुँचने में समय लगता है। यदि ऐसा है तो हमारी काल विषयक वर्तमान धारणा के मूल में हमारी वर्तमान दैहिक संरचना है और यदि अहं इस संरचना के विलयन के पश्चात् भी बना रहता है तो काल और दिक् के प्रति हमारे दृष्टिकोण में एक परिवर्तन पूर्णतया स्वाभाविक प्रतीत होता है। न तो इस प्रकार का कोई परिवर्तन हमारे लिए पूर्णतया अज्ञात वस्तु है। इन्द्रिय-संस्कारों (impressions) का अतिशय संघनन, जो कि हमारे स्वप्न-जीवन में घटित होता है, तथा स्मरण शक्ति की गहनता, जो कभी-कभी मृत्यु के समय पायी जाती है, काल के विषय में भिन्न मानदण्डों के लिए अहं की क्षमता को उद्घाटित करते हैं। अतएव बर्ज़ख़ की अवस्था प्रत्याशा की मात्र एक निष्क्रिय अवस्था नहीं प्रतीत होती, यह एक ऐसी अवस्था होती है जिसमें अहं परम यथार्थता के नूतन पहलुओं की एक झलक प्राप्त कर लेता है, तथा स्वयं को इन पहलुओं के साथ समन्वय के लिए तैयार कर लेता है। यह एक महान् मानसिक घबराहट (psychic unhingement) की अवस्था होती होगी, विशेषतया पूर्ण विकास को प्राप्त अहं के लिए जो स्वभावतया एक विशिष्ट दिक्कालिक पद्धति के आधार पर प्रक्रिया की विशिष्ट विधियाँ विकसित कर चुके होते हैं, तथा अपेक्षतया कम भाग्यशाली अहं के लिए इसका अर्थ विलयन भी हो सकता है। किन्तु अहं को तब तक संघर्षरत रहना होगा जब तक कि वह स्वयं को समेटने योग्य तथा अपना पुनरुज्जीवन प्राप्त करने योग्य न हो जाय। अतः पुनरुज्जीवन (resurrection) कोई बाह्य घटना नहीं है। यह अहं के भीतर एक जीवन-प्रक्रिया की परिपूर्ति है। वैयक्तिक हो या सार्वभौमिक, यह अहं की पूर्व उपलब्धियों तथा उसकी भावी संभावनाओं के एक प्रकार के सर्वेक्षण से कुछ अधिक

नहीं। क़ुरआन अहं के प्रथम आविर्भाव (emergence) की सदृश्यता के आधार पर उसके पुनराविर्भाव (re-emergence) के दृश्य का तर्क देता है—

"मनुष्य कहता है, 'जब मैं मर गया तो फिर क्या मैं जीवित उठाया जाऊँगा?' क्या मनुष्य को यह बात याद न रही कि हमने उसे पहले पैदा किया जब वह कुछ न था।" (19 : 66-67)

"हमने ही तुम्हारे बीच मृत्यु का आदेश दे रखा है, तथापि हमारे लिए कोई रोक नहीं कि तुम्हें तुम्हारे जैसे अन्य लोगों से बदल दें, अथवा तुम्हें किसी ऐसे आकार में उत्पन्न कर दें, जिसे तुम नहीं जानते। तुम्हें पहली पैदाइश ज्ञात है : क्या तुम सोच विचार नहीं करोगे?" (56 : 60-62)

मनुष्य का प्रथम आविर्भाव किस प्रकार हुआ? उपरोक्त अवतरण की अन्तिम आयतों में निहित अर्थगर्भित तर्क वास्तव में मुस्लिम दार्शनिकों के लिए एक नया परिदृश्य अनावृत्त कर देता है। जाहिज़ (मृत्यु 255 हिज्री) प्रथम व्यक्ति था जिसने पशु जीवन में सामान्यतया देशान्तरण एवं वातावरण द्वारा उत्पन्न परिवर्तन के प्रति संकेत किया था। "शुचिता के बन्धु" (इख्वान अल-सफा) के नाम से ज्ञात समुदाय ने जाहिज़ के विचारों को और अधिक प्रवर्धित किया। किन्तु इब्न-मस्कवैह (मृत्यु 421 हिज्री) मनुष्य की उत्पत्ति की एक स्पष्ट और अनेक लिहाज़ से एक पूर्णतया आधुनिक परिकल्पना को प्रतिपादित करनेवाला पहला मुसलमान विचारक था। यह बिल्कुल स्वाभाविक और क़ुरआन की आत्मा के पूर्णतया अनुकूल ही था कि रूमी ने अमरता को जैविक विकास से संबंधित एक प्रश्न समझा था न कि एक पूर्णतया तत्वमीमांसात्मक प्रकृति के तर्कों द्वारा सुलझाई जानेवाली एक समस्या, जैसा कि इस्लाम के कतिपय दार्शनिकों ने समझ रखा था। किन्तु जीवन के लिए आशा और उत्साह के स्थान पर विकासवाद का सिद्धान्त आधुनिक जीवन के लिए निराशा ओर चिन्ता ले आया है। इसका कारण इस अनुचित आधुनिक मान्यता में है कि मनुष्य की वर्तमान मानसिक एवं दैहिक संरचना जैविक विकास में अन्तिम शब्द है और एक जैविक घटना के रूप में समझी जानेवाली मृत्यु कोई सृजनात्मक अर्थ नहीं रखती। आशा की मनोवृत्ति को उत्पन्न करने तथा जीवन के लिए उत्साह की अग्नि को प्रज्वलित करने के लिए आज के संसार को एक रूमी की आवश्यकता है। यहाँ उनकी अप्रतिम पंक्तियों को उद्धृत किया जा सकता है—

पहले मनुष्य निरवय वस्तुओं की कोटि में प्रकट हुआ,
फिर उससे वनस्पतियों में परिवर्तित हुआ!
कई साल उसने गुज़ारे पौधों की तरह,
उसे कुछ भी न रहा याद कि कितनी भिन्न थी उसकी निरवय अवस्था।
और जब वह वानस्पतिक अवस्था से पशु-अवस्था में पहुंचा,
तो एक पौधे के रूप में उसे अपनी अवस्था का स्मरण न रहा,
सिवाय उस अनुराग के जो उसने वनस्पति-जगत् के प्रति महसूस किया,

विशेषकर वसन्त और सुन्दर पुष्पों के मौसम में।
अपनी माताओं के प्रति उन शिशुओं के अनुराग की तरह,
जो नहीं जानते स्तनों के प्रति अपने अनुराग का कारण।
फिर महान् स्रष्टा जैसा कि आप जानते हैं,
मनुष्य को पशु-अवस्था से निकालकर मानवावस्था में ले आया।
इस तरह मानव प्रकृति की एक दशा से दूसरी में गुज़रता गया,
जब तक कि न हो गया बुद्धिमान, ज्ञानी और शक्तिवान,
जैसा कि है वह आज॥
अपनी पहली आत्माओं की अब उसे कुछ याद नहीं,
अपनी वर्तमान आत्मा से वह पुनः परिवर्तित होगा।[40]"

मुस्लिम दार्शनिकों और धर्मशास्त्रियों में जिस प्रश्न ने बहुत अधिक मतभेद उत्पन्न किया है वह यह है कि क्या मनुष्य के पुनराविर्भाव में उसके पूर्व भौतिक माध्यम का पुनराविर्भाव सन्निहित है? इस्लाम के अन्तिम महान् धर्मशास्त्री शाह वली उल्लाह समेत उनमें से अधिकांश यह सोचने के लिए प्रवृत्त हैं कि अहं के नवीन वातावरण के अनुरूप इसमें कम से कम किसी प्रकार का भौतिक माध्यम समाविष्ट होता है। मुझे प्रतीत होता है कि इस धारणा का मुख्य कारण यह तथ्य है कि एक व्यक्ति के रूप में अहं बिना किसी प्रकार के स्थानीय संदर्भ अथवा अनुभवमूलक पृष्ठभूमि के अकल्पनीय है। निम्नलिखित आयतें इस बिन्दु पर कुछ रोशनी डालती हैं—

"क्या जब हम मर जायेंगे और मिट्टी हो जायेंगे तो पुनर्जीवित होंगे? ऐसी वापसी दूर है। हम जानते हैं कि उनका क्या क्या पृथ्वी खा जाती है और हमारे पास एक पुस्तक है जिसमें हिसाब दर्ज है।" (50 : 3-4)

मेरे विचार में ये आयतें स्पष्ट रूप से यह संकेत करती हैं कि सृष्टि की प्रकृति ऐसी है कि मनुष्य के वर्तमान वातावरण में जो चीज़ उसकी वैयक्तिकता को विशिष्ट करती प्रतीत होती है, उसके विघटन के पश्चात् भी मानव-कर्म के अन्तिम परिकलन के लिए जिस प्रकार की वैयक्तिकता की आवश्यकता होती हो उसको किसी अन्य ढंग से बनाये रखना इसके लिए संभव है। वह अन्य ढंग क्या है, हम नहीं जानते। न तो "द्वितीय सृष्टि[41]" की प्रकृति में हमें कोई और अधिक अन्तर्दृष्टि ही प्राप्त होती है, इसे किसी प्रकार के शरीर से संबंधित ठहराने से वह कितना ही सूक्ष्म क्यों न हो। क़ुरआन के औपम्य (analogies) इसे केवल एक तथ्य के रूप में इंगित करते हैं, उनका आशय इसकी प्रकृति एवं स्वरूप को प्रकट करना नहीं है। अतः दार्शनिक दृष्टि से हम इससे और आगे नहीं जा सकते कि मनुष्य के विगत इतिहास को देखते हुए यह अत्यंत असंभव है कि उसके शरीर के विलयन के पश्चात् उसके कैरिअर (career) का अन्त हो जायेगा।

किन्तु क़ुरआन की शिक्षा के अनुसार अहं का पुनराविर्भाव उसे एक "तीक्ष्ण दृष्टि" प्रदान कर देता है, (50 : 221) जिसके द्वारा वह आत्म-निर्मित 'भाग्य को

अपने गले के गिर्द बँधा हुआ'[42] स्पष्ट रूप से देख लेता है। स्वर्ग और नरक अवस्थाएँ हैं, स्थान नहीं। क़ुरआन में उनके वर्णन, एक आन्तरिक तथ्य अर्थात् स्वरूप के चाक्षुष निरूपण हैं।[43] क़ुरआन के शब्दों में नरक "ईश्वर की प्रज्वलित की गयी अग्नि है जो दिलों के ऊपर फैलती है"[44] — मनुष्य के रूप में व्यक्ति की असफलता का दुःखद एहसास है। स्वर्ग विघटन की शक्तियों पर विजय का आनन्द है। इस्लाम में अनन्त नरक-दण्ड जैसी कोई चीज नहीं है। स्वयं क़ुरआन ने स्पष्ट कर दिया है कि नरक से सम्बन्धित कुछ आयतों में प्रयुक्त 'अनन्तता' शब्द का अर्थ काल की केवल एक अवधि है। (78 : 23) व्यक्तित्व के विकास के विषय में काल पूर्णतया असंगत नहीं हो सकता है। चरित्र स्थायी बनने की ओर प्रवृत्त होता है, इसके पुनर्निर्माण के लिए समय की आवश्यकता पड़ती है। अतः क़ुरआन की धारणा में नरक किसी प्रतिशोधी ईश्वर द्वारा अनन्त यंत्रणा पहुँचाने का एक गर्त नहीं है[45], यह एक दोषनिवारक (corrective) अनुभूति है[46] जो एक कठोरीभूत अहं को ईश्वरीय कृपा की जीवन्त समीर के प्रति एक बार पुनः संवेदनशील बना सकती है। न तो स्वर्ग कोई अवकाश है। जीवन एक और अविच्छिन्न है। मनुष्य असीम सत्ता से, जो हर क्षण एक अभिनव महिमा में उद्भासित होती है[47], नयी ज्योति प्राप्त करने के लिए सदैव आगे बढ़ता रहता है। और ईश्वरीय ज्योति का प्राप्तिकर्त्ता मात्र एक निष्क्रिय प्राप्तिकर्ता नहीं होता। एक स्वतंत्र अहं का हर कर्म एक नयी स्थिति को जन्म देता है और इस प्रकार सृजनात्मक अभिव्यक्ति के लिए और अधिक अवसर प्रस्तुत करता है।

5

मुस्लिम संस्कृति का मूलभाव

"मुहम्मद अरबी ने सर्वोच्च स्वर्ग पर आरोहण किया और वापस लौट आये। ख़ुदा की क़सम, यदि मैं वहाँ तक पहुँचा होता तो कभी वापस न लौटता।"[1] ये एक महान् मुस्लिम सूफी अब्दुल क़ुद्दूस गंगोही के शब्द हैं। समस्त सूफी साहित्य में संभवतः ऐसे शब्द ढूँढ़ पाना कठिन है, जो एक अकेले वाक्य में पैग़म्बराना और सूफियाना क़िस्म की चेतनाओं के मध्य मनोवैज्ञानिक अन्तर के इस प्रकार के तीक्ष्ण बोध को प्रकट करते हैं। सूफी एकात्मक अनुभूति (unitary experience) की शान्ति (repose) से वापस आना नहीं चाहता और जब भी वह वापस आता है, जैसा कि उसे आना होता है, उसकी वापसी सामान्य रूप से मानवता के लिए अधिक अर्थ नहीं रखती। पैग़म्बर की वापसी सृजनात्मक होती है। इतिहास की शक्तियों को नियंत्रित करने तथा उसके द्वारा आदर्शों का एक नया संसार सृजित करने की दृष्टि से वह स्वयं को काल-प्रवाह में सन्निविष्ट कर देता है। सूफी के लिए एकात्मक अनुभूति की शान्ति कोई अन्तिम चीज़ होती है, पैग़म्बर के लिए यह उसके अन्दर मानव-जगत् के आमूल परिवर्तन के विचार से संसार को हिला देने वाली मनोवैज्ञानिक शक्तियों की जागृति होती है। पैग़म्बर में अपनी धार्मिक अनुभूति को एक जीवन्त विश्व-शक्ति में रूपान्तरित देखने की इच्छा सर्वोपरि होती है। अतः उसकी वापसी का अर्थ उसकी धार्मिक अनुभूति की महत्ता की एक प्रकार की परिणाममूलक परख होती है। अपनी सर्जनात्मक क्रिया में पैग़म्बर की इच्छा-शक्ति स्वयं को तथा मूर्त जगत् के तथ्य को, जिसमें कि वह स्वयं के विषयीकरण का प्रयास करती है, आँकती है। अपने सम्मुख अपारगम्य पदार्थ की तह तक जाने में पैग़म्बर अपने लिए स्वयं की तलाश करता तथा इतिहास-चक्षु के लिए स्वयं को अनावृत कर देता है। अतः किसी पैग़म्बर की धार्मिक अनुभूति की महत्ता को आँकने का अन्य तरीक़ा यह होगा कि यह पड़ताल करें कि उसने किस प्रकार की मनुष्यता को सृजित किया है तथा उसके संदेश की आत्मा से किस प्रकार का सांस्कृतिक जगत् प्रस्फुटित हुआ है। इस व्याख्यान में मैं स्वयं को केवल अवरोक्त तक सीमित रखना चाहता हूँ। मेरा आशय आप को ज्ञान के क्षेत्र में इस्लाम की उपलब्धियों का एक ब्यौरा देना नहीं है, बल्कि

मैं चाहता हूँ कि आप की दृष्टि इस्लामी संस्कृति की कुछ प्रभावी संकल्पनाओं पर केन्द्रित करूँ ताकि उनकी तह में विद्यमान प्रत्ययन (ideation) की प्रक्रिया में एक अन्तर्दृष्टि प्राप्त हो जाय तथा इस प्रकार उस आत्मा की एक झलक मिल जाय जिसे उन संकल्पनाओं के माध्यम से अभिव्यक्ति प्राप्त हुई। किन्तु इसके पूर्व कि मैं ऐसा करने के लिए आगे बढ़ूँ, इस्लाम की एक महान् धारणा के सांस्कृतिक महत्व को समझ लेना आवश्यक है —मेरा अभिप्राय पैग़म्बरी की संस्था की अन्तिमता (finality) से है।[2]

एक पैग़म्बर को एक ऐसी सूफियाना चेतना के रूप में परिभाषित किया जा सकता है जिसमें 'एकात्मक-अनुभूति' (unitary experience) अपनी सीमाओं से बह निकलने के लिए प्रवृत्त होती है तथा सामूहिक जीवन की शक्तियों को पुनर्निर्देशित एवं पुनर्निर्मित करने के अवसर ढूँढ़ती रहती है। उसके व्यक्तित्व में जीवन का ससीम केन्द्र स्वयं अपनी असीम गहनता में डूबता जाता है ताकि प्राचीन को नष्ट करने तथा जीवन की नयी दिशाओं को उद्घाटित करने के लिए एक नयी ऊर्जस्विता के साथ पुनः प्रकट हो। स्वयं अपने अस्तित्व के मूल के साथ यह सम्पर्क निश्चय ही मनुष्य के लिए विशिष्ट नहीं है। वास्तव में जिस अर्थ में वह्इ (प्रेरणा) शब्द क़ुरआन में प्रयुक्त हुआ है उससे सिद्ध होता है कि क़ुरआन इसे जीवन का सार्वभौम गुण समझता है, यद्यपि इसकी प्रकृति और स्वरूप जीवन के विकास की विभिन्न अवस्थाओं में भिन्न होते हैं। किसी स्थान में स्वच्छन्दतापूर्वक उगता हुआ पौधा, किसी नये माहौल के अनुकूल एक नये अंग का विकास करता हुआ जन्तु, और जीवन की आन्तरिक गहराइयों से प्रकाश प्राप्त करता हुआ मनुष्य—ये सब उदाहरण हैं प्रेरणा के, जो प्राप्तिकर्त्ता की आवश्यकताओं अथवा प्राप्तिकर्त्ता से सम्बन्धित जातिमूलों (species) की आवश्यकताओं के अनुसार घटती-बढ़ती रहती है। मानव जाति की बाल्यावस्था में मानसिक ऊर्जा वह चीज़ विकसित करती है जिसे मैं पैग़म्बरी चेतना कहता हूँ — पूर्व निष्पन्न निर्णयों, चयनों एवं कर्म की पद्धतियों की व्यवस्था द्वारा वैयक्तिक विचार एवं चयन की मितव्यता की प्रणाली। किन्तु बुद्धि एवं विवेचनात्मक मनः शक्ति के जन्म के साथ जीवन अपने ही हित में चेतना की अबौद्धिक प्रणालियों की संरचना एवं वृद्धि रोक देता है जिसके माध्यम से मानवीय विकास की पूर्ववर्ती अवस्था में मानसिक ऊर्जा प्रस्फुटित हुयी थी। मूलतः मनुष्य भावावेश (passion) एवं सहजवृत्ति (instinct) द्वारा नियन्त्रित होता है। केवल आगमनात्मक बुद्धि, जो मनुष्य को अपने माहौल का नियन्त्रक बनाती है, एक उपलब्धि है तथा जब एक बार पैदा हो जाती है तो ज्ञान की अन्य प्रणालियों की वृद्धि के अवरोधन द्वारा इसे प्रबलित करना पड़ता है। इसमें संदेह नहीं कि उस समय जब कि मनुष्य अपेक्षतया आदिम था और कमोबेश संकेत द्वारा नियन्त्रित होता था, प्राचीन दुनिया ने दर्शन की कतिपय महान् प्रणालियों को जन्म दिया था। किन्तु हमें यह नहीं भूलना चाहिए कि प्राचीन दुनिया में यह प्रणाली

संरचना अमूर्त्त चिन्तन का कार्य था जो अस्पष्ट धार्मिक विश्वासों और परम्पराओं की प्रणालीवद्धता की सीमा से बाहर नहीं जा सकती और न जीवन की मूर्त स्थितियों पर हमें कोई नियन्त्रण ही प्रदान करती है।

इस विषय को इस दृष्टिकोण से देखें तो इस्लाम के पैग़म्बर प्राचीन और आधुनिक संसार के मध्य में खड़े प्रतीत होते हैं। जहाँ तक उनकी वह्इ के स्रोत का सम्बन्ध है उनका संबंध प्राचीन जगत् से है, किन्तु जहाँ तक उनकी वह्इ की आत्मा का प्रश्न है वह आधुनिक जगत् से संबंध रखते हैं। जीवन उनमें अपनी नयी दिशा के उपयुक्त ज्ञान के अन्य स्रोतों को प्राप्त करता है। इस्लाम का जन्म, जैसा कि मैं अभी आप के इत्मीनान के लिए सिद्ध करने की आशा करता हूँ, आगमनात्मक बुद्धि का जन्म है। स्वयं अपने उन्मूलन की आवश्यकता को खोज निकालने में इस्लाम में पैग़म्बरी अपनी पूर्णता को प्राप्त होती है[3]। इसमें यह तीक्ष्ण बोध सम्मिलित है कि जीवन को सदा संदर्शक सोपानों (leading strings) में नहीं रखा जा सकता है, यह कि पूर्ण आत्म-चेतना प्राप्त करने के लिए अन्ततः मनुष्य को अपने ही सहारों पर आश्रित होना चाहिए। इस्लाम में पौरोहित्य और वंशानुगत राजतन्त्र का उन्मूलन, क़ुरआन में बुद्धि एवं अनुभूति के प्रति सतत आह्वान और मानवीय ज्ञान के स्रोतों के रूप में प्रकृति और इतिहास पर इसका ज़ोर देना सब उसी अन्तिमता की धारणा के विभिन्न पहलू हैं। किन्तु इस धारणा का यह अर्थ नहीं कि एक जैविक तथ्य के रूप में सूफियाना अनुभूति जो कि गुणात्मक रूप से पैग़म्बर की अनुभूति से भिन्न नहीं होती, अब उसका अस्तित्व समाप्त हो गया है। वास्तव में क़ुरआन 'अन्फ़ुस' (अहं - self) और 'आफ़ाक़' (जगत्) दोनों को ज्ञान के स्रोत समझता है।[4] ईश्वर अपनी निशानियाँ आन्तरिक एवं बाह्य अनुभूति में प्रकट करता है और यह मनुष्य का कर्त्तव्य है कि अनुभूति के समस्त पहलुओं की ज्ञानप्रद क्षमता को आँके। अतः अन्तिमता की धारणा का अर्थ यह नहीं समझना चाहिए कि जीवन की अन्तिम नियति बुद्धि द्वारा संवेग का पूर्ण विस्थापन है। ऐसी चीज़ न तो संभव है और न वांछनीय ही। इस धारणा का बौद्धिक महत्व यह है कि इस विश्वास को उत्पन्न करके कि आधिदैविक उद्गम (super natural origin) का दावा करनेवाले समस्त वैयक्तिक प्रामाण्य का मनुष्य के इतिहास में अन्त हो गया है, यह सूफियाना अनुभूति के प्रति एक स्वतंत्र समालोचनात्मक रुझान पैदा करने के लिए प्रवृत्त रहती है। इस प्रकार का विश्वास एक मनोवैज्ञानिक शक्ति है जो इस क़िस्म के प्रामाण्य की वृद्धि को रोकती है। इस धारणा का कार्य मनुष्य की आन्तरिक अनुभूति के क्षेत्र में ज्ञान के नये परिदृश्यों को अनावृत्त करना है। बिल्कुल वैसे जैसे कि इस्लामी कलमा के प्रथम अर्धभाग[5] ने प्रकृति की शक्तियों को उस ईश्वरीय गुण से वंचित करके जिसमे कि पूर्ववर्ती संस्कृतियों ने उसे आच्छादित कर रखा था, मनुष्य की बाह्य अनुभूति के प्रति एक पर्यवेक्षण की भावना को उत्पन्न किया एवं प्रोत्साहन दिया था। अतः अब एक मुसलमान को सूफियाना अनुभूति को, वह कितनी ही

असामान्य और अस्वाभाविक क्यों न हो, पूर्णतया स्वाभाविक अनुभूति मानना होगा जो मानवीय अनुभूति के अन्य पहलुओं की तरह विवेचनात्मक संवीक्षा (critical scrutiny) के लिए खुली होती है। यह इब्न सय्याद की आत्मिक अनुभूतियों (psychic experiences) के प्रति स्वयं पैग़म्बर के रवैए से स्पष्ट हो जाता है।[6] इस्लाम में तसव्वुफ का कार्य सूफियाना अनुभूति को प्रणालीबद्ध करना रहा है, यद्यपि यह मानना पड़ेगा कि इब्न ख़ल्दून अकेला मुसलमान था जिसने इसके प्रति एक पूर्णतया वैज्ञानिक दृष्टिकोण अपनाया था।[7]

किन्तु आन्तरिक अनुभूति मानव ज्ञान का केवल एक स्रोत है। क़ुरआन के अनुसार ज्ञान के दो अन्य स्रोत भी हैं—प्रकृति और इतिहास, और ज्ञान के इन स्रोतों का उपयोग करने में ही इस्लाम की आत्मा अपनी पराकाष्ठा पर दिखाई पड़ती है। क़ुरआन 'सूर्य', 'चन्द्रमा' और परछाइयों के बढ़ने, रात-दिन के प्रत्यावर्तन, मानवीय वर्ण एवं भाषा की विविधता, राष्ट्रों में सफलता एवं विपत्ति के दिनों के एकान्तरण, वास्तव में सम्पूर्ण प्रकृति में, जैसा कि यह मनुष्य के इन्द्रिय-बोध में प्रकट होती है, परम यथार्थता के चिह्न देखता है। और मुसलमान का कर्त्तव्य है कि इन चिह्नों पर सोच-विचार करे और उनके पास से यूँ न गुज़र जाय "जैसे कि वह मृत और अंधा है," क्योंकि "जो व्यक्ति इन चिह्नों का इस जीवन में अवलोकन नहीं करता वह आनेवाले जीवन की वास्तविकताओं को भी नहीं देख पायेगा।"[8] इस मंद बोध के साथ मिलकर कि क़ुरआन की शिक्षाओं के अनुसार सृष्टि अपनी उत्पत्ति में गत्यात्मक, ससीम एवं वृद्धि के योग्य है, मूर्त के प्रति यह आग्रह अन्ततः मुस्लिम विचारकों को यूनानी चिन्तन के विरुद्ध अन्तर्द्वन्द्व में ले आया जिसका कि अपने बौद्धिक कैरिअर (career) के आरम्भ में उन्होंने इतने अधिक उत्साह के साथ अध्ययन किया था। यह न महसूस करने के कारण कि क़ुरआन की आत्मा मूलतः क्लासिकी-विरोधी (anti-classical) है तथा यूनानी विचारकों में भरोसा रखने के कारण उनकी प्रथम अन्तःप्रेरणा यही थी कि कुरआन का यूनानी दर्शन की रोशनी में अध्ययन करें। क़ुरआन की मूर्त मनोवृत्ति तथा यूनानी दर्शन की सैद्धान्तिक प्रकृति के कारण जो कि सिद्धान्त का आनन्द लेता तथा तथ्य के प्रति लापरवाह था, इस प्रयास की असफलता अवश्यंभावी थी। उनकी असफलता के परिणामस्वरूप ही इस्लाम की संस्कृति की वास्तविक आत्मा प्रकट होती है तथा आधुनिक संस्कृति के कतिपय सर्वाधिक महत्वपूर्ण पहलुओं की नींव पड़ती है।

यूनानी दर्शन के विरुद्ध इस बौद्धिक विद्रोह ने चिन्तन के समस्त क्षेत्रों में अपनी अभिव्यक्ति की है। मुझे खेद के साथ मानना पड़ता है कि इसने जिस प्रकार स्वयं को गणित, खगोल विज्ञान और चिकित्सा विज्ञान में व्यक्त किया है उसका निरूपण करने के लिए मैं सक्षम नहीं हूँ। यह अशअरीवादियों के चिन्तन में साफ-साफ नज़र आता है, किन्तु यूनानी तर्कशास्त्र की मुस्लिम समालोचना में एक सर्वाधिक सुपरिभाषित तथ्य के रूप में प्रकट होता है। यह बिल्कुल स्वाभाविक ही

था, क्योंकि एक नितान्त सैद्धान्तिक दर्शन से असंतोष का अर्थ ज्ञान की एक अधिक विश्वसनीय प्रणाली की तलाश है। मैं समझता हूँ कि नज़्ज़ाम ही ने सबसे पहले संदेह के सिद्धान्त को समस्त ज्ञान के आरंभ के रूप में प्रतिपादित किया था। ग़ज़ाली ने अपनी पुस्तक 'धर्म के विज्ञानों का पुनरुज्जीवन' में इसे और अधिक विस्तार दिया तथा देकार्त की 'प्रणाली' (Method) के लिए मार्ग प्रशस्त किया। किन्तु ग़ज़ाली तर्कशास्त्र में आमतौर से अरस्तू के एक अनुयायी ही रहे। वह अपने 'क़िस्तास' में कतिपय क़ुरआनी तर्कों को अरस्तू के संवाक्य प्रकार (Arisotelian figures) के तौर पर प्रस्तुत करते हैं, किन्तु वह 'शुअरा' के तौर पर ज्ञात क़ुरआन की सूरत को भूल जाते हैं, जहाँ यह प्रस्थापना कि पैग़म्बरों का इन्कार करने से प्रतिफल आता है, ऐतिहासिक दृष्टांतों के सीधे-सादे विवरण की रीति से स्थापित की गयी है। यह इश्राक़ी और इब्न तैमिय्या ही थे जिन्होंने यूनानी तर्क के विधिवत् खण्डन का बीड़ा उठाया। अबू बक्र राज़ी अरस्तू के प्रथम संवाक्य प्रकार" (first figure) की आलोचना करनेवाले संभवतः पहले व्यक्ति थे और हमारे अपने युग में उनकी आपत्ति को एक पूर्णतया आगमनात्मक भाव (inductive spirit) में संकल्पित करके जॉन स्टुअर्ट मिल द्वारा पुनर्प्रतिपादित किया गया है। इब्न हज़्म अपने 'तर्क की सीमा' में ज्ञान के स्रोत के रूप में इन्द्रिय बोध पर ज़ोर देते हैं तथा इब्न तैमिय्या अपने 'तर्क का खण्डन' में यह बताते हैं कि आगमन (induction) विश्वसनीय तर्क की मात्र विधा है। इस प्रकार पर्यवेक्षण (observation) एवं प्रयोग (experiment) की प्रणाली का उदय हुआ। यह मात्र एक सैद्धान्तिक मामला न था। अलबैरूनी की वह शोध जिसे हम प्रतिक्रिया-काल (reaction-time) कहते हैं तथा अलकिन्दी की यह शोध कि संवेदन उत्तेजना (stimulus) के अनुरूप होता है, मनोविज्ञान में इसके अनुप्रयोग के उदाहरण हैं। यह मानना कि प्रयोगात्मक प्रणाली एक यूरोपीय अन्वेषण है, एक ग़लती है। ड्यूहरिंग (Duhring) हमें बताता है कि रोजर बेकन की विज्ञान विषयक परिकल्पनाएँ उसके प्रख्यात समनाम की परिकल्पनाओं की अपेक्षा अधिक ठीक और स्पष्ट हैं। और रोजर बेकन ने अपना वैज्ञानिक प्रशिक्षण कहाँ प्राप्त किया था? — स्पेन के मुस्लिम विश्वविद्यालयों में। वस्तुतः उसकी ओपस मेजस (Opus Magus) का पाँचवाँ भाग, जो 'परिप्रेक्ष्य' (perspective) से संबंधित है, वस्तुतः इब्न अलहैसम के 'प्रकाश विज्ञान' (optics) की एक प्रतिलिपि है। कुल मिलाकर पुस्तक में इसके लेखक पर इब्न हैसम के प्रभाव के साक्ष्यों का अभाव नहीं है। अपनी वैज्ञानिक प्रणाली के इस्लामी उद्‌भव को मान्यता देने में वस्तुतः यूरोप सुस्त रहा है, किन्तु अन्ततोगत्वा इस तथ्य को पूर्ण मान्यता मिल गयी है। ब्रिफाल्ट की 'मानवता का निर्माण' (Making of Humanity) से मुझे एक या दो अवतरण उद्‌धृत करने की आज्ञा दीजिए—

"ऑक्सफोर्ड स्कूल में उनके उत्तराधिकारियों की ही देख-रेख में रोजर बेकन

ने अरबी और अरबी विद्याओं का ज्ञान प्राप्त किया। न तो रोजर बेकन और न उसका समनाम प्रयोगात्मक प्रणाली को प्रवर्तित करने के श्रेय के अधिकारी हैं । रोजर बेकन मसीही यूरोप में मुस्लिम विज्ञान और प्रणाली के एक प्रचारक से अधिक न था, और यह घोषणा करने में वह कभी न थकता था कि उसके समकालीनों के लिए वास्तविक ज्ञान का मात्र साधन अरबी और अरबी विद्या थी। इस प्रकार की बहसें, कि प्रयोगमूलक प्रणाली का जनक कौन था, यूरोपीय संस्कृति के उद्‌गमों के विषय में ज़बरदस्त ग़लतबयानियों का एक अंग हैं। अरबों की प्रयोगमूलक प्रणाली बेकन के समय में दूर तक फैली हुई थी और पूरे यूरोप में उत्सुकतापूर्वक अपनायी जाती थी।" (पृ. 200-201)

"विज्ञान आधुनिक संसार के प्रति अरब सभ्यता का सर्वाधिक महत्वपूर्ण योगदान है, किन्तु उसके फल पकने में धीमे थे। मूरीय (Moorish) संस्कृति के अन्धकार में डूब जाने के बहुत बाद ही वह देव अपनी शक्ति समेत उठा जिसको इसने जन्म दिया था। यह विज्ञान न था जिसने यूरोप को पुनः अनुप्राणित किया। इस्लाम की संस्कृति के अन्य एवं बहुविध प्रभावों ने इसकी प्रथम अरुणिमा को यूरोपीय जीवन में सम्प्रेषित किया।" (पृ. 202)

"यद्यपि यूरोपीय विकास का कोई पहलू नहीं है जिसमें कि इस्लामी संस्कृति का निर्णायक प्रभाव न ढूँढ़ा जा सके, किन्तु यह कहीं भी उतना स्पष्ट और महत्वपूर्ण नहीं जितना कि उस शक्ति की उत्पत्ति में जो आधुनिक संसार की सर्वोपरि विशिष्ट शक्ति तथा इसकी सफलता के परम स्रोत का निर्माण करती है — प्राकृतिक विज्ञान और वैज्ञानिक मनोवृत्ति।" (पृ. 109)

"हमारे विज्ञान का अरबों के विज्ञान के प्रति ऋण विस्मयकारी शोधों अथवा क्रान्तिकारी सिद्धान्तों में निहित नहीं है, विज्ञान अरब-संस्कृति का बहुत कुछ और ऋणी है, अपने अस्तित्व के लिये इसका आभारी है। प्राचीन संसार, जैसा कि हमने देखा, विज्ञान के पूर्व का संसार था। यूनानियों के खगोलशास्त्र और गणितशास्त्र एक विदेशी आयात थे जो कि पूरी तरह से कभी भी यूनानी संस्कृति की ज्लवायु के अनुकूल नहीं हुए। यूनानी पद्धतिकरण, सामान्यीकरण, तथा सिद्धान्तीकरण करते थे, किन्तु अनुसंधान के अध्यवसायी तरीक़े, वस्तुनिष्ठ ज्ञान का संचयन, विज्ञान की सूक्ष्म प्रणालियाँ, ब्योरेवार और दीर्घ पर्यवक्षेण और प्रयोगात्मक शोध, यूनानी मिज़ाज के लिए बिल्कुल अजनबी थे। प्राचीन क्लासिकी जगत् में सम्पादित कार्य में केवल यूनानी सिकन्दरिया में ही कोई वैज्ञानिक निरूपण होता था। हम जिसे विज्ञान कहते हैं वह यूरोप में शोध के एक नये रुझान, अनुसंधान की नयी पद्धतियों, प्रयोग, पर्यवेक्षण, मापन की प्रणाली तथा एक ऐसे रूप में गणित के विकास के कारण उत्पन्न हुआ जो यूनानियों को अज्ञात था। यूरोपीय दुनिया में उस मनोवृत्ति और उन प्रणालियों को अरबों ने ही प्रवर्तित किया था।" (पृ. 191)

अतः मुस्लिम संस्कृति के मूलभाव (spirit) के विषय में ध्यान देने का प्रथम

महत्वपूर्ण बिन्दु यह है कि ज्ञान के उद्देश्यों के लिए यह अपनी दृष्टि मूर्त एवं ससीम पर टिकाती है। इसके अतिरिक्त यह भी स्पष्ट है कि इस्लाम में पर्यवेक्षण एवं प्रयोग की प्रणाली के जन्म का कारण यूनानी चिन्तन के साथ समझौता नहीं, प्रत्युत इसके साथ एक लम्बा युद्ध था। वास्तव में यूनानियों का प्रभाव, जो बक़ौल ब्रिफाल्ट (Briffault), मुख्यतया सिद्धान्त में दिलचस्पी रखते थे न कि तथ्य में, मुसलमानों की क़ुरआन विषयक दृष्टि को मलिन करने की ओर प्रवृत्त रहा और कम से कम दो सदियों तक व्यावहारिक अरब मिज़ाज को अपना प्रभाव डालने तथा उचित सम्मान प्राप्त करने से वंचित रखा। अतः मैं निश्चित रूप से यह ग़लतफ़हमी दूर कर देना चाहता हूँ कि किसी रूप में यूनानी चिन्तन ने मुस्लिम संस्कृति के स्वरूप को निर्धारित किया। मेरे तर्क के एक अंश से आप अवगत हो चुके हैं और शेष से शीघ्र ही अवगत हो जायेंगे।

ज्ञान की शुरूआत मूर्त से होती है। यह मूर्त्त का बौद्धिक प्रग्रहण तथा उस पर बौद्धिक शक्ति ही है जो मनुष्य की बुद्धि के लिए मूर्त की सीमा से आगे बढ़ना संभव करती है। जैसा कि क़ुरआन कहता है—

"ऐ जिनों एवं मनुष्यों के समूह ....! यदि तुम आसमानों एवं पृथ्वी की सीमाओं को पार कर सकते हो तो उन्हें पार करो। किन्तु केवल शक्ति द्वारा ही तुम उन्हें पार कर सकोगे।" (55:33)

किन्तु ससीम वस्तुओं के एक समूह के रूप में सृष्टि स्वयं को एक शुद्ध रिक्ति में अवस्थित एक प्रकार के द्वीप के रूप में प्रस्तुत करती है जिसके लिए काल, यदि इसे परस्पर एकाकी क्षणों की एक श्रृंखला माना जाय, कुछ नहीं है और कुछ नहीं करता। सृष्टि के विषय में ऐसी दृष्टि चिन्तनशील मन का कहीं पथ-प्रदर्शन नहीं करती। इन्द्रियग्राह्य दिक् और काल के प्रति किसी सीमा का विचार मन को विचलित कर देता है। ऐसा ससीम, मन की गति को रोकनेवाला एक बुत है, अथवा इसकी सीमाओं को पार करने के लिए, आनुक्रमिक काल तथा इन्द्रियग्राह्य दिक् की शुद्ध रिक्ति पर मन को क़ाबू पाना होगा। क़ुरआन कहता है, "सीमा निश्चय ही तेरे प्रभु के प्रति है।"[10] यह आयत क़ुरआन के एक सबसे गंभीर विचार को व्यक्त करती है, क्योंकि यह निश्चित रूप से यह संकेत करती है कि परम सीमा को सितारों की दिशाओं में नहीं, प्रत्युत एक असीम ब्रह्माण्डीय जीवन (cosmic life) तथा आध्यात्मिकता में ढूँढ़ना चाहिए। इस परम सीमा के प्रति बौद्धिक यात्रा लम्बी और दुष्कर है, और इस प्रयास में भी इस्लाम का चिन्तन यूनानियों से एक पूर्णतया भिन्न दिशा में गया हुआ प्रतीत होता है। जैसा कि स्पेंगलर हमें बताता है, यूनानियों का आदर्श सन्तुलन था, असीमता नहीं। अपनी सुपरिभाषित सीमाओं सहित केवल ससीम की भौतिक विद्यमानता ने ही यूनानियों के मन को तल्लीन किया। इसके विपरीत मुस्लिम संस्कृति के इतिहास में हम यह पाते हैं कि शुद्ध बुद्धि एवं धार्मिक मनोविज्ञान, इस शब्द से मेरा आशय उच्चतर तसव्वुफ है, दोनों क्षेत्रों में प्रकट

होनेवाला आदर्श असीम की प्राप्ति एवं उसका आनन्द है। इस प्रकार की मनोवृत्ति से युक्त संस्कृति में दिक् और काल का प्रश्न जीवन और मृत्यु का प्रश्न बन जाता है। दिक् और काल की समस्या ने जिस ढंग से स्वयं को मुस्लिम विचारकों, विशेषतया अशअरीवादियों के समक्ष प्रस्तुत किया उसका कुछ अन्दाज़ा मैं आप को इन व्याख्यानों में से एक में पहले दे चुका हूँ। डेमॉक्रिटस का परमाणुवाद इस्लामी दुनिया में कभी क्यों लोकप्रिय नहीं हुआ, उसका एक कारण यह है कि इसमें एक परम दिक् की मान्यता सन्निहित है। अतः अशअरीवादी विचारक एक भिन्न प्रकार का परमाणुवाद विकसित करने के लिए प्रेरित हुए और उन्होंने आधुनिक परमाणुवाद के समान रीति से इन्द्रियग्राह्य दिक् की समस्याओं पर क़ाबू पाने का प्रयास किया। गणित के प्रसंग में यह याद रखना चाहिए कि टालेमी (87 ई. से 165 ई.) के समय से लेकर नसीर तूसी (1201 ई. से 1274 ई.) के काल तक इन्द्रियग्राह्य दिक् के आधार पर यूक्लिड की समानान्तर अभिधारणा की निश्चितता को प्रदर्शित करने की कठिनाइयों पर किसी ने गंभीरता से विचार नहीं किया। यह तूसी ही था जिसने सबसे पहले उस शान्ति को भंग किया जो गणित-जगत् में एक हज़ार वर्ष तक व्याप्त रही, तथा उस अभिधारणा को सुधारने के अपने प्रयास में उसने इन्द्रियग्राह्य दिक् को त्याग देने की आवशयकता को महसूस किया। इस प्रकार उसने हमारे युग की अतिदिक् (hyperspace) गति के लिए एक आधार प्रस्तुत किया, भले ही वह कमज़ोर सही। किन्तु यह अलबैरूनी था जिसने फलन (function) की आधुनिक गणितीय धारणा की ओर अपना क़दम बढ़ाते हुए एक पूर्णतया वैज्ञानिक दृष्टिकोण से सृष्टि की स्थैतिक धारणा की अपर्याप्तता को देख लिया था। यूनानी चिन्तन से यह एक स्पष्ट अन्तर है। फलन की धारणा हमारे विश्व-चक्र में काल के तत्व को प्रस्तुत करती है। यह स्थिर को अस्थिर में बदल देती है तथा सृष्टि को एक अस्तित्व के रूप में नहीं प्रत्युत एक संभवन (becoming) के रूप में देखती है। स्पेंगलर का विचार है कि फलन की गणितीय धारणा पश्चिम का प्रतीक है जिसका कोई अन्य संस्कृति संकेत तक नहीं देती। त्रिकोण-मितीय फलन से किसी भी फलन के प्रति अलबैरूनी द्वारा न्यूटन के प्रक्षेप सिद्धान्त (formula of interpolation) के सामान्यीकरण को देखते हुए वास्तव में स्पेंगलर के दावे के पास कोई आधार नहीं है। संख्या की यूनानी संकल्पना का शुद्ध परिमाण से शुद्ध सम्बन्ध में रूपान्तरण वास्तव में अंकगणित से बीजगणित की दिशा में ख़्वारिज़्मी की गति के साथ शुरू हुआ।[11] अलबैरूनी ने उस संकल्पना की ओर एक निश्चित क़दम आगे बढ़ाया जिसे स्पेंगलर कालानुक्रमिक संख्या (Chronological number) के रूप में वर्णित करता है और जो अस्तित्व से संभवन की ओर मन के गुज़रने का सूचक है। वास्तव में यूरोपीय अंकगणित में होनेवाले नवीनतर परिवर्धन काल को इसके जीवन्त ऐतिहासिक स्वरूप से वंचित करने तथा इसे दिक् के मात्र एक प्रतिरूप में परिणत करने की ओर प्रवृत्त हैं। यही कारण है कि व्हाइटहेड की सापेक्षता की

धारणा मुसलमान विद्यार्थियों को आकर्षित करने की अधिक संभावना रखती है, बनिस्बत आइन्स्टाइन की सापेक्षता की धारणा के, जिसके सिद्धान्त में काल अपने संक्रमण के स्वरूप को खो देता है और रहस्यपूर्ण ढंग से स्वयं को निरे दिक् में परिवर्तित कर देता है।

इस्लाम में अंकगणितीय प्रगति के साथ ही साथ हम विकास की धारणा को स्वयं को धीरे-धीरे निरूपित करते हुए पाते हैं। यह जाहिज़ था जिसने सबसे पहले पक्षियों के जीवन में देशान्तरण द्वारा उत्पन्न परिवर्तनों पर ध्यान दिया। इसके पश्चात् इब्न मस्कवैह ने जो कि अलबैरूनी का एक समकालीन था, इसे एक अधिक निश्चित सिद्धान्त का रूप प्रदान किया तथा अपनी धर्मशास्त्र की पुस्तक 'अल फ़ौज़ अल असग़र' में इसे अपना लिया। यहाँ मैं उसकी विकासवादी परिकल्पना का सार प्रस्तुत कर रहा हूँ तो इसकी वैज्ञानिक महत्ता के कारण नहीं, बल्कि इसलिए कि जिस दिशा में मुस्लिम चिन्तन गति कर रहा था, यह उस पर प्रकाश डालती है।

इब्न मस्कवैह के अनुसार विकास की निम्नतम अवस्था में वनस्पति-जीवन को अपनी उत्पत्ति एवं वृद्धि के लिए किसी बीज की जरूरत नहीं होती है। न तो बीज के ज़रिये यह अपनी नस्ल को क़ायम ही रखता है। इस प्रकार का वनस्पति-जीवन खनिजों से केवल इस प्रकार भिन्न होता है कि इसमें गति की कुछ शक्ति होती है जो उच्चतर क़िस्मों में बढ़ती जाती है और स्वयं को और आगे इस प्रकार प्रकट करती है कि पौधा अपनी डालियाँ निकालता है तथा अपनी नस्ल को बीज के ज़रिये क़ायम रखता है। धीरे-धीरे गति की शक्ति और अधिक बढ़ जाती है। यहाँ तक कि हम वृक्षों तक आ जाते हैं जो तनों, पत्तियों एवं फलों से युक्त होते हैं। वनस्पति-जीवन की वे क़िस्में, जिन्हें बढ़ने के लिए बेहतर मिट्टी और जलवायु की आवश्यकता होती है, विकास की एक उच्चतर अवस्था म होती हैं। विकास की अन्तिम अवस्था अंगूर और खजूर में प्राप्त होती है जो गाया पशु-जीवन के दहलीज़ पर स्थित होते हैं। खजूर में एक स्पष्ट लिंग-भेद प्रकट हा जाता है। जड़ों एवं रेशों के अतिरिक्त यह कोई एक और चीज़ विकसित करता है जो पशु-मस्तिष्क के समान कार्य करता है तथा जिसकी अखण्डता पर खजूर का जीवन निर्भर करता है। वनस्पति-जीवन के विकास की यह उच्चतम अवस्था होती है और पशु-जीवन की एक शुरूआत भी। पशु-जीवन के प्रति पहला अग्रवर्ती क़दम धरती-बद्धमूलता (earth-rootedness) से मुक्ति है जो सचेतन गति की स्रोत होती है। पशुत्व की यह आरंभिक अवस्था होती है जिसमें स्पर्श-बोध पहले तथा दृष्टि-बोध अन्त में प्रकट होता है। इन्द्रियों के विकास के साथ पशु गति की स्वतंत्रता प्राप्त कर लेता है जैसे कीड़ों, रेंगनेवाले जानवरों, चींटियों एवं मधुमक्खियों में। पशुता अपनी पराकाष्ठा को पहुंच जाती है चौपायों में, घाड़ में, तथा पक्षियों में बाज़ में और अन्त में मनुष्यता की सीमा पर आ पहुँचती है बन्दर में, जो विकास के सोपान में मनुष्य से ठीक एक दर्जा नीचे है। इसके अतिरिक्त विवेक बुद्धि (discrimination)

एवं आध्यात्मिकता की एक बढ़ती हुई शक्ति के साथ विकास दैहिक परिवर्तन उत्पन्न करता रहता है, यहाँ तक कि मानवता बर्बरता से सभ्यता में पहुँच जाती है।[12]

किन्तु वास्तव में यह धार्मिक मनोविज्ञान ही है जो हमें दिक् एवं काल की समस्या पर दृष्टिपात करने के आधुनिक तरीक़ों के समीपतर लाता है, जैसा कि इराक़ी और ख़्वाजा मुहम्मद पारसा में। काल - स्तरणों (time-stratification) के विषय में इराक़ी की धारणा मैं पहले ही आप के समक्ष प्रस्तुत कर चुका हूँ।[13] अब मैं दिक् के विषय में उसकी धारणा का सार आप को प्रस्तुत करूँगा।

इराक़ी के अनुसार क़ुरआन की निम्न आयतों से ईश्वर के सम्बन्ध में किसी न किसी प्रकार के दिक् का अस्तित्व स्पष्ट है :

"क्या तुम नहीं जानते कि आसमानों और ज़मीन की हर चीज़ का ईश्वर को ज्ञान है। जहाँ कहीं तीन आदमी गुप्त रूप से बातचीत करते हैं वहाँ उनका चौथा ईश्वर है, पाँच हों तो उनका छठा ईश्वर है, इससे कम या अधिक जहाँ कहीं भी हों, वह उनके साथ है।" (58:7)

"तुम किसी काम में लगे हो और क़ुरआन की कोई आयत पढ़ कर सुनाते हो और तुम कोई भी काम करते हो किन्तु हम तुम्हारे साक्षी होते हैं जब तुम वह करते होते हो, और कोई कण बराबर चीज़ ज़मीन पर या आसमान में ऐसी नहीं है, न छोटी न बड़ी जो तेरे प्रभु की दृष्टि से ओझल हो और एक सुस्पष्ट किताब में दर्ज न हो।" (10:61)

"हमने मनुष्य को उत्पन्न किया और उसकी आत्मा उससे जो कानाफूसी करती है वह हम जानते हैं तथा हम उसकी ग्रीवा-शिरा से भी अधिक उसके समीप हैं।" (50:16)

परन्तु हमें यह नहीं भूलना चाहिए कि सामीप्य, सम्पर्क तथा पारस्परिक पार्थक्य शब्द जो कि भौतिक कायों के सम्बन्ध में प्रयुक्त होते हैं, वे ईश्वर के प्रति नहीं लागू होते। शरीर के साथ आत्मा के सम्पर्क के समान ईश्वरीय जीवन सम्पूर्ण सृष्टि के संसर्ग में होता है। आत्मा शरीर के अन्दर होती है न बाहर, न इससे निकट और न ही इससे अलग। तथापि शरीर के प्रत्येक अणु के साथ इसका सम्पर्क वास्तविक है और इस सम्पर्क को समझना असम्भव है, सिवाय किसी ऐसे दिक् को एक तथ्य के रूप में मान लेने के जो कि आत्मा की सूक्ष्मता के अनुरूप हो। अतः ईश्वर के जीवन के संबंध में दिक् के अस्तित्व से इन्कार नहीं किया जा सकता, किन्तु हमें चाहिए कि ऐसे दिक् को जो कि ईश्वर की निरपेक्षता का निरूपक हो, ध्यानपूर्वक परिभाषित करें। दिक् के तीन प्रकार हैं — भौतिक कायों का दिक्, अभौतिक सत्ताओं का दिक् और ईश्वर का दिक्। भौतिक कायों का दिक् फिर तीन क़िस्मों में विभक्त है। प्रथम स्थूल कायों का दिक् जिसके बारे में हम विस्तार का विधेयन करते हैं। इस दिक् में गति समय लेती है, काय अपने-अपने स्थानों को घेरे रहते हैं तथा अपने विस्थापन में रुकावट डालते हैं। दूसरे सूक्ष्म कायों — वायु एवं

ध्वनि का दिक्। इस दिक् में भी काय एक दूसरे का अवरोध करते हैं और उनकी गति का अन्दाज़ा काल के संबंध में ही हो सकता है जो कि स्थूल कायों के काल से भिन्न प्रतीत होता है। ट्यूब की वायु को निकाल देना होगा उसमें दूसरी वायु के प्रवेश करने से पहले, और स्थूल कायों के काल की तुलना में ध्वनि-तरंगों का काल वस्तुतः कुछ नहीं होता है। तीसरे, प्रकाश का दिक् है। सूर्य का प्रकाश तत्काल पृथ्वी की दूरतम सीमाओं तक पहुँच जाता है। अतः प्रकाश और ध्वनि के वेग में काल घटकर लगभग शून्य हो जाता है। इसलिए यह स्पष्ट है कि प्रकाश का दिक् वायु और ध्वनि के दिक् से भिन्न होता है। फिर भी एक इससे भी अधिक कारगर तर्क है। मोमबत्ती का प्रकाश कमरे में हर ओर बिना उसकी हवा को हटाये फैल जाता है और यह सिद्ध करता है कि प्रकाश का दिक् वायु के दिक् से अधिक सूक्ष्म होता है जिसका कि प्रकाश के दिक् में प्रवेश नहीं होता । किन्तु इन दिक् की गहरी निकटता को देखते हुए सिवाय पूर्णतया बौद्धिक विश्लेषण और आध्यात्मिक अनुभूति द्वारा एक का दूसरे से भेद करना संभव नहीं है। इसके अलावा गर्म पानी में दो विपरीत चीजें अग्नि और जल जो एक दूसरे में अन्तर्वेधन करते प्रतीत होते हैं, अपनी-अपनी प्रकृतियों की दृष्टि से एक ही दिक् में विद्यमान नहीं रह सकते। इस तथ्य की व्याख्या नहीं की जा सकती सिवाय इस कल्पना के आधार पर कि दोनों तत्वों के दिक् यद्यपि एक दूसरे से बहुत निकट हैं, तथापि परस्पर भिन्न हैं। किन्तु जबकि दूरी का तत्व पूर्णतया अविद्यमान नहीं होता प्रकाश के दिक् में पारस्परिक अवरोध की कोई संभावना नहीं रहती है। मोमबत्ती का प्रकाश केवल एक निश्चित बिन्दु तक ही पहुँच पाता है और एक सौ मोमबत्तियों के प्रकाश उसी कमरे में बिना एक दूसरे को हटाये आपस में मिल जाते हैं।

इस प्रकार विभिन्न कोटियों की सूक्ष्मता से युक्त भौतिक कायों के दिक् का वर्णन करने के पश्चात् इराक़ी दिक् की उन प्रमुख कोटियों का संक्षिप्त रूप से वर्णन करने के लिए अग्रसर होता है जिस पर विभिन्न वर्ग के अभौतिक अस्तित्व जैसे फरिश्ते कार्यरत रहते हैं। इन दिक् से दूरी का तत्व पूर्णतया अविद्यमान नहीं होता है क्योंकि यद्यपि अभौतिक अस्तित्व आसानी से पत्थर की दीवारों में से गुज़र सकते हैं किन्तु वे गति को नहीं छोड़ सकते जो कि इराक़ी के अनुसार आध्यात्मिकता में अपूर्णता का प्रमाण है। दिक् संबंधी स्वतंत्रता के सोपान के उच्चतम बिन्दु तक मानव-आत्मा पहुँचती है जो कि अपने अनूप सत्व (unique essence) में न स्थिर होती है और न गति में। इस प्रकार दिक् की असीम विविधताओं से गुज़रते हुए हम ईश्वरीय दिक् तक पहुँच जाते हैं जो समस्त आयामों (dimensions) से पूर्णतया मुक्त है तथा समस्त असीमताओं का मिलन बिन्दु होता है।

इराक़ी की धारणा के इस सारांश से आप देखेंगे कि किस प्रकार एक शिष्ट मुस्लिम सूफ़ी ने काल और दिक् की अपनी आध्यात्मिक अनुभूति को बौद्धिक रूप

से एक ऐसे युग में व्याख्यायित किया जिसे आधुनिक गणित और भौतिक शास्त्र के सिद्धान्तों एवं संकल्पनाओं का कोई ज्ञान न था। इराक़ी वास्तव में एक गतिशील प्रतीति (dynamic appearance) के रूप में दिक् की संकल्पना तक पहुँचने की कोशिश कर रहा है। उसका मन एक असीम सातत्य के रूप में दिक् की संकल्पना के साथ अस्पष्ट रूप से संघर्ष करता हुआ प्रतीत होता है, तथापि वह अपने विचार के पूर्ण निहितार्थों को महसूस करने में असमर्थ रहा। अंशतः इसलिए कि वह एक गणितज्ञ न था तथा, अंशतः एक स्थिर सृष्टि की परम्परागत अरस्तवी धारणा के पक्ष में अपने पूर्वाग्रह के कारण। इसके अतिरिक्त परम यथार्थता में 'अतिदेशिक अत्र' (super spatial 'here') तथा अति शाश्वत 'वर्तमान' (super eternal 'now') की व्याख्या दिक्काल के आधुनिक विचार का संकेत करती है जिसे प्रोफेसर ऐलिग्ज़ांडर 'दिक्काल और ईश्वर' पर अपने व्याख्यानों में समस्त वस्तुओं का उत्पत्तिस्थान मानते हैं। काल की प्रकृति नें एक तीक्ष्णतर अन्तर्दृष्टि इराक़ी को यह महसूस करने के लिए प्रेरित किये होती कि दोनों में काल अधिक आधारभूत है, और यह कहना मात्र एक रूपक नहीं जैसा कि प्रोफेसर ऐलिग्ज़ाण्डर कहते हैं कि काल दिक् का मन है। शरीर के साथ मानवीय आत्मा के सम्बन्ध के सादृश्य के आधार पर इराक़ी सृष्टि के साथ ईश्वर के संबंध की संकल्पना करता है, किन्तु अनुभूति के दिक् विषयक एवं कालिक पहलुओं की एक समीक्षा के ज़रिये दार्शनिक रूप से इस प्रतिस्थापना तक पहुँचने की बजाय वह केवल अपनी आध्यात्मिक अनुभूति के आधार पर इसकी अभिधारणा करता है। दिक् और काल को एक लुप्यमान (vanishing) बिन्दु-क्षण में परिणत करना मात्र पर्याप्त नहीं है। सृष्टि के सर्वचित्त (ommipsyche) के रूप में ईश्वर तक जो दार्शनिक मार्ग ले जाता है वह दिक्-काल के एक परम सिद्धान्त के रूप में जीवन्त विचार की गवेषणा में स्थित होता है। निःसंदेह इराक़ी के मन ने सही दिशा में गति की थी, किन्तु उसके अरस्तवी पूर्वग्रहों ने एक मनोवैज्ञानिक विश्लेपण की कमी से मिलकर उसकी प्रगति को रोक दिया था। अपनी इस धारणा के साथ कि ईश्वरीय काल पूर्णतया परिवर्तन से रहित होता है, एक ऐसी धारणा जो कि स्पष्टतया सचेतन अनुभूति के एक अपर्याप्त विश्लेषण पर आधारित थी, ईश्वरीय काल और आनुक्रमिक काल के मध्य संबंध की खोज करना और इस खोज के माध्यम से सतत सृजन की इस्लामी धारणा, जिसका अर्थ है एक वर्धमान सृष्टि, तक पहुँचना, उसके लिए संभव न था।

इस प्रकार मुस्लिम चिन्तन की सभी रेखाएँ सृष्टि की एक गत्यात्मक अवधारणा पर मिल जाती हैं। एक विकासवादी गति के रूप में इब्न मस्कवैह के जीवन विषयक सिद्धान्त तथा इब्न ख़ल्दून के इतिहास विषयक मत से यह धारणा और अधिक पुष्ट हो जाती है। क़ुरआन के अनुसार, इतिहास अथवा क़ुरआन की भाषा में 'ईश्वर के दिन' मानवीय ज्ञान का तीसरा स्रोत है। क़ुरआन की सर्वाधिक मूलभूत शिक्षाओं में से एक यह है कि राष्ट्रों की भूल या अपराध की पकड़ सामूहिक

रूप से होती है और अपने दुष्कर्मों के लिए वे इसी दुनिया में कष्ट भोगते है।[14] इस प्रस्थापना को स्थापित करने के लिए क़ुरआन निरन्तर ऐतिहासिक दृष्टान्तों का उल्लेख करता है तथा मानवता की विगत एवं वर्तमान अनुभूति पर सोच-विचार करने के लिए पाठक को प्रेरित करता है।

"इससे पहले हमने अपनी निशानियों के साथ मूसा को भेजा था तथा उससे कहा था, 'अपनी क़ौम को अंधकार से प्रकाश में लाओ और उन्हें ईश्वर के दिनों की याद दिलाओ।" निश्चय ही इसमें प्रत्येक धैर्यवान एवं कृतज्ञ व्यक्ति के लिए निशानिया हैं।" (14 : 5)

"और जिन लोगों को हमने पैदा किया उनमें एक वर्ग ऐसे लोगों का भी है जो दूसरों को सच्चाई की राह दिखाता और सच्चाई के साथ ही उनमें न्याय भी करता है। किन्तु जो लोग हमारी निशानियाँ झुठलाते हैं हम उन्हें क्रमशः ऐसे तरीक़े से तबाही की ओर ले जायेंगे कि उन्हें ख़बर तक न होगी, यद्यपि हम उन्हें ढील देते हैं, निश्चय ही हमारी युक्ति अचूक है।" (181 : 183)

"तुम्हारे समय से पहले ही पूर्वोदाहरण बनाये गये हैं। दुनिया की सैर करो ओर देखो कि जो लोग ईश्वर की निशानियों को झुठलाते हैं उनका क्या परिणाम हुआ। " (3:137)

"यदि तुम्हें चोट लगी है तो इससे पहले वैसी ही चोट दूसरों को भी लग चुकी है, हम हार-जीत के दिनों को लोगों में फिराते रहते हैं।" (3 : 140)

"हर राष्ट्र की एक निश्चित अवधि होती है।" (7 : 34)

अन्तिम आयत वस्तुतः एक अधिक विशिष्ट ऐतिहासिक सामान्यीकरण का उदाहरण है जो अपने सूक्तिपूर्ण निरूपण के माध्यम से अवयवसंस्थानों के रूप में समझे जानेवाले मानवीय समाजों के एक वैज्ञानिक निरूपण की संभावना का संकेत करती है। अतः यह सोचना कि क़ुरआन के पास किसी ऐतिहासिक सिद्धान्त का कोई स्रोत नहीं है, एक भारी भूल है। सच तो यह है कि इब्न ख़ल्दून के 'मुक़द्दिमः' के समग्र विचार-प्रभाव का मुख्य कारण वह प्रेरणा प्रतीत होती है जिसे लेखक ने क़ुरआन से प्राप्त किया होगा। चरित्र विषयक अपने विवेचनों में भी वह कम मात्रा में क़ुरआन का ऋणी नहीं है। एक राष्ट्र के रूप में अरबों के चरित्र के मूल्यांकन से संबंधित उसका दीर्घ अनुच्छेद इस प्रसंग में एक उदाहरण है। पूरा अनुच्छेद क़ुरआन की निम्न आयतों का मात्र एक विस्तारण है—

"रेगिस्तान के अरब अविश्वास और कपटाचार में सबसे अधिक सख्त हैं, और इसकी अधिक संभावना है कि वे धर्म के इन विधानों से अनभिज्ञ हों जो ईश्वर ने अपने पैग़म्बर पर अवतरित किया है, ईश्वर ज्ञानी एवं विवेकी है।"

"रेगिस्तान के अरबों में कुछ ऐसे लोग हैं कि जो कुछ ईश्वर की राह में ख़र्च करते हैं उसे जुर्माना समझते हैं और इस प्रतीक्षा में रहते हैं कि तुम पर कोई गर्दिश आ जाये, बुरी गर्दिश उन पर आयेगी। ईश्वर सुननेवाला और जानने वाला है।"

(9: 97-98)

किन्तु इतिहास में, जिसे कि मानवीय ज्ञान का स्रोत माना गया है, क़ुरआन की दिलचस्पी ऐतिहासिक सामान्यीकरण के संकेतों से कहीं आगे बढ़ जाती है। इसने हमें ऐतिहासिक समालोचना (historical criticism) का एक सर्वाधिक मूलभूत सिद्धान्त प्रदान किया है। चूँकि तथ्यों के दर्ज करने की परिशुद्धता, जो कि इतिहास की सामग्री का अंगीभूत होती है, एक विज्ञान के रूप में इतिहास की एक अनिवार्य शर्त है, और तथ्यों का एक सही ज्ञान अन्ततः उन लोगों पर निर्भर करता है जो उनकी सूचना देते हैं, अतः ऐतिहासिक समालोचना का प्रथम सिद्धान्त यह है कि सूचना देने वाले का व्यक्तिगत चरित्र उसके साक्ष्य को आँकने में एक महत्वपूर्ण तत्व है। क़ुरआन कहता है :

"ऐ ईमान वालो। तुम्हारे पास यदि कोई बुरा व्यक्ति कोई सूचना लाये तो उसकी तुरन्त छानबीन कर लिया करो।" (49 : 6)

पैग़म्बर हज़रत मुहम्मद की हदीसों के संवाददाताओं के सिलसिले में इस आयत में व्यक्त सिद्धान्त का यह अनुप्रयोग ही है जिससे ऐतिहासिक समालोचना के सिद्धान्त क्रमशः विकसित किये गये। इस्लाम में ऐतिहासिक बोध का विकास एक आकर्षक विषय है। अनुभूति के प्रति क़ुरआनी आग्रह, पैग़म्बर के सही कथनों का पता लगाने की आवश्यकता और भावी पीढ़ियों के लिए प्रेरणा के स्थायी स्रोतों के उपलब्ध कराने की अभिलाषा, इन सारी शक्तियों ने इब्न इस्हाक़[15] तबरी[16] और मसूदी[17] जैसे व्यक्तियों को उत्पन्न करने में योगदान दिया। किन्तु पाठक की कल्पना को अनुप्राणित करने की एक कला के रूप में इतिहास, एक प्रामाणिक विज्ञान के रूप में इतिहास के विकास में मात्र एक अवस्था है। इतिहास के एक वैज्ञानिक निरूपण की संभवना का अर्थ है एक विस्तृततर अनुभूति, व्यावहारिक बुद्धि की एक और अधिक परिपक्वता, और अन्त में जीवन एवं काल की प्रकृति के सम्बन्ध में कतिपय मौलिक विचारों की एक पूर्णतर चरितार्थता। ये विचार मुख्यतया दो हैं तथा दोनों क़ुरआन की शिक्षा के मूलाधार हैं—

1. मानवीय उत्पत्ति का एकत्व: क़ुरआन कहता है, "और हमने तुम्हें एक प्राणोच्छ्वास से उत्पन्न किया है।"[18] किन्तु एक अवयवीय एकत्व के रूप में जीवन का बोध एक दीर्घसूत्री उपलब्धि है तथा अपनी वृद्धि के लिए किसी राष्ट्र की विश्व-घटनाओं की मुख्य धारा में प्रवेश पर निर्भर करता है। इस्लाम को यह अवसर एक विस्तृत साम्राज्य के त्वरित विकास से प्राप्त हुआ। निःसंदेह इस्लाम से बहुत पहले ईसाइयत ने मानवता को समता का संदेश पहुँचाया था, किन्तु ईसाई रोम एक एकाकी अवयवसंस्थान के रूप में मानवता के विचार के पूर्ण बोध की सामर्थ्य नहीं जगा सका। फ्लिंट ठीक ही कहता है, "किसी ईसाई लेखक को और निःसंदेह न तो रोमन साम्राज्य में किसी और को मानवीय एकता की एक सामान्य एवं अमूर्त संकल्पना से अधिक से सम्पन्न होने का श्रेय दिया जा सकता है।" ऐसा

प्रतीत होता है कि रोमन युग से अब तक यूरोप में इस विचार की गहनता तथा इसके दृढ़ीकरण में अधिक वृद्धि नहीं हुई है। इसके विपरीत राष्ट्रीय विशिष्टताओं पर ज़ोर देने के साथ वास्तव में राजक्षेत्रीय राष्ट्रीयता (territorial nationalism) की वृद्धि, यूरोप की कला और साहित्य के वृहद् तत्वों को नष्ट करने की ओर प्रवृत्त रही है। इस्लाम के साथ यह मामला बिल्कुल विपरीत रहा। यहाँ यह विचार न तो दर्शन की एक संकल्पना था और न एक काव्य-स्वप्न। एक सामाजिक आन्दोलन के रूप में इस्लाम का उद्देश्य इस विचार को मुसलमान के दैनिक जीवन में एक जीवन्त तत्व बनाना तथा शान्त एवं अगोचर रूप से पूर्णतर सिद्धि की ओर ले जाना था।

2. काल की यथार्थता का एक तीव्र बोध और काल में एक अविच्छिन्न गति के रूप में जीवन की अवधारणा : जीवन और काल की यही संकल्पना इब्न ख़ल्दून की इतिहास विषयक धारणा में दिलचस्पी का मुख्य बिन्दु है, तथा जो फ्लिंट की इस प्रशस्ति को औचित्यपूर्ण ठहराता है कि "प्लेटो, अरस्तू और अगस्टाइन उसके समकक्ष नहीं थे और दूसरे तो उसके साथ चर्चा किये जाने के अयोग्य थे।"[19] ऊपर मैंने जो टिप्पणी की है उससे मेरा आशय इब्न ख़ल्दून की मौलिकता पर संदेह करना नहीं है। मेरे कहने का अर्थ यह है कि उस दिशा को देखते हुए जिसमें कि इस्लाम की संस्कृति ने स्वयं को प्रकट किया था, केवल एक मुसलमान ही इतिहास को एक अविच्छिन्न, सामूहिक गति, काल में एक वास्तविक अपरिहार्य परिणाम के रूप में समझ सकता था। इतिहास विषयक इस धारणा में दिलचस्पी का बिन्दु वह पद्धति है जिसके अन्तर्गत इब्न ख़ल्दून परिवर्तन की प्रक्रिया की संकल्पना करता है। काल में एक अविच्छिन्न गति के रूप में इतिहास एक वास्तविक सृजनात्मक गति है, न कि एक ऐसी गति जिसका मार्ग पहले ही निश्चित है, इस निहितार्थ के कारण उसकी अवधारणा असीम महत्व की है। इब्न ख़ल्दून तत्वमीमांसक न था। वास्तव में वह तत्वमीमांसा का विरोधी था। किन्तु अपनी काल विषयक संकल्पना की प्रकृति के कारण उसे उचित रूप से बर्गसाँ का एक पूर्वगामी माना जा सकता है। इस्लाम के सांस्कृतिक इतिहास में इस अवधारणा के बौद्धिक पूर्ववृत्तों (intellectual antecedents) की मैं पहले ही विवेचना कर चुका हूँ। क़ुरआन की यह धारणा कि "रात-दिन का प्रत्यावर्तन परम यथार्थता का प्रतीक है"[20] जो "हर क्षण एक नयी द्युति में प्रकट होती है"[21], मुस्लिम तत्वमीमांसा में काल को एक वस्तुगत तथ्य के रूप में मानने की प्रवृत्ति, विकासवादी गति के रूप में इब्न मस्कवैह की जीवन विषयक धारणा, और अन्त में संभवन की एक प्रक्रिया के रूप में प्रकृति की परिकल्पना के प्रति अलबैरूनी का एक निश्चित दृष्टिकोण—यह सब इब्न ख़ल्दून की बौद्धिक विरासत का अंग था। उसका मुख्य गुण उस सांस्कृतिक आन्दोलन के वास्तविक अभिप्राय के उसके तीव्र बोध तथा उसके प्रति उसकी विधिवत अभिव्यक्ति में है, जिसकी कि वह एक परम प्रतिभाशाली उपज था। इस प्रतिभावान

व्यक्ति की कृति में क़ुरआन की क्लासिकी-विरोधी मनोवृत्ति यूनानी चिन्तन पर अपनी विजय प्राप्त करती है, क्योंकि यूनानियों के अनुसार काल या तो अवास्तविक था जैसा कि प्लेटो और ज़ेनो का विचार था, अथवा वह एक चक्र में गति करता था जैसा कि हेराक्लिटस और स्टोइकों की धारणा थी। किसी सृजनात्मक गति के अग्रगामी चरणों के मूल्यांकन के जो भी प्रतिमान हों, यदि इसे वृत्तीय रूप में कल्पित किया जाय, तो स्वयं गति सर्जनात्मकता से च्युत हो जाती है। शाश्वत प्रत्यागमन (eternal recurrence) शाश्वत सृजन नहीं, यह शाश्वत पुनरावृत्ति है।

अब हम यूनानी दर्शन के विरुद्ध इस्लाम के बौद्धिक विद्रोह की वास्तविक महत्ता को समझने की स्थिति में हैं। यह तथ्य कि इस विद्रोह का उद्भव एक पूर्णतया धर्मशास्त्रीय हित में हुआ है, यह सिद्ध करता है कि उन लोगों के बावजूद जो कि इस्लाम की व्याख्या यूनानी चिन्तन की रोशनी में करने की इच्छा से प्रवृत्त हुए थे, क़ुरआन की क्लासिक्ल-विरोधी (anti-classical) मनोवृत्ति ने स्वयं की अभिपुष्टि की।

अभी स्पेंगलर की व्यापक रूप से पढ़ी जानेवाली पुस्तक 'पश्चिम का पतन' द्वारा उत्पन्न एक गंभीर ग़लतफहमी का निराकरण बाक़ी है। अरबी संस्कृति की समस्या का निरूपण करनेवाले उसके दो अध्याय एशिया के सांस्कृतिक इतिहास के प्रति अत्यंत महत्वपूर्ण योगदान हैं। किन्तु वे एक धार्मिक आन्दोलन के रूप में इस्लाम की प्रकृति और इसके द्वारा प्रवर्तित सांस्कृतिक गतिविधि के प्रति एक भ्रान्त अवधारणा पर आधारित हैं। स्पेंगलर की मुख्य अभिधारणा यह है कि हर संस्कृति एक विशिष्ट अवयवसंस्थान होती है और उन संस्कृतियों से इसका कोई सम्पर्क-विन्दु नहीं होता जो ऐतिहासिक रूप से इसकी पूर्ववर्ती अथवा परवर्ती होती हैं। वस्तुतः उसके अनुसार वस्तुओं पर दृष्टिपात करने की प्रत्येक संस्कृति की अपनी विशिष्ट रीति होती है, जो किसी अन्य संस्कृति से संबंधित व्यक्तियों के लिए पूर्णतया अगम्य होती है। इस अभिधारणा को सिद्ध करने की अपनी आतुरता में वह तथ्यों एवं व्याख्यायों का एक ज़बरदस्त अंबार खड़ा कर देता है, यह प्रदर्शित करने के लिए कि यूरोपीय संस्कृति की मनोवृत्ति पूर्णतया क्लासिकल विरोधी (anti-classical) है। और यूरोपीय संस्कृति की यह क्लासिक विरोधी मनोवृत्ति यूरोप की विशिष्ट प्रतिभा (specific genius) के कारण है न कि किसी ऐसी प्रेरणा के कारण जो उसने इस्लामिक संस्कृति से प्राप्त किया हो, जो कि स्पेंगलर के अनुसार मनोवृत्ति एवं स्वरूप में पूर्णतया मजूसी (Magian) है। मेरे मत में स्पेंगलर की आधुनिक संस्कृति की धारणा बिल्कुल सही है। किन्तु इन व्याख्यानों में मैंने यह सिद्ध करने का प्रयास किया है कि आधुनिक विश्व की क्लासिकल विरोधी मनोवृत्ति वास्तव में यूनानी चिन्तन के विरुद्ध इस्लाम के विद्रोह से उत्पन्न हुई है। यह स्पष्ट है कि ऐसा मत स्पेंगलर के लिए स्वीकार्य नहीं हो सकता, क्योंकि यदि यह सिद्ध करना संभव

हो कि आधुनिक संस्कृति की क्लासिकल विरोधी मनोवृत्ति का कारण वह प्रेरणा है जिसे इसने तत्काल पूर्वगामी संस्कृति से प्राप्त किया था, तो सांस्कृतिक विकासों की पूर्ण पारस्परिक स्वतंत्रता से संबंधित स्पेंगलर का सारा तर्क धराशायी हो जायेगा। मुझे खेद से मानना पड़ता है कि इस अभिधारणा को सिद्ध करने की स्पेंगलर की आतुरता ने एक सांस्कृतिक आन्दोलन के रूप में इस्लाम के विषय में उसकी दृष्टि को पूर्णतया विकृत कर दिया है।

'मजसूी संस्कृति' (Magian culture) से स्पेंगलर का आशय वह मिली जुली संस्कृति है जो उसके अनुसार मजूसी धर्म समूह यहूदियत, प्राचीन कल्दानी धर्म, आरंभिक ईसाइयत, जरथ्रुस्त धर्म और इस्लाम से संबंधित है। मैं इससे इन्कार नहीं करता कि इस्लाम के ऊपर एक मजूसी आवरण चढ़ गया है। वास्तव में इन व्याख्यानों में मेरा मुख्य उद्देश्य अपने मजूसी आवरणों से मुक्त इस्लाम की आत्मा के प्रति एक दृष्टि प्राप्त करना रहा है, क्योंकि मेरे विचार में इन आवरणों ने स्पेंगलर को गुमराह कर दिया है। काल की समस्या के विषय में मुस्लिम चिन्तन की उसकी अनभिज्ञता, साथ ही उस पद्धति की भी जिसके अन्तर्गत कि अनुभूति के एक स्वतन्त्र केन्द्र के रूप में 'मैं' ने इस्लाम की धार्मिक अनुभूति में अभिव्यक्ति पायी है, बिल्कुल विस्मयकारी है। मुस्लिम चिन्तन और अनुभूति से रोशनी की तलाश करने के बजाय, काल के आदि और अन्त से संबंधित अपने निर्णय को वह आम विश्वासों पर आधारित करता है। ज़रा सोचिए कि एक दुर्दम्य विद्वता का व्यक्ति इस्लाम के तथाकथित नियतिवाद के लिए "काल की छलाँग" और "हर चीज़ का एक काल है" जैसी प्राच्य उक्तियों एवं कहावतों में समर्थन ढूँढ़ता है। बहरहाल इस्लाम में काल की अवधारणा की उत्पत्ति एवं विकास तथा एक स्वतंत्र शक्ति के रूप में मानवीय अहं के बारे में इन व्याख्यानों में मैं बहुत कुछ कह चुका हूँ। स्पष्ट है कि स्पेंगलर की इस्लाम की धारणा तथा इससे उत्पन्न होनेवाली संस्कृति की पूर्ण जाँच-पड़ताल के लिए एक पूरी पुस्तक की ज़रूरत होगी। पहले मैं जो कुछ कह चुका हूँ उसके अतिरिक्त मैं यहाँ सामान्य क़िस्म की एक और टिप्पणी प्रस्तुत करूँगा।

"स्पेंगलर का कहना है कि "पैग़म्बरी शिक्षाओं का मूल पहले से ही मजूसी है। एक ईश्वर है—उसे यहोवा कहिए, अहुरमज्द या मर्दूक बाल—जो कि शुभ का सिद्धान्त है, तथा अन्य समस्त देवतागण या तो असमर्थ हैं या अशुभ। इस सिद्धान्त के साथ एक मसीहा की आशा जुड़ गयी जो यसूअ में बिल्कुल स्पष्ट है और जो एक आन्तरिक आवश्यकता के दबाव के अन्तर्गत आगामी सदियों के दौरान हर जगह प्रस्फुटित होती रही। यह मजूसी धर्म का मौलिक विचार है क्योंकि इसमें निर्विवाद रूप से शुभ और अशुभ के मध्य विश्व के ऐतिहासिक संघर्ष की अवधारणा सन्निहित है जिसके अन्तर्गत बीच की अवधि में अशुभ की शक्ति हावी रहती है और अन्ततः क़यामत के दिन शुभ विजयी होता है।" यदि पैग़म्बरी शिक्षा की इस धारणा का प्रयोजन इस्लाम के प्रति इसका लागू होना है तो यह एक मिथ्या निरूपण है। ध्यान

देने की बात यह है कि मजूसी झूठे ख़ुदाओं के अस्तित्व को मानते थे, केवल वे उनकी उपासना नहीं करते थे। इस्लाम झूठे ख़ुदाओं के अस्तित्व से ही इन्कार करता है। इस सम्बन्ध में स्पेंगलर इस्लाम में पैग़म्बरी की अन्तिमता की धारणा के सांस्कृतिक महत्व को समझने में असफल रहा है। निःसंदेह मजूसी संस्कृति की एक महत्वपूर्ण विशेषता है प्रत्याशा की एक सतत मनोवृत्ति, ज़रथुस्त के अजन्मे पुत्रों, चौथी इन्जील के मसीह, या पैराक्लीट के आगमन की लगातार प्रत्याशा। मैं पहले ही उस दिशा की ओर संकेत कर चुका हूँ जिसके अन्तर्गत इस्लाम के विद्यार्थी को इस्लाम में अन्तिमता के सिद्धान्त के सांस्कृतिक अर्थ की तलाश करनी चाहिए। इसके अतिरिक्त इसे निरन्तर प्रत्याशा की मजूसी मनोवृत्ति का एक मनोवैज्ञानिक इलाज समझना चाहिए जो इतिहास की एक ग़लत धारणा प्रदान करने की ओर प्रवृत्त होती है। इतिहास के विषय में स्वयं अपनी धारणा के वास्तविक अभिप्राय को देखते हुए इब्न ख़ल्दून ने इस्लाम में मौलिक मजूसी विचार से मिलते-जुलते, कम से कम अपने मनोवैज्ञानिक प्रभावों में, किसी विचार के तथाकथित इल्हामी आधार की पूर्णरूपेण आलोचना की है और मैं समझता हूँ कि अन्ततः उसे ध्वस्त कर दिया है जो मजूसी चिन्तन के प्रभाव के अन्तर्गत इस्लाम में पुनः प्रकट हो गया था।

6
इस्लाम की संरचना में गति का सिद्धान्त

एक सांस्कृतिक आन्दोलन के रूप में इस्लाम सृष्टि की प्राचीन स्थैतिक धारणा अस्वीकार कर एक गत्यात्मक धारणा अंगीकार करता है। एकीकरण की एक भावनात्मक प्रणाली के रूप में वह व्यक्ति के महत्व को मान्यता देता है, तथा मानव एकता के आधार के रूप में रक्त-संबंध को अस्वीकृत करता है। रक्त-सम्बन्ध धरतीमूलबद्धता (earth-rootedness) है। मानव एकता के एक पूर्णतया मनोवैज्ञानिक आधार की खोज केवल इस बोध के साथ संभव है कि समस्त जीवन अपनी उत्पत्ति में आध्यात्मिक है।[1] इस प्रकार का बोध नयी निष्ठाओं का सर्जक है जिन्हें जीवित रखने के लिए किसी अनुष्ठान की आवश्यकता नहीं पड़ती और यह मनुष्य के लिए संभव करता है कि वह धरती से स्वयं को मुक्त करे। ईसाई धर्म को, जो कि मूलतः एक मठवासीय पद्धति के रूप में आविर्भूत हुआ था, कॉन्स्टैन्टाइन[2] ने एकीकरण की एक प्रणाली के रूप में आज़माया था। इस प्रकार की एक प्रणाली के रूप में कार्य करने की इसकी असफलता ने सम्राट जूलियन[3] को रोम के प्राचीन देवताओं की ओर लौटने के लिए बाध्य किया, जिन पर कि उसने दार्शनिक व्याख्याएँ आरोपित करने का प्रयास किया। सभ्यता के एक आधुनिक इतिहासकार ने इतिहास के मंच पर इस्लाम के उदय के समय सभ्य जगत् की दशा का इस प्रकार वर्णन किया है—

"उस समय ऐसा प्रतीत होता था कि वह महान् सभ्यता, जिसके निर्माण में चार हज़ार वर्ष लगे थे, विघटन के समीप थी, और बर्बरता की उस अवस्था में मानवता के लौट आने की संभावना थी जहाँ हर क़बीला और गिरोह दूसरे क़बीले और गिरोह के विरुद्ध था और क़ानून और व्यवस्था अज्ञात थे। पुराने क़बाइली नियम अपना प्रभाव खो चुके थे। अतः पुराने शाही तरीक़े अब लागू नहीं हो सकते थे। ईसाई धर्म द्वारा सृजित नये नियम एकता और व्यवस्था के स्थान पर अलगाव और विनाश पैदा कर रहे थे। यह दारुण विपत्ति से परिपूर्ण काल था। सभ्यता एक विराट वृक्ष के समान डगमगाती खड़ी थी जिसके पर्णसमूह विश्व के ऊपर मेहराब-सी बनाये हुए थे, और जिसकी डालियों ने कला, विज्ञान और साहित्य के स्वर्णिम फल धारण किये थे, अब इसका तना श्रद्धा और आदर के प्रवाहमय रस के

साथ जीवित न था, प्रत्युत अन्दर से जीर्ण-शीर्ण, युद्ध के तूफानों से विदीर्ण हो चला था और केवल प्राचीन रस्मों एवं विधानों की रज्जु से जुड़ा था जो किसी भी क्षण टूट सकती थी। क्या कोई ऐसी भावनात्मक संस्कृति थी जो मानवता को एक बार फिर एकता में संयोजित करने के लिए तथा सभ्यता को बचाने के लिए, काम में लायी जा सकती थी? यह संस्कृति कुछ नये क़िस्म की होगी क्योंकि पुराने विधि-विधान और रीति-रिवाज मृतप्राय थे और उस प्रकार के दूसरे विधि-विधानों एवं रीति-रिवाजों का निर्माण करना, सदियों का काम होगा।"[4]

इसके पश्चात् लेखक हमें यह बताने के लिए अग्रसर होता है कि सिंहासन की संस्कृति तथा रक्त-सम्बन्ध पर आधारित एकीकरण की प्रणालियों का स्थान लेने के लिए दुनिया को एक नयी संस्कृति की ज़रूरत थी। वह कहता है कि आश्चर्य तो यह है कि इस प्रकार की संस्कृति का उदय अरब में ठीक उस समय हुआ जबकि इसकी परम आवश्यकता थी। फिर भी इस घटना में कोई आश्चर्य की बात नहीं है। अन्तः प्रेरणात्मक रूप से विश्व-जीवन अपनी ज़रूरतों को महसूस करता तथा नाज़ुक स्थितियों में अपनी स्वयं की दिशा को निर्धारित करता है। यही वह चीज़ है जिसे हम धर्म की भाषा में पैग़म्बरी इल्हाम (prophetic revelation) कहते हैं। यह स्वाभाविक ही है कि इस्लाम का उदय एक ऐसी सीधी-सादी क़ौम की चेतना में होता जिसे प्राचीन संस्कृतियों में से किसी ने छुआ तक न था और जो एक ऐसे भौगोलिक स्थल में बसी हुई थी जहाँ तीन महाद्वीप आपस में मिलते हैं। इस नयी संस्कृति को 'तौहीद'[5] के सिद्धान्त में विश्व-एकता का आधार प्राप्त होता है। एक राज-व्यवस्था (polity) के रूप में इस्लाम इस सिद्धान्त को मानवता के बौद्धिक एवं भावनात्मक जीवन में एक जीवन्त तत्व बनाने का मात्र एक व्यावहारिक उपाय है। यह ईश्वर के प्रति निष्ठा की अपेक्षा करता है न कि राजसिंहासनों के प्रति। और चूँकि ईश्वर समस्त जीवन का परम आध्यात्मिक आधार है, ईश्वर के प्रति निष्ठा का अर्थ है वस्तुतः मनुष्य की स्वयं अपनी आदर्श प्रकृति के प्रति निष्ठा। इस्लाम की अवधारणा के अनुसार समस्त जीवन का परम आध्यात्मिक आधार शाश्वत (eternal) है और स्वयं को विविधता एवं परिवर्तन में अभिव्यक्त करता है। यथार्थता की इस प्रकार की परिकल्पना पर आधारित किसी समाज को अपने जीवन में स्थायित्व एवं परिवर्तन के प्रवर्गों के साथ सामंजस्य स्थापित करना होगा। अपने सामूहिक जीवन को नियमित करने के लिए इसके पास शाश्वत सिद्धान्त होने चाहिए क्योंकि सतत परिवर्तन की दुनिया में शाश्वत हमें पाँव टिकाने की एक जगह प्रदान करता है। क़ुरआन के अनुसार परिवर्तन ईश्वर के महानतम चिह्नों में से एक है, किन्तु जब यह समझ लिया जाता है कि शाश्वत सिद्धान्तों में परिवर्तन की संभावना ही नहीं रही है तो वे अपनी प्रकृति में मूलतः गतिशील को गतिहीन बना देने की ओर प्रवृत्त हो जाते हैं। राजनीतिक एवं सामाजिक विज्ञान में यूरोप की असफलता पहले सिद्धान्त का, तथा पिछले पांच सौ वर्षों के दौरान इस्लाम की गतिहीनता, दूसरे

सिद्धान्त का उदाहरण प्रस्तुत करती है। तो फिर इस्लाम की प्रकृति में गति का क्या सिद्धान्त है? यह इज्तिहाद के नाम से प्रसिद्ध है।

'इज्तिहाद' का शाब्दिक अर्थ है प्रयत्न करना। इस्लामी विधान की शब्दावली में इसका अर्थ है किसी वैधानिक समस्या के विषय में एक स्वतंत्र राय क़ायम करने की दृष्टि से प्रयत्न करना। मैं समझता हूँ कि इस विचार का स्रोत क़ुरआन की एक प्रसिद्ध आयत है —"और जो लोग प्रयत्न करते हैं हम उन्हें अपना मार्ग दिखाते हैं।"[6] हम इसकी एक अधिक निश्चित रूपरेखा पवित्र पैग़म्बर की एक हदीस में पाते हैं। जब मआद यमन के शासक नियुक्त हुए तो कहा जाता है कि पैग़म्बर ने उनसे पूछा कि अपने सामने आनेवाले मामलों को वह किस प्रकार तय करेंगे। मआद ने कहा, "मैं ईश्वर की पुस्तक के अनुसार मामलों को तय करूँगा।" "यदि तुम्हारा पथप्रदर्शन करने के लिए ईश्वर की पुस्तक में कुछ न हो तो?" "तब मैं ईश्वर के पैग़म्बर के पूर्वोदाहरणों के आधार पर कर्तव्य निभाऊँगा।" "किन्तु यदि पूर्वोदाहरण अपर्याप्त हों तो?" "तब मैं अपनी स्वयं की राय क़ायम करने का प्रयत्न करूँगा।"[7] इस्लाम के इतिहास का विद्यार्थी भली-भाँति जानता है कि इस्लाम के राजनीतिक विस्तार के साथ प्रणालीबद्ध वैधानिक चिन्तन एक परम आवश्यकता बन गया और विधि के हमारे अरब और ग़ैर-अरब दोनों नस्लों के आरंभिक आचार्य तब तक अनवरत कार्य करते रहे जब तक कि वैधानिक चिन्तन के समस्त संचित वैभव को, विधि के हमारे मान्यता प्राप्त मतवादों में एक अन्तिम अभिव्यक्ति न प्राप्त हो गयी। विधि के ये मतवाद (schools) इज्तिहाद की तीन कोटियों को मान्यता देते हैं : (1) विधि निर्माण में पूर्ण अधिकार जो व्यवहारतः मतवादों के संस्थापकों तक सीमित है, (2) सापेक्षिक अधिकार जो एक विशिष्ट मतवाद की सीमाओं के अन्दर ही प्रयोग में लाया जा सकता है, और (3) विशिष्ट अधिकार जो संस्थापकों द्वारा अनिर्धारित छोड़े गये किसी विशिष्ट मामले के प्रति लागू होनेवाले विधान के निर्धारण से संबंध रखता है। इस प्रबंध (paper) में मेरा सरोकार केवल इज्तिहाद की प्रथम कोटि अर्थात् विधि-निर्माण में पूर्ण अधिकार से है। इस कोटि के इज्तिहाद की सैद्धान्तिक संभावना सुन्नियों द्वारा स्वीकार की जाती है किन्तु जब से मतवाद स्थापित हुए व्यवहार में इसे सदैव नकारा गया है क्योंकि पूर्ण इज्तिहाद की धारणा ऐसी शर्तों से घिरी है जिसकी पूर्ति किसी अकेले व्यक्ति में लगभग असंभव है। विधि की एक ऐसी प्रणाली में, जिसका आधार क़ुरआन द्वारा प्रदान किया गया था जो कि जीवन के प्रति एक मूलतः गत्यात्मक दृष्टिकोण रखता है, यह दृष्टिकोण अत्यंत आश्चर्यजनक है। अतएव आगे बढ़ने से पहले यह आवश्यक है कि हम इस बौद्धिक दृष्टिकोण के कारणों का पता लगायें जिसने व्यावहारिक रूप से इस्लाम के क़ानून को गतिहीनता की स्थिति में परिणत कर दिया है। कुछ यूरोपीय लेखकों का मत है कि इस्लामी विधान के स्थिर स्वरूप का कारण तुर्कों का प्रभाव है। यह पूर्णतया एक सतही धारणा है, क्योंकि इस्लाम के वैधानिक मतवाद इस्लाम के

इतिहास में तुर्की प्रभाव के कार्यरत होने से बहुत पहले अन्तिम रूप से स्थापित हो चुके थे। मेरे मत में असली कारण निम्न हैं—

1. इस्लाम के सम्प्रदाय में अब्बासियों के प्रारंभिक काल में प्रकट होनेवाले बुद्धिवादी आन्दोलन तथा उसके द्वारा उत्पन्न कटु विवादों से हम सब परिचित हैं। उदाहरण के लिए दोनों शिविरों के मध्य एक महत्वपूर्ण विवाद क़ुरआन की चिरन्तनता (eternity) के रूढ़िवादी सिद्धान्त को लीजिए। बुद्धिवादियों ने इसका खण्डन किया क्योंकि वे समझते थे कि शब्द की चिरन्तनता (eternity of word) के ईसाई सिद्धान्त का यह मात्र एक अन्य रूप था; दूसरी ओर रूढ़िवादी विचारक, जिन्हें बुद्धिवाद के राजनीतिक परिणामों के डर से उत्तरवर्ती अब्बासियों ने अपना पूर्ण समर्थन दिया था, यह समझते थे कि क़ुरआन की चिरन्तनता का खण्डन करके बुद्धिवादी मुस्लिम समाज की जड़ ही खोद रहे थे। उदाहरण के लिए नज़्ज़ाम ने हदीसों को व्यावहारिक रूप से अस्वीकृत कर दिया था और अबू हुरैरा को खुले आम अविश्वस्त सूचना देनेवाला घोषित किया था। अतः कुछ तो बुद्धिवाद (Rationalism) के मूलभूत प्रयोजनों की ग़लतफ़हमी और कुछ बुद्धिवादियों के बेलगाम चिन्तन के कारण रूढ़िवादी विचारक इस आन्दोलन को विघटन की एक शक्ति मानते थे और सामाजिक राज्यव्यवस्था के लिए एक ख़तरा समझते थे। अतः उनका मुख्य उद्देश्य इस्लाम की सामाजिक अखण्डता को सुरक्षित रखना था, और इसकी पूर्ति के लिए उनके पास केवल यही रास्ता था कि वे शरीअत की बन्धनकारी शक्ति का उपयोग करें तथा अपनी वैधानिक प्रणाली के ढाँचे को यथासंभव कठोर कर दें।

2. इस मनोवृत्ति के लिए बहुत हद तक विरागी तसव्वुफ (ascetic sufism) का उद्‌भव एवं विकास उत्तरदायी है जिसने एक ग़ैर-इस्लामी स्वरूप के प्रभावों के अन्तर्गत धीरे-धीरे एक पूर्णतया परिकल्पनात्मक पक्ष विकसित कर लिया। जहाँ तक इसके पूर्णतया धार्मिक पहलू का प्रश्न है, तसव्वुफ ने हमारे आरम्भिक आचार्यों के शाब्दिक वितण्डों के विरुद्ध एक प्रकार के विद्रोह को प्रोत्साहित किया। इस प्रसंग में सुफ्यान सौरी की घटना एक उदाहरण है। वह अपने समय की प्रखरतम वैधानिक प्रतिभाओं में से एक, तथा एक वैधानिक मतवाद के लगभग संस्थापक थे, किन्तु अत्यधिक आध्यात्मिक होने के कारण, समकालीन विधिवेत्ताओं की अत्यंत नीरस सूक्ष्मताओं ने उन्हें विरागी तसव्वुफ की ओर प्रेरित किया। अपने परिकल्पनात्मक पहलू की दृष्टि से जो कि बाद में विकसित हुआ, तसव्वुफ स्वतंत्र चिन्तन का एक रूप है तथा बुद्धिवाद का सहयोगी भी। ज़ाहिर और बातिन (प्रतीति एवं यथार्थता) के भेद पर इसने जो ज़ोर दिया उसने हर उस चीज़ के प्रति उदासीनता की एक मनोवृत्ति पैदा कर दी, जो प्रतीति (Appearance) के विषय में लागू होती है और यथार्थता (Reality) के प्रति नहीं।

परवर्ती तसव्वुफ में पूर्ण पारलौकिकता की प्रवृत्ति ने एक सामाजिक राज्य-व्यवस्था के रूप में इस्लाम के एक बहुत महत्वपूर्ण पहलू के बारे में लोगों की

दृष्टि को धुँधला दिया और परिकल्पनात्मक पक्ष की ओर से बेरोक चिन्तन की संभावना प्रस्तुत करके इसने इस्लाम की सर्वोत्तम प्रतिभाओं को आकर्षित और अन्ततः आत्मसात् कर लिया। इस प्रकार मुस्लिम राज्य सामान्यतया औसत दर्जे की बुद्धिवालो के हाथ में रह गया, और उनके अपने पथप्रदर्शन के लिए उच्चतर क्षमता के व्यक्तित्वों के न होने के कारण इस्लाम के चिन्तनहीन जनसमूह को इन मतवादों के अन्धानुकरण में ही अपनी सुरक्षा प्राप्त हुई।

3. इसके अतिरिक्त तेरहवीं शताब्दी के मध्य में मुस्लिम बौद्धिक जीवन का केन्द्र बग़दाद विनष्ट हो गया। वास्तव में यह एक बहुत बड़ा आघात था और तातारियों के आक्रमण के सभी समकालीन इतिहासकार बग़दाद की तबाही का वर्णन इस्लाम के भविष्य के बारे में अपने अर्ध-दमित निराशावाद के साथ ही करते हैं। और अधिक विघटन के डर से जो कि राजनीतिक अपकर्ष के काल में स्वाभाविक ही होता है, इस्लाम के रूढ़िवादी चिन्तकों ने अपने समस्त प्रयासों को इस्लाम के आरंभिक आचार्यों द्वारा प्रतिपादित शरीअत के क़ानून में समस्त नये परिवर्तनों के एक सतर्क निराकरण द्वारा अवाम के वास्ते एक एकरूप सामाजिक जीवन के परिरक्षण के एक बिन्दु पर संकेन्द्रित कर दिया। उनका प्रमुख आदर्श सामाजिक व्यवस्था थी और इसमें कोई संदेह नहीं कि वे अंशतः सही थे क्योंकि एक निश्चित सीमा तक संगठन अपकर्ष की शक्तियों का निवारण करता है। किन्तु उन्होंने यह महसूस नहीं किया और हमारे आधुनिक उलमा भी नहीं महसूस करते हैं कि किसी क़ौम की अन्तिम नियति किसी संगठन पर उतनी नहीं निर्भर करती जितनी कि अलग-अलग व्यक्तियों की योग्यता एवं शक्ति पर। एक अति-संगठित (over-organized) समाज में व्यक्ति का अस्तित्व बिल्कुल समाप्त हो जाता है। वह अपने गिर्द सामाजिक चिन्तन का सम्पूर्ण वैभव तो प्राप्त कर लेता है किन्तु अपनी स्वयं की आत्मा खो बैठता है। अतः विगत इतिहास के लिए एक मिथ्या श्रद्धा-भाव और इसका कृत्रिम पुनरुज्जीवन किसी क़ौम के अपकर्ष का निदान नहीं होते। जैसा कि एक आधुनिक लेखक ने उचित ही कहा है, "इतिहास का निर्णय है कि कभी उस क़ौम में जीर्ण-शीर्ण विचारों की शक्ति का उदय नहीं होता जिसने उन्हें जीर्ण-शीर्ण बना दिया है।" अतः मात्र प्रभावकारी शक्ति जो कि किसी क़ौम में अपकर्ष की शक्तियों का निवारण करती है वह आत्म-संकेन्द्रित (self-concentrated) व्यक्तियों का उत्पन्न करना है। ऐसे व्यक्ति ही जीवन की गहराई को उद्‌घाटित करते हैं। वे नये प्रतिमानों को प्रकट करते हैं जिसकी रोशनी में हम यह देखने लगते हैं कि हमारा माहौल पूर्णतया अनतिक्रमणीय नहीं है प्रत्युत संशोधन की अपेक्षा करता है। अतीत के एक मिथ्या श्रद्धा-भाव द्वारा अतिशय संगठन की प्रवृत्ति, जैसा कि तेरहवीं शताब्दी और परवर्ती काल में इस्लाम के विधिज्ञों में आविर्भूत हुई थी, इस्लाम की आन्तरिक प्रेरणा के विपरीत थी, फलतः इसने इब्न तैमिय्या की सशक्त प्रतिक्रिया को जन्म दिया, जो इस्लाम के परम अध्यवसायी लेखकों और प्रचारकों

में से एक थे और जो बग़दाद की तबाही के पांच वर्ष बाद 1263 में पैदा हुए थे।

इब्न तैमिय्या का पालन-पोषण हंबली परम्परा में हुआ था। अपने लिए इज्तिहाद की स्वतंत्रता का दावा करते हुए उन्होंने मतवादों की अन्तिमता के विरुद्ध विद्रोह किया तथा एक नयी शुरूआत करने के लिए मूल सिद्धान्तों की ओर लौटे। विधि के ज़ाहिरी मतवाद[8] के संस्थापक इब्न हज़्म की तरह उन्होंने भी हनफी सिद्धान्त क़ियास (साम्यानुमान द्वारा तर्कणा) तथा इज्मा को जैसा कि पुराने विधिवेत्ता मानते थे, अस्वीकार कर दिया था। क्योंकि वह समझते थे कि सहमति समस्त अन्धविश्वास की मूलाधार थी। और इसमें कोई संदेह नहीं कि अपने युग की नैतिक एवं बौद्धिक जर्जरता की दृष्टि से ऐसा करने में वह सही थे। सोलहवीं शताब्दी में सुयूती[9] ने इज्तिहाद के उसी विशेषाधिकार का दावा किया था जिसके साथ उन्होंने हर सदी के आरंभ में एक पुनरुद्धारक की धारणा जोड़ दी थी। किन्तु इब्न तैमिय्या की शिक्षा की जीवन-शक्ति को एक पूर्णतर अभिव्यक्ति एक ऐसे आन्दोलन में प्राप्त हुई जो असीम संभावनाओं से युक्त था तथा अठारहवीं शताब्दी में जिसका उदय नज्द के रेगिस्तान में हुआ जिसे मैक्डोनल्ड ने "पतनोन्मुख इस्लामी जगत् के स्वच्छतम स्थल" के रूप में वर्णित किया है। वास्तव में यह आधुनिक इस्लाम में जीवन का प्रथमं स्पन्दन है। मुस्लिम एशिया और अफ्रीका के लगभग सभी महान् आधुनिक आन्दोलनों का सम्बन्ध प्रत्यक्ष अथवा अप्रत्यक्ष रूप से इस आन्दोलन की प्रेरणा से जोड़ा जा सकता है, उदाहरणतया—सनूसी आन्दोलन, सर्व इस्लामी (Pan-Islamic) आन्दोलन और बाबी आन्दोलन जो कि केवल अरबी प्रोटेस्टैन्टिज्म की फारसी प्रतिक्रिया था। महान् शुद्धतावादी सुधारक मुहम्मद इब्न अब्द-अल-वह्हाव 1700 ई. में पैदा हुए, उन्होंने मदीना में शिक्षा प्राप्त की, फारस का भ्रमण किया और अन्त में पूरी इस्लामी दुनिया में अपनी अशान्त आत्मा की अग्नि को फैलाने में सफल हुए। मनोवृत्ति में वह अल ग़ज़ाली के शिष्य, इस्लाम के बर्बर शुद्धतावादी सुधारक इब्न तूमर्त के समान थे, जो कि मुस्लिम स्पेन के अपकर्ष के दौरान आविर्भूत हुए थे और जिन्होंने उसे एक नवीन प्रेरणा प्रदान की थी। बहरहाल इस आन्दोलन के राजनीतिक जीवन से हमारा सरोकार नहीं है जो कि मुहम्मद अली पाशा की सेनाओं द्वारा समाप्त कर दिया गया था। ध्यान देने की असली चीज़ स्वतन्त्रता की वह भावना है जो इसमें प्रकट हुई, यद्यपि आन्तरिक रूप से यह आन्दोलन भी अपनी स्वयं की पद्धति में रूढ़िवादी है। यद्यपि यह मतवादों की अन्तिमता के विरुद्ध विद्रोह करता है और निजी निर्णय के अधिकार का ज़ोरदार ढंग से दावा करता है, तथापि अतीत के प्रति इसकी दृष्टि पूर्णतया असमीक्षात्मक है और विधि के मामलों में यह मुख्यतया पैग़म्बर की हदीसों का सहारा लेता है।

तुर्की की ओर दृष्टि डालने पर हम पाते हैं कि आधुनिक दार्शनिक विचारों से सुदृढ़ एवं विस्तीर्ण होकर इज्तिहाद की भावना तुर्की राष्ट्र के धार्मिक एवं

राजनीतिक चिन्तन में बहुत दिनों से कार्यरत रही है। यह आधुनिक समाजशास्त्रीय संकल्पनाओं पर आधारित हलीम साबित की मुस्लिम विधि के नये सिद्धान्त से स्पष्ट है। यदि इस्लाम का पुनर्जागरण एक तथ्य है और मैं मानता हूँ कि यह एक तथ्य है, तो तुर्कों की तरह एक दिन हमें भी अपनी बौद्धिक विरासत का पुनर्मूल्यांकन करना होगा। यदि हम इस्लाम के सामान्य चिन्तन में कोई मौलिक योगदान नहीं कर सकते तो कम से कम स्वस्थ रूढ़िवादी समीक्षा द्वारा इस्लामी दुनिया में उदारतावाद के द्रुतगामी आन्दोलन पर एक रोक लगाने में तो सहायक हो ही सकते हैं।

अब मैं आपको तुर्की में धार्मिक एवं राजनीतिक चिन्तन की कुछ मानसिक रूपरेखा प्रदान करने के लिए अग्रसर होता हूँ जिससे आप को अन्दाज़ा हो जायेगा कि उस देश के हाल के चिन्तन एवं गतिविधि में किस प्रकार इज्तिहाद की शक्ति अभिव्यक्त हुई है। थोड़े समय पूर्व तुर्की में चिन्तन की दो प्रमुख पद्धतियाँ थीं जिसका प्रतिनिधित्व राष्ट्रवादी दल एवं धार्मिक सुधार दल करते थे। राष्ट्रवादी दल के लिए सर्वाधिक दिलचस्पी का विषय राज्य है न कि धर्म। इन विचारकों के मत में धर्म का इस प्रकार कोई स्वतंत्र कार्य नहीं होता। राष्ट्रीय जीवन में राज्य मूलभूत तत्व होता है जो समस्त तत्त्वों के स्वरूप और कार्य का निर्धारण करता है। अतः वे राज्य और धर्म के कार्य के बारे में पुरानी धारणाओं को अस्वीकृत करते हैं तथा गिरजा और राज्य के पृथक्करण पर ज़ोर देते हैं। एक धार्मिक एवं राजनीतिक प्रणाली के रूप में इस्लाम का ढाँचा निःसंदेह इस प्रकार की धारणा की अनुमति देता है, यद्यपि व्यक्तिगत तौर पर मैं समझता हूँ कि यह मानना एक ग़लती है कि राज्य का विचार अधिक प्रबल होता है तथा इस्लाम की व्यवस्था में निहित समस्त अन्य विचारों से प्रमुख होता है। इस्लाम में आध्यात्मिक और लौकिक दो पृथक् क्षेत्र नहीं हैं, कोई क्रिया अपनी व्यंजना में चाहे जितनी धर्मनिरपेक्ष हो उसकी प्रकृति उस मनोवृत्ति द्वारा निर्धारित होती है जिसके साथ कर्ता उसे करता है।[10] यह क्रिया की अदृश्य मानसिक पृष्ठभूमि ही है जो अन्ततः उसके स्वरूप को निर्धारित करती है। वह क्रिया ऐहिक या लौकिक (temporal or profane) होती है यदि यह अपने पीछे जीवन की असीम विविधता के प्रति अनासक्ति की भावना से की गयी है; यह आध्यात्मिक (spiritual) होती है यदि यह उस विविधता से प्रेरित है। एक ही यथार्थता है जो इस्लाम में एक दृष्टिकोण से देखे जाने पर गिरजा और दूसरे से राज्य प्रतीत होती है। यह कहना सही नहीं कि गिरजा और राज्य एक ही वस्तु के दो पक्ष या पहलू हैं। इस्लाम एक एकल अविश्लेषणीय यथार्थता है जो आप के दृष्टिकोण में परिवर्तन के साथ वह गिरजा या राज्य का रूप धारण कर लेती है। यह बिन्दु अत्यन्त दूरगामी है और इसकी एक पूर्ण व्याख्या के लिए हमें एक अत्यन्त दार्शनिक बहस में उलझना पड़ेगा। यह कहना पर्याप्त है कि इस प्राचीन भूल की उत्पत्ति का कारण मनुष्य के एकत्व का विभाजन है, दो भिन्न एवं पृथक् यथार्थताओं

में जिनका किसी तरह एक सम्पर्क-बिन्दु तो होता है किन्तु जो वास्तव में एक दूसरे की विरोधी होती हैं। किन्तु सच तो यह है कि दिक्काल के संदर्भ में पदार्थ आत्मा है। मनुष्य के नाम से अभिहित एकत्व शरीर है जब इसे आप बाह्य-जगत् के सम्बन्ध में कार्यरत देखते हैं। यह मन या आत्मा है जब इसे आप इस प्रकार की क्रिया के परम उद्देश्य और आदर्श के संबंध में कार्यरत देखते हैं। एक कार्यकारी विचार के रूप में तौहीद का सार है समानता, समैक्य और स्वतन्त्रता। इस्लामी दृष्टिकोण से राज्य इन आदर्श सिद्धान्तों को दिक्काल की शक्तियों में परिवर्तित करने का एक प्रयास, उन्हें एक निश्चित मानव संगठन में साकार करने की एक आकांक्षा है। केवल इसी अर्थ में इस्लाम में राज्य एक धर्मतन्त्र (theocracy) होता है, इस अर्थ में नहीं कि पृथ्वी पर ईश्वर का एक प्रतिनिधि इसका नेतृत्व करता है जो अपने तथाकथित निरपराधत्व (infallibility) के पीछे सदैव अपनी निरकुंश इच्छा को छिपा सकता है। इस्लाम के आलोचकों की दृष्टि से यह महत्वपूर्ण प्रयोजन ओझल हो गया है। क़ुरआन के अनुसार परम यथार्थता आध्यात्मिक है और इसका जीवन इसकी कालिक क्रिया में निहित होता है। आत्मा को अपने अवसर प्राकृतिक, भौतिक एवं लौकिक में मिलते हैं। अतः वह सब जो लौकिक है इसके अस्तित्व के मूल में पवित्र है। आधुनिक चिन्तन ने इस्लाम की, वास्तव में समस्त धर्मों की जो महानतम सेवा की है, वह भौतिक अथवा प्राकृतिक के विषय में इसकी समालोचना में निहित है—एक ऐसी समालोचना में जो यह उद्घाटित करती है कि मात्र भौतिक की कोई वास्तविकता नहीं जब तक हम यह न पता लगा लें कि इसकी जड़ आध्यात्मिक में है। पार्थिव (profane) जगत् जैसी कोई चीज़ नहीं है। पदार्थ की यह सारी असीमता आत्मा की स्वानुभूति के लिए एक क्षेत्र है। सब पुण्य स्थल है। जैसा कि पैग़म्बर ने बड़ी खूबसूरती से कहा है, "यह सारी धरती एक मस्जिद है।"[11] इस्लाम के अनुसार राज्य किसी मानवीय संगठन में आध्यात्मिक को चरितार्थ करने का मात्र एक प्रयास है। इस अर्थ में तो प्रत्येक राज्य जो मात्र स्वेच्छाचारिता पर आधारित न हो और जिसका लक्ष्य आदर्श सिद्धान्तों की चरितार्थता हो, धर्मतान्त्रिक होता है।

सच तो यह है कि गिरजा और राज्य के पृथक्करण का विचार तुर्क राष्ट्रवादियों ने यूरोपीय राजनीतिक विचारों के इतिहास से अपनाया था। आदि ईसाई धर्म की स्थापना एक राजनीतिक और नागरिक इकाई के रूप में नहीं प्रत्युत एक पार्थिव जगत् में एक मठवासीय व्यवस्था के रूप में हुई थी जिसका नागरिक मामलों से कोई सरोकार न था और जो व्यावहारिकतया सभी मामलों में रोमन सत्ता की आज्ञा मानती थी। इसका परिणाम यह हुआ कि जब राज्य ईसाई हो गया तो पृथक् शक्तियों के रूप में, राज्य और गिरजा अनन्त सीमा-विवादों के साथ एक दूसरे के विरोध में आ गये। ऐसी बात इस्लाम में कभी नहीं हो सकती थी, क्योंकि शुरू से ही इस्लाम एक नागर समाज था जिसे क़ुरआन से सीधे-सादे वैधानिक सिद्धान्त

प्राप्त हुए थें जिनमें, जैसा कि बाद के अनुभव ने सिद्ध कर दिया, रोमियों के द्वादश फलकों के समान, व्याख्या द्वारा विस्तार एवं विकास की महान् संभावनाएँ निहित थीं। अतः राज्य का राष्ट्रवादी सिद्धान्त भ्रामक है क्योंकि यह एक द्वैत का संकेत करता है जिसका इस्लाम में अस्तित्व ही नहीं।

इसके विपरीत सईद हलीम पाशा के नेतृत्व में धार्मिक सुधार दल (Religious Reform Party) ने इस मूलभूत तथ्य पर आग्रह किया कि इस्लाम आदर्शवाद और प्रत्यक्षवाद (positivism) का एक समन्वय है, और स्वतंत्रता, समानता एवं समैक्य की अनन्त सच्चाइयों के एक एकत्व के रूप में इसकी कोई पितृभूमि नहीं। तुर्की के प्रधानमंत्री का कहना है कि "जिस प्रकार कोई अंग्रेज़ी अंकगणित, जर्मन खगोल विज्ञान, अथवा फ्रांसीसी रसायन विज्ञान नहीं, उसी प्रकार न तो कोई तुर्की, अरबी, फारसी, अथवा हिन्दुस्तानी इस्लाम है। ठीक जैसे वैज्ञानिक सच्चाइयों का सार्वभौमिक स्वरूप वैज्ञानिक राष्ट्रीय संस्कृतियों के वैविध्यों को जन्म देता है जो अपनी समग्रता में मानव ज्ञान का निरूपण करती हैं, अधिकतर वैसे ही इस्लामी सच्चाइयों का सार्विक स्वरूप राष्ट्रीय, नैतिक एवं सामाजिक आदर्शों के वैविध्यों का सृजन करता है।" इस तीक्ष्ण दृष्टियुक्त लेखक के अनुसार राष्ट्रीय अहंमन्यता (egoism) पर आधारभूत आधुनिक संस्कृति बर्बरता का मात्र दूसरा रूप है। यह एक अतिशय विकसित उद्योगवाद का परिणाम है जिसके माध्यम से लोग अपनी आदिम प्रवृत्तियों एवं इच्छाओं की संतुष्टि करते हैं। तथापि वह खेद प्रकट करता है कि इतिहास की प्रक्रिया के दौरान स्थानीय चरित्र तथा मुस्लिम राष्ट्रों के पूर्व-इस्लामी अन्धविश्वासों के प्रभाव के कारण इस्लाम के नैतिक एवं सामाजिक आदर्श धीरे-धीरे ग़ैर-इस्लामी हो गये हैं। आज यें आदर्श इस्लामी होने की अपेक्षा अधिक ईरानी, तुर्की अथवा अरबी हैं। तौहीद के सिद्धान्त के शुद्ध ललाट ने कमोबेश ग़ैर इस्लामियत की छाप ग्रहण कर ली है और स्थानीकरण की प्रक्रिया के माध्यम से इस्लाम के नैतिक आदर्शों का सार्वभौम एवं अवैयक्तिक स्वरूप लुप्त हो गया है। अब हमारे सम्मुख मात्र विकल्प यह है कि हम इस्लाम से उस कठोर आवरण को अलग कर दें, जिसने कि मूलतः एक गत्यात्मक दृष्टिकोण को गतिहीन कर दिया है और स्वतन्त्रता, समानता एवं समैक्य की मौलिक सच्चाइयों को फिर से खोज-निकालें ताकि उनकी मौलिक सरलता एवं सार्विकता में से अपने नैतिक, सामाजिक तथा राजनीतिक आदर्शों का पुनः निर्माण कर सकें। ऐसे हैं तुर्की के प्रधानमंत्री के विचार। आप देखेंगे कि उस चिन्तन पद्धति का अनुसरण करके जो कि इस्लाम की भावना के अधिक अनुरूप है, व्यवहारतः वह उसी निष्कर्ष पर पहुँचते हैं जिस पर कि राष्ट्रवादी दल—अर्थात् आधुनिक चिन्तन और अनुभूति की रोशनी में शरीअत के कानून को पुनर्निर्मित करने की दृष्टि से इज्तिहाद की स्वन्त्रता।

आइए, अब हम देखें कि ख़िलाफत की संस्था के सिलसिले में महान् राष्ट्रीय

सभा (Grand National Assembly) ने किस प्रकार इज्तिहाद की इस शक्ति का प्रयोग किया है। सुन्नी क़ानून के अनुसार एक इमाम या ख़लीफा की नियुक्ति पूर्णतया अनिवार्य है। इस सम्बन्ध में जो प्रथम प्रश्न पैदा होता है वह यह है : क्या ख़िलाफत एक अकेले व्यक्ति में निहित होनी चाहिए? तुर्की का इज्तिहाद यह है कि इस्लाम के अभिप्राय की दृष्टि से इमामत व्यक्तियों के एक समुदाय अथवा एक निर्वाचित सभा में निहित हो सकती है। जहाँ तक मैं जानता हूँ मिश्र और हिन्दुस्तान में इस्लाम के धार्मिक आचार्यों ने इस विषय में अभी तक अपनी राय नहीं व्यक्त की है। व्यक्तिगत रूप से मैं मानता हूँ कि तुर्की धारणा पूर्णतया युक्तिसंगत है। इस विषय पर तर्क-वितर्क की कोई आवश्यकता नहीं है। गणतन्त्रीय शासन प्रणाली न केवल इस्लाम की मनोवृत्ति के पूर्णतया अनुकूल है बल्कि इस्लाम की दुनिया में जो नयी शक्तियाँ उन्मुख हुई हैं, उनको देखते हुए, यह एक आवश्यकता बन गयी है।

तुर्की धारणा को समझने के लिए आइए, इस्लाम के प्रथम दार्शनिक इतिहासकार इब्न ख़ल्दून की रहनुमाई हासिल करें। इब्न ख़ल्दून अपने प्रसिद्ध मुक़द्दिमः (प्राक्कथन) में इस्लाम में सार्वभौम ख़िलाफत के विचार के बारे में तीन पृथक् धारणाओं का उल्लेख करता है : (1) यह कि सार्वभौमिक इमामत एक दिव्य संस्था है; अतः अनिवार्य है। (2) यह कि यह केवल इष्टसिद्धि की चीज़ है। (3) यह कि किसी ऐसी संस्था की कोई आवश्यकता नहीं है। ख़ारिजी सम्प्रदाय[11(1)] के अनुयायियों ने अन्तिम धारणा अपनायी थी। ऐसा लगता है कि आधुनिक तुर्की पहली धारणा से दूसरी धारणा की ओर अग्रसर हुआ है अर्थात् मोतज़िला की धारणा की ओर' जो इमामत को केवल इष्टसिद्धि (expedience) की एक चीज़ समझते थे। तुर्क यह दलील देते हैं कि हमारे राजनीतिक चिन्तन में हमें अपने विगत राजनीतिक अनुभव से रहनुमाई हासिल करनी चाहिए जो निर्विवाद रूप से इस तथ्य की ओर संकेत करता है कि व्यावहारिक दृष्टि से सार्वभौमिक इमामत का विचार असफल रहा है। जब इस्लामी साम्राज्य अक्षुण्ण था तो यह एक व्यवहार्य विचार था। इस साम्राज्य के विघटन के पश्चात् स्वतन्त्र राजनीतिक इकाइयाँ उत्पन्न हो गयी हैं। यह विचार अब कार्यकारी नहीं रहा और आधुनिक इस्लाम की व्यवस्था में यह एक जीवन्त तत्व के रूप में कार्य नहीं कर सकता। किसी लाभदायक उद्देश्य की पूर्ति की बात तो दूर रही, वास्तव में यह स्वतंत्र मुस्लिम राज्यों के पुनरेकीकरण के रास्ते में रुकावट बना हुआ है। ख़िलाफत से सम्बन्धित अपने सैद्धान्तिक मतभेद के कारण ईरान तुर्कों से अलग-थलग हो गया है, मोरक्कों सदैव उनको संदेह की दृष्टि से देखता रहा है और अरब ने निजी महत्वाकांक्षा पाल रखी है। इस्लाम में ये सारे विवाद केवल शक्ति के एक प्रतीक के लिए हैं जो बहुत पहले लुप्त हो चुकी है। वह इससे आगे यह तर्क दे सकता है कि आख़िर हम अपने राजनीतिक चिन्तन की अनुभूति से क्यों न शिक्षा ग्रहण करें। क्या क़ाज़ी अबू बक्र बाक़िलानी ने अनुभूति

के तथ्यों—क़ुरैश का राजनीतिक पतन और उसके फलस्वरूप इस्लामी दुनिया पर शासन करने की उनकी असमर्थता—को देखते हुए ख़लीफ़ा में क़ुरैशी होने की शर्त को निकाल नहीं दिया था? सदियों पहले इब्न ख़ल्दून ने भी, जो कि व्यक्तिगत रूप से खलीफा में क़ुरैशी होने (क़र्शीयत) की शर्त में विश्वास करता था, उसी प्रकार का तर्क दिया था। उसका कहना है कि जब से क़ुरैश की सत्ता समाप्त हो चुकी है इसके सिवाय कोई विकल्प नहीं कि देश में जो सर्वाधिक शक्तिशाली व्यक्ति है उसे इमाम मान लिया जाय। अतः तथ्यों के कठोर तर्क को महसूस करके इब्न ख़ल्दून एक ऐसे विचार का संकेत देता है जिसे एक अन्तर्राष्ट्रीय इस्लाम की प्रथम धुँधली झलक समझा जा सकता है जो आज स्पष्टतया दिखाई पड़ रही है। ऐसा है दृष्टिकोण आधुनिक तुर्क का क्योंकि वह अनुभूति की वास्तविकताओं द्वारा प्रेरित है न कि न्यायवादियों की शास्त्रीय तर्कणा द्वारा, जिन्होंने जीवन की भिन्न दशाओं के अन्तर्गत जीवन-यापन एवं चिन्तन किया था।

मेरे विचार में ये तर्क, यदि उन्हें सही तौर पर समझ लिया जाय तो एक अन्तर्राष्ट्रीय आदर्श के जन्म का संकेत देते हैं जो कि इस्लाम का मूलतत्व होते हुए भी इस्लाम की पूर्ववर्ती सदियों के अरबी साम्राज्यवाद द्वारा निष्प्रभ अथवा विस्थापित कर दिया जाता रहा है। यह नया आदर्श महान् राष्ट्रवादी कवि ज़िया की रचनाओं में स्पष्ट रूप से प्रतिबिम्बित है, ओग्यूस्त कोन्त के दर्शन द्वारा प्रेरित जिसके गीतों ने तुर्की के आधुनिक चिन्तन के विकास में बहुत अधिक योगदान किया है। मैं प्रोफेसर फिशर के जर्मन अनुवाद से उसकी एक कविता का सारांश प्रस्तुत करता हूँ—

"इस्लाम की एक वास्तविक रूप से कारगर राजनीतिक एकता के सृजन के लिए समस्त मुस्लिम देशों को पहले स्वतंत्र होना चाहिए, तत्पश्चात् उन्हें एक ख़लीफ़ा के अधीन अपनी समग्रता में श्रेणीबद्ध हो जाना चाहिए। क्या वर्तमान क्षण में इस प्रकार की कोई चीज़ संभव है? यदि आज संभव नहीं तो प्रतीक्षा करनी चाहिए। इसी बीच में ख़लीफ़ा को अपने घर को व्यवस्थित कर लेना चाहिए और एक व्यावहारिक आधुनिक राज्य की नींव डालनी चाहिए।

"अन्तर्राष्ट्रीय जगत् में दुर्बलों को कोई सहानुभूति नहीं प्राप्त होती, केवल शक्ति ही आदर की अधिकारी होती है।"

ये पक्तियाँ स्पष्ट रूप से आधुनिक इस्लाम की प्रवृत्ति का संकेत देती हैं। इस समय प्रत्येक मुस्लिम राष्ट्र को अपने स्वयं के गहनतर आत्म (deeper self) में डूब जाना चाहिए, अस्थायी तौर पर अपनी दृष्टि को केवल स्वयं पर ही केन्द्रित करना चाहिए जब तक कि सब इतने सबल एवं सशक्त नहीं हो जाते, ताकि गणराज्यों के एक जीवन्त परिवार का रूप ग्रहण कर लें। राष्ट्रवादी विचारकों के अनुसार एक वास्तविक एवं सशक्त एकता इतनी आसान नहीं कि मात्र एक प्रतीकात्मक अधिराजत्व द्वारा इसे प्राप्त किया जा सके। यह वास्तव में स्वतन्त्र स्वाधीन इकाइयों

की विविधता में उद्घाटित होती है जिसकी नस्ली प्रतिस्पर्धाएँ एक सामान्य आध्यात्मिक आकांक्षा के एकीकरणात्मक वन्धन द्वारा समंजित एवं समन्वित होती हैं। मुझे प्रतीत होता है कि धीरे-धीरे ईश्वर हमें इस सच्चाई का ज्ञान प्रदान कर रहा है कि इस्लाम न तो राष्ट्रवाद है और न साम्राज्यवाद प्रत्युत राष्ट्रों का एक संघ है जो कि कृत्रिम सीमाओं एवं नस्ली विभेदों को केवल संदर्भ[12] की सुविधा के लिए ही मान्यता प्रदान करता है न कि इसके सदस्यों के सामाजिक अनुभव-स्तर को सीमित करने के लिए।

उसी कवि की 'धर्म और विज्ञान' नामक कविता का निम्नलिखित अवतरण उस सामान्य धार्मिक दृष्टिकोण पर कुछ और अधिक प्रकाश डालेगा जो इस्लामी दुनिया में धीरे-धीरे साकार हो रहा है—

"मानव जाति के आदि आध्यात्मिक रहनुमा कौन थे? निःसंदेह पैग़म्बर और पवित्र लोग। प्रत्येक युग में धर्म ने दर्शन का नेतृत्व किया है, केवल इसी से नैतिकता एवं कला प्रकाश प्राप्त करते हैं। तत्पश्चात् धर्म कमज़ोर हो जाता है और अपना मौलिक उत्साह खो देता है। पवित्र लोग लुप्त हो जाते हैं और नाम मात्र को आध्यात्मिक नेतृत्व विधि के आचार्यों की विरासत बन जाता है। विधि के आचार्यों का रहनुमा सितारा परम्परा है; वे इस राह पर धर्म को बलात् घसीटते हैं; किन्तु दर्शन कहता है : 'मेरा रहनुमा सितारा बुद्धि है : तुम दाएँ जाओ, मैं बाएँ जाता हूँ।' "

"धर्म और दर्शन दोनों मनुष्य की आत्मा पर अधिकार जताते हैं तथा इसे अपनी-अपनी ओर खींचते हैं।' "

"जब यह संघर्ष जारी रहता है तो विदग्ध अनुभूति तात्विक ज्ञान प्रदान करती है तथा चिन्तन का यह युवा रहनुमा कहता है, 'परम्परा इतिहास है और बुद्धि इतिहास की पद्धति है! दोनों एक ही अवर्णनीय वस्तु की व्याख्या करते तथा उसी तक पहुँचने की आकांक्षा रखते हैं।"

"किन्तु यह कोई वस्तु क्या है?"

"क्या यह एक अध्यात्मीकृत हृदय है?"

"यदि ऐसा है तो मेरा अन्तिम निर्णय मान लो—धर्म प्रत्यक्ष विज्ञान है जिसका उद्देश्य मनुष्य के हृदय का अध्यात्मीकरण करना है।"

इन पंक्तियों से स्पष्ट है कि कवि ने इस्लाम के धार्मिक दृष्टिकोण के साथ मनुष्य के आध्यात्मिक विकास की तीन अवस्थाओं-धर्मशास्त्रीय, तत्वमीमांसात्मक एवं वैज्ञानिक—से सम्बन्धित कोन्तीय (Comtian) धारणा का तालमेल किस ख़ूबसूरती के साथ बिठाया है। और इन पंक्तियों में सन्निहित धर्म विषयक धारणा तुर्की की शैक्षिक प्रणाली में अरबी की स्थिति के प्रति कवि के दृष्टिकोण को निर्धारित करती है। वह कहता है—

"वह धरती जहाँ अजान तुर्की में प्रतिध्वनित होती है, जहाँ उपासना करने वाले अपने धर्म का अर्थ तुर्की में समझते हैं, वह देश जहाँ क़ुरआन तुर्की में सीखा

जाता है, जहाँ बड़ा या छोटा हर आदमी ईश्वर के आदेश को भली-भाँति जानता है, ऐ तुर्की के सपूत— वह देश तुम्हारा पितृ देश है!"

यदि धर्म का उद्देश्य हृदय का अध्यात्मीकरण है तो इसे मनुष्य की आत्मा में अन्तर्विष्ट होना होगा और कवि के अनुसार यह आन्तरिक मनुष्य में सर्वोत्तम ढंग से तभी अन्तर्विष्ट हो सकता है जब कि इसके आध्यात्मिक विचार उसकी मातृभाषा का जामा पहने हों। हिन्दुस्तान में अधिकांश लोग तुर्की द्वारा अरबी के इस हटाये जाने की भर्त्सना करेंगे। उन कारणों की दृष्टि से भी जो कि बाद में स्पष्ट होंगे कवि का इज्तिहाद बहुत आपत्तिजनक है, किन्तु यह तो मानना ही पड़ेगा कि उसके द्वारा सुझाया गया सुधार ऐसा नहीं कि जिसकी इस्लाम के विगत इतिहास में कोई मिसाल न हो। हम पाते हैं कि जब मुहम्मद बिन तूमर्त—मुस्लिम स्पेन का मह्दी जो कि राष्ट्रीयता की दृष्टि से बर्बर था—सत्ता को प्राप्त हुआ और मुवह्हिदून का धार्मिक शासन स्थापित किया तो उसने यह आदेश दिया कि अनपढ़ बर्बरों के लिए क़ुरआन बर्बर भाषा में अनूदित किया जाय एवं पढ़ा जाय, अजान बर्बर भाषा में दिया जाय और धर्म-व्यवस्था से संबंधित सभी कार्यकर्त्ताओं को बर्बर भाषा का ज्ञान होना चाहिए।

एक अन्य अवतरण में कवि स्त्री जाति से संबंधित अपने आदर्श को प्रस्तुत करता है। स्त्री और पुरुष की समानता के प्रति अपने जोश में वह इस्लाम की परिवार-विधि (family law) में, जैसा कि यह आज समझा तथा व्यवहार में लाया जाता है, आमूल परिवर्तन चाहता है—

"नारी है मेरी माँ, मेरी बहन और मेरी पुत्री; वही है जो मेरे जीवन की गहराइयों से परम पवित्र भावनाओं का आह्वान करती है! वह मेरी प्रेयसी है, मेरी सूरज, मेरा चाँद और मेरा सितारा। वही तो है जो मुझे जीवन के काव्य को समझाती है। ईश्वर का पवित्र क़ानून इन सुन्दर प्राणियों को कैसे घृणित अस्तित्व समझ सकता है। निश्चय ही विद्वानों ने क़ुरआन की व्याख्या में कोई भूल की है?"

"राष्ट्र और राज्य का मूलाधार है परिवार!"

"जब तक स्त्री के पूर्ण महत्व को महसूस नहीं किया जाता, राष्ट्रीय जीवन अधूरा रहता है।"

"परिवार का पालन-पोषण न्याय के अनुकूल होना चाहिए, अतः तीन चीज़ों में समानता आवश्यक है—तलाक़ में, संबंध-विच्छेद में और विरासत में।"

"जब तक औरत को विरासत के सिलसिले में पुरुष का आधा, और विवाह में पुरुष का चौथाई समझा जाता है न तो परिवार का और न राष्ट्र का उत्कर्ष होगा। दूसरे अधिकारों के लिए हमने अदालतें स्थापित की हैं।"

"इसके विपरीत परिवार को हमने मतवादों के हाथ में छोड़ दिया है।"

"मैं नहीं समझता कि हमने क्यों नारी को संकटावस्था में छोड़ दिया है?"

"क्या वह देश के लिए कार्य नहीं करती है? क्या वह अपनी सुई को एक तेज़

संगीन में बदल देगी ताकि वह क्रान्ति के माध्यम से हमारे हाथों से अपने अधिकारों को छीन ले?"

सच तो यह है कि आज मुस्लिम राष्ट्रों में केवल तुर्की ही अपनी मतान्ध निद्रा से जाग्रत हुआ है तथा आत्म-चेतना को प्राप्त हुआ है। केवल उसी ने अपनी बौद्धिक स्वतंत्रता के अधिकार का दावा किया है, केवल उसी ने आदर्श से यथार्थ की ओर संक्रमण किया है—ऐसा संक्रमण जिसमें तीव्र बौद्धिक एवं नैतिक संघर्ष सन्निहित होता है। उसके अनुसार एक गतिशील एवं विस्तारशील जीवन की वर्धमान जटिलताएँ निश्चय ही नये दृष्टिकोणों को इंगित करनेवाली तथा उन सिद्धान्तों के सिलसिले में, जो कि एक ऐसी क़ौम के लिए, जिसने कि कभी आध्यात्मिक विस्तार के आनन्द का अनुभव नहीं किया है, केवल एक बौद्धिक महत्व रखते हैं, नयी व्याख्याओं को आवश्यक बना देनेवाली परिस्थितियाँ उत्पन्न करने वाली हैं। मैं समझता हूँ कि यह अंग्रेज़ विचारक हॉब्स ही है जो यह प्रखर टिप्पणी करता है कि समान विचारों एवं भावनाओं की श्रृंखला से युक्त होना विचारों एवं भावनाओं से बिल्कुल विहीन होना है। आज अधिकांश मुस्लिम देशों की ऐसी ही नियति है। वे यन्त्रवत् पुराने मूल्यों की पुनरावृत्ति कर रहे हैं, जब कि तुर्क नये मूल्यों को सृजित करने के दर पर हैं। वह उन महान् अनुभवों से गुज़र चुका है जिन्होंने उसके प्रति उसके गहनतर अस्तित्व को उद्घाटित कर दिया है। नयी आकांक्षाओं को जन्म देते हुए, नयी कठिनाइयों को उत्पन्न करते हुए और नयी व्याख्याओं का संकेत करते हुए जीवन उसमें गति करने, परिवर्तित होने एवं प्रवर्धित होने लगा है। उसके सामने आज जो प्रश्न है, और जिसके निकट भविष्य में अन्य मुस्लिम देशों के सामने खड़े होने की संभावना है, यह है कि क्या इस्लाम का क़ानून विकास की क्षमता रखता है—एक ऐसा प्रश्न जो कि महान् बौद्धिक प्रयास की अपेक्षा करेगा और जिसका उत्तर हाँ में दिया जाना निश्चित है, बशर्ते इस्लाम की दुनिया इससे उमर की मनोवृत्ति के साथ जूझती है, उमर जो कि इस्लाम की प्रथम समीक्षात्मक एवं स्वतंत्र प्रतिभा थे और जो पैग़म्बर के अन्तिम क्षणों में इन महत्वपूर्ण शब्दों को बोलने का नैतिक साहस रखते थे कि "हमारे लिए ईश्वर की पुस्तक पर्याप्त है।"

हम आधुनिक इस्लाम में उदारतावादी आन्दोलन का हृदय से स्वागत करते हैं किन्तु यह भी मानना होगा कि इस्लाम में उदारतावादी विचारों का आविर्भाव इस्लाम के इतिहास में परम संकटापन्न क्षण है। उदारतावाद विघटन की शक्ति के रूप में कार्य करने की प्रवृत्ति रखता है, तथा हो सकता है कि नस्ल-भावना जो कि पहले की अपेक्षा अधिक शक्ति के साथ आधुनिक इस्लाम में क्रियारत प्रतीत हो रही है, अन्ततः वह वृहद् मानवीय दृष्टिकोण ही मिटा दे जिसे मुस्लिम क़ौम ने अपने धर्म से ग्रहण किया है। इसके अतिरिक्त किसी नियन्त्रण के अभाव में हमारे धार्मिक एवं राजनीतिक सुधारक उदारतावाद की अपनी धुन में सुधार की उचित सीमाओं

का अतिक्रमण भी कर सकते हैं। आज हम यूरोप में प्रोटेस्टैन्ट क्रान्ति के सदृश दौर से गुज़र रहे हैं और लूथर के आन्दोलन का उत्थान और परिणाम जो शिक्षा देता है उसे हमे नहीं भूलना चाहिए। इतिहास का एक ध्यानपूर्ण अध्ययन बताता है कि सुधारान्दोलन (Reformation) मूलतः एक राजनीतिक आन्दोलन था और यूरोप में उसका वास्तविक परिणाम राष्ट्रवादी आचार नियमों (universal ethics) की पद्धतियों द्वारा ईसाई धर्म के सार्वभौमिक आचार नियमों का क्रमिक विस्थापन था। इस रुझान का परिणाम हम अपनी ही आँखों से यूरोप के महायुद्ध में देख चुके हैं जिसने कि आचार नियमों (ethics) की दोनों विरोधी प्रणालियों का कोई व्यावहारिक समन्वय प्रस्तुत करने के स्थान पर यूरोपीय वस्तु-स्थिति को और अधिक असहनीय बना दिया है। इस्लामी जगत् के नेताओं का आज यह कर्तव्य है कि यूरोप में जो कुछ घटित हुआ है वे उसके वास्तविक अभिप्राय को समझें तथा इसके पश्चात् आत्म-नियन्त्रण के साथ तथा एक सामाजिक राज्यव्यवस्था (social polity) के रूप में इस्लाम के परम उद्देश्यों में एक स्पष्ट अन्तर्दृष्टि के साथ आगे बढ़ें।

मैं आपको आधुनिक इस्लाम में इज्तिहाद के इतिहास एवं उसकी प्रक्रिया की कुछ मानसिक रूपरेखा प्रस्तुत कर चुका हूँ। अब मैं यह देखने के लिए अग्रसर होता हूँ कि क्या इस्लामी विधि का इतिहास एवं ढाँचा इसके सिद्धान्तों की किसी नयी व्याख्या की संभावना का संकेत देते हैं। दूसरे शब्दों में मैं जो प्रश्न उठाना चाहता हूँ वह यह है—क्या इस्लामी विधि में विकास की क्षमता है? बोन (Bonn) विश्वविद्यालय में सामी भाषाविज्ञान का प्रोफेसर हॉरटेन इस्लामिक के दर्शन एवं धर्मशास्त्र के विषय में यही प्रश्न उठाता है। पूर्णतया धार्मिक चिन्तन के क्षेत्र में मुस्लिम विचारकों के कार्य की समीक्षा करते हुए वह संकेत करता है कि इस्लाम के इतिहास को उचित रूप से दो भिन्न शक्तियों—एक ओर आर्य संस्कृति तथा ज्ञान का तत्व और दूसरी ओर एक सामी धर्म—की एक क्रमिक पारस्परिक क्रिया, उनके समन्वय तथा उनके परस्पर घनीभूत होने के रूप में वर्णित किया जा सकता है। मुसलमान ने अपने धार्मिक दृष्टिकोण को सदैव उस संस्कृति के तत्वों के अनुकूल बनाया है जिसे उसने अपने गिर्द की क़ौमों से अपनाया था। हॉरटेन का कहना है कि 800 ई. से 1100 ई. तक इस्लाम में धर्मशास्त्र की कम से कम सौ प्रणालियाँ आविर्भूत हुई थीं, यह एक ऐसा तथ्य है जो इस्लामी चिन्तन की लचक एवं हमारे आरंभिक विचारकों की अविच्छिन्न क्रियाशीलता के प्रति पर्याप्त प्रमाण प्रदान करता है। अतः मुस्लिम साहित्य एवं चिन्तन के एक गहनतर अध्ययन के प्रकटीकरणों के कारण यह वर्तमान यूरोपीय प्राच्यविद् जो कि अभी जीवित है, इस निष्कर्ष पर पहुँचने के लिए प्रवृत्त हुआ—

"इस्लाम की आत्मा इतनी वृहद् है कि लगभग यह अन्तहीन है। केवल निरीश्वरवादात्मक विचारों के अपवाद को छोड़कर इसने आसपास की क़ौमों के

समस्त अधिगम्य विचारों को आत्मसात् कर लिया है तथा उन्हें विकास की स्वयं अपनी विशिष्ट दिशा प्रदान की है।"

क़ानून के क्षेत्र में इस्लाम की आत्मसात्कारी मनोवृत्ति और अधिक सुस्पष्ट है। इस्लाम के डच समालोचक प्रोफ़ेसर हरग्रोन्जे (Hurgronge) का कहना है—

"जब हम मुस्लिम विधि के विकास का इतिहास पढ़ते हैं तो हम पाते हैं कि एक ओर तो प्रत्येक युग के आचार्य मामूली उत्तेजना पर अपधर्म के परस्पर दोषारोपण की हद तक एक दूसरे की निन्दा करते हैं और दूसरी ओर वही लोग अपने पूर्वजों के उसी तरह के झगड़ों का प्रयोजन के अधिकाधिक एकत्व के साथ समाधान करने का प्रयास करते हैं।"

इस्लाम के आधुनिक यूरोपीय समालोचकों के ये मत यह पूर्णतया स्पष्ट कर देते हैं कि नये जीवन के वापस आने के साथ, इस्लाम की चेतना की आन्तरिक उदारता, हमारे आचार्यों की कट्टर रूढ़िवादिता के बावजूद, अवश्य ही अपना प्रभाव डालेगी। इसमें मुझे कोई संदेह नहीं कि इस्लाम के विशुद्ध वैधानिक साहित्य का एक अधिक गंभीर अध्ययन निश्चय ही आधुनिक समालोचक को इस कृत्रिम धारणा से मुक्ति दिलायेगा कि इस्लामी क़ानून स्थिर तथा विकास के अयोग्य है। दुर्भाग्यवश इस देश की रूढ़िवादी मुस्लिम जनता फिक्ह के समीक्षात्मक विवेचन के लिए अभी तक तैयार नहीं है; क्योंकि ऐसा करने से अधिकांश लोगों को अप्रसन्न करने तथा फिरक़ावाराना विवादों के उठ खड़े होने की संभावना है; तथापि हमारे समक्ष जो विषय है उस पर मैं कुछ मन्तव्य प्रस्तुत करने का साहस करता हूँ—

1. सबसे पहले तो हमें यह याद रखना चाहिए कि आरंभिक काल से लेकर वास्तव में अब्बासियों के उदय तक क़ुरआन के अतिरिक्त इस्लाम का कोई लिखित कानून नहीं था।

2. दूसरे यह उल्लेखनीय है कि लगभग प्रथम शताब्दी के मध्य से लेकर चौथी शताब्दी के प्रारंभ तक इस्लाम में कम-से-कम उन्नीस वैधानिक विचारधाराएँ एवं वैधानिक मतवाद प्रकट हुए। अकेला यही तथ्य यह सिद्ध करने के लिए पर्याप्त है कि एक विस्तारशील सभ्यता की आवश्यकताओं की पूर्ति के लिए हमारे विधान के आरंभिक आचार्यों ने किस प्रकार अनवरत कार्य किया। राज्य विजय तथा उसके फलस्वरूप इस्लाम के दृष्टिकोण के विस्तृत होने के साथ इन प्रारंभिक विधिज्ञों को एक अपेक्षतया वृहत्तर दृष्टिकोण अपनाना पड़ता था तथा इस्लाम की परिधि में आनेवाली नयी क़ौमों के जीवन की स्थानीय दशाओं एवं आदतों का अध्ययन करना पड़ता था। समकालीन सामाजिक एवं राजनीतिक इतिहास की रोशनी में वैधानिक मत की विभिन्न विचारधाराओं के एक ध्यानपूर्वक अध्ययन से यह प्रकट हो जाता है कि व्याख्या के अपने प्रयासों में वे क्रमशः निगमनात्मक (deductive) से आगमनात्मक (inductive) मनोवृत्ति की ओर अग्रसर हुए थे।

3. तीसरे यह कि जब हम मुस्लिम विधि के चार स्वीकृत स्रोतों एवं उनके द्वारा

प्रेरित विवादों का अध्ययन करते हैं तो हमारे मान्यता प्राप्त मतवादों (schools) की कठोरता विलीन हो जाती है तथा इसके आगे के विकास की संभावना पूर्णतया स्पष्ट हो जाती है। आइए, संक्षेप में इन स्रोतों पर विचार-विमर्श करें—

(अ) **क़ुरआन** : इस्लाम के कानून का प्राथमिक स्रोत क़ुरआन है, फिर भी क़ुरआन कोई वैधानिक संहिता नहीं है। जैसा कि मैं पहले कह चुका हूँ इसका मुख्य उद्देश्य मनुष्य में ईश्वर एवं सृष्टि के प्रति उसके संबंध की एक उच्चतर चेतना जगाना है।[13] निःसंदेह क़ुरआन कतिपय सामान्य सिद्धान्त तथा विशेषतया सामाजिक जीवन के मूलाधार परिवार से संबंधित वैधानिक प्रकृति के नियम निर्धारित करता है। किन्तु इन नियमों को एक इल्हाम का भाग क्यों बना दिया गया है जिसका परम उद्देश्य मनुष्य का उच्चतर जीवन है? इस प्रश्न का उत्तर ईसाई धर्म के इतिहास द्वारा प्रस्तुत किया गया है जो कि यहूदी धर्म में अभिव्यक्त वैधानिकता की मनोवृत्ति के विरुद्ध एक सशक्त प्रतिक्रिया के रूप में प्रकट हुआ था। इसमें संदेह नहीं कि परलोकवाद का एक आदर्श स्थापित करके यह जीवन का अध्यात्मीकरण करने में सफल रहा किन्तु इसके व्यक्तिवाद को मानव सामाजिक संबंधों की जटिलता में कोई आध्यात्मिक मूल्य नहीं दिखाई पड़ा। अपने 'धार्मिक पत्र' में नाउमन का कहना है "प्राचीन ईसाई धर्म ने राज्य, विधि, व्यवस्था, उत्पादन के परिरक्षण को कोई महत्व नहीं दिया। यह मानवीय समाज की दशाओं पर बिल्कुल विचार नहीं करता।" और नाउमन इस निष्कर्ष पर पहुँचता है, "हम या तो यह लक्ष्य बनाने की हिम्मत करें कि बिना राज्य के रहेंगे अतः स्वयं को जान-बूझकर अराजकता के हाथों सौप दें अथवा अपने धार्मिक मत के साथ-साथ एक राजनीतिक मत भी रखने का निर्णय करें।" अतः क़ुरआन एक ही इल्हाम में धर्म और राज्य, नैतिकता एवं राजनीति को मिला देना उसी प्रकार आवश्यक समझता है जिस प्रकार कि प्लेटो अपनी कृति 'रिपब्लिक' में।

अतः इस संबंध में ध्यान देने का महत्वपूर्ण बिन्दु है क़ुरआन का गत्यात्मक दृष्टिकोण। मैं इसके उद्भव एवं इतिहास की पूर्णरूपेण विवेचना कर चुका हूँ। यह तो स्पष्ट ही है कि इस प्रकार के दृष्टिकोण से युक्त इस्लाम की पवित्र किताब विकास की धारणा की विरोधी नहीं हो सकती। किन्तु हमें केवल यह नहीं भूलना चाहिये कि जीवन मात्र परिवर्तन ही नहीं है। यह अपने अन्दर परिरक्षण के तत्व भी रखता है। अपनी सृजनात्मक क्रिया का आनन्द लेते तथा जीवन के नये दृश्यों के उद्घाटन पर सदैव अपनी ऊर्जाओं को केन्द्रित करते हुए मनुष्य को अपने ही प्रकटन के समक्ष विकलता का एहसास होता है। अपनी अग्रगामी गति में मनुष्य अपने अतीत की ओर देखे बिना नहीं रह सकता तथा भय की कुछ मात्रा के साथ ही वह अपने स्वयं के आन्तरिक विस्तार का सामना करता है। मनुष्य की आत्मा अपनी अग्रगामी गति में उन शक्तियों द्वारा नियन्त्रित होती है जो कि प्रतिकूल दिशा में कार्य करती हुई प्रतीत होती हैं। यह केवल दूसरा ढंग है यह कहने का कि जीवन स्वयं अपने

अतीत के भार को अपनी पीठ पर रखकर गति करता है, और यह कि सामाजिक परिवर्तन के किसी पर्यवेक्षण में रूढ़िवादिता की शक्तियों की महत्ता एवं कार्य को नज़रन्दाज़ नहीं किया जा सकता। क़ुरआन की मूलभूत शिक्षा में इस अवयवीय अन्तर्दृष्टि के साथ ही आधुनिक बुद्धिवाद को हमारी विद्यमान संस्थाओं का निरूपण करना चाहिए। कोई भी क़ौम अपने अतीत को पूर्णतया ठुकरा नहीं सकती क्योंकि यह उसका अतीत ही है जिसने उसकी व्यक्तिगत अस्मिता बनायी है। इस्लाम जैसे समाज में तो पुरानी संस्थाओं का संशोधन और अधिक नाज़ुक हो जाता है तथा सुधारक की समस्या और अधिक गंभीर रूप धारण कर लेती है। अपने स्वरूप में इस्लाम अराजक्षेत्रीय (non-territorial) है और इसका उद्देश्य, परस्पर विरोधी नस्लों की विविधता से अपने अनुयायियों को प्राप्त कर लेने के पश्चात् इस परमाणविक समुच्चय को एक आत्म-चेतना सम्पन्न क़ौम में परिवर्तित करके मानवता के एक सुनिश्चित संयोजन के निमित्त एक आदर्श प्रस्तुत करना है। इसका निष्पादन कोई आसान काम नहीं था। फिर भी अपनी सुविचारित संस्थाओं द्वारा इस्लाम इस विषमजातीय जनसमूह में बहुत हद तक सामूहिक संकल्प एवं अन्तःकरण जैसा कुछ सृजित करने में सफल रहा है। इस प्रकार के समाज के विकास में खान-पान, शुद्धता-अशुद्धता से संबंधित सामाजिक रूप से अहानिकर नियमों की अपरिवर्तनशीलता भी अपना स्वयं का जीवन-मूल्य रखती है क्योंकि यह इस प्रकार के समाज को एक विशिष्ट अन्तर्मुखत्व प्रदान करने के लिए प्रवृत्त होती है तथा इसके अतिरिक्त यह उस बाह्य एवं आन्तरिक एकरूपता को सुरक्षित रखती है जो कि विषमता की शक्तियों का निवारण करती है और जो एक मिले-जुले क़िस्म के समाज में सदैव अन्तर्हित होती है। इन संस्थाओं के आलोचक को, उनके निरूपण के लिए उद्यत होने से पहले, इस्लाम में समाविष्ट सामाजिक प्रयोग की परम महत्ता के प्रति एक स्पष्ट अन्तर्दृष्टि प्राप्त करने का प्रयास करना चाहिए। इस संरचना की ओर उसे इस देश या उस देश की सामाजिक लाभ या हानि की दृष्टि से नहीं देखना चाहिए प्रत्युत उसे उस वृहत्तर उद्देश्य के दृष्टिकोण से देखना चाहिए जो एक समष्टि के रूप में मानवता के जीवन में क्रमशः निष्पन्न किया जा रहा है।

क़ुरआन के वैधानिक सिद्धान्तों के मूलाधार पर ध्यान देने पर यह बिल्कुल स्पष्ट है कि यह बात नहीं कि इन सिद्धान्तों की गहनतामूलक विस्तृति मानवीय विचार एवं वैधानिक क्रिया के लिए कोई अवसर नहीं प्रदान करती, वास्तव में यह मानवीय चिन्तन के एक उद्‌बोधक के रूप में कार्य करती है। विधि के हमारे आरंभिक आचार्यों ने इस मूलाधार से अपना विचार-सूत्र ग्रहण करके अनेक वैधानिक प्रणालियों को विकसित किया; तथा इस्लामी इतिहास का विद्यार्थी अच्छी तरह जानता है कि एक सामाजिक एवं राजनीतिक सत्ता के रूप में इस्लाम की लगभग आधी उपलब्धियों का कारण इन आचार्यों की वैधानिक तीक्ष्णता थी। वॉन

क्रेमर का कहना है कि "रोमनों के पश्चात् अरबों को छोड़कर कोई ऐसा राष्ट्र नहीं जो यह दावा कर सके कि उसके पास इतनी सावधानी से तैयार की हुई कोई वैधानिक प्रणाली है।" किन्तु अपनी व्यापकता के बावजूद ये प्रणालियाँ आख़िरकार व्यक्तिगत व्याख्याएँ हैं, अतएव वे किसी अन्तिमता का दावा नहीं कर सकतीं। मैं जानता हूँ कि इस्लाम के उलमा मुस्लिम विधि के लोकप्रिय मतवादों के लिए अन्तिमता का दावा करते हैं, यद्यपि उन्होंने कभी एक पूर्ण इज्तिहाद की सैद्धान्तिक संभावना से इन्कार करना संभव नहीं पाया। मैंने उन कारणों को व्याख्यायित करने का प्रयास किया है जिन्होंने मेरे विचार में उलमा की इस मनोवृत्ति को निर्धारित किया है; और परिस्थितियाँ बदल गयी हैं और आज इस्लामी दुनिया उन नयी-नयी शक्तियों से सामना कर रही एवं प्रभावित हो रही है जो मानवीय चिन्तन की समस्त दिशाओं में अपूर्व विकास द्वारा उन्मुक्त हुई हैं; अतः मुझे कोई कारण नहीं दिखाई पड़ता कि इस मनोवृत्ति को और अधिक समय तक क्यों बरक़रार रखा जाये? क्या हमारे मतवादों के संस्थापकों ने कभी अपने तर्कों एवं व्याख्याओं के लिए अन्तिमता का दावा किया था? कभी नहीं। अपनी स्वयं की अनुभूति एवं आधुनिक जीवन की बदली हुई दशाओं की रोशनी में आधारभूत सिद्धान्तों को पुनः व्याख्यायित करने का मुस्लिम उदारवादियों की वर्तमान पीढ़ी का दावा मेरे विचार में पूर्णतया औचित्यपूर्ण है। क़ुरआन की यह शिक्षा कि जीवन उत्तरोत्तर सृजन की एक प्रक्रिया है, अनिवार्य कर देती है कि अपने पूर्ववर्तियों के कार्य से मार्गदर्शन प्राप्त करके बिना किसी बाधा के प्रत्येक पीढ़ी को अपनी समस्याओं का समाधान करने की अनुमति दी जानी चाहिए।

मैं समझता हूँ कि यहाँ आप मुझे तुर्की कवि ज़िया की याद दिलायेंगे जिसका मैंने एक क्षण पहले हवाला दिया था और पूछेंगे कि उसने नर-नारी की समानता अर्थात् तलाक़, संबंध-विच्छेद तथा विरासत की दृष्टि से समानता की जो माँग की है क्या वह इस्लामी क़ानून के अनुसार संभव है। क्या तुर्की में स्त्रियों के जागरण ने ऐसी माँगों को जन्म दिया है जो आधारभूत सिद्धान्तों की एक नयी व्याख्या के बिना पूरी नहीं हो सकती हैं, यह मैं नहीं जानता हूँ। पंजाब में, जैसा कि प्रत्येक व्यक्ति जानता है, ऐसे भी उदाहरण हैं जब अवांछित पतियों से छुटकारा पाने के लिए मुस्लिम स्त्रियाँ धर्म-त्याग के लिए विवश हुई हैं। एक मिशनरी धर्म के उद्देश्यों से अधिक पराङ्मुख और कुछ नहीं हो सकता। स्पेन के महान विधिवेत्ता इमाम शातिबी[14] अपनी पुस्तक 'अल मुआफ़िक़ात' में कहते हैं कि इस्लाम के क़ानून का उद्देश्य पाँच चीज़ों का संरक्षण करना है—दीन, नफ्स, अक्ल, माल और नस्ल। इस कसौटी का प्रयोग करते हुए मैं यह पूछने का साहस करता हूँ : "क्या हिदाया में विहित स्वधर्म त्याग से सम्बन्धित नियम का प्रवर्तन इस देश में हमारे धर्म के हितों का संरक्षण करने की ओर प्रवृत्त है।" हिन्दुस्तानी मुसलमानों की अतिशय रूढ़िवादिता को देखते हुए हिन्दुस्तानी न्यायाधीश विवश हैं कि वे उन ग्रन्थों से

विचलित न हों जिन्हें मानक कहा जाता है। इसका परिणाम यह है कि लोग तो आगे बढ़ रहे हैं किन्तु क़ानून अपनी जगह स्थिर है।

रही तुर्की कवि की माँग तो मैं समझता हूँ कि इस्लाम की कुटुम्ब-विधि के बारे में उसे कुछ अधिक जानकारी नहीं है। न तो विरासत के क़ुरआनी क़ानून के आर्थिक महत्व को ही वह समझता हुआ प्रतीत होता है। मुस्लिम विधि के अनुसार विवाह एक वैधानिक इकरारनामा (civil contract) है। विवाह के समय नियत शर्तों पर पति के तलाक़ के अधिकार को अपने पक्ष में प्रतिनिहित कराने तथा इस प्रकार पति के साथ तलाक़ की समानता प्राप्त करने में पत्नी स्वतन्त्र है। विरासत के नियम से संबंधित सुधार का जो सुझाव कवि ने दिया है वह एक ग़लतफ़हमी पर आधारित है। उनके क़ानूनी हिस्से की असमानता से यह नहीं मान लेना चाहिए कि क़ानून स्त्रियों के ऊपर पुरुषों की श्रेष्ठता को स्वीकार करता है। ऐसा मानना इस्लाम की आत्मा के विपरीत होगा। कुरआन कहता है—

"और पुरुषों के ऊपर स्त्रियों के उसी प्रकार अधिकार हैं जिस प्रकार स्त्रियों के ऊपर पुरुषों के हैं।" (2 : 228)

पुत्री का हिस्सा उसमें निहित किसी हीनता द्वारा नहीं बल्कि उसके आर्थिक अवसरों तथा सामाजिक संरचना में, जिसकी कि वह एक अभिन्न अंग है, उसके स्थान को देखते हुए निर्धारित किया गया है। इसके अतिरिक्त कवि की स्वयं अपनी समाज विषयक परिकल्पना के अनुसार धन के वितरण में विरासत के क़ानून को एक पृथक् घटक नहीं प्रत्युत एक ही उद्देश्य के लिए परस्पर कार्यरत अन्य घटकों में से एक समझना चाहिए। यद्यपि मुस्लिम विधि के अनुसार अपने विवाह के समय पिता एवं पति दोनों द्वारा प्रदत्त सम्पत्ति की पुत्री पूर्ण स्वामिनी होती है; इसके अतिरिक्त वह अपने स्त्री-धन की पूर्ण स्वामिनी होती है जो उसकी अपनी मर्ज़ी के अनुसार ग़ैर-मुवज्जल (तुरन्त अदा की जानेवाली) अथवा मुवज्जल (तुरन्त न अदा की जानेवाली अर्थात आस्थगित) हो सकती है तथा जिसके बदले भुगतान होने तक वह पति की सम्पूर्ण सम्पत्ति अपने अधिकार में रख सकती है, जबकि उसके आजीवन भरण-पोषण की ज़िम्मेदारी पति पर डाल दी गयी है। यदि आप इस दृष्टिकोण से विरासत के कानून की क्रिया-विधि पर विचार करें तो आप पायेंगे कि पुत्रों और पुत्रियों की आर्थिक दशा में कोई महत्वपूर्ण अन्तर नहीं है और वास्तव में क़ानूनी हिस्सों में इस ऊपरी असमानता द्वारा ही यह क़ानून उस समानता को प्राप्त करने में सफल होता है जिसकी कि तुर्की कवि ने माँग की है। सच तो यह है कि अभी तक मुस्लिम विधिज्ञों ने विरासत के क़ुरआनी कानून के अन्तर्निहित सिद्धान्तों पर, मुस्लिम विधि की इस परम मौलिक शाखा पर जैसा कि वॉन क्रेमर इसे वर्णित करता है, उतना ध्यान नहीं दिया जितने के ये सिद्धान्त अधिकारी हैं। अपने कटु वर्ग-संघर्षों से युक्त आधुनिक समाज को चाहिए कि हमें सोचने के लिए प्रवृत्त करता रहे, यदि हम अपने क़ानूनों का अध्ययन आधुनिक आर्थिक जीवन में

आगामी क्रान्ति के संदर्भ में करें तो संभव है कि आधारभूत सिद्धान्तों में अभी तक अप्रकट पहलुओं का हम पता लगा लें तथा जिन्हें इन सिद्धान्तों की दूरदर्शिता में एक पुनर्नवीकृत विश्वास के साथ हम कार्यान्वित कर सकते हैं।

(ब) **हदीस** : मुस्लिम विधि का दूसरा महान् स्रोत है पवित्र पैग़म्बर की हदीसें। प्राचीन और आधुनिक दोनों युगों में ये बड़े विचार-विमर्श का विषय रही हैं। इनके आधुनिक समालोचकों में प्रोफेसर गोल्डत्सिहर[15] (Goldziher) ने ऐतिहासिक समालोचना के आधुनिक सिद्धान्तों की रोशनी में इन्हें एक सूक्ष्म परीक्षण का विषय बनाया है और वह इस निष्कर्ष पर पहुँचता है कि कुल मिलाकर ये अविश्वसनीय हैं। किसी हदीस की प्रामाणिकता के निर्धारण करने की मुस्लिम प्रणाली के परीक्षण तथा ग़लती की सैद्धान्तिक संभावनाओं का संकेत करने के पश्चात् एक अन्य यूरोपीय समालोचक निम्नलिखित निष्कर्ष पर पहुँचता है—

"अन्त में यह कहना चाहिए कि पूर्वगामी विवेचन केवल सैद्धान्तिक संभावनाओं का प्रतिनिधित्व करते हैं और यह प्रश्न कि क्या और कहाँ तक ये संभावनाएँ वास्तविकताओं में परिणत हो गयी हैं इस बात का विषय है कि कहाँ तक वास्तविक परिस्थितियों ने इन संभावनाओं के उपयोग को प्रोत्साहन दिया। निःसंदेह ऐसी परिस्थितियाँ अपेक्षाकृत कम ही थीं तथा सम्पूर्ण सुन्ना के केवल एक अंश को ही प्रभावित किया था। अतः यह कहा जा सकता है कि मुसलमानों द्वारा धर्म वैधानिक (canonical) समझे जाते अधिकांशतः सुन्ना के संकलन इस्लाम के उत्थान एवं आरंभिक विकास के सच्चे दस्तावेज़ हैं।" (वित्त के इस्लामी सिद्धान्त)[16]

अपने वर्तमान उद्देश्य के लिए हमें पूर्णतया वैधानिक महत्व की हदीसों का उन हदीसों से भेद करना चाहिए जो एक ग़ैर-वैधानिक स्वरूप की हैं। वैधानिक महत्व की हदीसों के सिलसिले में एक बहुत महत्वपूर्ण प्रश्न यह उठता है कि वे कहाँ तक अरब के प्रागृइस्लामी प्रथाओं का समावेश करती हैं, जो कुछ मामलों में अक्षत छोड़ दी गयी थीं और कुछ अन्य में पैग़म्बर द्वारा संशोधित कर दी गयी थीं। इसका पता लगाना कठिन है क्योंकि हमारे आद्य लेखक सदैव प्रागृइस्लामी प्रथाओं का हवाला नहीं देते हैं। न तो यही पता लगाना संभव है कि पैग़म्बर की सुव्यक्त या अव्यक्त स्वीकृति द्वारा अक्षुण्ण प्रथाएँ अपने विनियोग में सार्वभौमिक ठहराई गयी थीं। इस बिन्दु का शाह वली उल्लाह[17] ने एक अत्यन्त ज्ञानप्रद विवेचन किया है। मैं यहाँ उनके विचार का सार पुनः प्रस्तुत करता हूँ। शाह वलीउल्लाह के अनुसार शिक्षा देने का पैग़म्बरी तरीक़ा यह है कि सामान्यतः पैग़म्बर द्वारा उद्घाटित विधान उस क़ौम की आदतों, रस्म-रिवाजों एवं विशिष्टताओं पर विशेष ध्यान देता है जिसमें वह विशेषकर भेजा जाता है। किन्तु पैग़म्बर जिसका कि उद्देश्य सर्वव्यापी सिद्धान्त होते हैं, न तो विभिन्न क़ौमों के लिए भिन्न-भिन्न सिद्धान्त उद्घाटित कर सकता है और न तो उन्हें यह आज़ादी दे सकता है कि वे आचरण के स्वयं अपने नियम बनायें। उसका तरीक़ा एक विशिष्ट क़ौम को प्रशिक्षित करना तथा उसे एक

सार्वभौमिक शरीअत के निर्माण के लिए एक केन्द्र बिन्दु के रूप में उपयोग करना है। ऐसा करने में वह समस्त मानवजाति के सामाजिक जीवन में अन्तर्निहित सिद्धान्तों पर ज़ोर देता है तथा तत्काल अपने समक्ष क़ौम की विशिष्ट आदतों की दृष्टि से उन्हें वास्तविक स्थितियों के प्रति लागू करता है। इस विनियोग (अर्थात् अपराधों के दण्डों से संबंधित विधान) से परिणत होनेवाले शरीअत मूल्य (अहकाम) एक अर्थ में उस क़ौम के लिए निर्दिष्ट होते हैं और चूँकि उनका अनुपालन स्वयं में एक लक्ष्य नहीं होता, अतएव वे भावी पीढ़ियों के सिलसिले में सख़्ती से लागू नहीं किये जा सकते। संभवतः यही कारण था कि इमाम अबू हनीफा ने जो कि इस्लाम के सार्वभौमिक स्वरूप के विषय में एक तीक्ष्ण अन्तर्दृष्टि रखते थे, इन हदीसों का वस्तुतः कोई उपयोग नहीं किया। यह तथ्य कि उन्होंने इस्तिहसान (न्यायिक-वरीयता) के सिद्धान्त का प्रवर्तन किया जो कि वैधानिक चिन्तन में वास्तविक दशाओं के एक सुविचारित अध्ययन को आवश्यक बना देता है, उन उद्देश्यों पर और अधिक प्रकाश डालता है जिसने मुस्लिम विधि के इस स्रोत के प्रति उनके दृष्टिकोण को निर्धारित किया। यह कहा जाता है कि अबू हनीफा ने हदीसों का उपयोग नहीं किया, क्योंकि उनके युग में विधिवत संग्रह नहीं थे। प्रथम तो यह कहना सच नहीं है कि उनके युग में संग्रह नहीं थे क्योंकि अब्द-अल-मलिक और ज़ुहरी के संग्रह अबू हनीफा की मृत्यु से कम से कम तीस वर्ष पूर्व तैयार किये गये थे। किन्तु यदि हम मान लें कि ये संग्रह उन तक कभी नहीं पहुँचे थे या यह कि उनमें वैधानिक महत्व की हदीसें सम्मिलित नहीं थीं, तो मालिक और उनके बाद आनेवाले अहमद इब्न हन्बल के समान वह आसानी से अपना स्वयं का संग्रह तैयार कर सकते थे, यदि वह इस प्रकार की चीज़ को आवश्यक समझते। अतः मेरे विचार में पूर्णतया वैधानिक महत्व की हदीसों के प्रति अबू हनीफा का रवैया बिल्कुल सही है, और यदि आधुनिक उदारतावाद विधि के एक स्रोत के रूप में उनका अन्धाधुन्ध उपयोग न करना अधिक सुरक्षित समझता है तो वह सुन्नी इस्लाम में मुस्लिम विधि के एक महानतम प्रतिपादक का मात्र अनुसरण कर रहा है। किन्तु इस तथ्य से इन्कार करना असंभव है कि विधि में अमूर्त चिन्तन की प्रवृत्ति के विपरीत मूर्त पक्ष के महत्व पर आग्रह द्वारा मुहद्दिसों ने इस्लामिक के विधि की महानतम सेवा की है। हदीसों के साहित्य का एक और अधिक विवेकपूर्ण अध्ययन क़ुरआन में प्रतिपादित वैधानिक सिद्धान्तों के जीवन-मूल्य को समझने में और भी सहायक हो सकता है, यदि उन्हें उस भावना के परिचायक के रूप में उपयोग किया जाय जिसके अन्तर्गत स्वयं पैगम्बर ने अपने इल्हाम की व्याख्या की थी। केवल उनके जीवन-मूल्य का एक पूर्ण बोध ही आधारभूत सिद्धान्तों की पुनर्व्याख्या के प्रयास के लिए हमें लैस कर सकता है।

(स) **इज्मा** : मुस्लिम विधि का तीसरा स्रोत इज्मा है जो मेरे मत में इस्लाम का संभवतः सर्वाधिक महत्वपूर्ण सिद्धान्त है। किन्तु यह बड़े आश्चर्य की बात है कि इस

महत्वपूर्ण सिद्धान्त ने जब कि आरंभिक इस्लाम में बड़े-बड़े बौद्धिक परिसंवादों का आह्वान किया, वास्तव में यह मात्र एक विचार ही बना रहा और किसी मुस्लिम देश में एक स्थायी संस्था का रूप धारण न कर सका। एक स्थायी वैधानिक संस्था में इसका रूपान्तरण संभवतः उस प्रकार के एक निरंकुश राजतंत्र के राजनीतिक हितों के विपरीत था जो कि इस्लाम में चौथे ख़लीफ़ा के फौरन बाद उत्पन्न हो गया था। मैं समझता हूँ कि एक ऐसी स्थायी सभा के निर्माण को प्रोत्साहन देने की अपेक्षा जो कि उनके लिए ज़रूरत से अधिक शक्तिशाली हो सकती थी, इज्तिहाद के अधिकार को वैयक्तिक मुज्तहिदों के हाथ में छोड़ना उमय्यद और अब्बासी ख़लीफ़ाओं के हितों के अनुकूल था। किन्तु यह देखकर बहुत संतोष होता है कि नयी विश्व-शक्तियों का दबाव और यूरोपीय देशों के राजनीतिक अनुभव आधुनिक इस्लाम के मन पर इज्मा की धारणा के महत्व एवं संभावनाओं को अंकित कर रहे हैं। मुस्लिम देशों में गणतन्त्रीय भावना का विकास एवं विधान सभाओं की क्रमिक स्थापना, प्रगति की दिशा में एक बहुत बड़ा क़दम है। मतवादों के वैयक्तिक प्रतिनिधियों से एक मुस्लिम सभा के प्रति इज्तिहाद के अधिकार का स्थानान्तरण, जो कि विरोधी फिरकों की वृद्धि के कारण एकमात्र संभावित रूप है जो कि आधुनिक युग में इज्मा धारणा कर सकता है, आम आदमियों के वैधानिक विमर्श के योगदान को उपलब्ध करा लेगा जो कि इन मामलों में एक तीक्ष्ण अन्तर्दृष्टि रखते हैं। केवल इसी तरीक़े से हम अपनी वैधानिक प्रणाली में सुसुप्त जीवन-बोध को जाग्रत तथा इसे एक विकासवादी दृष्टिकोण प्रदान कर सकते हैं। किन्तु हिन्दुस्तान में कठिनाइयाँ उत्पन्न हो सकती हैं, क्योंकि यह संदेहास्पद है कि क्या एक ग़ैर-मुस्लिम विधान सभा इज्तिहाद के अधिकार का प्रयोग कर सकती है।

किन्तु इज्मा के संबंध में एक या दो प्रश्न ऐसे हैं जिन्हें उठाया जाना तथा उनका उत्तर दिया जाना चाहिए। क्या इज्मा क़ुरआन को निरस्त कर सकता है? मुस्लिम श्रोतागण के सामने यह प्रश्न उठाना अनावश्यक है, किन्तु कोलम्बिया विश्वविद्यालय द्वारा प्रकाशित 'वित्त के इस्लामी सिद्धान्त' नामक पुस्तक में एक यूरोपीय आलोचक के एक अत्यंत भ्रामक बयान को देखते हुए ऐसा करना मैं आवश्यक समझता हूँ। बिना किसी प्रमाण का हवाला देते हुए इस पुस्तक का लेखक कहता है कि कुछ हनफी और मोतज़िला लेखकों के अनुसार इज्मा क़ुरआन को निरस्त कर सकता है।[18]

इस्लाम के वैधानिक साहित्य में इस प्रकार के कथन का ज़रा-सा भी औचित्य नहीं है। यहाँ तक कि पैग़म्बर की कोई हदीस भी ऐसी सामर्थ्य नहीं रख सकती । मुझे लगता है कि हमारे आद्य आचार्यो की रचनाओं में प्रयुक्त शब्द 'नस्ख़' से लेखक को ग़लतफ़हमी हुई है जिनके लिए जैसा कि 'इमाम शातिबी अल मुआफिक़ात' भाग-3 पृष्ठ 65 में संकेत करते है; जब यह शब्द सहाबा के इज्मा से संबंधित विचार-विमर्श में प्रयुक्त होता था तो इसका मात्र अर्थ होता था किसी क़ुरआनी

धर्म-नियम के विनियोग को विस्तृत अथवा सीमित करने का अधिकार, न कि किसी अन्य धर्म-नियम द्वारा इसे निरस्त या रद्द करने का अधिकार। जैसा कि एक शाफिई विधिवेत्ता आमिदी जिसकी कि लगभग सातवीं सदी के मध्य में मृत्यु हुई थी और जिसकी पुस्तक हाल ही में मिश्र में प्रकाशित हुई है, हमें बतलाता है कि इस अधिकार के प्रयोग में भी वैधानिक सिद्धान्त यह है कि सहाबागण के पास अवश्य शरीअत मूल्य (हुक्म) होगा जो उन्हें इस प्रकार के विस्तारण अथवा सीमांकन का अधिकार प्रदान करता था।

किन्तु मान लीजिए सहाबा ने किसी निश्चित समस्या को सर्वसम्मति से तय कर लिया है तो अगला प्रश्न यह है कि क्या परवर्ती पीढ़ियों के लिए उनके निर्णय को मानना अनिवार्य है? शौकानी[19] ने इस बात की पूर्णरूपेण विवेचना की है तथा भिन्न मतवादों से संबंध रखनेवाले लेखकों के विचारों का उल्लेख किया है। मैं समझता हूँ कि इस सम्बन्ध में तथ्य के किसी प्रश्न (question of fact) से संबंधित निर्णय तथा विधि के किसी प्रश्न (question of law) से संबंधित निर्णय के मध्य भेद करना आवश्यक है। पहली स्थिति के सिलसिले में—उदाहरण के लिए जैसे यह प्रश्न उठा कि क्या मुअव्विज़तान[20] के रूप में ज्ञात दो छोटी सूरतें क़ुरआन का हिस्सा हैं कि नहीं और सहाबियों ने सर्वसम्मति से निर्णय दिया कि वे क़ुरआन का हिस्सा हैं तो हमारे लिए उनका निर्णय मानना अनिवार्य है, क्योंकि स्पष्टतया केवल सहाबागण ही उस तथ्य को जानने की स्थिति में थे। दूसरी स्थिति में इस प्रश्न का संबंध केवल व्याख्या से है तथा मैं कर्ख़ी के साक्ष्य के आधार पर यह मानने का साहस करता हूँ कि परवर्ती पीढ़ियों के लिए सहाबा का निर्णय मानना अनिवार्य नहीं है। कर्ख़ी का कहना है, "सहाबा की सुन्ना उन मामलों में अनिवार्य है जो कियास द्वारा सुलझाये नहीं जा सकते, किन्तु उन मामलों में जो क़ियास द्वारा तय हो सकते हैं, इसका पालन अनिवार्य नहीं है।"

एक आधुनिक मुस्लिम सभा की विधायिकीय गतिविधि के बारे में एक और प्रश्न पूछा जा सकता है जिसमें कम से कम आज के युग में अधिकाशंतः ऐसे लोग सम्मिलित होंगे जिन्हें मुस्लिम विधि की सूक्ष्मताओं का कोई ज्ञान नहीं। विधि की अपनी व्याख्या में इस प्रकार की सभा गंभीर भ्रान्तियाँ पैदा कर सकती है। भ्रान्तिपूर्ण व्याख्या की संभावनाओं का हम किस प्रकार निराकरण अथवा कम से कम उनकी संख्या कैसे घटा सकते हैं ? 1906 के ईरानी संविधान ने सांसारिक मामलों के जानकार उलमा की एक धार्मिक समिति (Ecclesiastical committee) का प्रावधान किया था जिसे मजलिस की वैधानिक गतिविधियों के अधीक्षण का अधिकार था। मेरे विचार से ईरानी संवैधानिक सिद्धान्त की दृष्टि से यह ख़तरनाक व्यवस्था संभवतः आवश्यक है। मैं समझता हूँ कि उस सिद्धान्त के अनुसार बादशाह राज्य का मात्र एक अभिभावक है जिस पर कि वास्तव में अनुपस्थित इमाम का स्वामित्व है। इमाम के प्रतिनिधि के रूप में उलमा स्वयं को

क़ौम के सम्पूर्ण जीवन के अधीक्षण करने का अधिकारी मानते हैं, यद्यपि मैं यह समझने में असमर्थ हूँ कि एक प्रेरितिक (apostolic) उत्तराधिकार के अभाव में वह किस प्रकार इमाम का प्रतिनिधित्व करने के अपने दावे को साबित करते हैं। किन्तु ईरानी संवैधानिक सिद्धान्त जो भी हो यह व्यवस्था खतरे से खाली नहीं है और सुन्नी देशों में इसे केवल एक अस्थायी उपाय के रूप में ही आज़माया जा सकता है। विधि से संबंधित प्रश्नों पर स्वतंत्र बहस में सहायता एवं रहनुमाई के लिए उलमा को मुस्लिम विधान सभा का एक महत्वपूर्ण अंग होना चाहिए। भ्रान्तिपूर्ण व्याख्याओं की संभावनाओं के लिए मात्र प्रभावकारी उपचार मुस्लिम देशों में वैधानिक शिक्षा की वर्तमान प्रणाली में सुधार करना, इसके क्षेत्र को विस्तृत करना तथा आधुनिक न्यायशास्त्र के एक विवेकपूर्ण अध्ययन से इसे समन्वित करना है।

(द) **क़ियास** : फ़िक़्ह का चौथा आधार क़ियास अर्थात् विधि-निर्माण में साम्यानुमानिक तर्कणा का प्रयोग है। इस्लाम द्वारा विजित देशों में प्रचलित विभिन्न सामाजिक एवं कृषीय दशाओं के कारण हदीस के साहित्य में अभिलिखित पूर्वोदाहरणों से अबू हनीफ़ा के मतवाद को लगता है आमतौर पर थोड़ी अथवा कोई रहनुमाई नहीं प्राप्त हुई। अपनी व्याख्याओं में मीमांसात्मक तर्कणा शक्ति (speculative reason) का सहारा लेना उनके लिए मात्र विकल्प था। किन्तु इराक़ में नये हालात के अन्तर्गत अरस्तू के तर्क का प्रयोग वैधानिक विकास की आरंभिक अवस्थाओं में अत्यन्त हानिकर सिद्ध हो सकता था। जीवन के जटिल व्यवहार को तार्किक दृष्टि से कतिपय सामान्य सिद्धान्तों से निगमनीय नियमों का विषय नहीं बनाया जा सकता। तथापि अरस्तू के तर्क की ऐनक से देखे जाने पर यह एक निरा यान्त्रिकत्व (mechanism) प्रतीत होता है, जिसमें गति का कोई आन्तरिक सिद्धान्त नहीं। अतः अबू हनीफा का मतवाद सृजनात्मक स्वतंत्रता एवं जीवन की स्वेच्छाचारिता की उपेक्षा करने की ओर प्रवृत्त रहा और इसे शुद्ध बुद्धि के आधार पर तार्किक दृष्टि से एक पूर्ण वैधानिक प्रणाली के निर्माण की आशा थी। किन्तु अपनी नस्ल की व्यावहारिक प्रतिभा प्रणाली के अनुरूप हिजाज़ के विधिज्ञों ने इराक़ के विधिज्ञों की मीमांसात्मक सूक्ष्मताओं तथा अवास्तविक स्थितियों की उनकी कल्पना करने की प्रवृत्ति के विरुद्ध बड़ा प्रतिवाद किया, जिसे उन्होंने ठीक ही समझा कि वह इस्लाम की विधि को एक प्रकार की निर्जीव यन्त्रावली में परिणत कर देगी। इस्लाम के आरंभिक आचार्यों के बीच ये कटु विवाद क़ियास की परिसीमाओं, शर्तों तथा उसके दोष निवारकों की एक आलोचनात्मक परिभाषा का कारण बने जो यद्यपि मूलतः मुज्तहिद की व्यक्तिगत राय के लिए मात्र एक बहाना प्रतीत होता था, किन्तु जो अन्ततः इस्लाम की विधि में जीवन एवं गति का एक स्रोत बन गया। विधि के एक स्रोत के रूप में अबू हनीफ़ा के क़ियास के सिद्धान्त पर मालिक और शाफ़िई की तीक्ष्ण आलोचना का भाव मूर्त को तरजीह देने के स्थान पर अमूर्त को अधिगत करने तथा घटना की अपेक्षा विचार को भोगने की आर्य

प्रवृत्ति पर वास्तव में एक कारगर सामी रोक बना। वास्तव में यह वैधानिक अनुसंधान में निगमनात्मक एवं आगमनात्मक प्रणालियों के पक्षधरों के मध्य एक विवाद था। इराक के विधिज्ञों ने मूलतः 'धारणा' (notion) के शाश्वत पहलू पर ज़ोर दिया जब कि हिजाज़ के विधिज्ञों ने इसके कालिक पहलू पर ज़ोर दिया। किन्तु हिजाज़ के विधिज्ञ स्वयं अपनी प्रस्थापना के पूर्ण महत्व को नहीं समझ सके और हिजाज़ की वैधानिक परम्परा के प्रति उनकी नैसर्गिक तरफदारी ने वास्तव में पैग़म्बर और उनके साथियों के समय में घटित पूर्वोदाहरणों (precedents) के प्रति उनकी दृष्टि को संकुचित कर दिया था। निःसंदेह उन्होंने मूर्त की गरिमा को मान्यता दी किन्तु उसी के साथ उन्होंने इसे अमरत्व भी प्रदान कर दिया तथा मूर्त के रूप में मूर्त के अध्ययन के आधार पर क़ियास का बहुत कम ही सहारा लिया। फिर भी अबू हनीफा और उनके मतवाद की उनकी आलोचना ने गोया मूर्त को इस स्थिति से मुक्त किया तथा न्यायिक सिद्धान्तों (Juristic principles) की व्याख्या में वास्तविक गति और जीवन की विविधता के पर्यवेक्षण की आवश्यकता को प्रदर्शित किया। अतः अबू हनीफा का मतवाद जिसने कि इस विवाद के परिणामों को पूर्णतया आत्मसात् कर लिया था, अपने मूलभूत सिद्धान्त में पूर्णतया स्वतंत्र है तथा मुस्लिम विधि के किसी अन्य मतवाद की अपेक्षा सृजनात्मक अनुकूलन (creative aadaptation) की कहीं अधिक शक्ति रखता है। किन्तु स्वयं अपने मतवाद की मनोवृत्ति के विपरीत आधुनिक हनफी विधिज्ञ ने संस्थापक अथवा उसके तत्काल अनुयायियों की व्याख्याओं को उसी प्रकार अमरत्व प्रदान कर दिया है जिस प्रकार कि अबू हनीफा के आरंभिक आलोचकों ने मूर्त स्थितियों के विषय में दिये गये निर्णयों को अमरत्व प्रदान कर दिया था। यदि उचित रूप से समझ लिया जाय तथा प्रयुक्त किया जाय तो इस मतवाद का मूलभूत सिद्धान्त अर्थात् क़ियास, जैसा कि शाफिई ने ठीक ही कहा है, इज्तिहाद का केवल दूसरा नाम है जो कि क़ुरआनी आयतों की सीमाओं के अन्तर्गत सर्वथा स्वतंत्र है तथा एक सिद्धान्त के रूप में इसकी महत्ता इस तथ्य से समझी जा सकती है कि अधिकांश आचार्यों के अनुसार, जैसा कि शौकानी हमें बताते हैं, पवित्र पैग़म्बर के ज़माने में भी इसकी अनुमति थी। इज्तिहाद के द्वार का बन्द होना बिल्कुल मनगढ़न्त चीज़ है जिसका विचार अंशतः इस्लाम में वैधानिक चिन्तन के स्थायी रूप धारण करने तथा अंशतः उस बौद्धिक आलस्य के कारण आया जो विशेषकर आध्यात्मिक अवनति के काल में महान् विचारकों को मूर्तियों में परिणत कर देता है। यदि कुछ परवर्ती आचार्यों ने इस मनगढ़न्त चीज़ का समर्थन किया है तो आधुनिक इस्लाम बौद्धिक स्वतन्त्रता के इस स्वैच्छिक आत्मसमर्पण द्वारा बाध्य नहीं है। आठवीं सदी हिज्री में लिखते हुए ज़रकशी ठीक ही कहता है—

"यदि इस मनगढ़न्त चीज़ के समर्थकों का यह आशय है कि पूर्ववर्ती लेखकों के पास अधिक सुविधाएँ थीं जब कि बाद के लेखकों के सामने अधिक कठिनाइयाँ थीं,

तो यह बकवास है क्योंकि यह जानने के लिए अधिक समझ की आवश्यकता नहीं कि आरंभिक आचार्यों की अपेक्षा परवर्ती आचार्यों के लिए इज्तिहाद अधिक आसान है। वास्तव में क़ुरआन और सुन्ना पर इस क़दर टीकाओं के संग्रह तैयार किये गये हैं और उनकी संख्या में वृद्धि हुई है कि आज के मुज्तहिद के पास व्याख्या के लिए आवश्यकता से अधिक सामग्री विद्यमान है।"

मुझे आशा है कि यह संक्षिप्त विवेचना आप को स्पष्ट कर देगी कि न तो आधारात्मक सिद्धान्तों और न हमारी प्रणालियों की संरचना में, जैसा कि आज हम उन्हें पाते है, कोई ऐसी चीज़ है जो वर्तमान मनोवृत्ति को उचित सिद्ध करे। मर्मभेदी विचार एवं नये अनुभव से लैस इस्लामी दुनिया को चाहिए कि वह अपने सम्मुख पुनर्निर्माण के कार्य के प्रति साहसपूर्वक अग्रसर हो। किन्तु जीवन की आधुनिक दशाओं के प्रति मात्र सामंजस्य की अपेक्षा पुनर्निर्माण का यह कार्य एक और अधिक गंभीर पहलू रखता है। अपने परिणामस्वरूप तुर्की की जागृति को जन्म देनेवाले—तुर्की जिसे कि हाल ही में एक फ्रांसीसी लेखक[21] ने इस्लामी जगत् में स्थिरता के तत्व के रूप में वर्णित किया है—महान् यूरोपीय युद्ध तथा मुस्लिम एशिया के पड़ोस में आज़माये जानेवाले नये आर्थिक अनुभव से हमारी आँख इस्लाम के आन्तरिक आशय एवं उसकी नियति के प्रति खुल जानी चाहिए। आज मानवता को तीन चीज़ों की आवश्यकता है : सृष्टि की एक आध्यात्मिक व्याख्या, व्यक्ति की आध्यात्मिक मुक्ति एवं मानव समाज के विकास को आध्यात्मिक आधार पर संचालित करनेवाले एक सार्वभौमिक महत्व के मूल सिद्धान्त की। निःसंदेह इन्हीं सिद्धान्तों के आधार पर आधुनिक यूरोप ने आदर्शवादी प्रणालियों का निर्माण किया है किन्तु अनुभव यह बतलाता है कि शुद्ध बुद्धि के माध्यम से उद्घाटित सत्य जीवन्त विश्वास की वह अग्नि उत्पन्न करने में असमर्थ है जिसे केवल व्यक्तिगत इल्हाम ही उत्पन्न कर सकता है। यही कारण है कि शुद्ध विचार ने मनुष्यों को बहुत कम ही प्रभावित किया है, जब कि धर्म ने सदैव व्यक्तियों का उन्नयन किया है तथा सम्पूर्ण समाजों की कायापलट की है। यूरोप का आदर्शवाद उसके जीवन में कभी एक जीवन्त तत्व नहीं बना जिसका परिणाम है परस्पर असहिष्णु लोकतन्त्रों के माध्यम से अपनी ही तलाश करता हुआ एक विकृत अहं जिसका मुख्य उद्देश्य है धनवानों के हित में निर्धनों का शोषण करना। विश्वास कीजिए मनुष्य की नैतिक प्रगति के मार्ग में यूरोप आज सबसे बड़ी रुकावट है। इसके विपरीत मुसलमान के पास ये परम विचार हैं, जिनका आधार एक इल्हाम है जो जीवन की अन्तरतम गहराइयों से प्रकट होकर स्वयं अपनी प्रत्यक्ष बाह्यता को आन्तरिकता प्रदान करता है। उसके लिए जीवन का आध्यात्मिक आधार एक दृढ़ विश्वास का मामला है जिसके लिए हम में से अल्पतम ज्ञानसम्पन्न व्यक्ति आसानी से अपने जीवन का बलिदान कर सकता है, और इस्लाम की इस मूल धारणा के कारण कि मनुष्य पर इसके अतिरिक्त कोई अन्य इल्हाम अनिवार्य नहीं हो सकता, हमें पृथ्वी पर सर्वाधिक

विमुक्त क़ौमों में से एक होना चाहिए। प्राग्इस्लामी एशिया की आध्यात्मिक दासता से निकलनेवाले आरंभिक मुसलमान इस मूलभूत विचार की वास्तविक महत्ता को महसूस करने की स्थिति में नहीं थे। आज के मुसलमान को चाहिए कि वह अपने स्थान को पहचाने, मूलभूत सिद्धान्तों की रोशनी में अपने सामाजिक जीवन को पुनर्निर्मित करे तथा इस्लाम के अब तक अंशतः प्रकटित उद्देश्य में से उस आध्यात्मिक प्रजातन्त्र को विकसित करे जो कि इस्लाम का परम लक्ष्य है।

7
क्या धर्म संभव है?

मोटे तौर पर धार्मिक जीवन तीन कालों में विभाजित किया जा सकता है जिन्हें विश्वास, चिन्तन एवं अवगम के कालों के रूप में वर्णित कर सकते हैं। प्रथम काल में धार्मिक जीवन अनुशासन की एक विधा के रूप में प्रकट होता है जिसे व्यक्ति या पूरी जाति को एक अनिवार्य आदेश के तौर पर मानना होता है, उस आदेश के परम अभिप्राय एवं उद्देश्य के किसी बौद्धिक अवबोध के बिना। किसी जाति के सामाजिक और राजनीतिक इतिहास में यह मनोवृत्ति बड़े महत्व की हो सकती है, किन्तु जहाँ तक व्यक्ति के आन्तरिक विकास और विस्तार का प्रश्न है यह अधिक महत्व की नहीं होती। अनुशासन की पूर्ण अधीनता के पश्चात् अनुशासन तथा इसकी सत्ता के मूल स्रोत को बौद्धिक रूप से समझने का काल आता है। इस काल में धार्मिक जीवन अपने आधार की तलाश एक प्रकार की तत्वमीमांसा में करता है—जगत् की तार्किक रूप से सुसंगत एक अवधारणा में—जिसका कि ईश्वर एक अंग हो। तीसरे काल में तत्वमीमांसा का स्थान मनोविज्ञान ले लेता है तथा धार्मिक जीवन की यह महत्वाकांक्षा होती है कि परम यथार्थता के साथ उसका प्रत्यक्ष सम्पर्क हो। यहाँ आकर धर्म जीवन और शक्ति के आत्मसात्करण का एक वैयक्तिक विषय बन जाता है और व्यक्ति एक स्वतंत्र व्यक्तित्व प्राप्त कर लेता है स्वयं को विधि की बेड़ियों से छुड़ाकर नहीं, प्रत्युत अपनी ही चेतना की गहराइयों में विधि के परम स्रोत का पता लगाकर। जैसा कि एक मुस्लिम सूफी के शब्दों में, "पवित्र पुस्तक का समझना तब तक असंभव है जब तक कि वास्तव में यह आस्तिक पर वैसे ही नाज़िल न हो जाय जैसे कि पैग़म्बर पर हुई थी।"[1] अतः जो प्रश्न मैं अभी उठाना चाहता हूँ उसमें मैं धर्म शब्द का प्रयोग धार्मिक जीवन के विकास की इसी अन्तिम अवस्था के अर्थ में कर रहा हूँ। इस अर्थ में धर्म रहस्यवाद के अभागे नाम से जाना जाता है, जिसे जीवन को नकारने तथा तथ्य का परिहार करनेवाली मनोवृत्ति समझा जाता है, जो हमारे युग के मूलतः अनुभवमूलक दृष्टिकोण से पूर्णतया विपरीत है। तथापि उच्चतर धर्म (higher religion) जो कि एक विशदतर जीवन की मात्र एक तलाश होता है, वस्तुतः एक अनुभूति है और इसने विज्ञान से बहुत

पहले अपने आधार के रूप में अनुभूति की महत्ता को मान्यता प्रदान कर दी थी। यह मानव चेतना का स्पष्टीकरण करने का एक सच्चा प्रयास है, और यही कारण है कि यह अपनी अनुभूति के स्तर का वैसे ही आलोचनापटु है जैसे कि प्रकृतिवाद (Naturalism) अपनी अनुभूति के स्तर का।

जैसा कि हम सब को विदित है, कान्ट ही ने सबसे पहले यह प्रश्न उठाया था—"क्या तत्वमीमांसा संभव है?"[2] उसने इस प्रश्न का उत्तर 'नहीं' में दिया था तथा उसका तर्क उन यथार्थताओं के प्रति भी जिनमें कि धर्म की विशेष रूप से दिलचस्पी होती है उसी उपयुक्तता के साथ लागू होता है। उसके अनुसार ज्ञान का उपादान होने के लिए इन्द्रिय-नानाविध (sense-manifold) को कतिपय औपचारिक शर्तें पूरी करनी पड़ेंगी। वस्तु-निज रूप (thing-in-itself) एक सीमाकारी विचार मात्र है। इसका कार्य केवल नियामक है। यदि विचार से मिलती-जुलती कोई वास्तविकता है तो वह अनुभूति की सीमाओं के परे है, फलतः इसका अस्तित्व बौद्धिक रूप से सिद्ध नहीं किया जा सकता। किन्तु कान्ट का यह मत आसानी से स्वीकार नहीं किया जा सकता। विज्ञान की आधुनिक प्रगति की दृष्टि से, जैसे कि पदार्थ की प्रकृति 'गुप्त प्रकाश-तरंगों' (bottled up light waves) सदृश है, विचार की एक क्रिया के रूप में सृष्टि की धारणा, दिक् एवं काल की ससीमता तथा हाइज़ेन्बर्ग का प्रकृति में अनिर्धार्यता का सिद्धान्त[3] (principle of indeterminacy), यह पूर्णरूपेण सिद्ध किया जा सकता है कि धर्मविज्ञान की एक तर्कसंगत प्रणाली का पक्ष उतना कमज़ोर नहीं जितना कि कान्ट ने समझ रखा था। किन्तु हमारे वर्तमान प्रयोजनों के लिए इस बिन्दु पर विस्तार से विचार करना अनावश्यक है। यह बात कि अनुभूति की सीमाओं से परे होने के कारण वस्तु-निज रूप बुद्धि के लिए अगम्य है, तो कान्ट का मत स्वीकार किया जा सकता है, बशर्ते हम यह मानकर चलें कि सहज स्तर की अनुभूति के अतिरिक्त अन्य समस्त अनुभूति असंभव है। अतः प्रश्न केवल यह है कि क्या सहज स्तर ही ज्ञानप्रद अनुभूति का मात्र स्तर है। अज्ञेय वस्तु-निज रूप तथा प्रतीयमान वस्तु (thing as it appears) से सम्बन्धित कान्ट की धारणा ने तत्वमीमांसा की संभावना से सम्बन्धित उसके प्रश्न के स्वरूप को बहुत अधिक निर्धारित किया। यदि उसके द्वारा प्रतिपादित प्रस्थापना को उलट दिया जाय तो? स्पेन के महान् मुस्लिम सूफी दार्शनिक मुहीउद्दीन इब्न अल् अरबी का बड़ा विवेकपूर्ण कथन है कि ईश्वर एक इन्द्रियग्राह्य विषय (percept) है, जगत् एक संकल्पना[4] (concept) है। एक अन्य मुस्लिम सूफी चिन्तक और कवि इराक़ी दिक्-पद्धतियों एवं काल-पद्धतियों के अनेकत्व पर आग्रह करता तथा एक ईश्वरीय काल तथा ईश्वरीय दिक् की बात करता है। हो सकता है कि जिसे हम बाह्य जगत् कहते हैं वह केवल एक बौद्धिक व्याख्या हो और यह भी संभव है कि दिक् एवं काल के अन्य स्तर भी हों, ऐसे स्तर जिनमें संकल्पना और विश्लेषण की वैसी भूमिका नहीं होती जैसी कि हमारी सामान्य अनुभूतियों के

सिलसिले में होती हैं। परन्तु यह कहा जा सकता है कि अनुभूति का वह स्तर जिसके प्रति संकल्पनाएँ लागू नहीं होती हैं; कोई सार्वभौमिक प्रकार का ज्ञान प्रदान नहीं कर सकता, क्योंकि केवल संकल्पनाएँ ही सामाजीकरण किये जाने योग्य होती हैं। उस व्यक्ति का दृष्टिकोण जो कि यथार्थता तक पहुँचने के लिए धार्मिक अनुभूति पर निर्भर करता है, सदैव वैयक्तिक एवं असम्प्रेषणीय रहेगा। इस आपत्ति में कुछ दम है यदि इसका अभिप्राय यह इंगित करना हो कि सूफी पूर्णतया अपने परम्परागत तरीक़ों, अपनी मनोवृत्तियों एवं प्रत्याशाओं द्वारा नियन्त्रित होता है। रूढ़िवाद धर्म में उतना ही हानिकर होता है जितना कि मानवीय क्रिया-कलाप के किसी अन्य क्षेत्र में। यह अहं की सर्जनात्मक स्वतन्त्रता को नष्ट कर देता है तथा नये आध्यात्मिक उद्यम के मार्ग को बन्द कर देता है। इसका यही प्रमुख कारण है कि हमारे मध्कालीन सूफी तरीक़े चिरन्तन सत्य की मौलिक शोधों को अब क्यों नहीं प्रस्तुत कर पाते। धार्मिक अनुभूति असम्प्रेषणीय होती है फिर भी इस तथ्य का यह अर्थ नहीं कि धार्मिक व्यक्ति की तलाश व्यर्थ होती है। वास्तव में अनुभूति की असम्प्रेषणीयता हमें अहं की मूल प्रकृति के प्रति संकेत प्रदान करती है। अपने दैनिक सामाजिक संसर्ग में हम गोया एकान्त में रहते और गति करते हैं। लोगों की अन्तरतम वैयक्तिकता तक पहुँचने की हमें चिन्ता नहीं होती। हम उन्हें मात्र क्रियाएँ समझते हैं तथा उनकी अस्मिता के उन पहलुओं के कारण उनके समीप आते हैं जो संकल्पनात्मक निरूपण के योग्य होते हैं। किन्तु धार्मिक जीवन की पराकाष्ठा है अहं का यह अवगम कि एक व्यक्ति के तौर पर वह अवधारणात्मक रूप से वर्णनीय अपने स्वाभाविक व्यक्तित्व की अपेक्षा कहीं अधिक गहन होता है। परम यथार्थता से अपने सम्पर्क में ही अहं को अपनी अनन्यता, अपनी तत्वमीमांसात्मक स्थिति तथा उस स्थिति में अपनी उन्नति की संभावना का पता चलता है। सच पूछिए तो वह अनुभूति जो कि हमें इस अवगम़ तक ले जाती है, संकल्पनात्मक रूप से गिरफ्त में आनेवाला कोई बौद्धिक तथ्य नहीं—वह एक जैविक तथ्य है—एक दृष्टिकोण जो कि एक आन्तरिक जैविक रूपान्तरण का परिणाम है, जिसे तर्कशास्त्रीय प्रवर्गों के जाल में नहीं पकड़ा जा सकता । यह स्वयं को विश्व का निर्माण करनेवाली अथवा विश्व को हिला देनेवाली क्रिया में ही साकार कर सकती है और मात्र इस रूप में ही इस अनन्त अनुभूति की अन्तर्वस्तु स्वयं को काल की गति में विकीर्ण कर सकती है तथा इतिहास-चक्षु के लिए स्वयं को प्रभावकारी रूप से प्रकट कर सकती है। ऐसा प्रतीत होता है कि संकल्पनाओं के माध्यम से यथार्थता को निरूपित करने की प्रणाली इसके निरूपण की कोई गंभीर प्रणाली बिल्कुल नहीं है। विज्ञान को यह चिन्ता नहीं होती कि इसका इलेक्ट्रॉन एक वास्तविक अस्तित्व है या नहीं। हो सकता है कि यह केवल एक प्रतीक, मात्र एक संकेत हो। धर्म जो कि मूलतः वास्तविक जीवन-यापन की एक पद्धति है, यथार्थ के निरूपण की मात्र एक गंभीर विधि है। उच्चतर अनुभूति की एक विधा के रूप में यह दार्शनिक धर्मविज्ञान

(theology) की संकल्पनाओं का दोष निवारक होता है अथवा इन संकल्पनाओं को अस्तित्व में लानेवाली शुद्ध रूप से बौद्धिक प्रक्रियाओं के प्रति हमें कम से कम शंकालु बना देता है। विज्ञान तत्वमीमांसा की पूर्णतः उपेक्षा करने में समर्थ है, तथा इसे "काव्य की एक औचित्यपूर्ण विधा"[5] जैसा कि लांगे ने परिभाषित किया था, अथवा इसे "वयस्कों का एक वैध खेल" जैसा कि नीत्शे ने वर्णित किया था, मान सकता है। किन्तु अपने संघर्ष के अन्तिम ध्येय की दृष्टि से धर्म विशेषज्ञ, जो कि वस्तुओं की संरचना में अपने निजी स्थान का पता लगाने का प्रयास करता है उस चीज़ से सन्तुष्ट नहीं हो सकता जिसे विचार एवं आचरण को नियन्त्रित करने के लिए विज्ञान एक जैविक झूठ अथवा मात्र एक 'कपोलकल्पना'[6] (as if) मान सकता है। जहाँ तक यथार्थता की मूल प्रकृति का प्रश्न है, विज्ञान के उद्यम में कुछ भी दाँव पर नहीं होता, किन्तु धार्मिक उद्यम में जीवन एवं अनुभूति के एक आत्मसात्कारक केन्द्र के रूप में अहं का पूरा कैरिअर दाँव पर होता है। आचरण जिसमें कि कर्ता की मूल नियति का निर्णय सन्निहित होता है, भ्रान्तियों पर आधारित नहीं हो सकता। एक ग़लत संकल्पना नति को गुमराह कर देती है, एक ग़लत कार्य पूरे मनुष्य का अधःपतन कर देता है और अन्ततः मानवीय अहं के ढाँचे को नष्ट कर सकता है। मात्र संकल्पना जीवन को आंशिक रूप से ही प्रभावित करती है; कर्म यथार्थता से गत्यात्मक रूप से सम्बन्द्ध होता है तथा यथार्थता के प्रति सम्पूर्ण मनुष्य के एक सामान्यतः निश्चित दृष्टिकोण से परिणत होता है। निःसंदेह कर्म, अर्थात् परम यथार्थता से अपरोक्ष सम्पर्क के निमित्त अहं को समंजित करने की दृष्टि से मनोवैज्ञानिक एवं दैहिक प्रक्रियाओं का नियंत्रण, स्वरूप एवं अन्तर्वस्तु में वैयक्तिक होता है और वैयक्तिक ही रहेगा, परन्तु जब अन्य लोग यथार्थता तक पहुँचने की एक प्रणाली के रूप में स्वयं अपने लिए इसकी प्रभावकारिता का पता लगाने की दृष्टि से इसके माध्यम से जीवन-यापन करने लगते हैं तो कर्म का भी समाजीकरण संभव हो जाता है। समस्त युगों एवं देशों के धार्मिक विशेषज्ञों का प्रमाण यही है कि हमारी सामान्य चेतना के पास ही चेतना की प्रच्छन्न (potential) क़िस्में हैं। यदि चेतना की ये क़िस्में जीवनप्रद एवं ज्ञानप्रद अनुभूति की संभावनाएँ खोल देती हैं, तो उच्चतर अनुभूति की एक विधा के रूप में धर्म की संभावना का प्रश्न पूर्णतया वैध है तथा अपेक्षा करता है कि हम इस पर गंभीरता से विचार करें।

प्रश्न की वैधता के अलावा भी ऐसे महत्वपूर्ण कारण हैं कि क्यों इसे आधुनिक संस्कृति के वर्तमान क्षण में उठाया जाना चाहिए। पहले स्थान पर तो प्रश्न की वैज्ञानिक दिलचस्पी है। ऐसा प्रतीत होता है कि प्रत्येक संस्कृति के पास प्रकृतिवाद की कोई न कोई विधा होती है जो इसके स्वयं के विश्वबोध की दृष्टि से विशिष्ट होती है; इसके अतिरिक्त ऐसा भी प्रतीत होता है कि प्रकृतिवाद की प्रत्येक विधा का पर्यवसान किसी न किसी प्रकार के परमाणुवाद में होता है। हमारे सामने हिन्दू परमाणुवाद, यूनानी परमाणुवाद, मुस्लिम परमाणुवाद और आधुनिक परमाणुवाद

हैं। तथापि आधुनिक परमाणुवाद अद्वितीय है। सृष्टि को एक विस्तृत अवकल समीकरण (differential calculus) के रूप में देखनेवाले इसके विस्मयकारी गणितशास्त्र ने तथा इसके भौतिक शास्त्र ने जो कि अपनी ही प्रणाली का अनुसरण करते हुए अपने ही मन्दिर के कुछ पुराने देवताओं को ध्वस्त करने का कारण बना है, हमें पहले ही से यह प्रश्न करने की स्थिति में ला खड़ा किया है कि क्या कार्य-कारण-सिद्धान्तबद्ध (causality-bound) प्रकृति का पक्ष ही इसके बारे में सम्पूर्ण सत्य है? क्या परम यथार्थता हमारी चेतना को किसी अन्य दिशा से आक्रान्त नहीं कर रही है? क्या प्रकृति को वशीभूत करने की पूर्णरूपेण बौद्धिक प्रणाली ही मात्र प्रणाली है? प्रोफेसर एडिन्गटन का कहना है कि "हमने यह मान लिया है कि अपनी प्रकृति की दृष्टि से भौतिकी के तत्व यथार्थता का केवल एक आंशिक पहलू ही हो सकते हैं। अन्य पहलू का निरूपण हम कैसे करें? यह नहीं कहा जा सकता कि हमारा सरोकार अन्य पहलू से भौतिक तत्वों की अपेक्षा कम होता है। हमारी चेतना की रचना में संवेदनों, उद्देश्यों एवं मूल्यों का उतना ही हाथ होता है जितना कि इन्द्रिय-संस्कारों का। हम इन्द्रिय-संस्कारों का अनुसरण करते हैं और पाते हैं कि वे हमें विज्ञान द्वारा विवेचित एक बाह्य जगत् की ओर ले जाते हैं, हम अपने अस्तित्व के अन्य तत्वों का अनुसरण करते हैं और पाते हैं कि वे हमें दिक्-काल के जगत् में नहीं ले जाते किन्तु कहीं न कहीं अवश्य ले जाते हैं।"[7]

दूसरे यह कि हमें इस प्रश्न के महान् व्यावहारिक महत्व को देखना है। आलोचना एवं वैज्ञानिक विशिष्टवाद के अपने दर्शनों से लैस आधुनिक मनुष्य स्वयं को एक अद्‌भुत परिस्थिति में पाता है। उसके प्रकृतिवाद ने प्रकृति की शक्तियों पर उसे एक अभूतपूर्व नियंत्रण प्रदान कर दिया है, किन्तु उसे स्वयं अपने भविष्य के प्रति आस्था से वंचित कर दिया है। यह आश्चर्य की बात है कि किस प्रकार वही विचार विभिन्न संस्कृतियों को भिन्न-भिन्न रूप से प्रभावित करता है। इस्लामी जगत् में विकासवाद के सिद्धान्त के प्रतिपादन ने मनुष्य के जैविकीय भविष्य के प्रति रूमी की विस्मयकारी उमंग को जन्म दिया। कोई भी शिष्ट मुसलमान निम्न अवतरणों को पढ़ते समय आनन्द से रोमांचित हुए बिना नहीं रह सकता—

धरती तले
मैं अयस्क और पत्थर के देशों में रहा,
तत्पश्चात् अनेक रंग-बिरंगे फूलों में मुस्काया,
फिर बेलगाम और घुमक्कड़ काल के साथ भ्रमण करता हुआ
धरती, वायु और समुन्दर के ऊपर,
एक नये जन्म में,
मैं गोता लगाता और उड़ता रहा,
सरकता रहा और दौड़ता भी रहा,
फिर मेरे अस्तित्व का सारा रहस्य जमा हो गया,

एक आकार में जिससे सब दृष्टिगोचर हुआ —
लो देखो ! एक मनुष्य !
और फिर मेरी मंज़िलें —
बादलों से परे आसमानों के आगे,
देशों में ऐसे जहाँ फरिश्तों की मानिन्द,
किसी का बदलना और मरना न हो।
फिर बहुत दूर —
रात और दिन की हदों से परे
जीवन-मरण और दृश्यादृश्य के उस पार
जहाँ जो है सब सदा से रहा है
जैसे एक और समग्र।

—रूमी : ठडानी के अंग्रेज़ी अनुवाद से

इसके विपरीत यूरोप में और अधिक सूक्ष्मता के साथ विकासवाद के उसी रूप का प्रतिपादन इस विश्वास का कारण बना कि "इस विचार का अब कोई वैज्ञानिक आधार नहीं प्रतीत होता कि मानवीय प्रतिभा की वर्तमान समृद्ध संश्लिष्टता का भौतिक रूप से कभी अतिक्रमण हो सकेगा।" इस प्रकार आधुनिक मनुष्य की गुप्त निराशा स्वयं को वैज्ञानिक शब्दावली के पर्दे के पीछे छुपा लेती है। इस सिलसिले में नीत्शे को अपवाद नहीं समझा जा सकता, यद्यपि उसका विचार था कि विकासवाद की धारणा इस विश्वास का औचित्य सिद्ध नहीं करती कि मनुष्य से बढ़कर कोई नहीं है। मनुष्य के भविष्य के प्रति उसके उत्साह का पर्यवसान सतत प्रत्यागमन के सिद्धान्त में हुआ जो संभवतः मनुष्य द्वारा प्रतिपादित अमरत्व की सर्वाधिक निराशाजनक धारणा थी। यह सतत पुनरावृत्ति सतत 'संभवन्' नहीं है; सतत संभवन का स्वाँग भरती हुई यह 'अस्ति' की वही पुरानी धारणा है।

अतः अपनी बौद्धिक क्रिया के परिणामों से पूर्णतया अभिभूत आधुनिक मनुष्य अन्दर से भावपूर्ण रूप से जीवन-यापन करना छोड़ चुका है। विचार के क्षेत्र में वह स्वयं से खुले द्वन्द्व में तथा आर्थिक एवं राजनीतिक जीवन के क्षेत्र में दूसरों के साथ खुले द्वन्द्व में जी रहा है। अपनी निष्ठुर अहंमन्यता एवं अपनी असीम स्वर्ण-पिपासा को नियन्त्रित करने में वह स्वयं को असमर्थ पाता है जो धीरे-धीरे उसमें निहित सकल उच्चतर जीवन-शक्ति को नष्ट कर रही है तथा उसे जीवन-क्लान्ति के अतिरिक्त कुछ नहीं दे पा रही है। 'तथ्य' अर्थात् चाक्षुष रूप से विद्यमान संवेदन के स्रोत में लीन, वह अपने ही जीवन की अज्ञात गहराइयों से पूर्णतया कटा हुआ है। उसके सुव्यवस्थित भौतिकवाद के परिणामस्वरूप अन्त में ऊर्जा के उस पक्षाघात का आगमन हुआ जिसकी हक्सले को आशंका थी तथा जिसके प्रति उसने खेद व्यक्त किया था। पूर्व में वस्तुस्थिति बेहतर नहीं है। मध्यकालीन तसव्वुफ की वह

तकनीक जिसके द्वारा पूर्व और पश्चिम दोनों में धार्मिक जीवन अपने उच्चतर रूपों में विकसित हुआ था, व्यावहारिक रूप से अब असफल हो चुकी है और संभवतः मुस्लिम पूर्व (Muslim East) में अन्य स्थानों की अपेक्षा इसने कहीं अधिक तबाही मचा रखी है। औसत मनुष्य के आन्तरिक जीवन की शक्तियों को पुनस्संघटित करने तथा इस प्रकार उसे इतिहास के प्रयास में भाग लेने के लिए तैयार करने की बात तो दूर रही, इसने उसे एक झूठे त्याग की शिक्षा दी है और अपनी अज्ञानता एवं आध्यात्मिक दासता के प्रति पूर्णतया सन्तुष्ट बना दिया है। अतः इसमें कोई आश्चर्य की बात नहीं कि तुर्की, मिस्र और ईरान में आधुनिक मुसलमान नयी निष्ठाओं के सृजन के लिए नये स्रोतों की तलाश में अग्रसर हुआ है—जैसे देशप्रेम एवं राष्ट्रवाद जिसे नीत्शे ने "रुग्णता एवं मूर्खता" तथा "संस्कृति के विरुद्ध सर्वाधिक बलशाली शक्ति" की संज्ञा दी थी। आध्यात्मिक पुनर्नवीकरण की उस विशुद्धतया धार्मिक प्रणाली से निराश होकर, जो कि हमारे विचार एवं मनोवेग को विस्तृत करके हमें जीवन एवं शक्ति के अनन्त स्रोत के सम्पर्क में लाती है, आधुनिक मुसलमान अपने विचार एवं मनोवेग को संकुचित करके शक्ति के नये स्रोतों को अनावृत करने की बड़े चाव से आशा करता है। आधुनिक निरीश्वरवादी समाजवाद, जो कि एक नये धर्म के समस्त उन्माद से युक्त है, एक अधिक विस्तृत दृष्टिकोण रखता है, किन्तु बाएँ बाज़ू के हेगेलपन्थियों से अपना दार्शनिक आधार ग्रहण करने के कारण यह उसी स्रोत के विरुद्ध विद्रोह में उठ खड़ा होता है जो कि उसे शक्ति एवं प्रयोजन प्रदान कर सकता था। मानवीय समन्वय की कम से कम वर्तमान स्थिति में तो राष्ट्रवाद एवं निरीश्वरवादी समाजवाद दोनों को घृणा, संदेह एवं क्रोध की मनोवैज्ञानिक शक्तियों को आकर्षित करना ही पड़ेगा जो मनुष्य की आत्मा को क्षीण करने का कारण बनती हैं तथा उसकी आध्यात्मिक शक्ति के गुप्त स्रोतों को बन्द कर देती हैं। हताश मानवता की बीमारियों का इलाज न तो मध्यकालीन तसव्वुफ की तकनीक कर सकती है न राष्ट्रवाद और न निरीश्वरवादी समाजवाद ही। निश्चय ही वर्तमान क्षण संस्कृति के इतिहास में एक महान संकट का क्षण है। आधुनिक संसार को जैविकीय पुनर्नवीकरण (biological renewal) की आवश्यकता है। और केवल धर्म ही, जो कि अपने उच्चतर रूपों में न तो धर्म सिद्धान्त (dogma) है, न पौरोहित्य और न कर्मकाण्ड, आधुनिक मनुष्य को नैतिक रूप से उस महान् उत्तरदायित्व के भार के लिए तैयार कर सकता है, जो अनिवार्यतः विज्ञान की प्रगति में निहित है और वही उसे विश्वास की वह मनोवृत्ति वापस दिला सकता है जो इहलोक में उसे एक व्यक्तित्व प्राप्त करने तथा परलोक में उस व्यक्तित्व को बरक़रार रखने में समर्थ बनाता है। अपने उद्‌भव एवं भविष्य, अपने उद्‌गम एवं लक्ष्य के प्रति एक नयी दृष्टि पैदा करके ही अन्ततः मनुष्य एक अमानवीय प्रतिद्वन्द्विता से प्रेरित समाज पर, तथा अपने धार्मिक एवं राजनीतिक मूल्यों के आन्तरिक टकराव के कारण अपनी आध्यात्मिक एकता से च्युत सभ्यता पर विजय

प्राप्त कर सकेगा।

जैसा कि मैं पहले ही संकेत कर चुका हूँ, मूल्य के चरम सिद्धान्त (ultimate principle of value) को अच्छी तरह से समझ लेने तथा उसके द्वारा स्वयं अपने व्यक्तित्व को पुनर्कृत करने के निमित्त एक नुविचारित उपक्रम के रूप में धर्म एक तथ्य है जिसे नकारा नहीं जा सकता। इसका एक स्थायी प्रमाण है विश्व का सम्पूर्ण धार्मिक साहित्य जिसमें कि विशेषज्ञों की व्यक्तिगत अनुभूतियाँ भी सम्मिलित हैं जो कि संभवतः एक अप्रचलित मनोविज्ञान की विचार-शैलियों में अभिव्यक्ति को प्राप्त हुई हैं। हमारी सामान्य अनुभूतियों के समान ये अनुभूतियाँ पूर्णतया स्वाभाविक हैं। इस बात का प्रमाण है कि वे अनुभूतिकर्त्ता के लिए संज्ञानात्मक महत्व रखती हैं, और इससे भी अधिक महत्वपूर्ण जो चीज़ है वह यह कि वे अहं की शक्तियों को केन्द्रित करने तथा तद्द्वारा उसे एक नया व्यक्तित्व प्रदान करने की क्षमता से युक्त होती हैं। यह धारणा कि इस प्रकार की अनुभूतियाँ मनस्तापी (neurotic) एवं रहस्यवादी होती हैं, उनके आशय एवं महत्व के प्रश्न को अन्तिम रूप से निर्धारित नहीं कर सकेगी। यदि भौतिकी से परे कोई दृष्टिकोण संभव है तो हमें उस संभावना का साहसपूर्वक सामना करना होगा, भले ही यह जीवन एवं चिन्तन की हमारी सामान्य रीतियों को अस्त-व्यस्त कर दे या उन्हें संशोधित करने के लिए अग्रसर हो। सत्य के तक़ाज़े यह अपेक्षा करते हैं कि हम अपने वर्तमान दृष्टिकोण को त्याग दें। इससे कुछ भी अन्तर नहीं पड़ता, यदि धार्मिक दृष्टिकोण मौलिक रूप से किसी प्रकार के दैहिक विकार (physiological disorder) द्वारा निर्धारित होता है। संभव है जॉर्ज फॉक्स एक स्नायुरोगी (neurotic) रहा हो, किन्तु तत्कालीन इंग्लैण्ड के धार्मिक जीवन में उसकी परिशोधक शक्ति से कौन इंकार कर सकता है? हम से कहा जाता है कि पैगम्बर हज़रत मुहम्मद मनोरोगी (psychopath) थे[8]। यही सही, यदि एक मनोरोगी के पास मानवीय इतिहास की धारा को एक नयी दिशा प्रदान करने की शक्ति होती है, तो इसकी मौलिक अनुभूति की शोध करना सर्वोच्च मनोवैज्ञानिक रुचि की बात है, जिसने कि ग़ुलामों को मनुष्यों का रहनुमा बना दिया है, तथा मानवता की समस्त जातियों के आचरण को प्रेरित तथा उनके कैरियर को निर्धारित किया है। इस्लाम के पैग़म्बर द्वारा सूत्रपात किये गये आन्दोलन से प्रस्फुटित होनेवाली विभिन्न गतिविधियों की दृष्टि से विचार करें तो उनके आध्यात्मिक तनाव को तथा उससे परिणत होनेवाले व्यवहार को उनके मस्तिष्क के अन्दर मात्र एक कल्पना के प्रति एक प्रतिक्रिया नहीं मान सकते। नयी उमंगों, नये संगठनों एवं नये प्रयाण-बिन्दुओं को जन्म देनेवाली एक वस्तुगत स्थिति के प्रति एक प्रतिक्रिया के सिवाय इसे समझना असंभव है। यदि इस विषय पर हम मानवशास्त्र के दृष्टिकोण से विचार करें तो ऐसा प्रतीत होता है कि मानवता के सामाजिक संगठन के विधान में मनोरोगी एक महत्वपूर्ण घटक है। तथ्यों का वर्गीकरण करना तथा कारणों का पता लगाना उसका तरीक़ा नहीं, मानवता के

लिए व्यवहार (behaviour) के नये प्रतिमानों का सृजन करने की दृष्टि में वह जीवन एवं गति के परिप्रेक्ष्य में सोचता है। निःसंदेह, उसके अपने गुप्त संकट (pitfalls) एवं भ्रम (illusions) होते हैं। उसकी प्रणाली का एक ध्यानपूर्वक अध्ययन यह बतलाता है कि अपनी अनुभूति से भ्रम के खोट को अलग करने में वह किसी वैज्ञानिक से कम सावधान नहीं रहता।

हम बाहरी लोगों की समस्या यह है कि इस असामान्य अनुभूति की प्रकृति एवं महत्ता के सिलसिले में अनुसंधान की एक प्रभावकारी प्रणाली की खोज करें। आधुनिक वैज्ञानिक इतिहास की नींव डालनेवाला अरब इतिहासकार इब्न ख़ल्दून मानव-मनोविज्ञान के इस पहलू का गंभीरता से निरूपण करनेवाला प्रथम व्यक्ति था, और वह वहाँ तक पहुँच गया था जिसे हम आजकल आत्म के अवचेतन मन की धारणा (idea of the smbliminal self) कहते हैं। तत्पश्चात् इंग्लैण्ड में सर विलियम हैमिल्टन तथा जर्मनी में लाइबनित्ज़ ने मन के कुछ और अधिक अविदित पहलुओं में अपनी दिलचस्पी पैदा की। संभवतः युंग यह सोचने में सही है कि धर्म की मूल प्रकृति विश्लेषणात्मक मनोविज्ञान के क्षेत्र से परे है। विश्लेषणात्मक मनोविज्ञान की काव्यकला सम्बन्धी अपनी विवेचना में वह हमें बतलाता है कि कलात्मक विधा की प्रक्रिया ही मनोविज्ञान का विषय बन सकती है। उसके अनुसार कला की मूल प्रकृति निरूपण की किसी मनोवैज्ञानिक प्रणाली का विषय नहीं हो सकती। युंग कहता है कि "धर्म के क्षेत्र में भी एक भेद करना चाहिए, वहाँ भी किसी धर्म के भावनात्मक एवं प्रतीकात्मक पहलू के सम्बन्ध में ही किसी मनोवैज्ञानिक विवेचन की अनुमति होती है जिसमें किसी भी तरह धर्म की मूल प्रकृति से सरोकार नहीं होता और जैसा कि वस्तुतः हो भी नहीं सकता, क्योंकि यदि यह संभव होता तो केवल धर्म ही नहीं अपितु कला भी मनोविज्ञान के मात्र एक अनुभाग के रूप में निरूपित होती।"[9]

तथापि युंग ने अपनी ही रचनाओं में अपने सिद्धान्त का एक से अधिक बार उल्लंघन किया है। इस कार्य-विधि का परिणाम यह है कि धर्म की मूल प्रकृति तथा मानवीय व्यक्तित्व के लिए इसकी अर्थवत्ता में हमें एक वास्तविक अन्तर्दृष्टि प्रदान करने के स्थान पर हमारे आधुनिक मनोविज्ञान ने हमें नवीन सिद्धान्तों का एक ऐसा तूमार प्रदान किया है जो अपने उच्चतर प्रकटीकरणों में उद्घाटित धर्म की प्रकृति की एक पूर्ण ग़लतफ़हमी पर अग्रसर होते हैं तथा हमें एक पूर्णतया निराशाजनक दिशा में ले जाते हैं। आमतौर पर इन सिद्धान्तों का आशय यह है कि धर्म मानवीय अहं का संबंध उससे परे किसी बाह्य यथार्थता से स्थापित नहीं करता, यह अहं की अन्यथा अदमनीय सहज-प्रवृत्तियों (instincts) से सामाजिक ढ़ाँचे की रक्षा के निमित्त मानव समाज के गिर्द नैतिक प्रकृति के अवरोध खड़ा करने का एक प्रकार का नेकनीयत जैविक उपाय (biological device) है। यही कारण है कि इस नवीनतर मनोविज्ञान के अनुसार ईसाई धर्म ने पहले ही अपना जैविक मिशन पूरा

कर लिया है तथा आधुनिक मनुष्य के लिए इसकी मौलिक महत्ता का समझना असंभव है। युंग इस निष्कर्ष पर पहुँचता है कि —

"निश्चयतः हम इसे आज भी समझ लेते यदि हमारे रीति-रिवाजों में प्राचीन बर्बरता का एक उच्छ्वास भी होता, क्योंकि हम आज बेरोक कामवासना के उन चक्रवातों को मुश्किल से ही महसूस कर सकते हैं जो कैसरों के प्राचीन रोम में तूफान बरपा करते थे। वर्तमान समय का सभ्य मनुष्य इससे बहुत दूर प्रतीत होता है। वह केवल स्नायु-रोगी हो गया है। अब जबकि ईसाई धर्म को जन्म देनेवाली आवश्यकताओं की अर्थवत्ता को ही हम नहीं समझते, तो वे हमारे लिए निश्चित रूप से खो चुकी हैं। हम नहीं जानते कि इसे किस चीज़ से हमारी रक्षा करना पड़ती थी। प्रबुद्ध व्यक्तियों के लिए तो तथाकथित धार्मिकता पहले से ही स्नायुरोग के बहुत निकट आ चुकी है। गत दो हज़ार वर्षों में ईसाई धर्म ने अपना काम किया है तथा दमन के ऐसे अवरोध खड़े कर दिये हैं जो हमें स्वयं अपनी पापमयता के दृश्य से दूर रखते हैं।"[10]

यह तो उच्चतर धार्मिक जीवन के पूर्ण आशय को न समझना है। अहं के विकास में यौन-आत्म-संयम केवल एक प्रारंभिक अवस्था है। धार्मिक जीवन का परम उद्देश्य इस विकास को एक ऐसी दिशा में ले जाना है जो अहं की नियति के लिए उसके वर्तमान परिवेश का निर्माण करनेवाले सामाजिक ढाँचे के नैतिक स्वास्थ्य की अपेक्षा अधिक महत्वपूर्ण है। अहं का वर्तमान सुकुमार एकत्व, उसके विघटन की संभाव्यता, उसकी सुधारवश्यता (amenability to reformation) , तथा ज्ञात एवं अज्ञात परिवेशों में नयी स्थितियों का सृजन करने हेतु एक यथेष्टतर स्वतन्त्रता के निमित्त उसकी सामर्थ्य, उसका वह आधारभूत बोध है जहाँ से धार्मिक जीवन आगे बढ़ता है। इस आधारभूत बोध के कारण उच्चतर धार्मिक जीवन उन अनुभूतियों पर अपनी दृष्टि टिकाता है जो यथार्थता को उन सूक्ष्म गतियों की प्रतीक होती हैं जो संभवतः यथार्थता की संरचना में एक स्थायी तत्व के रूप में अहं की नियति को गंभीर रूप से प्रभावित करती हैं। यदि हम इस विषय को इस दृष्टिकोण से देखें तो आधुनिक मनोविज्ञान ने अभी तक धार्मिक जीवन के बाह्य सीमान्त को छुआ तक नहीं है और उस समृद्धता एवं विविधता से अभी तक बहुत दूर है जिसे धार्मिक अनुभूति के नाम से अभिहित किया जाता है। आप को इस समृद्धता एवं विविधता की एक मिसाल देने के लिए मैं यहाँ सत्रहवीं सदी की एक धार्मिक प्रतिभा — शैख़ अहमद सरहिन्दी—के एक अवतरण का सार प्रस्तुत करता हूँ जिनकी समकालीन तसव्वुफ की निर्भीक विश्लेषणात्मक आलोचना की परिणति एक नये सिलसिले के विकास में हुई। हिन्दुस्तान में सूफी सिलसिले की सभी विभिन्न प्रणालियाँ मध्य एशिया और अरब से आयीं, यह केवल उन्हीं का सिलसिला है जिसने हिन्दुस्तान की सरहद को पार किया और आज भी पंजाब, अफगानिस्तान एवं एशियाई रूस में एक जीवन्त शक्ति है। मुझे खेद से मानना

पड़ता है कि आधुनिक मनोविज्ञान की भाषा में मेरे लिए इस अवतरण के वास्तविक आशय को बयान करना संभव नहीं, क्योंकि ऐसी भाषा अभी तक अस्तित्व में नहीं आयी है। किन्तु चूँकि मेरा उद्देश्य केवल आप को उस अनुभूति के असीम वैभव का केवल एक उदाहरण देना है जिसे अहं को अपनी ईश्वरीय खोज में छाँटना होता है तथा जिससे होकर गुज़रना पड़ता है, अतः मैं आशा करता हूँ कि आप मुझे प्रत्यक्षतः उस अपरिचित शब्दावली के लिए क्षमा करेंगे जो अर्थ का एक वास्तविक भाव तो रखती है किन्तु जो एक ऐसे धार्मिक मनोविज्ञान की प्रेरणा के अन्तर्गत निर्मित हुई जो एक भिन्न संस्कृति के परिवेश में विकसित हुआ था। अब हम उस अवतरण की ओर आते हैं। किसी अब्दुल मोमिन नामक व्यक्ति की अनुभूति का वर्णन शैख़ से इस प्रकार किया गया —

"मेरे लिए आसमानों, पृथ्वी, ख़ुदा के अर्श, जहन्नुम और जन्नत सभी का अस्तित्व समाप्त हो गया है। जब मैं अपने गिर्द देखता हूँ तो उन्हें कहीं नहीं पाता हूँ। जब मैं किसी की मौजूदगी में खड़ा होता हूँ तो अपने सामने किसी को नहीं देखता हूँ, बल्कि मेरे लिए मेरा अस्तित्व भी लुप्त हो गया है। ईश्वर असीम है। कोई उसका अहाता नहीं कर सकता, और यही आध्यात्मिक अनुभूति की पराकाष्ठा है। कोई भी सन्त इससे आगे नहीं जा सकता है।"

इस पर शैख़ ने उत्तर दिया, "जिस अनुभूति का वर्णन किया गया है उसका स्रोत क़ल्ब के सदा परिवर्तित होनेवाले जीवन में है और मुझे ऐसा प्रतीत होता है कि इसका प्राप्तिकर्त्ता क़ल्ब के असंख्य 'मक़ामात' में से अभी तक चौथाई से भी आगे नहीं बढ़ा है। आध्यात्मिक जीवन के इस प्रथम 'मक़ाम' की अनुभूतियों के समापन के लिए तीन चौथाई 'मक़ामात' से गुज़रना होगा। इस 'मक़ाम' से आगे 'रूह', 'सिर्रे-ख़फ़ी', और 'सिर्रे अख्फ़ा' के रूप में ज्ञात अन्य 'मक़ामात' हैं। इन 'मक़ामात' में प्रत्येक की अपनी विशिष्ट अवस्थाएँ एवं अनुभूतियाँ होती हैं और सामूहिक रूप से ये सब उस मक़ाम का निर्माण करते हैं जिसे पारिभाषिक तौर पर 'आलमे-अम्र' कहा जाता है। इन 'मक़ामात' में से गुज़र जाने के पश्चात् सत्यान्वेषक धीरे-धीरे 'ईश्वरीय नामों' 'ईश्वरीय गुणों' की ज्योतियाँ और अन्त में 'ईश्वरीय सत' (Divine Essence) की ज्योतियाँ प्राप्त करता है।"[11]

इस अवतरण में किये गये प्रभेदों का जो भी मनोवैज्ञानिक आधार हो, कम से कम यह हमें आन्तरिक अनुभूतियों के एक पूरे संसार का कुछ न कुछ बोध तो प्रदान करता ही है, जैसा कि इस्लामी तसव्वुफ के एक महान् सुधारक ने महसूस किया था। उनके अनुसार पूर्णतया यथार्थ के प्रतीक स्वरूप उस अनन्य अनुभूति तक पहुँचने से पूर्व इस 'आलमे-अम्र' अर्थात् 'निदेशात्मक ऊर्जा के जगत्' से गुज़रना आवश्यक है। यही कारण है कि मैं क्यों यह कहता हूँ कि आधुनिक मनोविज्ञान ने अभी तक इस विषय के बाह्य सीमान्त को छुआ तक नहीं है। व्यक्तिगत रूप से मैं जीवविज्ञान और मनोविज्ञान की वर्तमान वस्तुस्थितियों के प्रति बिल्कुल आशावान

नहीं हूँ। विम्ब-विधान (imagery) की अवयवीय दशाओं की कुछ जानकारी के साथ जिसमें कि कभी-कभी धार्मिक जीवन ने स्वयं को अभिव्यक्त किया है, मात्र विश्लेषणात्मक आलोचना के लिए संभव नहीं कि हमें मानवीय व्यक्तित्व के जीवन्त मूलों (living roots) तक ले जाय। यदि हम मान लें कि धर्म के इतिहास में यौन-संबंधी बिम्ब-विधान (sex-imagery) ने एक भूमिका अदा की है अथवा यह कि धर्म ने एक अप्रिय वास्तविकता से पलायन अथवा समन्वय का काल्पनिक उपाय प्रदान किया है—इस विषय पर विचार करने के ये तरीक़े धार्मिक जीवन के परम लक्ष्य को ज़रा भी प्रभावित नहीं कर सकते अर्थात् अहं को एक शाश्वत जीवन प्रक्रिया के सम्पर्क में लाकर उसका पुनर्निर्माण तथा इस प्रकार उसे एक तत्वमीमांसीय हैसियत प्रदान करना जिसके विषय में आधुनिक वातावरण के आधा दम घोंट देनेवाले परिवेश में हमें केवल आंशिक रूप से ही जानकारी हो सकती है। अतः यदि कभी इसकी संभावना है कि मानवता के जीवन के लिए मनोविज्ञान कोई वास्तविक सार्थकता रखे तो इसे एक स्वतन्त्र प्रणाली का विकास करना होगा, जो कि एक ऐसे तरीक़े की खोज कर सके जो हमारे युग के मिज़ाज के अधिक उपयुक्त हो। कदाचित कोई महान् प्रतिभासम्पन्न मनोरोगी ही और यह संयोजन असंभव नहीं, इस प्रकार के किसी तरीक़े का हमें सुराग़ दे सके? आधुनिक यूरोप में इस प्रकार के कार्य के लिए नीत्शे इस क़िस्म के कतिपय दैहिक उपकरणों से लैस था, जिसका जीवन एवं क्रिया-कलाप कम से कम हम पूरबवालों के लिए धार्मिक मनोविज्ञान में एक अत्यन्त दिलचस्प समस्या का रूप धारण कर लेते हैं। उसके मानसिक इतिहास के तुल्य उदाहरण का पूर्वी तसव्वुफ के इतिहास में अभाव नहीं है। इससे इन्कार नहीं किया जा सकता कि वास्तव में उसे मनुष्य में दिव्य की एक 'आदेशात्मक' दृष्टि ('imperative' vision) प्राप्त हुई थी। उस दृष्टि को मैं 'आदेशात्मक' कहता हूँ क्योंकि लगता है कि इसने उसे एक प्रकार की पैग़म्बराना मनोवृत्ति प्रदान की जो कि एक प्रकार की पद्धति द्वारा अपनी 'दृष्टियों' को स्थायी जीवनशक्तियों में परिवर्तित करने की चेष्टा करती है। फिर भी नीत्शे असफल रहा तथा उसकी असफलता का मुख्य कारण शोपेनहावर, डार्विन और लांगे सदृश उसके बौद्धिक जनक थे, जिनके प्रभाव ने उसकी स्वयं की दृष्टि की वास्तविक महत्ता को उससे पूर्णतया ओझल कर दिया था। किसी ऐसे आध्यात्मिक नियम को ढूँढ़ने के बदले जो कि जनसाधारण में भी दिव्य का विकास कर सकता और इस प्रकार उसके सम्मुख भी एक असीम भविष्य खोल देता, नीत्शे अभिजातवर्गीय उग्र सुधारवाद (aristocratic radicalism) जैसी योजनाओं में अपनी दृष्टि को साकार करने के लिए बाध्य हुआ। जैसा कि मैंने उसके बारे में अन्यत्र कहा है—

उसे जिस 'अहमस्मि' की तलाश है,
वह दर्शन और ज्ञान से परे है।
जो पौधा केवल मनुष्य के हृदय की अदृश्य धरती से उगता है,

वह मात्र मिट्टी के ढेर से नहीं उगता।[12]

इस प्रकार एक ऐसा प्रतिभाशाली व्यक्ति असफल रहा जिसकी दृष्टि केवल उसकी आन्तरिक शक्तियों द्वारा निर्धारित हुई थी, तथा जो अपने आध्यात्मिक जीवन में कुशल बाह्य मार्गदर्शन के अभाव में[13] सर्वथा असर्जनात्मक रहा। और भाग्य की विडम्बना यह है कि यह व्यक्ति जो कि अपने मित्रों को एक ऐसे देश से आया हुआ लगता था जहाँ कोई आदमी नहीं रहता, अपनी महान् आध्यात्मिक आवश्यकता से पूर्णतया अनभिज्ञ था। वह कहता है, "मैं अकेला एक विकट समस्या से दो-चार हूँ, ऐसा लगता है जैसे मैं किसी जंगल में खो गया हूँ : किसी आदिम जंगल में। मुझे एक आक़ा की जरूरत है। बड़ा आकर्षक होगा आज्ञापालन करना।" पुनश्च "जीवित मनुष्यों में मैं ऐसे लोग क्यों नहीं पाता जिनकी दृष्टि मुझसे भी ऊँची हो और जो मुझे तुच्छ समझें। क्या इसका कारण मात्र यह है कि मैंने पर्याप्त तलाश नहीं की? और इसकी मुझे कितनी तीव्र इच्छा है।"

सच तो यह है कि अपने अन्तिम उद्देश्य में धार्मिक एवं वैज्ञानिक प्रक्रियाएँ समान है, यद्यपि उनमें भिन्न-भिन्न प्रणालियों का समावेश होता है। दोनों का उद्देश्य परम यथार्थता तक पहुँचना है। वास्तव में धर्म उन कारणों से जिनका कि मैं पहले उल्लेख कर चुका हूँ, परम यथार्थता तक पहुँचने के लिए विज्ञान से बहुत अधिक व्यग्र रहता है। और दोनों के लिए शुद्ध वस्तुनिष्ठता (pure objectivity) का मार्ग वहाँ से जाता है जिसे अनुभूति का शुद्धीकरण कहा जा सकता है। इसे समझने के लिए हमें यथार्थता के सामान्य रूप से पर्यवेक्षणीय व्यवहार की सूचक अनुभूति तथा यथार्थता की आन्तरिक प्रकृति की सूचक अनुभूति में अन्तर करना होगा। एक सहज तथ्य के रूप में यह अपने पूर्ववृत्तों (antecedents) मनोवैज्ञानिक एवं दैहिक—की दृष्टि से व्याख्यायित होती है, यथार्थता की आन्तरिक प्रकृति के सूचक के रूप में इसके आशय का स्पष्टीकरण करने के लिए हमें किसी दूसरे प्रकार की कसौटी का प्रयोग करना होगा। विज्ञान के क्षेत्र में हम इसके अर्थों को यथार्थता के बाह्य व्यवहार (external behaviour) के संदर्भों में समझने का प्रयास करते हैं, धर्म के क्षेत्र में हम इसे किसी प्रकार की यथार्थता की आन्तरिक प्रकृति के संदर्भ में ढूँढने का प्रयास करते हैं। एक अर्थ में तो वैज्ञानिक एवं धार्मिक प्रक्रियाएँ परस्पर समानान्तर होती हैं। वास्तव में दोनों एक ही जगत् के चित्रण हैं, केवल इस अन्तर के साथ कि वैज्ञानिक प्रक्रिया में अहं का दृष्टिकोण अनिवार्यतः बहिष्कारी (exclusive) होता है जब कि धार्मिक प्रक्रिया में अहं अपनी प्रतिद्वन्द्वी प्रवृत्तियों का एकीकरण करता है और एक एकल समावेशकारी दृष्टिकोण विकसित कर लेता है जिसके फलस्वरूप उसकी अनुभूतियों की परिणति एक प्रकार के शांश्लेषिक रूपान्तरण (synthetic transfiguration) में होती है। इन वस्तुतः पूरक प्रक्रियाओं की प्रकृति एवं प्रयोजन का एक ध्यानपूर्ण अध्ययन यह बतलाता है कि ये दोनों अपने-अपने क्षेत्रों में अनुभूति के शुद्धीकरण के लिए निर्दिष्ट होते हैं। एक

उदाहरण से मेरा आशय स्पष्ट हो जायेगा। ह्यूम द्वारा हमारी कारण संबंधी धारणा (Notion of cause) की आलोचना को वास्तव में दर्शन की अपेक्षा विज्ञान के इतिहास का एक अध्याय समझना चाहिए। वैज्ञानिक इन्द्रियानुभववाद (scientific empiricism) के आशय की दृष्टि से हम व्यक्तिनिष्ट क़िस्म की संकल्पनाओं से काम लेने के अधिकारी नहीं हैं। ह्यूम की आलोचना का अभिप्राय अनुभववादी विज्ञान को शक्ति की संकल्पना से मुक्त करना है जिसका कि इन्द्रियानुभूति में, जैसा कि उसका आग्रह है, कोई आधार नहीं। वैज्ञानिक प्रक्रिया को शुद्ध करने का आधुनिक मन का यह प्रथम प्रयास था।

आइन्स्टाइन की सृष्टि संबंधी गणितीय धारणा ह्यूम द्वारा प्रवर्तित शुद्धीकरण की प्रक्रिया को पूर्ण कर देती है तथा ह्यूम की आलोचना की मूल-भावना के अनुरूप होने के कारण शक्ति की अवधारणा को पूर्णतया अनावश्यक बना देती है। महान् हिन्दुस्तानी संत का जो अवतरण मैंने उद्धृत किया है, वह यह सिद्ध करता है कि धार्मिक मनोविज्ञान के व्यावहारिक विद्यार्थी की दृष्टि में इसी प्रकार का शुद्धीकरण होता है। उसकी वस्तुपरकता का बोध उतना ही प्रखर होता है जितना कि अपनी वस्तुपरकता के क्षेत्र में एक वैज्ञानिक का। वह मात्र एक दर्शक के रूप में एक अनुभूति से दूसरी अनुभूति तक नहीं गुज़रता, प्रत्युत अनुभूति के एक सुधी विश्लेषक के रूप में जो कि अपने अनुसंधान के क्षेत्र के उपयुक्त एक विशिष्ट तकनीक के नियमों द्वारा अन्ततः परम वस्तुनिष्ठ (absolutely objective) तक पहुँचने की दृष्टि से अपनी अनुभूति की अन्तर्वस्तु में समस्त आत्मनिष्ठ तत्वों के, चाहे वे मनोवैज्ञानिक हों या दैहिक, निराकरण का प्रयास करता है। यह अन्तिम अनुभूति प्रकटीकरण है एक अभिनव जीवन प्रक्रिया का जो कि मौलिक, अनिवार्य, स्वतः प्रवृत होती है। अहं का शाश्वत रहस्य यह है कि ज्यों ही वह इस अन्तिम प्रकटीकरण तक पहुँचता है, बिना किसी हिचकिचाहट के इसे अपने अस्तित्व के परम मूल (ultimate root) के रूप में पहचान लेता है। तथापि स्वयं अनुभूति में कोई रहस्य नहीं होता। न तो इसमें कोई संवेगात्मक (emotional) चीज़ होती है। वस्तुतः एक पूर्णतया असंवेगात्मक अनुभूति की प्राप्ति की दृष्टि से इस्लामी तसव्वुफ की तकनीक कम से कम उपासना में संगीत के प्रयोग का निषेध करने तथा एकाकी ध्यान (solitary contemplation) के संभावित असामाजिक प्रभावों के निवारण के लिए दैनिक सामूहिक उपासनाओं की आवश्यकता पर ज़ोर देने की अच्छी सावधानी बरतती है। इस प्रकार प्राप्त अनुभूति एक पूर्णतया स्वाभाविक अनुभूति होती है तथा अहं के लिए परम महत्व की जैविक अर्थवत्ता रखती है। मात्र चिन्तन से अधिक ऊँचे उठ जानेवाला तथा शाश्वत को आत्मसात् करके अपने अस्थायित्व का निराकरण करनेवाला यह मानवीय अहं ही है। इस ईश्वरीय खोज में अहं को जो मात्र ख़तरा बना होता है वह है उसकी क्रियाशीलता की संभावित शिथिलता जो कि अन्तिम अनुभूति से पूर्ववर्ती अनुभूतियों के उसके रसस्वादन तथा उनमें

उसकी तल्लीनता के कारण उत्पन्न होती है। पूर्वी तसव्वुफ का इतिहास यह सिद्ध करता है कि यह एक असली ख़तरा है। महान् हिन्दुस्तानी सूफी द्वारा प्रवर्तित सुधार आन्दोलन का सम्पूर्ण उद्देश्य यही था, जिनकी रचनाओं से मैं पहले ही एक अवतरण उद्धृत कर चुका हूँ। और कारण भी स्पष्ट है। अहं का परम उद्देश्य कुछ देखना नहीं प्रत्युत कुछ बन जाना है। यह अहं का कुछ बन जाने का प्रयास ही है, जिसमें वह अपनी वस्तुपरकता को तीव्र करने तथा एक अधिक आधारभूत 'अहमस्मि' प्राप्त करने का अन्तिम अवसर ढूँढ लेता है, जो अपनी वास्तविकता का प्रमाण देकार्त के "मैं सोचता हूँ" (I think) में नहीं, प्रत्युत कान्ट के "मैं कर सकता हूँ" (I can) में पाता है। अहं की खोज का लक्ष्य वैयक्तिकता की सीमाओं से मुक्ति नहीं, बल्कि इसकी एक सूक्ष्मतर परिभाषा है। अन्तिम क्रिया कोई बौद्धिक क्रिया नहीं, बल्कि एक जैविक क्रिया है जो कि इस आश्वासन के साथ कि संसार मात्र संकल्पनाओं के माध्यम से देखने या जानने की चीज़ नहीं प्रत्युत अनवरत क्रिया द्वारा निर्मित तथा पुनर्निर्मित करने की चीज़ है, अहं के पूरे अस्तित्व को गहरा तथा उसके संकल्प (will) को तीव्र कर देती है। यह परमानन्द का एक क्षण होता है और अहं के लिए महानतम परीक्षा का एक क्षण भी—

क्या तू जीवित, मृत या मरणासन्न है?
अपनी अवस्था का साक्ष्य माँग तीन साक्षियों से।
प्रथम साक्षी तेरा अपनी चेतना—
देख स्वयं को निज प्रकाश से।
द्वितीय साक्षी चेतना अन्य अहं की—
तो देख स्वयं को अन्य अहं के प्रकाश से।
तृतीय साक्षी ईश्वर की चेतना—
तो देख स्वयं को ईश्वरीय प्रकाश से।
रह सके अविचलित तू यदि सम्मुख इस प्रकाश के,
तो प्रभु-सम समझ स्वयं को जीवन्त और अनन्त।
असली मनुज वही है जो है साहस करता
साहस करता ईश्वर के साक्षात्कार का।
'स्वर्गारोहण' क्या है? मात्र खोज एक साक्षी की
जो करे परीक्षा तेरी यथार्थता की—
साक्षी की परीक्षा मात्र ही करती तुझे अनन्त।
प्रभु समक्ष अविचलित नहीं रह सकता कोई,
और जो रह सके वही है शुद्ध स्वर्ण।
क्या हो तुम धूल के कण मात्र?
अपने अहं की गाँठ कसो।
और अपने लघु अस्तित्व को धारे रहो।

कितना गौरवमय है अपने अहं को चमकाना,
और सूरज के सामने करना परख इसकी चमक की।
गढ़ो पुनः तब अपने पुरातन ढाँचे को,
और करो निर्माण एक नवीन अस्तित्व का
वही अस्तित्व है वास्तविक अस्तित्व
अन्यथा है तेरा अस्तित्व मात्र धूम्र-वलय।

—जावेदनामा

सन्दर्भ एवं टिप्पणियाँ

परिदृश्य

1. शाह वलीउल्लाह देहलवी : 'हुज्जतुल्लाहुल बालिग़ः' मुहम्मद मन्ज़ूरुल वजीदी द्वारा उर्दू अनुवाद (मकतबा थानवी, देवबन्द) जिल्द प्रथम (1986) पृ. 26-27
2. मौलाना अबुल आला मौदूदी : तजदीद व इह्या-ए-दीन (इस्लामिक पब्लिकेशन्ज़ लिमिटेड, लाहौर, ढाका, नवाँ संस्करण, 1966) पृ. 93
3. वही, पृष्ठ 106
4. वही, पृष्ठ 110-111
5. शैख़ मुहम्मद इकराम : रुदे—कौसर (इदारा सक़ाफ्ते इस्लामीयः लाहौर, आठवाँ संस्करण 1982) पृष्ठ 5831
6. वही, पृष्ठ 578
7. देखिए बज़्मे—इक़बाल लाहौर के जर्नल 'इक़बाल', जिल्द 3 अंक 3 (जनवरी 1955) में फ़ज़्लुर्रहमान का लेख 'आधुनिक मुस्लिम चिन्तन', पृष्ठ 28
8. डॉ. मुहम्मद इक़बाल : 'इस्लाम में धार्मिक चिन्तन की पुनर्रचना', पृष्ठ 2
9. वही, पृष्ठ 134
10. वही, पृ. 136
11. वही, पृ. 136-37
12. वही , देखिए प्राक्कथन
13. एम. सईद शैख़ : संपादक की भूमिका, पृ. 14 (देखिए एम. सईद शैख़ द्वारा सम्पादित, अनुटिप्पणित' इस्लाम में धार्मिक चिन्तन की पुनर्रचना', (मूल अंग्रेज़ी) की सम्पादक की भूमिका (इक़बाल अकादमी) पाकिस्तान तथा इन्स्टीट्यूट ऑव इस्लामिक कल्चर द्वारा प्रकाशित, संस्करण 1989
14. डॉ. मुहम्मद इक़बाल : 'इस्लाम में धार्मिक चिन्तन की पुनर्रचना', पृ. 144
15. वही, देखिए प्राक्कथन
16. वही,
17. सैयद अब्दुल वाहिद : 'इक़बाल के विचार एवं विमर्श' (संपादित) (शैख़ मुहम्मद अशरफ, कश्मीरी बाज़ार, लाहौर 1973) में डॉ. निकल्सन के नाम डॉ. इक़बाल का 24-1-1921 का पत्र (पृ. 98)
18. वही, पृ. 99
19. डॉ. मुहम्मद इकबाल : 'इस्लाम में धार्मिक चिन्तन की पुर्नरचना', पृ. 10
20. वही, पृ. 137-38
21. वही, पृ. 91

22. वही, पृ. 91
23. वही, पृ. 91-92
24. वही, पृ. 92
25. वही, पृ. 92
26. वही, पृ. 92
27. वही, पृ. 109
28. वही, पृ. 10
29. वही, पृ. 94
30. वही, पृ. 105-106
31. लतीफ अहमद शेरवानी : 'इक़बाल के भाषण, लेख एवं वक्तव्य' (संपादित) इक़बाल अकादमी, लाहौर, 1979, पृ. 170
32. देखिए डॉ. सैयद अब्दुल्लाह का लेख 'इब्न अरबी और इक़बाल' नुक़ूश इक़बाल नम्बर अंक 121, सितम्बर 1977 (इदारा फरोग़ उर्दू, लाहौर) पृ. 116-117
33. वही, पृ. 117
34. वही, पृ. 118
35. डॉ. बुरहान अहमद फारूक़ी : 'मुजद्दिद की तौहीद की अवधारणा' (अंग्रेज़ी) शैख़ मुहम्मद अशरफ, कश्मीरी बाज़ार, लाहौर, 1979, पृ. 58
36. वही, पृ. 60
37. वही, पृ. 61-62
38. वही, पृ. 62-63
39. वही, पृ. 64
40. वही,
41. डॉ. सैयद ज़फरुल हसन 'दर्शन—एक मीमांसा' (अंग्रेज़ी), इन्स्टीट्यूट ऑव इस्लामिक कल्चर, लाहौर, 1988, पृ. 156-159
42. मौलाना मुहम्मद हनीफ नदवी : 'अक़्लीय्याते-इब्न तैमिय्या' (इदारा-ए-सक़ाफते इस्लामीया क्लब रोड, लाहौर, 1981) पृ. 316
43. वही, पृ. 316-317
44. वही, पृ. 321
45. वही, पृ. 321-322
46. वही, पृ. 322
47. देखिए मुहम्मद अबू ज़ुहरा 'हयात शैख़ अल इस्लाम इब्न तैमिय्या' (मूल अरबी) उर्दू अनुवाद, सैयद रईस अहमद जाफरी नदवी, अहले हदीस अकादमी, कश्मीरी बाज़ार, लाहौर 1971, पृ. 515
48. वही, पृ. 517-518
49. डॉ. बुरहान अहमद फारूक़ी : 'मुजद्दिद की तौहीद की अवधारणा' (अंग्रेज़ी) शैख़ मुहम्मद अशरफ, कश्मीरी बाज़ार, लाहौर, 1979 पृ. 64-71
50. वही, पृ. 72-73

51. वही, पृ. 74-75
52. वही, पृ. 75
53. वही, पृ. 76-77
54. फ़ज़्लुर्रहमान : 'इस्लाम' (अंग्रेज़ी), युनिवर्सिटी ऑव शिकागो प्रेस, शिकागो, लंदन 1979 द्वितीय संस्करण, पृ. 148
55. डॉ. मुहम्मद इक़बाल : 'असरारे ख़ुदी और तसव्वुफ' (अख़बार वकील, अमृतसर के 5 जनवरी 1916 ई. में प्रकाशित इक़बाल का लेख) देखिए अब्दुल गफ्फार शकील द्वारा संपादित 'इक़बाल के नस्री अफ़्कार', पृ. 94-95
56. वही, पृ. 95
57 वही, पृ. 95
58. डॉ. मुहम्मद इक़बाल : ख्वाजा हसन निज़ामी को 15 जनवरी, 1916 को लिखे पत्र से। देखिए प्रोफेसर यूसूफ सलीम चिश्ती की 'असरारे ख़ुदी' की—उर्दू टीका (एतिक़ाद पब्लिशिंग हाउस, दिल्ली 1981) पृ. 39-41
59. डॉ. मुहम्मद इक़बाल : 'सर्रे इसरारे-खुदी' शीर्षक से अख़बार 'वकील' (अमृतसर) के 9 जनवरी 1916 के अंक में प्रकाशित लेख, देखिए अब्दुल ग़फ्फार शकील द्वारा सम्पादित 'इक़बाल के नस्री अफ़्कार' पृ. 111-112
60. डॉ. मुहम्मद इक़बाल : 'इस्लाम और रहस्यवाद' (अंग्रेज़ी) दि न्यू इअ्रा, लखनऊ के 24 जुलाई 1917 के अंक में प्रकाशित लेख। देखिए, लतीफ अहमद शेरवानी द्वारा सम्पादित 'इक़बाल के भाषण लेख एवं वक्तव्य' (इक़बाल अकादमी, लाहौर 1977) पृ. 123
61. मज़हरुद्दीन सिद्दीक़ी : 'इक़बाल में मुस्लिम संस्कृति की अवधारणा' (अंग्रेज़ी) इस्लामिक रिसर्च इन्स्टीट्यूट, इस्लामाबाद, 1983, पृ. 62
62. मज़हरुद्दीन सिद्दीक़ी : 'इक़बाल में मुस्लिम संस्कृति की अवधारणा' (अंग्रेज़ी) इस्लामिक रिसर्च इन्स्टीट्यूट, इस्लामाबाद, 1983, पृ. 62
62. बशीर अहमद डार : 'इक़बाल और उत्तर कान्टवादी संकल्पवाद' (अंग्रेज़ी) बज़्मे इक़बाल, लाहौर, 1965, पृ. 419
63. वही, पृ. 419-420
64. डॉ. मुहम्मद इक़बाल : 'असरारे ख़ुदी' के प्रथम संस्करण की भूमिका। देखिए 'इक़बाल के नस्री अफ़्कार' (सं. अब्दुल ग़फ्फार शकील), अंजुमन तरक्क़ी-ए-उर्दू (हिन्द) नई दिल्ली, पृ. 86
65. वही, पृ. 87-88
66. वही, पृ. 88-89
67. डॉ. मुहम्मद इकबाल : 'इस्लाम में धार्मिक चिन्तन की पुनर्रचना', पृ. 77
68. वही, पृ. 79
69. वही, पृ. 79
70. वही, पृ. 80
71. वही, पृ. 80

72. वही, पृ. 81
73. वही, पृ. 81
74. वही, पृ. 82
75. वही, पृ. 82
76. वही, पृ. 82
77. वही, पृ. 82
78. वही, पृ. 37-38
79. वही, पृ. 37
80. वही, पृ. 84
81. वही, पृ. 84
82. वही, पृ. 85
83. वही, पृ. 85
84. वही, पृ. 85
85. वही, पृ. 86
86. वही, पृ. 33
87. वही, पृ. 33
88. वही, पृ. 34
89. वही, पृ.-34
90. वही, पृ. 86-87
91. वही, पृ. 87
92. वही, पृ. 87
93. वही, पृ. 87
94. वही, पृ. 39
95. वही, पृ. 90
96. वही, पृ. 90
97. वही, पृ. 82
98. वही, पृ. 82
99. वही, पृ. 83
100. वही, पृ. 83
101. वही, पृ. 83
102. वही, पृ. 83-84
103. वही, पृ. 84
104. वही, पृ. 86
105. वही, पृ. 86
106 वही, पृ. 87
107 वही, पृ. 88-89

व्याख्यान-1.

ज्ञान और धार्मिक अनुभूति

1. यह सूफी कवि फ़रीदुद्दीन अत्तार की महान् कृति 'मन्तिक़ अल तैर' का शेर है :

   लेक आँ इल्मे-जदल चूँ रह ज़नद।
   बेश्तर वर मरदुम आगः ज़नद॥

2. ए. एन. व्हाइटहैड, 'धर्म निर्माण की ओर' (Religion in the Making), पृ. 5
3. वही, पृ. 73
4. हेनरी लुई वर्गसाँः 'सृजनात्मक विकास' (Creative evolution) पृ. 187-88
5. 'अल्लाहुम्मा अरिना हक़ाइकअल अश्या कमाहिया'
6. क़ुरआन, 16 : 68-69
7. वही, 2 : 164; 24 : 43-44; 30 : 48; 35 : 9; 45 : 5
8. वही, 15 : 16; 25 : 6; 37 : 6; 41 : 12; 50 : 6; 67 : 5; 85 : 1
9. वही, 21 : 33; 36 : 40
10. क़ुरआन, 16 : 78; 23 : 78; 32 : 9; 67 : 23
11. वही, 17 : 36
12. देखिए व्याख्यान 4 और व्याख्यान 7
13. 'लौहिन मह्फ़ूज़िन' (क़ुरआन; 85 : 22)
14. तौफीक फिक्रेत तुर्की कवि, उपनाम मेहमेद तौफीक तथा तौफीक नज़्मी के नाम से भी ज्ञात। उसका प्रसिद्ध काव्य संग्रह 'रूबाने-शिकस्त :' (खण्डित वीणा) है। 48 वर्ष की आयु में 18 अगस्त 1915 में इस्ताम्बुल में मृत्यु।
15. जॉन ऑक्सेन फोर्ड (अनुवाद 'एकरमान एवं सॉरेट से गोएटे का संवाद' (Conversations of Goethe with Eckerman and Sorret), पृ. 41
16. 'लॉ तसब्बु अल दह्र फइन्नल्लाह हुव अल दह्रु' (अहमद इब्न हंबल : मुसनद 5, 299 और 311)

    अल्लामा इक़बाल ने 'असरारे खुदी' में 'अल वक्तु सैफुन' (काल एक तलवार है) शीर्षक के अन्तर्गत इस हदीस के प्रति इस प्रकार संकेत किया है :

    ज़िन्दगी अज़ दह्र, दह्र अज़ ज़िन्दगीस्त।
    ला तसब्बुद्दहर फरमाने नबीस्त॥
    (जीवन काल से है और काल जीवन से।
    काल को बुरा मत कहो, ऐसा नबी का आदेश है॥)

17. संकेत क़ुरआन की आयत 'इन्नल इन्सान खुलिक़ हलूअन' (70 : 19) से है, जिसका अर्थ है "मनुष्य अधीर पैदा किया गया है।"
18. क़ुरआन, 41 : 53 एवं 51 : 20-21
19. सूफी कवि जलालुद्दीन रूमी (1207-1273 ई.) की मसनवी के निम्नलिखित शेर :

    हिस्से अब्दान क़ूव्वते—ज़ुल्मत मीख़ुरद।
    हिस्से जान अज़ आफताबे मींचरद। (2 : 52)
    (दैहिक बोध अंधकार का भोजन करता है।
    आत्मा का बोध सूर्य का भोजन करता है॥)

20. क़ुरआन, 53 : 11-12
21. वही, 22 : 46
22. इमाम बुख़ारी के हदीस संग्रह में यहूदी युवक इब्न सय्याद से सम्बन्धित हदीस इस प्रकार है :
"अब्दुल्लाह बिन उमर (रज़ीअल्लाहु अन्हु) ने बताया कि अल्लाह के रसूल (सल्लल्लाहु अलैहि व सल्लम) और उबई बिन काब उस बाग़ में गये जहाँ इब्न सैयाद रहा करता था। जब अल्लाह के रसूल (स. अ. व. स.) बाग़ में दाख़िल हो गये तो वह (अल्लाह के रसूल) स्वयं को खजूरों के पीछे छिपाने लगे क्योंकि इससे पहले कि इब्न सैयाद उन्हें देख ले वह गुप्त रूप से इब्न सैयाद की बातचीत सुनना चाहते थे। एक मुलायम अलंकृत चादर ओढ़े अपने बिस्तर पर लेटा इब्न सैयाद बड़बड़ा रहा था। इब्न सैयाद की माँ ने नबी (स. अ. व. स.) को खजूरों के तनों के पीछे छिपा हुआ देख लिया। इब्न सैयाद को सम्बोधित करते हुए उसने कहा, "अरे साफ़! यह मुहम्मद हैं।" यह सुनकर इब्न सैयाद ने बड़बड़ाना बन्द कर दिया (अथवा सावधान हो गया)। अल्लाह के रसूल ने कहा, "यदि वह उसे अनुद्विग्न छोड़ देती तो वह अपनी वास्तविकता प्रकट कर देता।" (सहीह अल बुख़ारी जिल्द III हदीस संख्या 806 पृ: 488-489 : अंग्रेजी अनुवाद, डॉ. मुहम्मद मुहसिन ख़ान) ।
23. बी. डी. मैक्डोनल्ड : 'इस्लाम में धार्मिक मनोवृत्ति एवं जीवन' (The Religious Attitude and Life in Islam), पृ.-36
24. व्याख्यान 5
25. 'अवचेतन मन' शब्द एफ. डब्ल्यू. एच. मायर्स द्वारा 1890 में गढ़ा गया था। इससे मायर्स का आशय यह दिखाना था कि मन का अधिकांश भाग चेतना के स्तर से परे होता है किन्तु विचार एवं व्यवहार को सतत प्रभावित करता रहता है, जैसा कि परामानसिक घटना में होता है। विलियम जेम्ज़ की धार्मिक अनुभूति की विविधता में इस शब्द का अर्थ मानवीय अनुभूति के उस क्षेत्र से है जिसमें कि ईश्वरीय जीवन के साथ सम्पर्क संभव है।
26. मैक्डोनल्ड : 'इस्लाम में धार्मिक मनोवृति एवं जीवन' पृ. 42
27. देखिए व्याख्यान 7 में संदर्भित स्पेन के महान् सूफी मुहीउद्दीन इब्न-अल-अरबी का कथन कि "ईश्वर प्रत्यक्ष-ज्ञान का विषय है तथा जगत् एक संकल्पना"।
28. डब्ल्यू. ई. हॉकिन्ग : 'मानवीय अनुभूति में ईश्वर का अभिप्राय' (अंग्रेजी, पृ. 66)
29. यहाँ मोतज़िला (आरंभिक मुस्लिम बुद्धिवादियों) एवं अशअरीवादी विचारकों के मध्य 'ख़ल्क़-अल-क़ुरआन' अर्थात् क़ुरआन के सृजित होने अथवा असृजित (अनन्त) होने के विवाद के प्रति संकेत है।
30. विलियम जेम्ज़ : 'धार्मिक अनुभूति की विविधता' (The Varieties of Religious Experience), पृ. 21
31. रसूल और नबी में अन्तर है। हर रसूल नबी होता है किन्तु हर नबी रसूल नहीं होता। रसूल का स्थान उच्चतर होता है। रसूल एक नयी शरीअत का संस्थापक एवं प्रवर्तक होता है किन्तु नबी को ईश्वर एक पूर्व स्थापित शरीअत के नैतिक सिद्धान्तों के प्रतिपादन का दायित्व सौंपता है।
32. डब्ल्यू. ई. हॉकिंग, 'मानवीय अनुभूति में ईश्वर का अभिप्राय' (The Meaning of

God in Human Experience), पृ. 106-7

व्याख्यान-2

धार्मिक अनुभूति के प्रकटीकरणों का दार्शनिक परीक्षण

1. मध्यकालीन यूरोपीय दर्शन, मूल अंग्रेज़ी पाठ में 'स्कोलैस्टिक फिलासफि' (Scholastic philosophy) । मध्यकालीन यूरोपीय दर्शन को Scholasticism (स्कौलैस्टिसिज़्म) कहते हैं। स्कोलैस्टिक्स (Scholastics) अर्थात् मध्यकालीन यूरोपीय दर्शन के प्रतिपादक अधिकांशतः कैथोलिक पादरी थे जिनका मुख्य उद्देश्य मसीही धर्म-सिद्धान्तों एवं विश्वासों को यूनानी चिन्तन के आलोक में व्याख्यायित करना एवं युक्तियुक्त सिद्ध करना था। चूँकि मध्यकालीन यूरोपीय दर्शन पर सर्वत्र धर्म का गाढ़ा रंग चढ़ा हुआ था, अतः Scholasticism को मध्यकालीन यूरोपीय धर्मदर्शन कहना अधिक उचित होगा। स्कौलैस्टिक्स अर्थात् मध्यकालीन यूरोपीय दार्शनिकों में जॉन स्काटस एरिजोना (819-880), सन्त सेन्सेल्म (1035-1109), एबेलार्ड (1071-1142), सन्त टामस एक्विनस (1275-1294), मीस्टर एखार्ट (1260-1327), डन्स स्काटस (1266-1308) तथा विलियम ऑव ओखम (1290-1349) प्रमुख हैं। मध्यकालीन यूरोपीय दर्शन में सामान्यों (Universals) से संबंधित यूनानी चिन्तन की समस्या दार्शनिक चिन्तन की महत्वपूर्ण समस्या बन गयी थी।
2. आत्माश्रय दोष (मूल पाठ में Petitio Principii)
3. कुरआन : 41 : 53 तथा 51 : 20-21
4. वही 57 : 3
5. आर. एस. ए. हाल्डेन, 'पदार्थ, जीवन, मन एवं ईश्वर' (Matter, Life, mind and God), पृ. 69-70
6. ए. एन. ह्वाइटहेड : 'प्रकृति की संकल्पना' (The concept of Nature), पृ. 30
7. यहाँ अल्लामा इक़बाल ने ज़ेनो (Zeno) के प्रथम एवं तृतीय तर्क का उल्लेख किया है। ज़ेनो के चारों तर्कों का नाम क्रमशः द्विभाजन (dichotomy), एचिलीज़ (Achilles), बाण (the arrow) और स्टेडियम (stadium) है।
8. बर्टेन्ड रसेल : 'हमारा बाह्य-जगत् का ज्ञान' (Our Knowledge of the External World), पृ. 169-88 तथा 'रहस्यवाद एवं तर्क' (Mysticism and Logic), पृ. 84-91।
9. एच. विल्डन कार : 'सापेक्षता का सामान्य सिद्धान्त' (The General Principle of Relativity), पृ. 36
10. यह अवतरण जे. एस. हाल्डेन के सिम्पोज़ियम पेपर "आर फिजिकल बायोलोजिकल एण्ड साइकोलोजिकल कैटिगोरीज इर्रिड्यूसिबल?' से उद्धृत है जो अरिस्टोटेलियन सोसाइटी एवं ब्रिटिश साइकोलोजिकल सोसाइटी तथा माइण्ड एसोसिएशन के संयुक्त तत्वावधान में जुलाई 1918 में पढ़ा गया था।
11. हान्स ऐडोल्फ एडुआर्ड ड्रीश (1867-1941) प्रायोगिक भ्रूण विज्ञान का संस्थापक और विज्ञान एवं शरीर-दर्शन (1908) नामक ग्रन्थ का लेखक। एक ओर तो वह

जीववाद का समर्थक था, किन्तु दूसरी ओर उनके वैज्ञानिक निष्कर्षों में जीववाद के प्रति विरोध परिलक्षित होता है।

12. विल्डन कार 'चिदणु का एक सिद्धान्त' (A Theory of Monads), पृ. 5-6
13. व्याख्यान-1, पृ. 8-11
14. बर्गसाँ, 'सृजनात्मक विकास' (Creative Evolution), पृ. 5-6
15. "और देखो तुम्हारे परवरदिगार का एक दिन तुम्हारी गणना के एक हज़ार वर्ष के बराबर है"। (क़ुरआन, 22 : 47) ओल्ड टेस्टमेन्ट के अनुसार, "प्रभु का एक दिन एक हज़ार वर्ष की तरह है। (Psalms x-4)
16. बर्गसाँ के अनुसार यह अवधि 25,000 वर्ष तक दीर्घ हो सकती है। देखिए 'पदार्थ एवं स्मृति)' (Matter and Memory), पृ. 272-73।
17. क़ुरआन, 55 : 29
18. क़ुरआन 25 : 62
19. क़ुरआन की आयतों (3 : 97 तथा 29 : 6) के प्रति संकेत है।
20. क़ुरआन की आयत 20 : 14 के प्रति संकेत है।
21. क़ुरआन, 42 : 11
22. क़ुरआन की आयतों (33 : 62, 35 : 43, 40 : 84-85, 48 : 23) में प्रयुक्त शब्द 'सुन्नत-अल्लाह' की ओर संकेत है।
23. डॉ. मैक्टगर्ट ने यह तर्क अपने लेख 'काल की अयथार्थता' (Unreality of Time) में प्रतिपादित किया था जो सर्वप्रथम 'माइण्ड' के अक्टूबर 1908 के अंक (XI/II/68) में प्रकाशित हुआ था।
24. सी. बी. ब्रॉड : 'वैज्ञानिक विचार' (Scientific Thought), पृ. 79
25. सन्त आगस्टाइन की आत्मस्वीकृतियाँ (Confessions of St. Augustine), अध्याय 11 x 1, 17
26. क़ुरआन की आयत 23 : 80 के प्रति संकेत है।
27. अफ़ज़ल सर्ख़वुश की 'कलिमात्-अल-शुअरा' में पृ. 77 पर यह शेर यों दर्ज है :

    मिरा बर सूरते ख़ुद आफ़रीदी।
    बरून अज़ नक़्शे-ख़ुद आख़िर चि दीदी।

28. देखिए, किताब अल फिसल, जि. 2, पृ. 158
29. क़ुरआन, 50 : 38
30. वही 2 : 255
31. गोएटे : 'आल्टर्सवर्क' (Alterswerke) हैम्बर्ग संस्करण, जि. 1, पृ. 367
32. यहाँ संकेत हज़रत पैग़म्बर मुहम्मद के अन्तिम शब्दों : "अस्सलातु, अस्सलातु व मा मलकत ऐमानकुम" से है जिसका अर्थ है—"अपनी नमाज़ का ध्यान रखो और उन लोगों के प्रति दयालु बनो जो तुम्हारे प्रभुत्व के अन्तर्गत हैं।" यह हदीस अहमद बिन हम्बल के 'मुस्नद', जिल्द 1/1, पृ. 290, 311 एवं 321 पर दर्ज है।

व्याख्यान-3

ईश्वर की अवधारणा एवं प्रार्थना का अभिप्राय

1. बर्गसाँ : 'सृजनात्मक विकास' (Creative Evolution), पृ. 13

2. वही, पृष्ठ 14
3. देखिए, क़ुरआन 2 : 163, 4 : 171, 5 : 73, 6 : 19, 13 : 16, 14 : 28, 21 : 108, 39 : 4, 40 : 16; ये आयतें अल्लाह की वह्दत (एकत्व) पर बल देती हैं। क़ुरआन की ये आयतें 4 : 171, 6 : 101, 10 : 68, 17 : 111, 19 : 88-92 ईश्वर के पुत्र होने के ईसाई सिद्धान्त का खण्डन करती हैं।
4. एल. आर. फॉर्नेल : 'ईश्वर के गुण' (Attributes of God), पृ. 56
5. क़ुरआन के पाठ में 'कौकवुन दुर्रीयुन' है जिसका अर्थ है 'एक चमकता हुआ सितारा'।
6. सृष्टि के सृजन के प्रश्न से सम्बन्धित विवाद पर देखिए ग़ज़ाली, 'तहाफ़ुत-अल-फलासिफा' (एस. ए. कमाली द्वारा अंग्रेजी अनुवाद : Incoherence of the Philosophers), पृ. 13-55 तथा इब्न रुश्द की 'तहाफ़ुत अल तहाफ़ुत' का साइमन वान डेन वर्ग द्वारा अंग्रेज़ी अनुवाद (Incoherence of the Incoherence), पृ. 1-69
7. देखिए, व्याख्यान-2
8. एडिन्गटन, 'दिक्काल एवं गुरुत्वाकर्षण' (Space, Time and Gravitation), पृ. 197-98
9. क़ुरआन, 35 : 1
10. एडिन्गटन, पृ. 200
11. ए. एन. व्हाइटहेड : 'आधुनिक संसार एवं विज्ञान' (Science and Modern World), पृ. 49
12. देखिए, व्याख्यान-7 पृ. 3
13. मसनवी के आर. ए. निकल्सन के संस्करण में यह शेर इस प्रकार है :

    वादः अज़ मा मस्त शुद नय मा अज़ू।
    क़ालिब अज़ मा हस्त शुद नय मा अज़ू॥
    (मदिरा हम से मस्त हुई है न कि उससे हम।
    शरीर का अस्तित्व हम से है न कि उससे हम॥)

14. क़ुरआन, 20 : 14
15. वही, 50 : 16
16. हदीस का संदर्भ व्याख्यान-1 में आ चुका है।
17. प्रोफ़ेसर राउगियर : 'दर्शन एवं नया भौतिकशास्त्र' (Philosophy and New Physics), पृ. 143
18. प्रोफ़ेसर एलिग्ज़ाण्डर : 'दिक्काल एवं ईश्वर' (Space, Time and Deity), पृ. 396-98
19. 'उम्मुल किताब' शब्द क़ुरआन की 3 : 7, 13 : 39 एवं 43 : 4 में आया है।
20. अल-मबाहिस अल-मशरिक़ीयः, पृ. 647
21. क़ुरआन, 23 : 80
22. वही, 3 : 26 और 73, 57 : 29 भी
23. जोसेफ फ्रेडरिक नाउमन, 'धार्मिक पत्र' (Briefe Liber Religion), पृ. 68
24. यहाँ ब्राउनिंग की कविता 'पिप्पा पासेज़' (Pippa Passes) की निम्न पंक्तियों के प्रति संकेत है :

God is in the heaven—
All is right with the world.

25. शॉपनहावर, 'जगत् : संकल्प एवं विचार के रूप में' (World as Will and Idea : अंग्रेज़ी अनुवाद—आर. बी. हाल्डेन तथा जे. केम्प—बुक-4, सेक्शन-57)
26. क़ुरआन, 7 : 19
27. वही 20 : 120
28. देखिए, जेनिसिस 111, 20
29. वही, 111, 17
30. क़ुरआन, 2 : 36 और 7 : 24
31. वही, 52 : 23
32. वही, 15 : 48
33. वही, 20 : 118-119
34. वही, 2 : 35-37 और 20 : 120-122
35. वही, 95 : 4-5
36. वही, 2 : 31-34
37. व्याख्यान, पृ. 10-11
38. मादाम हेलेना पेट्रोवना ब्लावत्स्की (1831-1891) एक विख्यात आध्यात्मवादी एवं थियोसोफिस्ट। जन्मना रूसी। कर्नल एस. एस. ऑल्काट के सहयोग से 1873 में न्यूयार्क में थियोसोफिकल सोसाइटी की स्थापना की। बाद में हिन्दुस्तान आ गयीं। 1879 में सोसाइटी की एक शाखा बम्बई में तथा 1883 में मद्रास के निकट अदयार में खोली। अल्लामा इक़बाल जब 5-8 जनवरी 1929 को इन व्याख्यानों के सिलसिले में मद्रास आये तो वह सोसाइटी के कार्यालय अदयार भी गये।
39. क़ुरआन, 17 : 11 तथा 21 : 37
40. क़ुरआन, 2 : 36, 7 : 24, 20 : 123
41 वही, 2 : 177, 3 : 200
42. व्याख्यान-2
43. व्याख्यान-5
44. विलियम जेम्ज़, 'मनोविज्ञान के सिद्धान्त' (The Principles of Psychology) पृ. 316
45.

दफ्तरे सूफी सवाद-ओ-हर्फ नेस्त
जुज़ दिले-असपेद मिस्ले-बर्फ नेस्त
ज़ादे दानिशमन्द? आसारे-क़लम
ज़ादे सूफी चीस्त? आसारे-क़दम
हमचू सय्यादे सूये-अशकार शुद
गामे आहू दीद व बर-आसार शुद
चन्द गाहश गामे आहू दर ख़ुर अस्त
बाद अज़ाँ ख़ुद नाफे आहू रहबर अस्त
राह रफ्तन यक नफस बर बूये नाफ़
ख़ुशतर अज़ सद मन्ज़िल गाम व तवाफ़

46. क़ुरआन समस्त मानव-जाति को एक 'समुदाय' (उम्मत) के रूप में वर्णित करता है। देखिए, क़ुरआन, 2 : 213
"कानन्नासु उम्मतन वाहिदतन . . . . ." अर्थात् "पहले लोग एक ही समुदाय थे।"
47. क़ुरआन, 49 : 13

व्याख्यान-4

मानवीय अहं, उसका स्वातन्त्र्य एवं अमरत्व

1. क़ुरआन, 6 : 94, 19 : 80 एवं 19 : 93 - 95
2. वही, 6 : 164, 17 : 15, 35 : 18, 39 : 7 तथा 53 : 38 वस्तुतः यह उक्त आयतों में पाये जानेवाले इस अंश का अनुवाद है :
"व ला तजिरू वाज़िरतुन्व्वज़िर उख़रा", अर्थात् "कोई बोझ उठानेवाला दूसरे का बोझ नहीं उठाता।" इस आयत के टुकड़े में निहित परम नैतिक सिद्धान्त या विधान से तीन चीज़ें स्पष्ट हैं :
(1) आदि-पाप (Original Sin) के मसीही सिद्धान्त का स्पष्ट अस्वीकार
(1) कफ़्फ़ारः की धारणा का खण्डन
(3) पापी एवं ईश्वर के मध्य मध्यस्थता की संभावना का इन्कार।
(देखिए, मुहम्मद असद की पुस्तक, 'क़ुरआन का संदेश' (The Massage of the Quran), पृ. 816 नोट 31
3. क़ुरआन की आयत 53 : 39 का अनुवाद
4. अल्लामा इक़बाल के अनुसार बहाईयत (Bahaism) और क़ादियानीयत (Qadianism) "ऐसे दो रूप हैं जिसे प्रागइस्लामी मजूसीवाद के आधुनिक पुनरुत्थान ने धारण कर रखा है।" ए. एल. शेरवानी द्वारा सम्पादित 'इक़बाल के भाषण, लेख एवं वक्तव्य' (Speeches, Writings and Statements of Iqbal), का लेख `Qadianism and Orthodox Muslims', पृ. 162
5. क़ुरआन, 41 : 53, और 51 : 20-21
6. हुसैन बिन मन्सूर अल हल्लाज, 'किताब अल तवासीन' अंग्रेज़ी अनुवाद, आयशा अब्दुर्रहमान 'तासीन' IV पृ. 23
7. इब्न ख़ल्दून, 'मुक़द्दिमः' अंग्रेज़ी अनुवाद एफ. रोज़ेन्थाल भाग-2, पृ. 76-103
8. फ्रान्सिस हर्बर्ट ब्रैडले 'नीतिशास्त्रीय अध्ययन' (Ethical Studies), पृ. 80
9. वही 'तर्क के सिद्धान्त' (Principles of Logic), भाग 2 अध्याय 2
10. वही 'आभास एवं यथार्थता' (Appearance and Reality) पृ. 90-103
11. जीवात्मा मनुष्य का वैयक्तिक मन अथवा उसकी चेतना अथवा उसकी आत्मा है जो कि ब्रह्माण्डीय (cosmic) मन, ब्रह्माण्डीय चेतना अथवा जगत्-आत्मा (World-soul) से भिन्न है।
12. ब्रैडले, 'आभास एवं यथार्थता' (Appearance and Reality), पृ. 89
13. यहाँ कान्ट के 'परैलाज़िज़्म ऑव प्युर रीज़न' (Parallogism of pure Reason) शुद्ध-बुद्धि के हेत्वाभासों के प्रति संकेत है जो कि मानवीय आत्मा की वास्तविकता (Substantiality), सरलता (Simplicity), संख्यात्मक अस्मिता (numerical identity)

तथा अनन्तता (eternity) सिद्ध करने का दावा करते हैं। (कान्ट, 'शुद्ध-बुद्धि मीमांसा' पृ. 3228-83
14. वही, पृष्ठ 329-30
15. वही, पृ. 372-73
16. विलियम जेम्ज़ 'मनोविज्ञान के सिद्धान्त' (Principles of Psychology), भाग-1 पृ. 237-48
17. वही, पृ. 340
18. वही, पृ. 339
19. कुरआन, 7 : 54
20. कार्ल जार्ज लांगे (Carl George Lange), डेनिश भौतिकविज्ञानी एवं मनोवैज्ञानिक। 1885 में उसने संवेग के सिद्धान्त का प्रतिपादन किया था। 1884 में 'माइण्ड' पत्रिका में प्रकाशित अपने एक लेख में विलियम जेम्ज़ ने ऐसा ही विचार व्यक्त किया था। अतः आमतौर पर इस सिद्धान्त को 'जेम्ज़-लांगे' सिद्धान्त कहा जाता है।
21. शरीर-मन के द्वैतवाद पर इक़बाल के सुस्पष्ट एवं सुनिश्चित मत के लिए देखिए, व्याख्यान-VI
22. कुरआन, 7 : 54
23. देखिए, व्याख्यान-2
24. कुरआन, 57 : 3
25. यह मतवाद अधिकतर गेस्टाल्ट मनोविज्ञान (Gestalt Psychology) के रूप में प्रसिद्ध है। मनोविज्ञान की यह जर्मन विचारधारा 1912-14 के दौरान में एम. वर्थाइमर (M. Wertheimer) के. कोफ्का (K. Koffka) एवं डब्ल्यू. कोइहलर (W. Kohler) के सम्मिलित प्रयासों का परिणाम थी। साहचर्यवादी अथवा विश्लेषणवादी मनोविज्ञान (Associationist Psychology) के मानसिक तत्वों (Psychic elements) के विरुद्ध प्रतिक्रिया के रूप में इस विचारधारा का आविर्भाव हुआ। Gestalt का अर्थ (Configuration) अर्थात् समाकृति होता है।
26. 'अन्तर्दृष्टि' (insight) की संकल्पना का प्रतिपादन 1917 में सबसे पहले डब्ल्यू कोहलर W. Kohler) ने अपनी कृति 'बन्दरों की मनोवृत्ति' (The Mentality of Apes) में किया था।
27. "इस्लामी चिन्तन के इतिहास में नियतिवाद (determinism) एवं अनियतिवाद (indeterminism) के मध्य सदियों पुराने विवाद का समाधान करने तथा आत्म-निर्धारणवाद (self-determinism) को एक परम युक्तियुक्त आधार पर स्थापित करने का सर्वोत्तम तर्क है"। (एम. सईद शैख़ द्वारा सम्पादित (Reconstruction of Religious Thought in Islam), पृ. 176, टिप्पणी 32
28. स्पेंगलर (Spengler) : पश्चिम का पतन (The Decline of West) भाग-2, पृ. 240
29. देखिए, व्याख्यान-2
30. विलियम ज़ेम्ज़ 'मानवीय अनश्वरत्व' (Human Immortality), पृ. 32
31. वही, पृ. 28
32. वही, पू. 29
33. देखिए, व्याख्यान-2

34. बर्ज़ख, दो परस्पर विपरीत चीज़ों के बीच की तीसरी चीज़ जो दोनों से सम्पर्क रखे। क़ुरआन (23 : 99-100) में प्रयुक्त इस शब्द का अर्थ मृत्यु एवं पुनरुज्जीवन के मध्य की अवस्था है।
35. क़ुरआन, 23 : 12-14 के प्रति संकेत है।
36. 'अज्रुन ग़ैरु मम्नून' का अनुवाद। ये शब्द क़ुरआन की आयतों 41 : 8, 84 : 25 तथा 95 : 6 में पाये जाते हैं।
37. यहाँ क़ुरआन की आयतों 69 : 13-18, 77-8-11 के प्रति संकेत है।
38. परम्परा के अनुसार यह सूफी कवि जमाली देहलवी का शेर है जिनकी मृत्यु 1535 ई. में हुई थी। अलीगढ़ मुस्लिम विश्वविद्यालय के प्रोफेसर डॉ. हादी हसन को लिखित अपने पत्र में इस शेर के विषय में अपना मत व्यक्त करते हुए इक़बाल ने लिखा था, "सम्पूर्ण इस्लामी साहित्य में कोई ऐसा शेर नहीं है, तथा इन दो पंक्तियों में विचारों की पूर्ण अनन्तता समाविष्ट है।' (देखिए, बशीर अहमद डार द्वारा सम्पादित 'इक़बाल के पत्र एवं लेख' (Letters and Writings), पृ. 2-3
39. हेल्महोल्ट्ज़ (Helmholtz) : उन्नीसवीं शताब्दी का प्रसिद्ध जर्मन वैज्ञानिक। उसके अनुसार स्नायविक उत्तेजना की गति लगभग 30 मीटर प्रति सेकेण्ड होती है।
40. प्रसिद्ध सूफी जलालुद्दीन रूमी की मसनवी, भाग-4 की इन पंक्तियों का यही अनुवाद डॉ. इकबाल की पुस्तक `Development of Metaphysics in Persia' (लूज़ाक एण्ड कम्पनी, लंदन : 1908) के पृष्ठ 117 पर दर्ज है। यह पुस्तक वास्तव में इक़बाल की पी-एच. डी. थीसिस है जिसे उन्होंने म्यूनिख़ विश्वविद्यालय में प्रस्तुत किया था। इस पुस्तक के पृ. 116-117 पर इन पक्तियों के सिलसिले में डॉ. इकबाल की टिप्पणी बहुत अर्थपूर्ण है।
41. क़ुरआन की 29 : 20 आयत के प्रति संकेत है, यद्यपि क़ुरआन की 10 : 4, 27 : 64, 30 : 11 एवं 56 : 61 आयतों में भी द्वितीय सृष्टि (उत्पत्ति) के प्रति संकेत है।
42. क़ुरआन, 17 : 13
43. क़ुरआन, 37 : 41-49, 44 : 51-55, 37: 62-68, एवं 44 : 43-49
44. क़ुरआन, 104 : 6 - 7
45. नरक के लिए क़ुरआन की सूरा 101 में आयत 9 में प्रयुक्त शब्द 'हावियः' के प्रति संकेत है।
46. क़ुरआन की सूरा 57 की आयत 15 में नरक की अग्नि को मनुष्य का मित्र (मौला) कहा गया है।
47. क़ुरआन, 55 : 29

व्याख्यान-5

मुस्लिम संस्कृति का मूल भाव

1. अब्दुल क़ुद्दूस गंगोही : 'लताइफे-क़ुद्दूसी' (सम्पादक शेख रुक़नुद्दीन, लतीफा 79)
2. देखिए, क़ुरआन : 33 : 40 ("मा कान मुहम्मदुन अबा अहदिम् मिर्रिजालिकुम व लाकिर्रसूलल्लाहि व ख़ातमन्नबीय्यीन" अर्थात् मुहम्मद तुम्हारे पुरुषों में किसी के पिता नहीं हैं, किन्तु वह अल्लाह के रसूल और नबियों की मुहर हैं।) नबियों की मुहर

(ख़ातमन्नवीय्यीन) का आशय यह है कि मुहम्मद नुबूव्वत (पैग़म्बरी) का सिलसिला समाप्त कर देनेवाले हैं अर्थात् उनके पश्चात् कोई नवी नहीं आयेगा।

3. क़ुरआन की पाँचवीं सूरा की तीसरी आयत के इस अंश के प्रति संकेत है : "अल् यौम अक्मल्तु लकुम् दीनकुम् व अत्मम्तु अलैकुम् निअमती व रज़ीतु लक़ुमुल् इस्लाम दीना" (आज मैंने तुम्हारे दीन को तुम्हारे लिए मुकम्मल कर दिया और अपनी नेमत तुम पर पूरी कर दी और तुम्हरे लिए पसंद कर लिया कि दीन इस्लाम हो।)
4. क़ुरआन, 41 : 53
5. इस्लामी कलमा का प्रथम अर्धभाग इस प्रकार है, "ला इलाह इल्लल्लाह" (अल्लाह के सिवा कोई ख़ुदा नहीं है)। दूसरा अर्धभाग है, "मुहम्मदुन रसूलिल्लाह" (मुहम्मद अल्लाह के रसूल हैं)।
6. देखिए, सहीह बुख़ारी, जनाइज़ : 78, शहादा : 3 और जिहाद : 160 एवं 178 (अंग्रेजी अनुवाद डॉ. मुहम्मद मुहसिन ख़ान, जिल्द-2, 244-45, जिल्द-3, 488-89 एवं जिल्द-4, 168-69 और 184-861
7. इब्न ख़ल्दून : 'मुकद्दिमः' (अंग्रेजी अनुवाद : रोज़ेन्थाल जिल्द-3, अनुभाग
8. क़ुरआन, 41 : 37, 25 : 45, 10 : 6, 30 : 22 एवं 3 : 140
9. अरस्तू का प्रथम संवाक्य-प्रकार, अर्थात् मुस्लिम तर्कशास्त्रियों का "अल-क़ियास-अल-कामिल" अथवा "अल-शक्ल-अल-अव्वल", न्यायवाक्य (syllogism) की एक कोटि है जिसमें कि बीच का शब्द प्रथम आधार-वाक्य (premiss) में एक उद्देश्य (subject) के रूप में तथा दूसरे आधार-वाक्य में विधेय (predicate) के रूप में आता है।
10. क़ुरआन, 53 : 42 "व अन्न इला रब्बिकल्मुन्तहा" अर्थात् "अन्ततः पहुँचना तेरे प्रभु के पास ही है।"
11. अबू अब्दुल्लाह मुहम्मद इब्न मूसा अल-ख्वारिज़्मी; मृत्यु लगभग 847 ई.। बीजगणित का संस्थापक। उसकी 'किताब-अल-जब्र व अल-मुकाबलः 'यूरोप में सोलहवीं शताब्दी तक बीजगणित की पाठ्य-पुस्तक के रूप में प्रयुक्त होती थी। अलजब्रा (Algebra) अरबी शब्द अल-जब्र से व्युत्पन्न हुआ। उसने भारतीय अंक पद्धति का अरबी में प्रवर्तन किया। उसकी खगोलशास्त्रीय एवं त्रिकोणमितीय सारणियाँ प्रथम मुस्लिम सारणियाँ थीं जिनमें ज्या एवं स्पर्श-रेखा के व्यापार अन्तर्निहित थे।
12. डॉ. इक़बाल की पुस्तक, 'फारस में तत्वमीमांसा का विकास' (Development of Metaphysics in Persia), लंदन 1908 में पृ. 33-34 पर इब्न मस्कवैह के विकासवाद का संक्षिप्त विवरण है जो कि मौलाना शिब्ली की 'इल्म-अल-कलाम' पर आधारित है।
13. देखिए, व्याख्यान-3
14. क़ुरआन, 6 : 6, 9 : 39, 17 : 16-17, 18 : 59, 21 : 11, 22 : 45-46, 36 : 31
15. अबू अब्दुल्लाह इब्न इस्हाक़—मृत्यु लगभग 767 ई.। उसकी 'किताब सीरत रसूल—अल्लाह' पैगम्बर हज़रत मुहम्मद की प्रथम जीवनी थी।
16. अबू जाफर मुहम्मद इब्न जरीर अल-तवरी, (839-923 ई.), महान् मुस्लिम इतिहासकार। उसकी 'किताब-अख़बार-अल रसूल व-अल-मलूक' (पैगम्बरों एवं

सुल्तानों का इतिहास) अरबी भाषा का प्रथम विशद ग्रन्थ है जिसका एम. जे. डी. गोएजे (Goege) तथा अन्य विद्वानों ने 1879-1901 के दौरान में 15 जिल्दों में सम्पादन किया है। तीस जिल्दों पर आधारित तबरी की तफ्सीर 'जामि-अल-बयान फी तफ्सीर अल क़ुरआन' बहुत प्रसिद्ध है।

17. अबुल हसन अली बिन अल हुसैन बिन अल-अली-अल मसूदी (मृ. लगभग 957 ई.) तबरी के पश्चात् दूसरा महान् मुस्लिम इतिहासकार। उसे अरबों का हेरोडोटस (Herodotus) कहा गया है। उसने इतिहास-लेखन में एक नवीन शैली का सूत्रपात किया। इतिवृत्तात्मक प्रणाली (annalistic method) के स्थान पर उसने प्राकरणिक रीति (topical method) अपनायी। बाद में इब्न ख़ल्दून (1332-1406) ने इसी पद्धति को और अधिक विकसित किया।
18. क़ुरआन, 4 : 1, 6 : 98, 7 : 189, 39 : 6
19. राबर्ट फ्लिन्ट, 'इतिहास-दर्शन का इतिहास' (History of the Philosophy of History), पृ. 86
20. क़ुरआन, 2 : 164, 3 : 190, 10 : 6, 23 : 80, 45 : 5
21. वही 55 : 29

व्याख्यान-6

इस्लाम की संरचना में गति का सिद्धान्त

1. क़ुरआन के अनुसार मनुष्य की उत्पत्ति आध्यात्मिक या दिव्य है। क़ुरआन की 15 : 27, 32 : 9, 38 : 72 आयतों से स्पष्ट है कि ईश्वर ने मनुष्य के अन्दर अपनी रूह फूँक दी।
2. कॉन्स्टैन्टाइन (Constantine)—रोमन सम्राट जिसने 306 ई. से 337 ई. तक राज्य किया। कहा जाता है कि आकाश में एक चमकदार क्रास देखकर वह मसीही धर्म का अनुयायी बन गया।
3. फ्लेवियस क्लाडियस जूलियेनस (331-363), जूलियन स्वधर्म त्यागी (Julian the Apostate) के नाम से प्रसिद्ध। कान्स्टैन्टाइन का भतीजा। रोमन साम्राज्य पर 361 से 363 ई. तक शासन किया। सम्राट बनते ही उसने स्वयं को पेगन घोषित कर दिया।
4. जे. एच. डेनिसन (J. H. Denison) 'भावना सभ्यता के मूलाधार के रूप में' (Emotion as the Basis of Civilization), पृ. 267-68
5. "ला इलाह इल्लल्लाह" (अल्लाह के सिवा कोई ख़ुदा नहीं है), यह क़ुरआनी घोषणा तौहीद (ईश्वर के एकत्व) के सिद्धान्त का आधार है। वास्तव में क़ुरआन का यह सतत विषय है।
6. यहाँ क़ुरआन की 29 : 69 आयत के प्रति संकेत है।
7. यह हदीस तिरमिज़ी, अहकाम : 3, अबू दाऊद, अक़्दिया : 11 तथा दारिमी, किताब-अल-सुनन 1, 60 में है। सामन्यतया इस्लाम में इसे इज्तिहाद के सिद्धान्त का आधार माना जाता है।
8. विधि के ज़ाहिरी मतवाद का संस्थापक दाऊद बिन अली बिन ख़लफ (815-844), जिसने बग़दाद में खूब नाम कमाया। मुस्लिम स्पेन में इस मतवाद का संस्थापक इब्न

हज़्म (994-1064 ई.) था जो वास्तव में इस्लामी दुनिया में इस मतवाद का सर्व प्रसिद्ध प्रतिनिधि था।

9. सुयूती, पूरा नाम जलाल-अल-दीन सुयूती (1445-1505)।
10. प्रसिद्ध हदीस 'इन्नमल आमालु बिन्नियात' (कर्मों का निर्णय केवल इरादे के आधार पर होगा) के प्रति संकेत है।
11. "अल-अर्दु कुल्लुहा मस्जिदन", यह हदीस तिरमिज़ी नसाई, इब्न माजः और दारिमी मे इसी प्रकार दर्ज है।

11 (1) ख़वारिज-इस गिरोह का आविर्भाव हज़रत अली (600-66 ई.) के ज़माने में हुआ। ख़िलाफत के विवाद के सिलसिले में मुआविया और अली दोनों के विरुद्ध ख़ुरूज (बग़ावत) करने के कारण यह गिरोह ख़वारिज (बाग़ी) कहलाया। ख़वारिज ख़ारिज का बहुवचन है।

12. यहाँ क़ुरआन की आयत 49 : 13 के प्रति संकेत है।
13. व्याख्यान-1 में पृष्ठ 7 के एक अवतरण के प्रति संकेत है।
14. इमाम अबू इसहाक़ शातिबी (मृ. 1388)
15. आइ. गोल्डत्सिहर (Goldziher) :
    (सी. आर. बार्बर एवं एस. एस. स्टर्न का अंग्रेजी अनुवाद `Muslim Studies', भाग-2)
16. पी. एग्निडीज़ `Mohammedan Studies in Finance', कोलम्बिया विश्वविद्यालय 1916
17. पी. एग्निडीज़ की 'मुहम्मडेन स्टडीज़ इन फाइनेन्स' के प्रति संकेत है।
18. शाह वलीउल्लाह देहलवी (1703-1763 ई.), महान् हिन्दुस्तानी मुस्लिम विचारक जिनकी महान् कृति 'हुज्जत-अल्लाह-अल-बालिग़ः' है जो इस्लामी शरीअत, इस्लामी आस्थाओं तथा इस्लामी मूल्यों की मीमांसा है। शाह साहब बहुमुखी प्रतिभा के व्यक्ति थे, वह एक ही साथ मुत्कल्लिम, सूफ़ी, लेखक विचारक, मुहद्दिस, मुफस्सिर (कुरआन के व्याख्याता) तथा शिक्षाशास्त्री थे। इस्लामी चिन्तन तथा इस्लामी विद्याओं के पठन-पाठन एवं उनके प्रचार-प्रसार में उनका और उनके परिवार का महान् एवं अक्षुण्ण योगदान है। शाह साहब प्रथम हिन्दुस्तानी मुसलमान थे जिन्होंने सबसे पहले क़ुरआन का फ़ारसी में अनुवाद किया। बाद में उनके पुत्रों ने उर्दू भाषा में क़ुरआन का अनुवाद किया और उस पर टीकाएँ लिखीं।
19. क़ाज़ी मुहम्मद बिन अली शौकानी (1759-1834) यमन के प्रसिद्ध धर्मशास्त्री और फ़क़ीह।
20. क़ुरआन की अन्तिम दो सूरतों 113 और 114 को मुअव्विज़तैन (पनाह माँगनेवाली दो सूरतें) कहते हैं।
21. फ्रांसीसी लेखक Andrie Servier के प्रति संकेत है। "इस्लाम तथा एक मुसलमान का मनोविज्ञान, (Islam and the Psychology of a Musalman) के नाम से उसकी फ्रांसीसी पुस्तक का ए. एस. मॉस ब्लैन्डेल द्वारा अंग्रेजी अनुवाद लंदन से 1924 में प्रकाशित हुआ था।

व्याख्यान-7

क्या धर्म संभव है ?

यह व्याख्यान एरिस्टोटील्यन सोसाइटी (Aristotelian Society) लंदन के 54वें अधिवेशन की एक सभा में प्रो. जे. मैक्मरे की अध्यक्षता में 5 दिसम्बर, 1932 को दिया गया था। यह व्याख्यान एरिस्टोटील्यन सोसाइटी के कार्य-विवरण में प्रकाशित भी हुआ था।

1. अल्लामा इक़बाल का अपने पिता के प्रति संकेत है जो कि एक धर्मपरायण सूफ़ी थे। बाले-जिब्रील के निम्न शेर में डॉ. इकबाल ने इसी विचार को निम्न प्रकार से व्यक्त किया है :

   तेरे ज़मीर पे जब तक न हो नुज़ूले-किताब।
   गिरहकुशा है न राज़ी न साहिबे-कश्शाफ॥

2. इमान्युएल कान्ट (Immanuel Kant), 'शुद्ध बुद्धि मीमांसा' (जर्मन) प्रस्तावना, पृष्ठ 57-58
3. भौतिकविज्ञानी दार्शनिक हाइज़ेनबर्ग (Heisenberg) ने 1927 में अनिश्चितता-सिद्धान्त (Uncertainty Principle) का प्रतिपादन किया। इसके अनुसार सब-माइक्रस्कोपिक (sub-microscophic) (अवसूक्ष्मदर्शनी) प्रक्रियाओं का वर्णन करने में एक अन्तर्निहित अनिश्चितता है, जैसे यदि किसी इलेक्ट्रान की अवस्थिति (position) निश्चित हो जाय तो भी उसके संवेग (momentum) के विषय में अनिश्चितता बनी रहती है। अनेक दार्शनिकों एवं भौतिकविज्ञानियों ने इस अनिश्चितता से यह निष्कर्ष निकाला कि कारणता सिद्धान्त ग़लत सिद्ध हो गया। ए. एस. एडिंगटन (A.S. Eddingtion) ने अपनी पुस्तक 'भौतिक जगत् की प्रकृति' में अनिश्चितता-सिद्धान्त को अनिर्धार्यता-सिद्धान्त (Indeterminacy Principle) के रूप में वर्णित किया है।
4. इब्न-अल-अरबी के वास्तविक शब्द हैं, "अल-ख़ल्कुन माक़ूलुन व अल-हक़्क़ुन महसूसन"।
5. कान्टवादी जर्मन दार्शनिक हान्स वैहिन्गर (Hans Vaihinger) की पुस्तक 'दि फिलासफि ऑव ऐज़ इफ' (अंग्रेजी अनुवाद) की ओर संकेत है जहाँ यह राय व्यक्त की गयी है। यह पुस्तक 1911 में प्रकाशित हुई थी।
6. 'ऐज़ इफ' (As If) के दर्शन के अनुसार आरंभ में विचार अस्तित्व के निमित्त संघर्ष में मात्र एक सहायक, एक साधन था, अब भी यह विशुद्ध रूप से सैद्धान्तिक समस्याओं से निपटने में असमर्थ है। मूलभूत संकल्पनाएँ, तथा भौतिकविज्ञानों के सिद्धान्त, आर्थिक एवं राजनीतिक सिद्धान्त मानव-मन की मात्र कल्पनाएँ हैं जिन्हें व्यावहारिक उद्देश्यों के अन्तर्गत उसने आविष्कृत किया है। अतः व्यावहारिक जीवन और अन्तःप्रज्ञा सैद्धान्तिक चिंतन (speculative thought) से उच्चतर है।
7. ए. एडिन्गटन, 'भौतिक जगत की प्रकृति' (The Nature of Physical World), पृ. 323
8. ए. स्प्रेन्गर (A. Sprenger) तथा डी. एस. मार्गोलिआउथ (D. S. Margoliouth) सदृश प्राच्यविदों की ओर संकेत है। स्प्रेन्गर की पुस्तक `Des Laben and die Lehre des

Mohammed' 1861 में तथा मार्गोलिआउथ की `Mohammad and the Religion of Islam' 1905 में प्रकाशित हुई थी।

9. युंग, 'विश्लेषणात्मक मनोविज्ञान के प्रति योगदान' (Contribution To Analytical Psychology), पृ. 225
10. युंग, 'अचेतन का मनोविज्ञान' (Psychology of the Unconscious), पृ. 42-43
11. शैख़ अहमद सरहिन्दी, 'मक्तूबाते-रब्बानी' जिल्द-1, पत्र संख्या 253
12. ये पंक्तियाँ जावेदनामा के निम्न अशआर का अनुवाद हैं :

    आँ चि ऊ जूया मक़ामे-किब्रियास्त
    ईं मक़ाम अज़ अक़्लो-हिक्मत मावरास्त
    .ख़्वास्त ता अज़ आबे-गिल आयद बरूँ
    ख़ोश ए कज़किश्ते-दिल आयद बरूँ

13. अल्लामा इक़बाल ने 'बाले-जिब्रील' में नीत्शे के विषय में कहा है :

    अगर होता वह मज्ज़ूबे-फिरंगी इस ज़माने में
    तो इक़बाल उसको समझाता मक़ामे-किब्रिया क्या है।

अनुक्रमणिका

□□□